21世纪高等院校智慧健康养老服务与管理专业规划教材

老年健康照护技术

（第二版）

主　　编 ◎ 臧少敏　武燕燕
副 主 编 ◎ 张红彩　李　慧
参　　编 ◎ 胡洁琼　郝艳华　刘　淼
　　　　　　李琼琼　张维娜　张慧英

图书在版编目(CIP)数据

老年健康照护技术 / 臧少敏, 武燕燕主编. -- 2版. -- 北京：北京大学出版社, 2025.9. -- (21世纪高等院校智慧健康养老服务与管理专业规划教材). -- ISBN 978-7-301-36546-5

Ⅰ. R161.7；R473.59

中国国家版本馆CIP数据核字第2025MJ6644号

书　　名	老年健康照护技术（第二版） LAONIAN JIANKANG ZHAOHU JISHU（DI-ER BAN）
著作责任者	臧少敏　武燕燕　主编
策 划 编 辑	桂春
责 任 编 辑	张玮琪　刘嘉宁
标 准 书 号	ISBN 978-7-301-36546-5
出 版 发 行	北京大学出版社
地　　址	北京市海淀区成府路205号　100871
网　　址	http://www.pup.cn　　新浪微博：@北京大学出版社
电 子 邮 箱	编辑部 zyjy@pup.cn　总编室 zpup@pup.cn
电　　话	邮购部 010-62752015　发行部 010-62750672　编辑部 010-62704142
印 刷 者	北京圣夫亚美印刷有限公司
经 销 者	新华书店
	787毫米×1092毫米　16开本　19.5印张　508千字 2013年8月第1版 2025年9月第2版　2025年9月第1次印刷（总第11次印刷）
定　　价	59.00元

未经许可，不得以任何方式复制或抄袭本书之部分或全部内容。
版权所有，侵权必究
举报电话：010-62752024　电子邮箱：fd@pup.cn
图书如有印装质量问题，请与出版部联系，电话：010-62756370

第二版前言

2013年,《老年健康照护技术》正式出版发行,书中系统梳理了老年健康照护常用技术,为我国高职院校老年服务与管理专业教学工作提供了重要参考。经过十余年的发展,我国人口老龄化进入快速发展阶段,养老行业的多项标准、规范及制度陆续出台并实施。2019年1月,国务院印发《国家职业教育改革实施方案》,该方案作为职业教育改革的纲领性文件,强调了职业教育在高等教育中的重要地位,提出完善职业标准体系等要求,为职业教育改革指明了方向。同年9月,为落实国家政策要求,《养老护理员国家职业技能标准(2019年版)》正式发布,同时建立了相应的养老护理员职业技能等级认定和教育培训制度。

这些标准、制度的完善以及社会对养老服务需求的持续增长,使养老从业人员的从业标准更加规范,对其从事养老照护工作的岗位能力要求也更加明晰。在时代发展的强力推动下,为了更好地贯彻落实党和国家的老龄工作政策及方针,满足社会和行业需求、践行职业院校的历史使命,我们特组织了本次再版修订工作。

本书在再版修订过程中,仍沿用第一版的编写理念和基本体例,即以实际工作过程为导向,依据老年健康照护工作情境设置教学项目,将项目作为教学单元。在再版修订过程中,本书的主要变动体现在以下几个方面。

1. 优化框架

根据职业技能标准、岗位能力要求及授课过程的连续性和完整性需求,将内容划分为健康照护基础、老年人生活照护、老年人基础照护、康复服务及老年人意外伤害的预防及应对5大部分。

2. 增加部分内容

根据实际需要,适当增加部分内容,使本书能够更好地满足对学生职业能力的培养。如在第1部分"健康照护基础"中增加了"照护实施前评估及制订计划",重点介绍了老年人躯体、心理、社会健康与日常生活活动能力等的评估内容及方法,以及照护计划的制订原则、目标及方法,使老年照护工作更加有据可依、有的放矢。依据《养老护理员国家职业技能标准(2019年版)》《医疗护理员国家职业标准(2024年版)》等,增加了"协助老年人穿脱衣物、鞋袜""为老年人整理床单位、更换被服""为老年人摆放进食体位""血糖评估与照护""疼痛评估与照护""临终老年人及家属的护理"等内容。

3. 调整、更新了部分内容

例如,在2016年,"压疮"被更名为"压力性损伤",且此概念已被国际社会广泛认可。因此,本书将"压疮"更名为"压力性损伤",且在"老年人压力性损伤的预防与照护"中,充分参考了《压力性损伤的预防与治疗:临床实践指南》以及人民卫生出版社《基础护理学(第7版)》,使内容更加科学、严谨、实用。此外,在项目十三中,参考了北京、河南、广东、黑龙江等多个地方标准,删减了第一版"清洁、消毒、灭菌技术"中过于偏重医学专业知识的大篇幅介绍,同时保留了养老机构院内感染预防与控制密切相关的内容,既满足了老年服务与管理专业的教学需求,又不至于使本教材偏离养老人才培养的初衷。此外,在模块二中,参考了《老年人照料设施建筑设计标准》(JGJ 450—2018),对老年人居室环境的布局及调控内容进行了完善。

4. 充分体现"岗课赛证"人才培养模式

在再版修订过程中,充分融合了多项权威标准、指南、高质量论文及职业技能标准,使全书内容更加规范、严谨、科学、实用。如在"保护具的使用"中,参考了中华护理学会《住院患者身体约束护理》(T/CNAS 04—2019);在"跌倒的预防及急救"中,参考了《老年人跌倒干预技术指南》等。全书充分结合了《养老护理员国家职业技能标准(2019年版)》《医疗护理员国家职业标准(2024年版)》以及全国各地养老护理员技能比赛赛项内容等,新增了模块四、模块五。

《老年健康照护技术(第二版)》既可以作为高等职业院校智慧健康服务与管理专业的教材,也可以作为养老服务企业员工培训学习、考评的资料使用。本书共5个模块、19个项目。模块一由李琼琼(首钢技师学院)编写。模块二中的项目三、项目四由张红彩(首钢技师学院)编写,项目五、项目七由武燕燕(北京劳动保障职业学院)编写,项目六由郝艳华(中国人民武装警察部队特色医学中心)编写。模块三中的项目八、项目十二由张维娜(北京医院国家老年医学中心)编写,项目九、项目十由胡洁琼(首都医科大学附属北京友谊医院)编写,项目十一、项目十三由刘淼(中国医学科学院肿瘤医院)编写,项目十四由张慧英(首钢技师学院)编写。模块四由武燕燕编写。模块五由李慧(郑州卫生健康职业学院)编写。本书在编写过程中参考引用了相关书籍和文献,在此一并向原作者表示诚挚的谢意。

由于编者水平有限、编写体例优化幅度大,虽已竭尽全力,书中仍难免有疏漏和不妥之处,敬请广大读者批评指正。

臧少敏　武燕燕
2025 年 5 月

本教材配有教学课件,如有老师需要,可扫描右边的二维码关注北京大学出版社微信公众号"北大出版社创新大学堂"(zyjy-pku)索取。

- 课件申请
- 样书申请
- 教学服务
- 编读往来

目 录

模块一 健康照护基础

项目一 老年照护服务认知 ······ 3
    任务一 老年人生理、心理特点认知 ······ 3
    任务二 老年人健康及健康照护认知 ······ 6
    任务三 合理应用人体力学原理 ······ 9

项目二 照护实施前评估及制订计划 ······ 15
    任务一 照护实施前评估工作 ······ 16
    任务二 为老年人制订照护服务计划 ······ 24

模块二 老年人生活照护

项目三 为老年人提供适宜的居室环境 ······ 33
    任务一 老年人居室环境的布局 ······ 34
    任务二 老年人居室环境的调整 ······ 37

项目四 满足老年人清洁卫生需要 ······ 41
    任务一 满足老年人口腔清洁的需要 ······ 41
    任务二 满足老年人头发清洁的需要 ······ 48
    任务三 满足老年人皮肤清洁的需要 ······ 51
    任务四 协助老年人穿脱衣物、鞋袜 ······ 61
    任务五 为老年人整理床单位、更换被服 ······ 64

项目五 满足老年人营养需要 ······ 69
    任务一 为老年人摆放进食体位 ······ 69
    任务二 协助老年人进食、饮水 ······ 72
    任务三 鼻饲饮食照护 ······ 75

项目六 满足老年人排泄需要 ······ 79
    任务一 满足老年人泌尿系统排泄的需要 ······ 79
    任务二 满足老年人消化系统排泄的需要 ······ 89
    任务三 采集二便标本 ······ 98
    任务四 呕吐照护 ······ 101

项目七　满足老年人睡眠需要 …… 104
　　任务一　促进老年人有效睡眠 …… 104
　　任务二　睡眠障碍认知 …… 110

模块三　老年人基础照护

项目八　常用的体征评估及异常时的照护 …… 115
　　任务一　体温评估与照护 …… 115
　　任务二　脉搏评估与照护 …… 122
　　任务三　呼吸评估与照护 …… 124
　　任务四　血压评估与照护 …… 128
　　任务五　血糖评估与照护 …… 133
　　任务六　疼痛评估与照护 …… 135

项目九　老年人压力性损伤的预防与照护 …… 140
　　任务一　压力性损伤认知 …… 140
　　任务二　老年人压力性损伤预防及照护 …… 144

项目十　促进老年人排痰及为老年人实施氧疗 …… 148
　　任务一　为老年人翻身叩背促进排痰 …… 148
　　任务二　为老年人实施氧疗 …… 152

项目十一　老年人用药照护 …… 155
　　任务一　给药的基本知识 …… 155
　　任务二　口服给药 …… 158
　　任务三　吸入给药 …… 160
　　任务四　常用外用给药 …… 164

项目十二　冷热疗法的应用 …… 169
　　任务一　冷疗法 …… 170
　　任务二　热疗法 …… 175

项目十三　预防及控制养老机构院内感染 …… 179
　　任务一　养老机构院内感染概述 …… 179
　　任务二　清洁、消毒、灭菌 …… 182
　　任务三　隔离技术 …… 185

项目十四　临终关怀 …… 194
　　任务一　临终老年人及家属的护理 …… 194
　　任务二　死亡后的护理 …… 199

模块四　康复服务

项目十五　体位与体位转换 …… 207
　　任务一　体位 …… 207
　　任务二　体位转换 …… 217

  任务三 保护具的使用 ·· 222
项目十六 使用辅助器具协助老年人转移 ·························· 228
  任务一 使用助行器协助老年人转移 ······························ 228
  任务二 使用轮椅协助老年人转移 ··································· 238
  任务三 使用平车协助老年人转移 ··································· 244
项目十七 功能促进 ·· 248
  任务一 吞咽功能训练 ··· 248
  任务二 日常生活活动训练 ·· 253
  任务三 体位转换训练 ··· 257
  任务四 老年人坐位或站立位平衡训练 ···························· 261

模块五 老年人意外伤害的预防及应对

项目十八 心搏骤停及气道异物梗阻的院前急救 ··················· 267
  任务一 心搏骤停的院前急救 ··· 267
  任务二 气道异物梗阻的院前急救 ··································· 274
项目十九 老年人常见外伤的应对 ··· 279
  任务一 烧烫伤的预防及急救 ··· 279
  任务二 跌倒的预防及急救 ··· 283
  任务三 外伤救护 ·· 288

附录 ··· 300
  附录1 生命体征记录单（以生命体征平稳的半自理老年人为例）········ 300
  附录2 照护交班报告 ·· 300
  附录3 照护过程记录 ·· 301

参考文献 ··· 302

模块一

健康照护基础

项目一　老年照护服务认知

 **引言**

随着社会的进步和经济的发展,老年人口数量和比例不断增加,人口老龄化已成为世界各国普遍存在的社会问题。随着年龄的增加,老年人的身心功能逐渐衰退,多种慢性疾病的发生将会进一步损害老年人的健康。面对庞大的老年人群体,为他们提供全面、系统、规范的健康照护服务,对维护老年人健康、提高老年人生活质量尤为重要。

 **知识链接**

通常将60岁及以上人口占总人口比重达到10%,或65岁及以上人口占总人口比重达到7%,界定为一个国家或地区进入老龄化社会。根据这一标准及我国第七次全国人口普查数据,我国已经处于老龄化社会,且人口老龄化程度持续加深。

我国人口老龄化的发展过程具有人口规模大、发展速度快、发展不平衡、未富先老等特点。人口老龄化已经成为当前及今后很长一段时期我国社会的一个重要特征。人口老龄化将对经济和社会运行产生深刻的影响,社会对养老服务的需求将急剧增加。

项目分解

为老年人提供有效的健康照护,首先要了解老年人的生理、心理特点,进而根据老年人特点,采取有针对性的照护措施,维持和促进老年人身心健康。老年人健康照护工作,既是脑力劳动又是体力劳动。照护人员在进行老年人健康照护工作时,既要注意保护老年人安全,又要保持自身健康,避免职业伤害。因此,本项目从老年人生理、心理特点认知,老年人健康及健康照护认知,合理应用人体力学原理三方面进行详细讲解。

任务一　老年人生理、心理特点认知

▼ 知识链接

随着年龄的增长,老年人的生理功能不可避免地发生改变,出现感知觉减退、智力衰退、功能下降等症状。并且伴随着年龄的增长、社会角色的转变,老年人的心理也会发生不同程度的变化,如性格改变、抑郁、焦虑等,而这种变化往往容易被忽略。

老年健康照护人员在工作中,要根据老年人的生理、心理特点,有针对性地为老年人提供系统、整体的照护。因此,首先要了解老年人的生理、心理特点。

一、老年人生理特点

衰老是生命不可抗拒的自然规律,是生物体在其生命过程中,生长发育达到成熟期以后,机体的形态结构和生理功能出现的一系列退行性变化。这是一个正常的生理变化过程,其过程是逐渐发展的。衰老的速度存在个体差异,而且在同一个体的不同系统、不同器官间老化速度也不同步。这种差异与遗传、营养、职业、生活方式、体育锻炼、文化程度、心理状态、环境、社会因素等有关。通常认为人60岁以上就进入了老年期,其生理特点如下。

1. 运动系统的变化

老年人肌肉、韧带萎缩、变硬,使肌力减弱、肌肉弹性下降,易出现疲劳、腰酸腿疼、关节僵硬等症状。骨骼出现退行性变化,易出现骨质疏松,骨折发生率高。

2. 呼吸系统的变化

老年人的呼吸肌萎缩、肋软骨钙化,加之肺及气管弹性下降,使其呼吸功能减退、活动耐力下降。此外,气管分泌物不易排出,致使老年人容易发生肺部感染、肺气肿、阻塞性肺等疾病。

3. 消化系统的变化

多数老年人会出现牙齿松动脱落、胃肠蠕动减慢、胃排空延迟、消化腺分泌减少,可表现为消化不良、缺乏营养、排便困难等。此外,肝脏对药物、毒素的代谢解毒功能减退,使老年人用药时容易发生药物不良反应。

4. 循环系统的变化

老年人心肌出现退行性变化,常发生心率和心律的改变,如期前收缩、心房颤动及传导阻滞等心律失常表现。动脉粥样硬化会导致高血压、冠心病、脑卒中等疾病。

5. 神经系统的变化

(1) 脑组织萎缩。

老年人神经系统进行性衰退,使老年人反应能力下降,使其意外伤害发生率大大增加,如在日常生活中易出现跌倒、烫伤等;身体感受能力下降导致就医延迟等。

(2) 运动神经细胞萎缩、减少。

老年人的运动神经细胞萎缩、减少,运动能力下降。一些保护性反射的反应也相对迟缓,使老年人动作迟钝。

(3) 平衡能力下降。

老年人运动缓慢,除因肌肉能力、运动能力下降外,平衡能力下降也是一个原因。根据这个特点,在照顾老年人时动作要轻缓,起卧的速度不要过快,以防老年人不适或跌倒。

6. 泌尿系统的变化

老年人肾脏功能衰退,对水、电解质调节功能降低,使老年人易发生水、电解质紊乱。老年人膀胱容量减少,排尿控制力减弱,使老年人排尿次数改变,甚至出现尿失禁。残余尿增多又使泌尿系统感染风险增大。此外,老年男性因前列腺增生出现排尿困难,易造成尿潴留,残余尿增多又易导致泌尿系统感染。老年女性因功能衰退易发生下尿路感染。

7. 生殖系统的变化

女性绝经后,输卵管、卵巢、子宫、阴道黏膜开始萎缩,阴道壁变薄,外分泌腺功能减弱,分泌液减少,导致阴道干涩、瘙痒,抵御细菌感染的能力减弱。由于性激素水平下降,会出现一系列更年期症状,如暴躁、多疑、出虚汗、心慌等。男性更年期出现在 55~60 岁左右,也可能会导致性格变化。

8. 内分泌系统的变化

在衰老过程中,甲状腺和促甲状腺激素的合成和分泌减少,使甲状腺功能减退。另外,老年人胰岛素的生物活性明显降低,易患糖尿病。

9. 感觉系统的变化

除因神经系统的变化导致老年人对外界事物反应迟钝外,感官的变化也使他们对外界反应减少,其主要表现如下:

(1) 视觉减退。

由于晶状体失去弹性,老年人的眼肌调节能力降低而出现老花眼,造成视物模糊。此外,老年人还容易出现白内障、视野变小、瞳孔对光反应减弱等症状。

(2) 听觉障碍。

老年人由于听觉障碍,听不清别人说话,常常答非所问,久而久之,不愿与别人交流,因而变得闭塞,反应更加迟钝。

(3) 皮肤感觉下降。

随着年龄的增长,皮肤皮脂腺、汗腺萎缩,皮肤血供下降,皮肤屏障受损及神经调节功能减弱,老年人皮肤病的患病风险明显增加。关注老年人皮肤病的发生情况,完善相关的预防措施,对保障老年人身心健康具有重要意义。

(4) 味觉变化。

由于舌苔变厚、味觉减退、唾液分泌减弱,老年人的味觉大大降低,喜吃甜、咸食品,所以,应注意控制其糖和食盐的摄入。

二、老年人心理特点

老年人的各种生理活动的变化和衰退,或多或少地影响了老年人的心理活动。老年人在知觉、注意力、记忆力、思维、情绪、意志、气质、性格等方面均呈现出不同特点。

1. 知觉特点

老年人由于各种知觉能力下降,有时会形成错觉。例如,知觉能力下降的老年人过马路时,可能会把远处飞驰的摩托车看成自行车,并误以为有足够的时间穿过马路,结果造成交通事故。

2. 注意力特点

老年人因脑细胞萎缩、减少,致使注意力明显下降,对生活有很大影响。如对新生事物接受较慢,学习、思考时间稍长即感觉疲劳,兴趣范围狭窄等。

3. 记忆力特点

老年人的脑细胞萎缩、减少,造成记忆力下降,特别是近期记忆力明显下降。老年人可能忘记刚发生的事,如半小时前是否服用药物等。老年人还有可能找不到自己需要的东西,不知道自己要做什么,忘记别人的嘱托等。

4. 思维特点

思维是人脑对客观现实间接、概括的反映,反映事物的本质和内在规律。老年人由于记忆能力减退,概念形成较慢,思维过程受到影响,但由于经验丰富,老年人对某些事物的认识可能更准确。

5. 情绪特点

老年人脑细胞和内分泌细胞萎缩、减少,情绪反应时内分泌腺释放化学递质的速度减慢,数量减少,故而老年人情绪反应不如年轻人强烈。但另一方面,由于脑萎缩或脑软化,使得老年人情感脆弱,有时不能自控,容易冲动,情绪变化快。

6. 意志、气质、性格特点

由于精力、体力逐渐衰退,大部分老年人的意志不如青壮年人。由于老年人神经过程抑制强、兴奋弱,在行为和活动中表现为沉着、安静、迟缓、自信等。老年人的性格易向两极演变,一极是性格强化,自尊心增强、固执、急躁等,另一极是性格弱化,多疑、无自信心等。因此,老年人常表现为谨慎、固执、刻板等。由于兴趣范围狭窄及社会交往减少,老年人容易感到孤独、寂寞。

▶ 任务训练

以小组为单位,谈一谈你身边的老年人有哪些生理、心理特点,这些特点对老年人及周围人群带来了哪些影响。

任务二　老年人健康及健康照护认知

▶ 知识链接

健康是一个复杂、多维和不断演变的概念。1948年,世界卫生组织(WHO)将健康定义为:健康不但没有疾病和身体缺陷,而且还要有完整的生理、心理状态和良好的社会适应能力。1989年,WHO首次将"道德健康"纳入健康的内容,形成了四维健康观,即躯体健康、心理健康、社会健康和道德健康。健康是人类的基本需要和共同追求的目标,是促进人类全面发展的必然要求。

一、老年健康

老年健康首先要符合健康的定义,同时要更加强调老年人健康的特殊性。老年健康是生物、心理、社会概念上的健康,在日常生活、生活能力方面没有问题,一般体力活动方面没有太大困难,在认知能力测验中取得高分,自评健康状况为良好或好,目前心境及情绪的自我评价好或尚好。中华医学会老年医学分会于2013年对中国健康老年人的具体标准进行了修订。其主要内容如下。

(1) 重要脏器的增龄性改变未导致功能异常;无重大疾病;相关高危因素控制在与其年龄相适应的达标范围内;具有一定的抗病能力。

(2)认知功能基本正常;能适应环境;处事积极乐观;自我满意或自我评价良好。

(3)能恰当处理家庭和社会人际关系;积极参与家庭和社会活动。

(4)日常生活活动正常,生活自理或基本自理。

(5)营养状况良好,体重适中,保持良好的生活方式。

满足上述标准,就是健康的老年人。通过政策引导、生活方式、环境及医疗条件改善等措施,我国老年人口健康素养明显提升。但由于人口基数大、人口老龄化发展速度快等因素的影响,我国处于失能、半失能状态的老年人口数量庞大。北京大学人口学研究显示,预计到 2030 年,中国失能老人规模或将超过 7700 万人,平均每位失能老人将经历 7.44 年的失能期。面对庞大的失能、半失能人口数量,我国现有的"421"家庭模式已经不能满足养老需求。这些老年人群体最需要的就是专业化的长期健康照护服务。

二、老年健康照护特点

老年人随着年龄增长,逐渐出现衰老的现象,如身体各系统的功能逐渐减弱,语言、行动变得缓慢,对外界刺激反应迟钝等。因此,老年健康照护人员应根据老年人的生理、心理特点,提供有针对性的健康照护。老年健康照护的特点如下。

1. 老年健康照护需要更多的细心和耐心

(1)日常生活照护。老年人日常生活不能完全自理者较多,需要精心照料。

① 保持老年人身体清洁。生活不能完全自理的老年人在日常生活中需要照护人员协助维持自身的清洁卫生。照护人员应做到每日早晚进行晨晚间护理,根据老年人自理程度协助其洗脸、刷牙、每晚睡前洗脚,或提供口腔护理等;每周为不能自理的老年人洗头、洗澡或擦浴 1~2 次,更换被服 1~2 次。

② 预防压力性损伤。对长期卧床的老年人,要保持床铺平整、清洁,定时更换卧位,至少每 2 小时翻身一次。协助翻身后观察皮肤,若皮肤有受压的迹象,应缩短翻身间隔时间。及时采取压力性损伤的预防措施。妥善护理大小便失禁的老年人。

③ 细心照顾老年人的衣着。老年人的衣服应柔软、宽松、合体、穿脱方便。随天气的变化随时增减衣服,外出时要戴帽子。鞋袜要舒适,袜子应为宽松的棉制品,以免袜口过紧影响下肢血液循环,引起不适。

(2)饮食照护。老年人的饮食照护要周到,设法满足老年人的营养需要,还要注意进食的安全。食物应煮得软烂、可口。照护人员要熟悉各种食物的营养价值,合理选择食物。对不能自理的老年人,要协助其进食。喂食时要正确摆放老年人的进食姿势,注意每口喂的饭量要适当,速度要慢,干稀食物要搭配,与老年人互相配合,避免进食中发生意外。

(3)排泄照护。照护排泄异常的老年人,照护人员要有熟练的照护技能,还要有高度的责任心、爱心、耐心和良好的心理素质。

(4)睡眠照护。老年人的睡眠时间要充足。健康的老年人每天需要 8 小时以上的睡眠,70~80 岁的老年人每天睡眠应在 9 小时以上,80~90 岁的老年人应在 10 小时以上。照护人员要仔细观察,及时发现老年人睡眠问题及影响睡眠的因素,通过改善睡眠环境、缓解身体不适等方式促进老年人睡眠。对于夜间睡眠时间不足者,可安排午休。

2. 老年人感觉系统功能下降,需要特殊照顾

老年人视力、听力等逐渐减退,使其与外界沟通困难,易对他们的身心健康造成不良影响。照护人员要采取措施帮助老年人克服因感觉系统功能下降而造成的困难。如视力不好的老年人要佩戴合适的眼镜,视力有障碍者要给予生活照顾等。

3. 老年人对安全的需要程度增加

老年人跌倒、噎食等意外发生率随着年龄的增长而增加。因此,在老年人照护过程中,照护人员要有安全意识,及时采取措施预防意外发生。如通过对老年人居住环境进行适老化改造以降低跌倒风险,通过吞咽功能训练、安排合理的进食体位等措施降低噎食发生率等。

4. 老年人对自尊的需要程度增强

老年人因机体衰老、经济收入减少、社会与家庭承担责任能力降低,自理能力下降等易出现自尊受挫。在照护工作中照护人员要特别注意尊重老年人,如礼貌的称呼,讲话态度和蔼,需要老年人配合的事应先征求老年人的意见等。

5. 老年人孤独的处境需要更多的关怀

由于机体功能衰退及疾病等因素,老年人社会参与程度下降,易产生孤独感、失落感。因此,照护人员应帮助老年人多参加集体活动。多与老年人交谈,陪伴老年人,以满足老年人精神和心理的需要。

6. 老年人免疫功能下降,易发生感染性疾病

老年人机体免疫功能下降,感染性疾病的发生率明显高于年轻人,尤其是呼吸系统与泌尿系统感染。因此,老年人健康照护过程中要注意预防感染。照护人员要注意保持老年人身体各部位的清洁卫生以及环境的清洁,注意饮食卫生,餐前、便后为老年人洗手,还要做好消毒、隔离工作。在疾病流行期间,应注意老年人的保护,嘱咐老年人不要去人群密集的地方。

7. 老年人机体反应能力下降,患病不易被发现

由于机体反应低下,老年人患病后常没有典型的临床症状,使得老年人患病不易被及时发现,易被忽略或误诊。因此,照护人员应注意细心观察老年人的身体状况,一旦发现异常表现,及时报告医护人员。

8. 与老年人交流需有良好的沟通技巧

老年人听力减退,对刺激反应迟钝,因此与其沟通时要注意运用良好的沟通技巧。如沟通的态度要真诚、耐心,言语要清晰、温和,语速及音调要适中等。

三、老年健康照护人员职业守则

1. 尊老敬老,以人为本

我国为保障老年人的权利,制定了相关的法律、法规和政策,正在逐步建立以居家为基础、社区为依托、机构为补充的养老服务体系,以保证老年人能得到良好的照顾。为了保障老年人能真正享受到优质服务,在实践工作中,要把"以人为本"落实到每项工作中,制定规范化的服务流程和服务标准。

照护人员直接承担着照顾老年人的工作,其工作不仅仅是对老年人的日常生活照料,还包括对老年人的情感慰藉,担负着国家、社会和家庭对老年人的关怀,所以在工作中要处处为老年人着想,在实际行动中体现以老年人为本的服务理念,使老年人从照护人员的工作中感受到尊重与关怀。

2. 服务第一,爱岗敬业

服务第一就是把为集体或服务对象工作放在第一位。照护人员的工作对象是老年人,老年人的需要就是对照护人员的要求,时时处处为老年人着想,急老年人所急、想老年人所想,全心全意为老年人服务。

爱岗敬业是服务第一的具体体现,只有爱岗才能敬业。热爱本职工作,就是职业人以正确的态度对待自己的工作,认识到本职业的社会意义,努力培养对自己所从事工作的荣誉感、责任感。只有这样才能全身心投入职业活动中,在平凡的岗位上做出不平凡的业绩。

3. 遵章守法,自律奉献

(1) 遵章守法。首先,树立严格的法治观念,认真学习和遵守国家的法律、法规,学习和遵守有关尊老、敬老和维护老年人权益的法律、法规。使自己的一言一行都符合法律、法规的要求,做遵章守法的好公民。其次,还要遵守社会公德,遵守社会活动中最简单、最起码的公共生活准则,努力做到爱国守法、明礼诚信、团结友善、勤俭自强、敬业奉献,遵守老年照护人员的职业道德和工作须知,爱老、敬老,热忱地为老年人服务。

(2) 自律奉献。首先,严格要求自己,为老年人着想,把为老年人服务作为行为准则,要有慎独精神;其次,要积极进取,刻苦钻研,努力学习和掌握科学先进的养老服务工作技能,不断提高工作质量。

4. 孝老爱亲,弘扬美德

(1) 孝老爱亲。孝老爱亲就是孝敬老人、尊敬亲人、爱护亲人,其核心要义是孝顺。尊重长辈、孝敬父母是每个人应该做好的事情,是每个人的立身之本,是生存和发展的基础。

(2) 弘扬美德。美德是指优良的道德风尚,是美好的道德,是社会中大多数人所推崇并尽力奉行的优秀道德品质的总合。作为老年照护人员,应该具有孝老爱亲的美德,成为孝老爱亲的典范和模范,成为这一美德的弘扬者和传播者。

▶ **任务训练**

运用本任务所学知识,分析自己从事老年服务工作的优势和不足,思考怎样才能成长为一名优秀的老年照护人员?

任务三 合理应用人体力学原理

▶ **案例导读**

小王是某养老机构的优秀员工,从事失能老人照护工作5年。由于工作原因,小王需要经常搬抬或移动被照顾者。近一年来,小王经常出现腰背部疼痛不适,疼痛主要由职业因素造成。

请思考：在老年健康照护工作中，如何正确运用人体力学原理避免或降低职业伤害的发生？

知识链接

人体力学是在日常生活及工作中如何维持和掌握身体正常的平衡，使身体各部分发挥正常作用并保持合适身体姿势的科学。老年健康照护工作既是脑力劳动，又是体力劳动。合理地应用人体力学原理进行老年健康照护工作，不仅能够维护老年人的良好姿势，保持老年人关节的功能位，也能有效地减轻照护人员的疲劳，防止肌肉损伤。

一、常用的力学原理

1. 压力、反作用力与摩擦力

（1）压力。

压力是受力面上所承受的垂直作用力。这种力直接作用于人的皮肤时会对皮下组织产生压迫。在压力作用下，组织是否受损取决于压力的大小及作用时间。如果压力持续超过毛细血管平均压力的3倍，将会使组织发生压力性损伤。因此，应定时改变卧床老年人体位，或使压力分散到较大面积上。如使用气垫保护老年人骨隆突部位，就可扩大支撑面，降低局部皮肤压力，预防压力性损伤。

（2）反作用力。

反作用力是接触点起反作用的力。例如，协助半自理老年人移向床头时，老年人双手拉住床头栏杆，双脚向床尾蹬踩，可得到大小相等、方向相反的作用力，使其身体移向床头（见图1-1）。

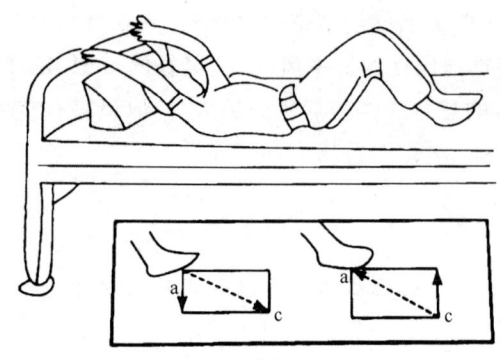

（F_{ac}为作用力，F_{ca}为反作用力）

图1-1 作用力与反作用力

（3）摩擦力。

摩擦力是切线上的作用分力，与物体相对运动的方向相反，阻碍物体间的相对运动。摩擦力的大小取决于正压力的大小和摩擦系数。干燥平面的摩擦系数大于光滑平面。人体在运动时，没有感觉到关节的任何摩擦力，这是由于关节运动时滑液通过关节软骨被挤压出来。当关节静止时，滑液被吸收，增加了摩擦力，从而使关节容易保持在规定位置上。照护人员在工作中可通过改变接触面的粗糙程度和压力大小来改变摩擦力。如护理床、轮椅、推车等的轮子，定时加润滑油，可以减少接触面的摩擦系数，利于使用；在浴室应用防滑地砖，在拐杖前端加橡皮垫等，可以增大摩擦系数，利于老年人安全。拐杖使用时尽量靠近身体，因为太靠前或靠外，会减小地面和拐杖间的压力，减小摩擦力，容易打滑。另外，移动老年人时应抬起，避免因拖、拉、拽等增大摩擦力而损伤皮肤；搬动物品时，尽量以拉动代替推动，因为拉的力量向上，有利于减小压力，减少摩擦力。

2. 杠杆作用

人体活动大部分是用杠杆原理完成的，人体运动系统由骨骼、关节、骨骼肌共同组成。它们在神经系统的调节和其他系统的配合下，对身体起着保护、支持和运动的作用。根据杠杆上的力点、支点和阻力点的相互位置，杠杆可分为三类：平衡杠杆、省力杠杆和速度杠杆。

（1）平衡杠杆。

平衡杠杆的支点位于力点和阻力点之间，日常生活中天平即为平衡杠杆。

（2）省力杠杆。

省力杠杆的阻力点位于力点和支点之间。例如，用脚尖站立，脚尖为支点，足后跟的肌肉收缩为作用力，体重落在两者之间的距骨上形成阻力（见图1-2）。由于动力臂比阻力臂长，所以省力。

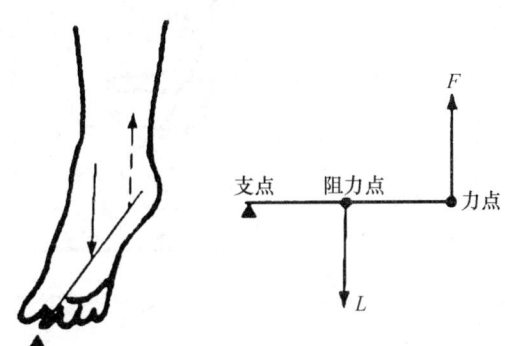

L—体重；F—足后跟肌肉收缩的作用力

图1-2 足部杠杆作用

（3）速度杠杆。

速度杠杆的力点位于支点和阻力点之间，其动力臂小于阻力臂，所需的力较阻力更大，但能换来距离较长的移动。例如，用手臂搬运重物时的肘关节运动属于此类杠杆的例子（见图1-3）。

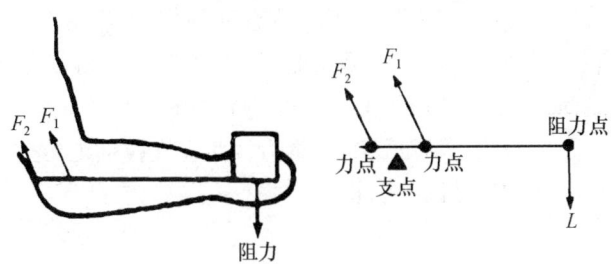

L—物体的重量；F—肌肉收缩的作用力

图1-3 肘关节杠杆作用

3. 平衡与稳定

根据力学原理,人或物体的平衡和稳定与重量、支撑面的大小、重心的高低及重力线与支撑面边缘之间的距离有关。重心、重力线与支撑面见图1-4。

(1) 物体的稳定性与质量成正比。

体积相同的情况下,人或物体的质量越大,稳定性越好。

(2) 稳定性与重心高度成反比。

人或物体的重心越低,稳定性越大。当人双臂垂直直立时,重心位于骨盆的第二骶椎前约7 cm处,如把手臂举过头顶,重心随之升高,当身体下蹲时,重心则下降(见图1-5)。

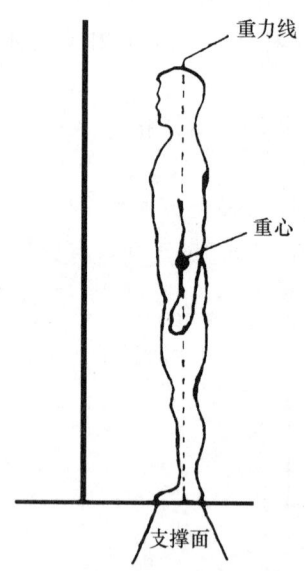

图1-4 重心、重力线与支撑面

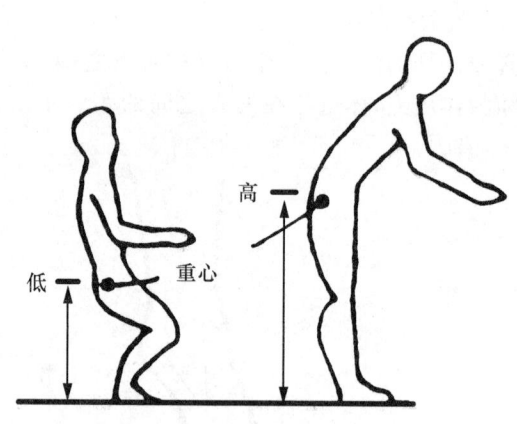

图1-5 重心的高低变化

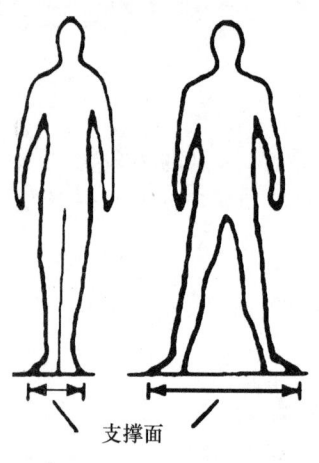

图1-6 人体支撑面

(3) 支撑面大小与稳定性成正比。

支撑面是由人或物体与地面接触时的各支点表面构成的,可以为站立、提重物或移动时提供稳定性。支撑面越大,人或物体越稳定(见图1-6)。如,老年人行走时,常借助手杖等以扩大支撑面,增加稳定性。

(4) 重力线必须通过支撑面,才能保持人或物体的稳定。

当人从椅子上站起时,重力线落在支撑面外,身体有向后落座的趋势,不易站起,见图1-7(a)。对于年老体弱者,会坐回到原来的椅子上。因此,站立时应先将身体前倾,一只脚向前迈,另一只脚后移,使重力线落在支撑面上,这样就能平稳地站立起来,见图1-7(b)。

(a) 重力线落在支撑面外　　　　(b) 重力线落在支撑面内（正确答案）

图 1-7　从椅子上站立时重力线改变情况

二、人体力学原理在老年健康照护工作中的应用

照护人员在工作中如果不注意应用人体力学原理,不仅会影响老年人的舒适及安全,还会对自身健康造成伤害。例如,如果提取重物时身体前屈,则不仅物体的重量,而且身体上部分的重量均对腰椎、脊柱产生力矩,相当于躯干自然伸直时的3倍,使腰椎间盘所承受的力大为增加,致使疲劳、腰背部疼痛,严重者还会造成腰椎间盘突出。因此,在老年健康照护工作中照护人员应使用人体力学原理。

1. 扩大支撑面,保持身体平衡

照护人员在工作中,要保持老年人身体平衡,减轻肌肉疲劳,使老年人舒适安全,还要保护自身不受损伤。当站立时,身体前面的肌群和后面的肌群相互拮抗,处于平衡状态,维持身体直立。如果在维持身体平衡时,肌肉、韧带、关节过度牵扯,将致使肌肉紧张、疲劳,严重时造成肌肉、韧带和肌腱的劳损而影响身体健康。在站立、行走、下蹲或起立时,两脚要前后或左右分开以扩大支撑面,取得平衡稳定的姿势,转身时要以全身转动代替躯干转动,以避免不均等的肌肉张力,造成损伤。协助老年人移动时,也应尽量扩大支撑面。如老年人侧卧时,应两臂屈肘,一手放于枕旁,一手放于胸前,两腿前后分开,上腿弯曲在前,下腿稍伸直在后,以扩大支撑面,稳定卧位。

2. 降低重心

在取用位置低的物体或进行低平面的护理操作时,照护人员双下肢应随身体动作的方向前后或左右分开,以增加支撑面,同时屈膝屈髋,上身呈近似直立的下蹲姿势,降低重心,减少弯腰,减轻腰部负荷,这样背部也不易疲劳,又使重力线在扩大了的支撑面内,利用重心的移动完成操作,保持身体的稳定性。同时,屈膝屈髋的动作利用了臀部与大腿的长肌,如臀大肌、股四头肌等,因长肌的力臂长,所以操作时较为省力(见图1-8)。

3. 减少身体重力线的偏移

在提起物体、抱起或抬起老年人移动时,照护人员应尽量将物体或老年人靠近自己的身体,同时以下蹲代替弯腰,以使重力线落在支撑面内,减少重力线偏移,增加稳定性,减少腰部肌肉做功。

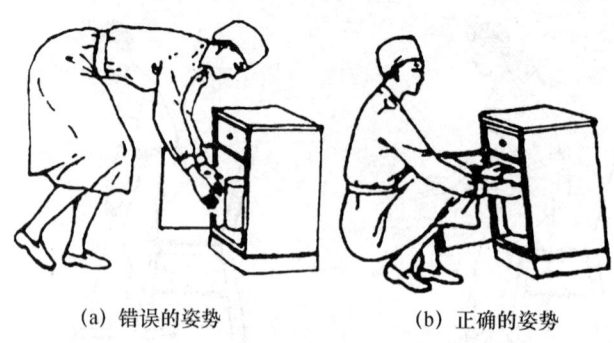

(a) 错误的姿势　　　　　　(b) 正确的姿势

图 1-8　降低重心

4. 利用杠杆作用

照护人员操作时应尽量靠近操作物,两臂持物时,两肘紧靠身体两侧,上臂下垂,前臂和所持物体靠近身体,重臂缩短因而省力,腰段脊柱上的压力也就减轻,如端治疗盘、脸盆等。提取重物时,最好把重物分成相等的两部分由两手提拿,若重物由一只手臂提拿,另一只手臂可向外伸展以保持平衡。

5. 尽量使用大肌肉群或多肌群

照护人员进行操作时,能使用整只手时,要避免只用手指进行操作。在能使用躯干部和下肢肌肉力量时,尽量避免只使用上肢的力量。如端治疗盘时,应五指分开,托住治疗盘并与手臂一起用力,由于多肌群用力,故不易疲劳。

6. 用最少量的肌力做功

照护人员需要移动重物时,如果可以利用推车等运送,就尽量避免搬运或提取。移动重物时应下蹲,躯干自然伸直,上身大部分的重量通过脊柱向下,由于脊柱关节嵌合紧密,只需很少的肌肉活动,即可维持平衡。同时要有节律并计划好所要移动的位置和方向,面向移动方向,以免扭转脊柱造成损伤,以直线方向移动,尽可能用推或拉代替提取。

任务训练

以小组为单位,谈一谈在为老年人提供健康照护服务时,如何合理利用人体力学原理以减少职业伤害的发生。

项目二 照护实施前评估及制订计划

引言

根据国家统计局发布的第七次人口普查数据,我国60岁及以上人口已经达到26 402万人,约占人口总数的18.70%,与第六次全国人口普查相比上升约5%。为改善老年人的生活现状,提高照护水平,政府相关部门提出要配置不同比例的工作人员,提供物资、照料等方面的服务。老年人能力评定是此项工作开展的基础,因此,本项目将结合老年人能力评估展开老年照护实施前评估及制订计划的阐述,其他常用评估内容及方法,如生命体征评估、压力性损伤的评估等,本书将另行阐述。

知识链接

为适应我国养老服务行业尤其是医养结合和居家社区养老服务的迅速发展,在《老年人能力评估》(MZ/T 039—2013)的基础上,国家市场监督管理总局、国家标准化管理委员会在2022年12月批准发布了《老年人能力评估规范》(GB/T 42195—2022)国家标准,为全国养老服务等相关行业提供了更加科学、统一、权威的评估工具。该工具不仅融入了老年人生活自理能力、基础运动能力、精神状态、感知觉与社会参与评估,还对评价工具进行了本土化改造,能够较好地反映被测评老年人的自理能力状况。

项目分解

对老年人进行包括日常生活活动、精神状态等多方面能力的评估,是制订照护计划、开展照护服务的基础和前提。本项目将从照护实施前评估工作和为老年人制订照护服务计划两个方面展开论述,期望通过此部分内容的学习,能够帮助学习者更好地开展老年照护实施前评估和制订照护计划工作,以便为老年人提供更有针对性和有效性的健康照护服务。

任务一 照护实施前评估工作

🔖 案例导读

孙奶奶,93岁,大学文化水平,公费医疗,意识及思维清晰,独居。育有两儿一女,子女偶尔前来探望老人。自诉患有高血压、冠心病、睡眠障碍,有右下肢及背部疼痛,遵医嘱服用药物治疗。老人居住场所为楼房,有电梯,平时很少出门,外出需使用轮椅。双下肢肌肉萎缩、力量下降,活动仅限于自家居室内,需要使用拐杖,行走步速缓慢。老人可自行进食,三餐及卫生均由小时工负责。无失禁、噎食。两周前上厕所时和夜间起床喝水时,不慎跌倒但未骨折。偶尔读书、看报并作记录,但需要佩戴老花镜。听力基本正常。老伴去世后,孙奶奶言语较前明显减少,时常情绪低落。最近一周以来,老人出现嗜睡,经常系错扣子、蓬头垢面,写字时严重手抖。

请思考:孙奶奶的子女们希望了解一下老人的能力评估等级,根据评估等级来决定后续的照护安排。请你对孙奶奶的情况进行评估并为其家属解读评估结果。

🔖 知识链接

科学完整的老年人照护应该包括评估、计划、实施、评价在内的一个循环修正的过程,基于老年人自身能力的评估是我们所有照护步骤的基础。老年人能力评估是由专业人员依据相关标准,对老年人个体的自理能力、基础运动能力、精神状态、感知觉与社会参与等进行的分析评价工作。

一、躯体健康评估

1. 健康史的采集

老年人的健康史是指老年人目前和既往的健康状况、受影响因素以及老年人对自己健康状况和社会能力认知等方面的主观资料。

(1) 健康史的采集内容(见表2-1)。

表2-1 健康史的采集内容

采集项目	具体内容
① 基本情况	姓名、性别、出生日期、民族、婚姻状况、职业、籍贯、文化程度、宗教信仰、经济状况、医疗费用的支付方式、家庭住址、联系方式等
② 健康状况	● 目前的健康状况:有无慢性疾病及程度、发病时间、主要症状、治疗及恢复情况、个人活动能力、疾病对日常生活活动能力和社会活动的影响。 ● 既往健康状况:患病史、手术史、药物/食物过敏史等
③ 家族史	遗传病史、家人死亡的年龄及原因,如有无肿瘤、心血管疾病史,家庭成员尤其是老伴对老年人的关心照顾情况等

(2) 健康史的采集方法。

① 交谈法：与老年人、亲友、照顾者及相关医务人员进行谈话沟通，了解老年人的健康状况。注意运用有效的沟通技巧，与沟通对象建立良好的信任关系。

② 阅读法：查阅病例、各种医疗与护理记录、辅助检查结果等。

(3) 健康史采集的注意事项。

① 提供适宜的环境。因老年人视力和听力下降，照护人员采集时应避免对老年人的直接光线照射，环境尽量安静、无干扰，注意保护老年人的隐私。注意调节室内温湿度至合适范围。

② 采集健康史的时间应充分。老年人往往存在感官退化、反应较慢、行动迟缓、思维能力下降、易疲劳等问题，因此照护人员应根据老年人的具体情况进行健康史采集，保证其有充足的时间回忆与健康史采集有关的事件，同时还应避免老年人过于疲劳。

③ 适当运用沟通技巧。在健康史采集时，照护人员应充分考虑老年人的视觉、听觉及记忆特点，恰当运用沟通技巧，如减慢语速、语言清晰、使用老年人熟悉的语言、注意观察非语言信息等。

2. 身体评估

照护人员通过对老年人的观察和全面而有重点的体格检查，可以更好地了解其身体状况，为护理计划的制订提供依据。对老年人进行身体健康状况评估时，除了生理功能以及疾病本身外，还要对其日常生活能力进行评估。

(1) 评估内容。

身体评估内容见表2-2。

表2-2　身体评估内容

评估项目	具体内容
① 全身状态	● 营养状态：每日活动量、饮食状况、饮食限制情况；测量身高、体重。 ● 生命体征：评估老年人的体温、脉搏、呼吸、血压；测量身高、体重。 ● 智力及意识状态：意识状态主要反映老年人对周围环境的认知和对自身所处状况的识别能力。 ● 体位与步态：如心肺功能不全者可采取强迫体位，帕金森病可见慌张步态等
② 皮肤	评估包括颜色、温度、湿度、完整性、感觉等。长期卧床老年人应重点评估其受压部位是否有压力性损伤
③ 头面部与颈部	评估包括头发、眼睛及视力、听力（听觉及助听器的使用情况）、鼻腔、口腔（注意是否存在义齿、牙龈、牙齿缺损、黏膜病变等情况）、颈部（注意是否存在因病所致的颈项强直）
④ 胸部	乳房：外观评估并观察是否有癌变征象；胸、心肺：通过视诊、听诊及叩诊获得
⑤ 腹部	评估腹部是否膨隆、疼痛不适、有无腹膜刺激征等；腹部盆腔重要脏器触诊；肠鸣音听诊等
⑥ 泌尿系统	外观评估，确认是否存在尿路刺激征、排尿困难等
⑦ 脊柱与四肢	椎间盘退行性改变；四肢的动脉搏动情况、关节活动范围、有无肿大变形及运动障碍等；皮肤完整性、温度及感觉情况等
⑧ 神经系统	记忆力、注意力情况；动作的协调性、睡眠状况等

(2) 评估方法。

① 观察法：运用感觉器官获取老年人的健康资料和信息，必要时可借助辅助仪器。

② 体格检查：通过运用视诊、听诊、叩诊、触诊等方法，对老年人进行有目的的全面评估。

(3) 评估注意事项。

① 提供合适的环境。注意评估环境的温度、湿度、光线及隔音效果等，保护老年人的隐私。

② 选择恰当的方法。根据评估内容及目的选择恰当的方法。在全身评估的基础上，重点检查易发生皮肤破损的部位，避免因评估而引起的进一步损伤。评估时可借助辅助仪器或设备。

二、心理健康评估

1. 老年人认知状态评估

认知是个体推测和判断客观事物的思维过程，即个人完成各种活动所需的基本能力，反映个体的思维活动，达到一定年龄的老年人均会有不同程度的认知功能障碍，因此认知能力是心理健康评估的重要内容之一。老年人认知状态的评估即对感觉、知觉、记忆、智力、思维变化等的评估。

(1) 认知状态评估内容（见表2-3）。

表2-3 认知状态评估内容

评估项目	具体内容
① 形象	是否健康、整洁，形象与年龄是否相符等
② 态度方面	是否合作，是否有猜疑、害怕、顾虑等
③ 活动能力	动作的协调性与敏感性、适应能力
④ 沟通方面	表情及语言、体态是否自然得体，语言表达能力，文字发音是否准确
⑤ 思维知觉	对事物的判断力、思维内容等是否正常
⑥ 记忆力与注意力	短时间或长时间的记忆力、学习新鲜事物的能力、定向能力是否正常
⑦ 高级认知能力	计算能力、抽象思维能力是否正常

(2) 认知状态评估的方法。可通过观察法、调查法、心理测验法和实验法进行评估。如评估注意力时，应观察老年人是否能有意识地将注意力集中在某一事物上，如可通过让老年人重复照护人员读的一组数字的方式进行。常用量表见表2-4。

表 2-4 常用量表

常用量表	量表简介
① 简易智力状态评估量表	● 主要用于筛查有认知缺损的老年人,适用于社区老年人群调查。 ● 结构与内容:共 19 个条目,评估 11 个方面。 ● 评定方法:向被测者直接询问,回答正确记 1 分,错误记 5 分,拒绝回答或回答不会者记 9 分或 7 分。全部答对总分为 30 分。 ● 结果解读:统计所有记"1"的项目(和小项)的总合,即正确的项目(和小项)数,成为该检查的总分,范围为 0~30 分。分界值:文盲组 17 分,教育年限小于或等于 6 年组 20 分,教育年限大于 6 年组 24 分。若测量结果低于相应组别的分界值,可认为被测者有认知功能损害
② 简易操作智力状态问卷	● 适用于老年人认知状态的前后比较。 ● 结构与内容:包括定向、短期记忆、长期记忆和注意力 4 个方面,共 10 项内容,如"今天是星期几""今天几号"等。 ● 评定方法:向被测者直接询问,回答或操作正确记 1。 ● 结果解读:问卷满分 10 分。结合教育背景,错 1~2 项者,认知功能完整;错 3~4 项者,轻度认知功能损害;错 5~7 项者,中度认知功能损害;错 8~10 项者,重度认知功能损害。受过高等教育的老年人只能错 1 项

2. 老年人情感状态评估

(1)老年人情感状态评估包括对老年人焦虑、抑郁的评估,内容见表 2-5。

表 2-5 老年人情感状态评估内容

评估项目	具体内容
① 基本情绪、情感	喜、怒、哀、乐等
② 与感觉刺激有关的情绪体验	如愉快的、不愉快的
③ 与接近事物有关的情绪、情感	如惊奇、感兴趣、厌恶
④ 与自我评价有关的情绪、情感	如成功、失败、骄傲、内疚、悔恨
⑤ 与他人有关的情感	如爱、恨
⑥ 正面/负面情绪、情感	正面情绪、情感,包括满意、喜悦、快乐等;负面情绪、情感包括抑郁、痛苦、悲观、绝望等

(2)老年人焦虑的评估。

焦虑是人们对环境中一些即将面临的、可能会造成危险和威胁的重大事件或预示要做出重大努力的情况进行适应时,心理上出现的紧张和不愉快的情绪状态。常表现为紧张、不安、急躁等,但又说不出具体明确的焦虑对象。常用的焦虑评估量表有汉密尔顿焦虑量表、状态-特质焦虑问卷。

扫描二维码查看常用焦虑评估量表

(3)老年人抑郁的评估。

抑郁是个体失去某种自己重视或追求的东西时产生的情绪体验,是一种常见的情绪反应。症状可表现为兴趣减退或丧失,对前途悲观失望,产生无助感,精神疲惫,缺乏动力,自我评价低,严重时会感到生活或生命本身没有意义。常伴失眠、悲观、行动受限、自责、性欲减退等症状,严重者会有自杀行为。常用的抑郁评估量表有汉密尔顿抑郁量表、抑郁自评量表等。

扫描二维码查看常用抑郁评估量表

3. 老年人人格评估

人格是指个体在适应社会生活的成长过程中,经遗传与环境的交互作用而形成的稳定而独特的身心结构。性格特点是人格的特征表现。老年人的人格变化特点包括以自我为中心、性格内向、适应能力下降、缺乏灵活性、猜疑与嫉妒心理等。常用的人格评估工具有洛夏墨迹测验、明尼苏达多项人格测验、艾森克人格问卷等。

(1) 老年人人格评估内容(见表2-6)。

表2-6 老年人人格评估内容

项目	具体内容
① 能力	能力指老年人成功地完成某种活动所必需的心理特征,是人格心理特征的综合表现。 ● 一般能力:是指老年人从事各种活动所必须具备的基本能力,如观察、注意、记忆、抽象概括等认知能力。 ● 特殊能力:是指老年人从事某种专业活动应具备的能力,如绘画需要的色彩分辨力。
② 性格	现代心理学家将性格分为功能类型、内外倾向型、场独立型和场依存型。 ● 功能类型:以理智、情绪、意志3种心理功能中哪一种占优势来确定性格类型。理智型处事稳重,能理智看待一切并可支配自己的行为。情绪型情绪体验深刻,较冲动,言行举止易受到情绪左右。意志型顽强执着,行为活动有较强的目的性、持久性和坚定性。 ● 内外倾向型:外向型活泼、感情外露,但较轻率,难以接受批评与自我批评;内向型感情深藏、不善交际,善于自我分析与自我批评。 ● 场独立型和场依存型:场独立型能主动适应环境和应对生活中的负面事件,善于克制冲动;场依存型易被动接受环境,自控力差,易产生自卑、抑郁等不良情绪以及依赖行为

(2) 评估方法。

① 观察法:通过观察老年人的言行举止、态度,对老年人人格进行评估的方法。

② 交谈法:通过与老年人交谈以了解其思想感情;与对老年人有重要意义的他人进行交谈,了解他们对老年人性格特征的看法。

③ 作品分析法:通过收集老年人的书信、日记等分析其性格特征,从而对老年人人格进行评估的方法。

4. 压力与压力应对评估

当老年人遭受来自外部环境(自然环境、社会环境)和(或)内部环境的压力(刺激)时,会产生一系列的生理、心理、认知及行为的反应,即压力应对。适量的压力是一切生命生存和发展所必需的,有助于提高人的身心适应能力。但当老年人面对突然发生的强烈刺激时(如丧偶、亲人死亡、退休等),会发生一过性适应,且不适应的情绪反应会加重不适应的生理反应,导致身心疾病。评估的方法包括交谈法、评定量表测验法。

三、社会状况评估

社会状况评估是针对老年人的社会健康状况和社会功能状况进行的评定,具体包括角色功能、所处的环境、文化背景、家庭状况等方面。评估方法有交谈法、观察法、量表评定法,环境评估时应进行实地观察和抽样检查。

1. 角色功能评估

应了解老年人的个体文化背景、过去的职业、近期发生的主要生活事件(如退休、丧偶等)、现在有无工作,承担的角色及角色行为是否恰当,有无角色适应不良,以及角色改变对其生活方式、人际交往的影响等。

2. 环境评估

环境评估主要包括物理环境和社会环境两方面。

（1）物理环境。物理环境一般指居住环境。居住环境是老年人的生活场所，是学习、社交、娱乐、休息的地方，评估时应了解其生活环境/社区中的特殊资源及其对目前生活/社区的特殊要求，其中居家安全环境因素是评估的重点，通过家访可以获得上述资料。

（2）社会环境。包括经济、文化、教育、法律、制度、生活方式、社会关系、社会支持等诸多方面，这些因素与老年人的健康有着密切关系。

3. 文化评估

了解老年人的文化差异、价值观、信仰、习俗等。值得注意的是，老年人容易发生文化休克，应结合观察进行询问。

4. 家庭评估

了解老年人的家庭结构，家庭成员的基本资料，成员间的关系，家庭对老年人提供经济、精神支持及生活照顾的能力以及家庭现有的压力等。

四、日常生活活动能力评估

1. 日常生活活动能力的概念及分类

（1）概念。日常生活活动（activity of daily living，ADL）能力是人们为了维持生存以及适应生存环境而每天必须反复进行的、最基本的、最具有共性的活动。ADL 评定是老年照护评估中最基本、最常用的评估方法，通过评定可以确定老年人是否能够独立、独立的程度，有助于制订和修改护理计划、评价护理效果、判断疾病预后等。

（2）分类。

① 躯体的或基本的 ADL（physical or basic ADL，PADL 或 BADL）是指老年人在家庭或机构中每日必须从事的日常生活活动的能力，如穿衣、进食、保持个人卫生等自理活动和坐、站、行走等身体活动。一般为比较粗大、无须利用工具的活动。也可简单理解为照顾自己的活动。

② 工具性 ADL（instrumental ADL，IADL）是指人在社区中独立生活所需的关键性、较高级的活动能力，一般需借助工具进行，如家务（洗衣、做饭等）、社会生活技巧（如购物、使用交通工具等）、个人健康保健等。其评定结果可反映较精细的运动功能，适用于失能状态较轻的老年人。

2. 日常生活活动能力的评定方法

日常生活活动能力的评定方法见表 2-7。

表 2-7 日常生活活动能力的评定方法

采集方法	实施
（1）直接评定法	最常用、最基本的评定方法。评定时可在老年人的实际生活中直接观察老年人本人或其帮助下逐一完成的具体 ADL 的情况。也可在 ADL 功能评定室内进行专项评定。在评定过程中，可询问老年人不能完成活动的理由、感觉，以及使用辅助器对活动影响的感受等。评定室的设施应尽可能接近实际生活环境，具备卧室、浴室、厕所、厨房及相应的家具、餐具等，并合理布局以利于老年人操作
（2）间接评定法	询问老年人本人、家属或查询书信等方式，获得不便直接观察项目的信息，如大小便控制、个人卫生管理等

3. 日常生活活动能力评定的常用工具

(1) PADL 标准化量表(见表 2-8)。

表 2-8 PADL 标准化量表

量表	简介
① Barthel 指数评定量表	● 特点：应用最广泛，操作简单，灵敏度、特异度高。 ● 内容：包括 10 项内容，即大便控制、小便控制、修饰、如厕、穿衣、进食、床椅移动、平地行走、上下楼梯、沐浴。 ● 结果解读：总分 100 分，根据是否需要帮助及其程度分为 0、5、10、15 4 个等级。得分越高说明独立性越好，依赖性越小。分界值：100 分表示老年人 ADL 较佳，但不认为老年人可完全独立生活，仅为日常生活可以自理；大于 60 分为轻度障碍，生活基本自理；40~60 分为中度障碍，生活需要帮助；20~40 分为重度障碍，生活需要很大帮助；小于 20 分为生活完全不能自理
② Katz 指数	基本观点：最复杂的功能最先丧失、最晚恢复。 内容：按照难易程度依次分为洗澡、穿着、用厕、转移、大小便控制和进食 6 项，并将其功能状态分为 A、B、C、D、E、F、G 7 个等级，A 级为完全自理，G 级为完全依赖

扫描二维码查看 Barthel 指数评定量表

(2) IADL 标准化量表(见表 2-9)。

表 2-9 IADL 标准化量表

量表	简介
① 功能活动问卷(FAQ)	● 主要适用于社区老年人的独立性和轻症阿尔茨海默症评估，为最常用的 IADL。 ● 内容：参见二维码。 ● 结果解读：分值越高说明智障程度越重，正常标准为小于 5 分，5 分及以上为异常
② 功能独立性测量(FIM)	● 用于评价因运动功能损伤而导致的 ADL 能力障碍，也可评价认知功能障碍对于日常生活的影响，涵盖了 PADL 和 IADL 两方面的内容。 ● 内容：6 大维度，共 18 项内容，其中包含 13 项运动性 ADL 和 5 项认知性 ADL。每项 7 个等级，记为 1~7 分，总分为 18~126 分。 ● 结果解读：得分越高，独立性越好。分界值：126 分为完全独立；108~125 分为基本独立；90~107 分为极轻度依赖或有条件的独立；72~89 分为轻度依赖；54~71 分为中度依赖；36~53 分为重度依赖；19~35 分为极重度依赖；18 分以下为完全依赖
③ 快速残疾评定量表(RDRS)	包括 3 部分内容，即日常生活需要帮助的程度(如进食、行走、活动等)、残疾程度(语言交流、听力、视力、白天是否卧床等)、特殊问题程度(精神错乱不合作、抑郁等)。共 18 项，每项得分 0~3 分，最高总分为 54 分。正常分为 0，分值越高表示残疾程度越重

扫描二维码查看功能活动问卷

五、老年人能力评估

1. 老年人能力评估的意义

老年人能力评估是养老服务中一项非常基础的工作，对提升养老服务工作的专业化、精细化、个性化服务水平具有重要支撑作用。其重要意义主要体现在以下三个方面。

(1)对老年人和家庭来说,通过老年人能力评估,可了解自身状况,为有针对性地采取措施改善身体机能、申请各项服务和保障提供依据。

(2)对养老服务机构来说,通过老年人能力评估,能准确了解老年人的服务需求,为个性化照护服务方案的制订,风险防范,人、财、物的合理分配提供依据。

(3)对政府部门来说,通过老年人能力评估,能够促进养老服务供需对接,提高政策措施的精准度。

2. 老年人能力评估的内容

考虑到老年人疾病种类、社会支持和功能状态的异质性,老年人综合能力评估超越通常的疾病诊断范围,评估内容比较广泛。主要评估内容包括日常生活活动能力、精神状态、感知觉与社会参与情况。老年人能力评估的内容见表2-10。

表2-10 老年人能力评估的内容

评估项目	具体内容
(1)日常生活活动能力	包括自理能力(进食、修饰、沐浴、穿衣、小便控制、大便控制、如厕);基础运动能力(床上体位移动、床椅移动、平地行走、上下楼梯)
(2)精神状态	个体在认知、行为、情绪等方面的外在表现。包括9个指标,即时间定向、空间定向、人物定向、记忆、理解能力、表达能力、攻击行为、抑郁状态、意识水平
(3)感知觉与社会参与情况	包括5个指标,即视力、听力、执行日常事务、使用交通工具外出、社会交往能力

3. 老年人能力评估的基本步骤

(1)老年人能力评估标准是由若干表格组成的,由两名评估人员同时在场,其中1人应具备医护专业背景。评估时,一旦老年人身体不适或精神出现问题,应终止评估。

(2)评估表格第一部分是对老年人一般人口学资料、老年人基本患病信息及服药情况、照顾者基本信息及老年人健康相关问题的评估。评估人员根据表格内容逐条询问老年人及照顾者或查询资料信息,完成表格内容的填写。填写完成后,双方签字确认。

(3)评估表格第二部分为对老年人日常生活活动能力、精神状态、感知觉与社会参与情况的评估。评估人员根据表格逐项评估并填写每个项目得分,然后确定一级指标得分。

(4)在确定各一级指标总分基础上确定老年人能力评估总得分,并在老年人能力评估报告上确认老年人能力等级。经两名评估人员确认并签字,同时请信息提供者签字。

4. 评估等级的划分

老年人能力评估等级共5个,见表2-11。此外,还需注意,应根据能力变更依据表中的内容对老年人能力评估等级做出调整,以便确定最终能力等级,如处于昏迷状态者,直接评定为能力完全丧失(完全失能)。老年人能力评估应为动态评估。在首次评估后,若无特殊变化,应至少每12个月复评一次,程序与首次评估相同。出现特殊情况导致能力发生变化时,宜申请即时评估。

表 2-11 老年能力评估等级

能力等级	等级名称	等级划分依据
0	能力完好	总分 90 分
1	能力轻度受损（轻度失能）	总分 66—89 分
2	能力中度受损（中度失能）	总分 46—65 分
3	能力重度受损（重度失能）	总分 30—45 分
4	能力完全丧失（完全失能）	总分 0—29 分

◼ 任务训练

请结合本任务中的案例及附件中的老年人能力评估表格，两人一组进行角色扮演，为孙奶奶进行能力评估并解读评估结果。

任务二 为老年人制订照护服务计划

◼ 案例导读

请思考：作为机构内照护人员，请为任务一中的孙奶奶制订一份照护计划并在实施一周后评价实施效果。

◼ 知识链接

通过实施老年人能力评估，初步确定了老年人对照护服务的需求情况，在此基础上为老年人制订照护服务计划并实施，是各类养老照护人员的一项重要工作。

照护计划是指在充分评估老年人能力等级及服务需求的基础上，依照一套系统的方法为老年人制订的个体化服务目标、内容等。照护计划执行过程中，执行者或监督者应依据计划目标定时组织评价并根据评价结果适时调整照护计划。

一、照护服务计划制订原则

1. 以老年人为中心的原则

目标能够反映出老年人经过照护后的变化，是照护活动的结果，而非照护人员的行为或照护活动本身。如"协助老年人进餐"，其中心为照护人员，目标不妥。可参照"老年人在照护人员的协助下完成进餐"修改。

2. 针对性和单一性

每个目标都应明确针对一个照护问题，并只提出一种行为反应，以利于准确评价干预效果。如"通过康复锻炼，老年人活动能力增强"此类陈述不妥，因为描述过于模糊，缺乏针对性、单一性。可参照"通过下肢肌力训练，老年人下肢肌力由 2 级升至 3 级"进行修改。

3. 可观察性

可观察性是指老年人健康状况一旦发生改变，照护人员可以通过直接询问或评估及时发现问题。可观察性可以是生理、认知和行为上的改变。如"通过服用抗炎药,老年人机体抵抗力改善",此目标缺乏可观察性。可参照"通过服用抗炎药,老年人血常规中C反应蛋白恢复正常"修改。

4. 可测量性

目标陈述应使用可测量的术语,以利于照护人员客观地测评老年人状况的改变及其改变的程度,避免使用模糊的限定词,如正常、稳定、可接受或足够等。如"服用降压药后老年人血压转稳定",缺乏可测量性。可参照"服用降压药后老年人血压维持于130～150/80～90 mmHg"修改。

5. 时限性

每个目标都应有实现目标的时间限定,使照护人员能够确定老年人健康状况的改善情况。如"经过饮食调整老年人体重增加",未对时限进行规定,可修改为"经过饮食调整,老年人到本月底时体重增加1千克"。

6. 互动性

制订照护计划时,老年人应与照护人员一起参与,共同制订,以便于更好地沟通和了解,制订出符合老年人实际情况、可行性强的照护计划,提高执行力和依从性。

7. 可行性

确定目标时必须对老年人、环境、资源进行全面评估,以保证制订的目标是有可能达到的。

二、设定照护计划的目标

照护目标是指老年人在接受照护干预之后,期望达到的健康状态或行为的改变以及情绪与情感的稳定,是选择照护干预措施的依据,也是评价照护干预措施的标准。按照实现目标所需要的时间,一般分为短期目标(一般指1周之内)和长期目标(超过1周甚至数月),长期目标常需要通过若干短期目标才能逐步实现。照护目标的陈述,可按照"主语＋谓语＋行为标准＋时间＋条件状语"的格式,其中:

(1) 主语是指照护对象或其身体的任何一部分。

(2) 谓语是指照护对象将要完成的行为部分。

(3) 行为是标准指照护对象完成该行为所需要达到的程度。

(4) 时间状语是指照护对象完成该行为所需要的时间。

(5) 条件状语是指照护对象完成该行为动作所必须具备的条件状况。

三、老年人照护服务计划的内容

老年人照护服务计划以老年人为中心,内容涵盖老年人需要照护的主要问题和需求,包括但不限于:

1. 日常生活照护

服务内容包括但不限于向老年人提供饮食、清洁等服务,还要照顾老年人日常起居与活动等。

2. 老年照护

照护人员需要具备与健康问题密切相关的专业护理知识与技能,才能为不同健康水平的老年人实施健康保健、疾病护理、促进康复、安宁疗护一体化的健康照护服务。

(1) 一般性照护服务。

由专业照护人员或在专业照护人员指导下开展的照护服务,如照护评估、安全防护、预防感染、健康指导、协助康复、安宁照护等。

(2) 与诊疗技术相关的照护服务。

老年人群体中普遍存在着健康问题,需要由具有护士执业资格的照护人员有针对性地为老年人提供符合诊疗技术规范的照护服务,如病情观察、给药护理、预防并发症、皮肤伤口造口护理、治疗性管道护理等。

3. 紧急救援

照护人员应学习并掌握紧急救援知识和技能,如针对心脏骤停、噎食、外伤、烫伤等的急救。

4. 精神慰藉

精神慰藉服务是指为高龄、独居老年人提供关怀访视、生活陪伴、情感交流、心理咨询、健康生活指导、不良情绪干预等的服务。照护人员能够为老年人提供社会化、专业化的精神慰藉服务,机构还可通过招募心理慰藉志愿者定期陪老年人聊天,为老年人读报,进行节日慰问,帮助整理人生历史,开展社会活动等,让老年人不再孤独,帮助老年人解开心结、快乐生活。

5. 社会参与

老年人社会参与是在老年人的健康状况允许的前提下,满足老年人自身的生活、情感需要,实现自我价值而与社会接触互动,参与一切有益于社会的活动,以建立社会"老有所乐"的过程。照护人员应从老年人主动参与的角度,探索切实可行的老年人社会参与途径。"老有所养、老有所医"是老年人参与社会的基础和保障,"老有所教、老有所学"是老年人能够且愿意参与社会的动力,"老有所为、老有所乐"是老年人保持健康活力的方向。

四、照护计划的服务流程

以入住机构的老年人为例,对老年人照护计划的服务流程进行说明。老年人入住机构期间,根据老年人的能力等级及服务需求,机构应为老年人提供规范、标准化的照护服务,具体服务流程包括全程照护服务流程、每周照护服务流程、每日照护服务流程。

1. 全程照护服务流程

全程照护服务流程贯穿于老年人从入住机构开始至离开的全过程。内容包含但不限于以下几个方面。

(1) 根据老年人身体情况安排床位,做好安置工作。

(2) 老年人入院24小时内完成入住评估,划分护理等级,制订并执行护理计划。

(3) 协助留取各类标本。

(4) 按护理等级要求按时巡视房间,发现异常及时告知医生。

(5) 执行交接班制度。

(6) 对长期卧床、消瘦、脱水、营养不良、昏迷的老年人,做好皮肤护理。
(7) 协调、解决老年人入住期间的各类问题。

2. 每周照护服务流程

以周为单位对老年人入住期间的服务内容进行合理安排,是将照护计划落实到具体工作中的重要抓手。具体服务流程见表2-12。

表2-12 每周照护服务流程

时间	照护服务内容
周一	1. 测量生命体征、体重并记录。 2. 清理及更换床单位。 3. 清洗床上用品
周二	1. 测量生命体征并记录。 2. 完成每月一次的评估。 3. 修剪指甲。 4. 组织集体活动
周三	1. 测量生命体征并记录。 2. 协助洗澡。 3. 机洗老年人衣物(脏时随时清洗)
周四	1. 测量生命体征并记录。 2. 老年人个人物品清洁。 3. 安排集体活动或组织观影、购物等
周五	1. 测量生命体征并记录。 2. 查看本周护理计划落实情况,查找分析未落实部分的原因。 3. 完善及补充照护文书
周六	继续做好日常照护;安排家属探视,与家属沟通
周日	继续做好日常照护;安排家属探视,与家属沟通

3. 每日照护服务流程

每日照护服务流程是将每日照护内容落到实处的具体体现,每日照护服务的执行情况将影响整体照护目标的实现程度。通常以小时为单位进行安排。具体服务流程见表2-13。

表2-13 每日照护服务流程(示例)

时间	事项	服务内容
6:00—7:00	晨间服务	协助老年人穿衣、洗脸、漱口;整理床单位;测量血压
7:00—8:00	早餐	协助老年人进餐
8:00—9:00	早餐后整理	协助老年人餐后服药,餐后整理
9:00—10:00	活动前	引导老年人饮水,协助老年人至活动场所
	早操	带领老年人做早操,协助如厕、饮水等
10:00—11:00	加餐	酸奶
	活动	按照周活动计划执行,活动中补水
	午餐前	协助老年人餐前服药、如厕、洗手等
11:00—12:00	午餐	协助老年人用餐

续表

时间	事项	服务内容
12:00—15:00	午餐后	测量老年人体温、脉搏、呼吸;组织老年人在公共区域内看电视;协助老年人餐后用药、如厕、饮水等
	午休	协助老年人午休并定时巡视房间
	起床	午休后协助老年人起床,整理床单位及房间。协助老年人至公共活动区
15:00—17:00	加餐	水果
	活动	按照周活动计划,组织、引导老年人参加活动
	晚餐前	协助老年人洗手、补水、服用餐前药物
17:00—18:00	晚餐	协助老年人用餐
18:00—20:00	晚餐后	组织老年人看电视,协助服用餐后药物
	晚间服务	协助洗脸、泡脚、漱口、协助如厕
20:00—次日6:00	睡前	协助老年人补水、服用睡前药物、如厕、布置睡眠环境
	睡眠	按护理级别按时巡视房间,协助如厕等

五、制订老年人照护服务计划的注意事项

制订照护服务计划以老年人能力水平为最重要依据,制订过程中要整合照护团队,包括营养、医疗、康复、物业、社会工作等服务资源,还需依据老年人的健康水平以及家庭照护情况进行制订。在照护过程中,照护人员应做即时评估和照护记录,并根据老年人的能力变化及时调整照护计划。常见的老年人特点及照护服务计划重点见表2-14,表2-15和表2-16展示了两种某养老机构老年人照护服务计划表,实际执行过程中照护人员可以根据场景、环境等实际情况进行编制。

表2-14 老年人特点及照护服务计划重点

老年人特点	照护服务计划重点
能力完好或轻度失能,没有特殊健康问题,年龄小于80岁的老年人	在日常生活照护、老年护理中需求较少,更多的需求集中于精神慰藉、康复服务和健康养生方面
中度失能或轻度失能伴有1~2项特殊健康问题,或年龄在80岁以上的老年人	照护内容集中于康复服务、精神慰藉和健康养生方面,但在日常生活中的需求较高
重度失能或中度失能伴有多项健康问题,或年龄在90岁以上的老年人	照护内容集中于日常生活照护、老年护理、康复服务和精神慰藉方面,对健康养生方面的需求较低
重度失能伴有多项健康问题,需24小时不间断照护服务的老年人	照护内容多集中于日常生活照护、老年护理及疾病专科护理方面,在精神慰藉、康复治疗和健康养生方面需求较少
新接受服务的老年人	照护内容应关注老年人的情绪、对新环境及新的照护人员团队的适应性以及照护等级服务到位等情况
重点老年人:一般指身体出现不适情况以及出现重点事件需要重点交班的老年人	照护内容应关注老年人不适状态的进展情况,以确定新的照护措施
特殊老年人:近期有家庭变故等突发情况发生的老年人	照护内容集中于给予足够的关怀,使老年人得到足够的心理满足及陪伴,安全度过特殊时期

表 2-15　某养老机构老年人照护服务计划表（一）

时间	照护项目	照护目标	照护措施	评价	签名
	日常生活活动				
	精神状态				
	感知觉与沟通				
	社会参与				
	健康管理				

表 2-16　某养老机构老年人照护服务计划表（二）

计划模块		计划内容	服务要求
日常生活照护计划	进食		
	个人卫生		
	皮肤护理		
	穿/脱衣		
	排泄		
	移动		
	其他		
心理/认知功能照护计划	记忆		
	视觉		
	听觉		
	理解		
	表达		
	躯体活动		
	其他		
健康照护计划	生命体征		
	指标观察		
	药物治疗		
	康复运动		
	营养膳食		
	其他		

任务训练

请结合本任务中的案例及理论内容，为孙奶奶制订一份详细的照护计划并将照护计划落实到每日照护工作中。

模块二

老年人生活照护

项目三　为老年人提供适宜的居室环境

居室环境是人们生活、学习、工作的最重要的场所之一,人的一生中有2/3以上的时间是在室内(主要是在家庭中)度过的,尤其是老年人在室内生活的时间更多。据国外统计,在自己家中发生事故而死亡的人数比交通事故造成的死亡人数多,尤其是高龄者发生的事故中有90%是与居住环境导致的跌倒、跌伤、坠落等意外有关,其中在卫生间内发生事故的比例最高。良好的居室环境不仅可以防止疾病的传播,还可以消除环境中的不利因素,对机体产生良性刺激,使人精神焕发,增强对疾病的抵抗力。因此,照护人员有必要掌握居室环境与健康的相关要求,充分利用环境中对老年人健康有利的因素,消除和改善环境中的不利因素,以增进老年人的身心健康。

老年人由于自身的生理特点,户外活动逐渐减少,居室成为老年人的主要活动场所。因此,老年人居室环境的布局和卫生显得尤为重要,既要考虑老年人日常生活的舒适性,更要满足安全的要求,落实无障碍设计理念,避免发生跌倒等安全事件,同时还要考虑到照顾的便利性,便于应急处置。此外还要尊重老年人的习惯和喜好,维护老年人尊严,实现积极老龄化和健康老龄化的目标。其具体要求如下。

1. 宽敞舒适

老年人居室环境应宽敞舒适,便于行动且无须绕行,尤其是可供轮椅自由活动,门和通道的宽度要便于轮椅出入。通道不应堆放报纸、书籍、衣服和鞋子等杂物。室内设施方便使用,温度、湿度适宜。

2. 安全无隐患

居家地面应平整,尽量不设台阶、门槛;地板使用防滑材料,避免使用小地毯;浴室地板必须防滑,可在浴缸周围和淋浴处安装扶手、铺设防滑垫;走廊和浴室安装夜间照明装置和地灯;家具应避免尖角和粗糙材质,不宜滑动。

3. 便于应急处置

居室环境应便于老年人出现意外时能够快速施救、转运。老年人的卧室以及卫生间建议采用无轨推拉门或外开门,以保证意外发生时他人能及时进入。卫生间内最好设有紧急呼救装置。

4. 个性化

应尊重老年人的习惯、喜好和审美,在保证安全、便利、舒适的前提下提倡个性化设计。

项目分解

本项目中的老年人居室环境主要涉及物理环境部分,可分为居室环境的布局、居室环境的调整两个方面。因此,本项目将从这两方面进行任务分解。

任务一　老年人居室环境的布局

案例导读

张爷爷,74岁,与儿子同住。夜间起夜时因卫生间灯光较暗,地面有水,不慎跌倒导致头皮血肿入院。其儿子小张发现家中存在很多安全隐患,于是想对家中重新进行装修改造。

请思考:作为一名养老照护人员,你能给出哪些建议?

知识链接

为应对人口老龄化、发展银发经济及增进老年人福祉,国务院办公厅、住房和城乡建设部、财政部等多部门先后多次发文,对老年人居住环境的建设与布局改造提出了要求。《老年人照料设施建筑设计标准》(JGJ 450—2018)对新建、改建和扩建的总床位数在20床(人)以上的老年人照料设施建筑设计进行了规范;《关于推进"十四五"特殊困难老年人家庭适老化改造工作的通知》(民办发〔2022〕9号)提出"十四五"期间将支持200万户特殊困难老年人家庭实施适老化改造,巩固家庭养老基础地位,进一步提升老年人居家生活的安全性和便利性;《国务院办公厅关于发展银发经济增进老年人福祉的意见》(国办发〔2024〕1号)提出推进无障碍环境建设,开展居家适老化改造,开展数字适老化能力提升工程。

老年人居室是老年人休息和小范围活动的主要场所。为老年人创造安全、舒适、安静、整洁的环境,满足老年人生理、心理的需要,是照护人员的重要职责。

一、老年人居室的总体布局要求

老年人居室的设计、改造既要适应老年人的生理、心理、行为的变化,又要充分利用现有的建筑资源,应以提升居室环境品质为最终目的。

老年人的居室应选择窗户朝向南方或东南方的房间,以便阳光能够照射到屋内。房间内应设有卫生间和浴室,老年人经常活动的区域,如走廊、卫生间、楼梯边缘应装有固定的扶手,且稳定、牢固,台阶的终端边缘要涂上颜色标记,以保证安全出入。

二、卧室布局

老年人在卧室的时间较多。所以,设计时既要保证无障碍活动空间,更要结合环境考虑直接采光和自然通风。老年人卧室内的家具和陈设不要太多,一般有床、橱柜、桌、椅即可。家具应靠墙整齐摆放,便于使用。

1. 卧室面积

《老年人照料设施建筑设计标准》(JGJ 450—2018)指出,老年住宅、老年公寓、家庭型老人院,每间居室应按不小于 6.00 m²/床确定使用面积。单人间居室使用面积不宜小于 10.00 m²,双人间居室使用面积不应小于 16.00 m²。有条件的家庭,可参照以上标准对老年人的卧室进行设计与改造。

2. 空间内无障碍物

老年人用卫生间的频率较高,卧室应尽可能与卫生间直接相通,中间无任何障碍,保证足够的宽度使轮椅能够通过。卧室地面与卫生间地面尽量平齐,避免老年人在夜间使用卫生间时因踩空而跌倒。

3. 卧具

卧具对老年人至关重要,其高度要合适,既要便于上下床,又要便于穿鞋、铺床。

(1) 床。

床的高度适宜,以坐在床上足底能完全着地、膝关节与床成近 90°角最为理想,以保证老年人上下床的安全。床垫的软硬要适宜,老年人的床不宜太软,过软容易凹陷引起腰痛,过硬又易导致身体受压,以能在床垫上"放心行走的硬度"为基准,便于老年人翻身。床上方应设有床头灯和呼叫器,床两侧均应设有可活动的护栏。

(2) 被褥。

老年人的被褥要柔软、透气性好,以棉织品为佳。床单要能包裹在床垫下,使床单平整、无皱褶。对于失禁的老年人,床单上可铺一个小单或尿垫,以便随时更换。

(3) 枕头。

老年人的枕头要舒适,高低要合适。枕头过低容易导致睡眠障碍,或引起眼睑水肿;枕头过高又会造成肩颈部肌肉僵硬、疼痛等不适。一般情况下,枕头以 7~8 cm 高为宜,也可根据老年人个人习惯调整,但要注意有颈椎病的老年人不能使用高枕。另外,老年人的枕头应软硬适宜,枕套应经常晒洗。

4. 橱柜

橱柜挂衣杆高度应小于或等于 1.40 m;其深度应小于或等于 0.60 m。过高的橱柜、低于膝盖的大抽屉不宜用。

5. 其他

电源开关要设在方便老年人开启的地方,如床头、进门处,尽量用宽板开关。门把手尽量采用较大且易移动的杆式把手。条件允许的话,卧室内可设置安全报警装置,如警铃、呼叫器等。按钮的位置可就近设在床头等方便老年人开启的位置。

三、卫生间和浴室布局

卫生间的合理设计对老年人至关重要,其设计要严格依照老年人的行为动作,要坚持安全、适用、方便的原则。

1. 卫生间的位置与大小

老年人一般容易尿频,除了白天使用卫生间较多外,晚上使用卫生间的频次也较高,故卫生间应靠近卧室。卫生间最小面积要满足乘轮椅者进出和使用要求。

2. 卫生间和浴室内的设施与安全

(1) 设施。

老年人行动不便，一般需配置洗脸池、坐便器(带安全抓杆)、洗浴器三大件。洁具白色最佳，不仅美观且易于观察老年人的某些健康问题。

① 洗脸池。

老年人的洗脸池应为悬挑式。为方便乘坐轮椅的老年人使用，洗脸池的高度应约为0.85 m，池底距地面约为0.64 m。由于老年人握力衰退，洗脸池上的水龙头应表面光洁并带杠杆式或掀压式的开关。洗脸池旁应设扶手，扶手可兼作毛巾挂杆。

② 坐便器。

老年人腿部肌肉力量衰退，因此坐便器的高度应相对高些，以减轻下蹲时腿部的负担。坐便器旁安装扶手(见图3-1)，以方便老年人自己蹲坐和起身。普通坐便器高度约0.30 m，老年人应使用高约0.43 m的坐便器。若乘轮椅，高度则为0.50 m左右。普通坐便器高度不够时可加坐圈或设垫层。

图3-1 坐便器旁、淋浴处加装扶手

③ 洗浴器。

若设浴缸，应为半下沉式，建议深度不可大于0.50 m，长度应在1.50 m以内，靠背应有一定缓坡，以保证老年人脸部始终露出水面，以防溺水。内设有台座，有利于老年人浴中休息和洗脚等。浴缸底部应平滑，一侧应设扶手。若为淋浴，淋浴处应增加扶手，还可增加淋浴椅，便于不能长久站立的老年人使用(见图3-1)。浴室应设有排气扇以便水蒸气排出。

(2) 安全。

洗浴过程是老年人最容易发生意外的时刻之一，浴室的设计必须特别注意安全措施，如地面的防滑、排水的畅通、扶手的正确安放、扶手表面的防滑处理，设置紧急呼救设备等。浴室的门最好是设置门内、门外均可开启的插销，以便在紧急情况时他人能从外面开启。门扇应为推拉门，并向外开启，避免出事故的老年人或轮椅将门堵住造成开启困难。为方便他人随时知晓老年人在浴室的动向，必要时进入浴室协助，在门扇上可设置观察窗等。

四、厨房布局

老年人在厨房中所需要进行的活动内容和活动量，都远较其他室内空间更大、更复杂，故设计时首要考虑的是老年人在其中的活动空间问题。

厨房净宽应大于或等于2 m。双排布置设备的厨房通道净宽应大于或等于1.50 m。根据厨房内清洗处理、烹调加工、收纳贮藏三大块可布置成I形、L形、U形等形式。考虑到老年人的腿脚、手臂伸展不灵便，操作台面的深度以0.50～0.55 m为限，台前半部分0.25～0.30 m用以操作，后半部分0.25 m可以用来摆放各种应用物品。台面高度建议值为0.85 m，对轮椅使用者可略低，以0.75～0.80 m为宜。吊柜柜底高度应小于或等于1.20 m，深度应小于或等于0.25 m。台面下要有容膝空间，地面处要有容纳轮椅脚踏的空间，洗涤池下部也要有容膝空间。水龙头的开关，应采用1/4转的开关或感应开关、电动开关。灶具高度一般与操作台面平齐，开关旋钮的体积要较大并安装开关指示灯，有明显的标识以便于操作。由于老年人的记忆欠佳，可安装自动断气、断电装置以及漏气预警装置等。

五、其他布局

1. 门厅、走道设计

门厅、走道面积应适当加大，地面力求平坦，不可设门槛、踏步。必须做高差的地方，高度不宜超过15 mm，并宜用小于45°的斜面加以过渡。玄关入口处设置换鞋专用的器具和坐凳，净宽度要达到1.50 m以上。居室内走道的有效宽度应在1.20 m以上，门的净宽度不低于0.80 m。过道一侧或两侧应安装0.80~0.85 m高的扶手。通道转角处应做成圆弧形，并在自地面向上0.35 m处安装护墙板，以避免碰撞时对墙面造成损坏，从而保证轮椅出入的方便性。

2. 阳台

阳台深度不应小于1.50 m，向外开启的平开门应设关门拉手。阳台与居室地面高差不应大于15 mm，并以小斜面过渡。阳台应设可升降的晾晒衣物设施。

3. 开关、门铃、拉手的位置

开关、门铃、拉手的位置应适当降低，以方便老年人尤其是乘轮椅者的使用。

4. 物品的角度

老年人可触及的各项设施、用具，要避免尖锐、粗糙的部分碰伤老年人，如把尖锐部分进行圆角处理，粗糙部分进行光滑处理，凸出的附件进行凹入墙体处理等。

▶任务训练

对特定老年人居室环境的布局进行评估，发现不当之处，并给出改进意见。

任务二　老年人居室环境的调整

▶案例导读

在上一任务的案例中，小张按照照护人员的建议对父亲的房间进行了装修。在父亲正式搬进来之前，小张还想对房间环境进行一些调整和布置，对此，你想给出何种建议？

▶知识链接

住房和城乡建设部发布的《老年人照料设施建筑设计标准》(JGJ 450—2018)不仅对老年人照料设施建筑的布局进行了规范，同时也对建筑的室内装饰、噪声控制与声环境设计、供暖、通风与空气调节等进行了规范。在为社区居家老年人进行居室环境调整时，可将该设计标准作为参考依据。

一、居室采光

老年人随着年龄的增长,视觉功能会逐渐下降,突然进入阴暗或耀眼的环境时,会因视物不清而陷入恐惧状态或因反射光引起眩晕,因此应给予足够亮但又不耀眼的灯光照明,尤其夜间去洗手间时应给予稍强的光线。居室光线可以通过日照或者灯具等人工照明进行调节。

1. 自然光源(阳光)

自然光源(阳光)指的是通过门窗的透光部分直接射进室内的阳光。阳光不仅能提高室内照明亮度、杀菌消毒、净化空气,还能使人精神愉快、预防失智。为了保证老年人居室自然光线充足,窗户的有效面积和房间地面面积之比不应小于1∶15。老年人居室每天日照时间不应少于2个小时。但应注意阳光不能直射老年人的面部,以免晃眼,尤其在午睡时,应用窗帘适当遮挡光线。

2. 人工光源(灯光)

夜晚或白昼自然光线不足时,须采用人工光源进行照明。人工光源的光谱应尽可能接近昼光,照度应足够、稳定、分布均匀,但要避免刺眼。《老年人照料设施建筑设计标准》(JGJ 450—2018)中规定,老年人居室光源宜选用暖色节能光源,相关色温小于3300K,显色指数宜大于80,眩光指数宜小于19,不同房间照度值设置参数见表3-1。夜间睡眠时可根据老年人的生活习惯,采用地灯或关闭灯光,以利睡眠。老年人经常走动的地方,如室内、走廊、卫生间、楼梯、阳台等处,均要有照明设备,并应适当提高照明亮度。晚间电灯开关处应设灯光照明,使老年人容易找到开关。老年人床头应设床头灯或台灯,以方便其夜间使用。

表3-1 不同房间照度值设置参数

房间名称	居室	单元起居厅、餐厅	卫生间、浴室、盥洗室	文娱健身用房	门厅	走廊	楼梯间
照度值(lx)	150	200	200	300	200	150	100

资料来源:《老年人照料设施建筑设计标准》(JGJ 450—2018)。

二、室内温湿度的调节

1. 室内温度的调节

室内温度对人体的生理平衡有重要的影响。温度过高,不利于散热,易导致人体体温升高、血管扩张、脉搏加速、情绪烦躁,甚至发生循环衰竭;温度过低则会因冷刺激使人畏缩、缺乏动力,致使肌肉紧张,增加心脏负担,对老年人尤为不利。因此,老年人的居室要注意室内温度恒定。一般温度冬季以18~22℃为宜,夏季以26~30℃为宜。

2. 室内湿度的调节

室内湿度过高,空气潮湿,容易滋生细菌及昆虫,造成食物发霉腐败,同时人体水分蒸发减慢,会感到闷热不适,也可能使人患风湿性关节炎及过敏性疾病;室内湿度过低则空气干燥,容易导致皮肤干燥,引发呼吸道黏膜干燥,造成咽痛、口渴等症状。一般老年人居室相对湿度在50%~60%为宜。

三、室内声环境的调节

研究表明,老年人对不同声音的喜好不同,通常偏爱自然界的声音,对电视机、收音机等发出的声音能够接受;对交通工具、机器、电梯等发出的噪声,有较强的抵触心理。按照现行国家标准《声环境质量标准》(GB 3096—2008)及《老年人照料设施建筑设计标准》(JGJ 450—2018),老年人用房室内允许噪声级应符合表3-2的规定。

表3-2 老年人用房室内允许噪声级

居室场所	噪声级控制(dB)			
	推荐值		底线值	
	昼间	夜间	昼间	夜间
卧室	≤40	≤30	≤45	≤37
起居室	≤40	≤40	≤45	≤45
休息室	≤40	≤30	≤45	≤37
休息娱乐用房	≤45	≤45	≤45	≤45

为了很好地控制噪声,应通过墙体隔声、门窗隔声、设备降噪等方式实现。还可以从噪声源、传播途径、噪声接收等方面来控制噪声,即在声源处、传播途中和人耳处减少噪声,具体措施如下。

1. 通过切断传播途径降噪

墙体隔声、门窗隔声是利用传播途径进行降噪。如可采用中间填充轻质多孔材料的夹层墙来提高隔声效果;对墙体的孔洞、管道穿墙处、套管与管道的间隙等处,用柔软材料填实后用密封胶封严。

2. 增强门窗隔声效果

增加门窗胶条的密封性,窗户采用隔声性能良好的中空玻璃,采用隔声性能良好的材料制作门窗。

3. 合理布局

厨房、卫生间、电梯间是比较容易产生噪声的场所。应将书房、卧室等对噪声敏感的场所远离厨房、卫生间及电梯间。此外,还可以用餐厅、起居室作为过渡空间。

4. 设备降噪

在声源处降低噪声。可通过对居室内易产生噪声的燃气管、排水管、排烟管等进行隔声处理来实现。具体措施包括优化居室内管道布置,避免管道穿越非用水房间;马桶、水池、管道连接处、管道支撑处采用柔性接头,用橡胶垫、弹簧托座代替刚性托座,避免管道噪声传递到建筑结构上。

四、室内通风的调节

1. 通风的时间选择

老年人的房间应每日通风换气,减少异味,增加舒适感。春秋季节,在老年人每日晨起、午睡后进行通风,每次至少30分钟。冬季天气寒冷,可短时多次通风,每次约10分钟,每天4~5次。通风时段也要有选择,如早晨过早通风,晚上室外积存的有害气体容易进入室内。再如,中午11点至下午1点之间不宜通风,因为这个时段小区居民做饭油烟污染严重。因此,建议合理通风时段应在上午8点至10点以及下午2点到4点。

2. 通风时的注意事项

通风时应做好房间内老年人的保暖工作,避免穿堂风。除夏季外,居室通风后应及时关闭窗户。卧床老年人床上排便后,应及时通风换气。

五、室内色彩的搭配

色彩能调节人的心理及生理状态,提高空间舒适感。老年人居室色彩的搭配可参考以下措施。

1. 室内色彩的选择

室内色彩搭配要保持舒适与平衡,且具有一定的层次性。色彩搭配应不超过3种,从天花板到地板的颜色分布应遵循由浅到深的顺序。如客厅可选择明亮、活泼的橙色;厨房和餐厅可选择橙色与浅黄色、橙色与暖橘色、橙色与浅绿色搭配;卫生间可选择暖白色、浅蓝色与浅绿色搭配。

2. 室内内色彩的分布

色彩的分布应结合自然光照、季节、房屋朝向等。以房屋朝向为例,朝北的房间,可选择淡雅且温馨的橙色与白色进行搭配,此种颜色搭配能够增加房间的视觉温度,使居室氛围更加温馨、愉悦。朝东的房间,因光线变化大,可选择蓝色与灰色、蓝色与白色的色彩搭配。南向的房间,光线变化小,可选择舒适、暖和的颜色。

六、室内装修、装饰的调整

1. 装修、装饰材料的选择

老年人居室装修、装饰材料的选择应遵循防滑、隔音、绿色、环保的基本原则,如使用天然板材、苯释放量低的油漆、低辐射镀膜玻璃等。

2. 老年人居室家具的配置

老年人居室家具的选择、配置应遵循实用性、便利性和安全性的基本原则。尽量选择木质家具,外观应避免过多的棱角与复杂的装饰。摆放时应尽量靠墙、靠边并予以固定,避免倾倒。

3. 老年人居室内外的绿化

在室内、阳台、走廊和院内种植一些花草树木,点缀环境的同时,还可让居室内外充满生机活力,促进老年人身心健康。如在客厅沙发的转角处、餐厅餐桌旁、客厅大门一侧或两侧等地方可栽培一些喜阴植物;阳台、窗台可栽培一些喜阳植物。植物选择方面,要尽量选择能吸附有害气体、滞尘能力强、适合居室内生长且具有良好景观营造功能的本土植物:如芦荟、吊兰、君子兰、绿萝等。

▼ 任务训练

对特定老年人居住房间的采光、通风、温湿度、噪声等物理环境进行评估,发现不当之处并给出改进意见。

项目四　满足老年人清洁卫生需要

📠 引言

清洁卫生是每一位老年人的基本需要,是保持和促进老年人健康的重要保证。首先,通过清洁可达到清除老年人体表微生物及污垢的目的,防止病原微生物的繁殖;其次,清洁时通过按摩、揉搓皮肤表面可促进老年人血液循环,有利于其体内代谢物的排出;最后,清洁还可以使老年人身体舒适,心情愉快,满足其自尊需要。因此,清洁不仅是老年人的生理需要,也是老年人的心理需要。

📝 知识链接

正常人都能够满足自身清洁需要,但是由于老年人身体机能的退化,日常生活能力不同程度的下降,其自身清洁需要无法得到满足,因此需要照护人员的督促、协助或帮助。满足老年人清洁卫生的需要主要在晨间和晚间进行,晨间和晚间照料主要包括协助老年人更衣(即穿、脱衣裤),排便处理,刷牙、漱口(不能自理者做口腔清洁),洗脸,修整胡须,洗手,梳头,洗脚,会阴部清洁,修剪指(趾)甲,整理床单位等。

📖 项目分解

为满足老年人清洁卫生的需求,主要应从以下几个方面对老年人进行照护：口腔清洁卫生,头发清洁卫生,皮肤清洁卫生,穿脱衣物、鞋袜及整理床单位、更换被服。

任务一　满足老年人口腔清洁的需要

▼ 案例导读

第四次全国口腔健康流行病学调查结果显示,我国65岁以上老年人牙周健康和口腔卫生状况较差。口腔疾患不仅可以导致老年人过早丧失咀嚼功能,导致老年人生活质量下降,还可以引起胃病、糖尿病、心血管疾病等慢性疾病的加重,严重威胁老年人的身体健康。

请思考：针对老年人的不同情况,应如何保持其口腔清洁?

> 知识链接

口腔健康是全身健康的基础,是人类文明发展的标志之一。2023年6月,《中国口腔健康发展报告(2022):老年人口腔健康状况》医疗卫生蓝皮书发布。该书指出,目前我国老年人口腔健康状况仍有许多问题亟待解决,建议加强老年人口腔卫生保健工作,通过有效的口腔护理切实做好老年人的口腔卫生保健,这对提高老年人的生活质量、对健康中国的全面建设具有重要意义。

一、口腔的生理功能和特点

口腔由两唇、两颊、硬腭和软腭等部分组成,口腔内有牙齿、舌、唾液腺等器官,具有进食、咀嚼、品味、语言等功能。口腔内的腺体分泌消化液可帮助食物消化和吸收,同时口腔也是病原微生物侵入机体的途径之一。正常人的口腔内存在一定量的微生物,当健康状况良好时,饮水、漱口、刷牙等活动,对细菌可起到一定的清除作用,所以很少发病。老年人,尤其是患病时,机体抵抗力下降;饮水少,进食少,消化液分泌减少,导致其口腔内细菌清除能力下降;进食后食物残渣滞留,口腔内适宜的温度、湿度使细菌易于在口腔内生长繁殖,常引起口腔内局部炎症、溃疡、口臭及其他并发症。因此,正确进行口腔清洁对老年人来说十分重要。

世界卫生组织对老年人口腔健康标准进行了规定:老年人口腔里应保证有20颗以上的牙齿,用于维持口腔健康功能。具体内容包括:牙齿清洁;没有龋齿;没有疼痛感;牙龈颜色是正常的粉红色;没有出血症状。

二、保持口腔健康的基本方法

1. 刷牙、漱口

保持口腔卫生,应每天早晚坚持使用正确刷牙方法刷牙;饭后要漱口。

2. 选择合适的牙刷

选择刷毛硬度适中的牙刷,定期(不超过3个月)更换牙刷。

3. 经常按摩牙龈

用洗干净的手指直接在牙龈上按摩,按摩时应将按压和旋转相结合,重复10~20次,牙龈的外面和里面都应进行按摩。

4. 经常叩齿

经常叩齿以促进下颌关节、面部肌肉、牙龈和牙周的血液循环,锻炼牙周围的软硬组织,坚固牙齿。

5. 定期进行口腔检查

定期进行口腔检查,牙痛要请医生查明原因,对症治疗。

6. 义齿护理

戴有义齿的老年人,进食后、晚睡前应将义齿清洁干净。睡前摘下后在清水杯中存放,定期使用专用清洁剂清洗。

7. 改掉不良习惯

改掉不良习惯,如吸烟、用牙齿拽东西、咬硬物等。合理膳食,如摄入牙齿所需的含钙、磷等食物,少吃含糖食品,多吃新鲜蔬菜,增加牛奶和豆制品的摄入量,保持全身健康的同时也可促进牙齿健康。

三、协助漱口、刷牙

漱口、刷牙在保持口腔健康中发挥着不可替代的作用,指导、协助老年人漱口、刷牙是老年照护人员的基本工作内容,具体操作方法如下。

1. 协助漱口

(1) 操作目的。

对牙齿稀少或完全脱落且神志清醒的老年人,在其每次进食后,照护人员要协助其进行漱口,保持其口腔清洁无异味,促进老年人食欲。

(2) 评估。

① 辨识老年人,与其沟通交流。

② 评估老年人的年龄、性别、合作程度、对漱口操作的认知。

③ 评估老年人口腔状况,有无溃疡、出血,牙齿松动、脱落,有无义齿。

④ 评估老年人全身状况,有无意识障碍、恶心、呕吐、吞咽障碍。

(3) 工作准备。

① 环境准备:整洁、明亮、舒适、安全。

② 老年人准备:了解操作目的,能够配合操作,平卧于床上。

③ 照护人员准备:着装整洁,洗手,戴口罩。

④ 物品准备:漱口杯1个、吸管1根、毛巾1条、弯盘或小碗1个、一次性防水治疗巾1块,必要时准备润唇膏1支。

(4) 协助漱口操作实施(见表4-1)。

表4-1 协助漱口操作实施

操作流程	操作内容
① 核对解释	备齐用物至床旁,向老年人解释操作目的、流程和注意事项,取得老年人配合
② 摆放体位	协助卧床老年人翻身侧卧,将头、肩部用枕头稍垫高,并使其面向照护人员。将一次性防水治疗巾置于老年人颌下、胸前和枕旁,弯盘置于其口角旁
③ 协助漱口	递水杯和吸管,叮嘱老年人吸水后撤去吸管。叮嘱老年人闭口,鼓动颊部(漱口水在牙缝中流动,将食物残渣从牙缝及口腔各部位冲洗出来),使老年人吐水至弯盘,反复多次直至口腔清洁
④ 擦干口唇	用毛巾擦干老年人口角部的水痕,必要时涂擦润唇膏
⑤ 整理物品	撤去用物,协助老年人恢复舒适体位
⑥ 洗手记录	洗手,记录执行时间和效果

(5) 注意事项。

① 昏迷、意识障碍者不可漱口,以防发生意外。

② 注意含漱的水量不宜过多,避免呛咳、误吸等安全风险。

2. 协助刷牙

(1) 操作目的。

协助老年人刷牙,使其口腔保持清洁、无异味,促进老年人食欲,预防口腔疾病。

(2) 评估。

① 辨识老年人,与其沟通交流。

② 评估老年人的年龄、性别、合作程度、对刷牙操作的认知。

③ 评估老年人口腔状况,有无溃疡、出血,牙齿松动、脱落,有无义齿。

④ 评估老年人全身状况,有无意识障碍、恶心、呕吐、吞咽障碍。

(3) 工作准备。

① 环境准备:整洁、明亮、舒适、安全。

② 老年人准备:了解操作目的,能够配合操作,平卧于床上。

③ 照护人员准备:着装整洁,洗手,戴口罩。

④ 物品准备:漱口杯1个、牙刷1把、牙膏1支、毛巾1条、吸管1根、水盆1个、一次性治疗巾1块,必要时准备润唇膏1支。

(4) 协助刷牙操作实施(见表4-2)。

表 4-2 协助刷牙操作实施

操作流程	操作内容
① 核对解释	备齐用物至床旁,向老年人解释操作目的、流程和注意事项,取得老年人配合
② 摆放体位	协助卧床老年人取坐位,将一次性治疗巾铺于老年人胸前,放稳水盆
③ 指导刷牙	在牙刷上挤好牙膏,水杯中盛2/3漱口水。递给老年人水杯及牙刷,叮嘱老年人身体前倾,先漱口,刷牙齿的内、外面时上牙应从上向下刷,下牙应从下向上刷,咬合面应从里向外旋转着刷。刷牙时间不少于3分钟
④ 协助漱口	刷牙完毕后协助老年人漱口。用毛巾擦净老年人口角水痕,必要时涂擦润唇膏
⑤ 整理物品	撤去用物,协助老年人恢复舒适体位
⑥ 洗手记录	洗手,记录执行时间和效果

(5) 注意事项。

① 动作轻稳,避免打湿床铺。一旦弄湿,要及时更换。

② 刷牙时叮嘱老年人动作轻柔,以免损伤牙龈,且要按顺序刷牙,保证每个部位都刷干净。

四、为老年人摘取、佩戴及清洁义齿

义齿是牙齿脱落或拔除后镶补的假牙(见图4-1),能够帮助老年人像正常人一样咀嚼、发音,并能保持形象美观。因此,对于牙齿缺失的老年人可以合理佩戴义齿。义齿的摘戴和清洁方法应正确,以预防口腔疾患,延长义齿的使用寿命。

1. 义齿的摘取和佩戴方法

(1) 操作目的。

白天佩戴义齿,增强老年人咀嚼功能、发音能力并保持形象;晚

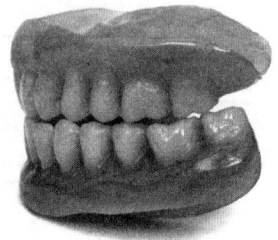

图 4-1 义齿

上摘下义齿,减少对口腔软组织与骨质的压力,使老年人牙龈得到充分休息,防止细菌繁殖。

(2)评估。

① 辨识老年人,与其沟通交流。

② 评估老年人的年龄、性别、合作程度、对义齿的认知。

③ 评估老年人口腔状况,有无溃疡、出血。

(3)工作准备。

① 环境准备:整洁、明亮、舒适、安全。

② 老年人准备:了解操作目的,能够配合操作,取坐位。

③ 照护人员准备:着装整洁,洗净双手,戴口罩。

④ 物品准备:水杯1个、纱布数块。

(4)义齿摘取和佩戴的操作程序(见表4-3)。

表4-3 义齿摘取和佩戴的操作程序

操作流程	操作内容
① 核对解释	备齐用物至床旁,向老年人解释操作目的、流程和注意事项,取得老年人配合
② 摘取义齿	照护人员叮嘱老年人张口,一手垫纱布轻轻拉动义齿基托将义齿取下。上牙轻轻向外下方拉动;下牙轻轻向外上方拉动。全口义齿先摘取上方,再摘取下方
③ 佩戴义齿	水杯放于床头桌上。垫纱布拿稳义齿,叮嘱老年人张口。轻稳将义齿放入老年人口中,轻推义齿基托将义齿戴上。叮嘱老年人上下齿轻轻咬合数次,使义齿完全贴合舒适

(5)注意事项。

① 摘戴义齿,均不可用力过大,以免损伤牙龈。

② 叮嘱老年人佩戴义齿时不要用力咬合,以防卡环变形或义齿折断。

③ 叮嘱有义齿的老年人不宜咀嚼过硬或过黏的食物。

④ 对意识不清的老年人应将义齿取下保管。

⑤ 义齿的存放:摘下来的义齿应浸泡在贴有标签的加盖冷水杯中,每天换水一次;也可使用"义齿清洁片"浸泡义齿,可消除义齿上的牙垢,减少菌斑附着,佩戴前应在流动水下刷洗冲净。义齿不能用热水或酒精浸泡,以免产生裂纹或变形。

2. 义齿的清洁

(1)操作目的。

清洁义齿上的食物碎屑、牙菌斑和牙石,延长义齿使用寿命,促进老年人口腔健康。

(2)评估。

确认义齿有无松动、脱落、破裂、折断和变形。

(3)工作准备。

① 环境准备:整洁、明亮。

② 照护人员准备:着装整洁,洗净双手,戴口罩。

③ 物品准备:水杯1个、软毛牙刷1支、纱布数块,必要时准备义齿清洗剂。

（4）义齿清洁操作程序（见表4-4）。

表4-4 义齿清洁操作程序

操作流程	操作内容
① 刷洗义齿	照护人员一手垫纱布从水杯中取出义齿，一手打开水龙头；取软毛牙刷，在流动水下进行刷洗，义齿的各个面均应刷至无污渍附着
② 浸泡义齿	照护人员涮洗水杯，盛装清洁冷水将义齿浸没（见图4-2）。如果使用义齿清洁剂，应按照产品说明配制溶液并浸没义齿
③ 戴前冲洗	使用义齿清洁剂浸泡的义齿，戴前需在流动水下使用软毛牙刷刷洗义齿上的浮垢直至清洁

图4-2 义齿浸泡于冷水杯中

（5）注意事项。

① 刷洗义齿的牙刷刷毛不可太硬，且要动作轻柔，以免损坏义齿表面。

② 义齿的各个面均应刷洗干净。

五、特殊口腔护理

特殊口腔护理是指运用特殊的护理工具，采取恰当的清洁液为老年人进行口腔清洁的方法。常用口腔护理溶液及作用见表4-5。常用于昏迷、禁食、鼻饲、高热、长期卧床、病情危重、生活不能自理的老年人。对特殊老年人进行口腔清洁可预防其口腔内炎症、溃疡、口臭及其他并发症的发生。常用方法为棉球法。该方法操作过程如下所述。

表4-5 常用口腔护理溶液及作用

溶液名称	作用
生理盐水	清洁口腔，预防感染
1%～3%过氧化氢溶液	抗菌除臭，适用于细菌感染、出血者
1%～4%碳酸氢钠溶液	用于真菌感染
0.1%醋酸溶液	用于铜绿假单胞菌感染
0.02%呋喃西林溶液	清洁口腔，广谱抗菌
2%～3%硼酸溶液	酸性溶液，抑菌
0.02%洗必泰	清洁口腔，广谱抗菌

（1）操作目的。

① 保持口腔清洁、湿润，预防口腔感染等并发症。

② 去除口腔异味、污垢，促进老年人食欲和舒适感。

③ 观察口腔状况，为病情变化提供动态信息。

（2）评估。

① 辨识老年人，与老年人沟通交流。

② 评估老年人的病情、口腔卫生状况、意识状态、自理能力和配合程度。

(3) 工作准备。

① 环境准备：整洁明亮、空气清新、温湿度适宜。

② 老年人准备：平卧于床上，了解口腔护理的目的、方法、注意事项和配合要点。

③ 照护人员准备：着装整洁，洗净双手，戴口罩。

④ 物品准备：无菌口腔护理包(小碗或方盘、弯盘、镊子、压舌板、止血钳、棉球16～20个、垫巾)，并检查有效期。另准备清水或漱口液、漱口杯、毛巾、吸管和手电筒。必要时备张口器、冰硼散、润唇油。

(4) 棉球法清洁口腔的操作程序(见表4-6)。

表4-6 棉球法清洁口腔的操作程序

操作流程	操作内容
① 核对解释	备齐用物至床旁，核对老年人的床号、姓名；向有意识的老年人解释操作目的、流程和注意事项，取得老年人配合
② 摆放体位	协助老年人从侧卧位或仰卧位将头偏向一侧，面部侧向照护人员，摇高或垫高床头
③ 铺巾放盘	照护人员站在老年人右侧，打开口腔护理包，倒出适量漱口液(浸湿棉球)后清点棉球数。将毛巾铺在老年人颌下，弯盘(或小碗)放在其口角旁，漱口杯放在床头桌上
④ 润唇检查	照护人员夹取棉球浸润嘴唇擦拭口唇，叮嘱老年人张嘴，手持手电筒，另一只手用压舌板轻轻撑开老年人面颊部，检查口腔内有无异味、溃疡、出血、炎症和义齿等
⑤ 协助漱口	能漱口者协助其用吸管吸水漱口，吐于口角旁弯盘内
⑥ 擦洗口腔	右手持止血钳夹取一个棉球，左手持镊子拧干棉球。按从左到右顺序纵向擦洗牙齿外侧面(分别由臼齿擦至门齿，从齿根到齿尖)，再按上内侧面、上咬合面(环形擦拭)、下内侧面、下咬合面、颊部(弧形擦洗)的顺序擦洗，同法擦洗另一侧，最后擦洗硬腭、舌面、舌下(见图4-3)。检查口腔是否擦拭干净及有无棉球遗漏在口腔内
⑦ 再次漱口	协助老年人漱口，擦干老年人口角处
⑧ 检查涂药	口腔黏膜如有溃疡，可涂冰硼散，口唇干裂者可涂润唇油
⑨ 整理用物	撤去用物，用毛巾擦净老年人口角水痕并撤下，协助老年人取舒适卧位，整理床单位
⑩ 洗手记录	洗手，记录执行时间和效果

(5) 注意事项。

① 操作前，室内应停止清扫等工作，避免尘埃飞扬。如无菌物品已过期或不慎被污染，则不可使用；一套无菌物品只能供一位老年人使用，以防发生交叉感染。

② 操作前后清点棉球数，防止棉球遗留在老年人口腔内堵塞呼吸道。

③ 擦洗时每次夹取一个棉球，夹紧，棉球不宜过湿，以免吸入溶液引起呛咳等意外。

④ 老年人每次张口时间不宜太久，以20秒为限。

图4-3 用棉球为老年人擦拭口腔

⑤ 擦洗时动作要轻缓，以免碰伤黏膜及牙龈。牙垢较多处可再取一个棉球擦洗，直至擦净。擦拭上颚及舌面时，位置不可以太靠近咽部，以免引起老年人恶心或不适。

⑥ 昏迷、意识不清的老年人禁用漱口,需用张口器时应从臼齿处放入,再慢慢撑开,不可强行撬开。

⑦ 对于长期使用抗生素的老年人,应注意观察其口腔有无真菌感染。

⑧ 传染病患者的用物应按消毒隔离制度处理。

▶任务训练

扫描二维码查看棉球法操作考核评分标准

任务训练内容为采用棉球法进行口腔护理,操作评分标准如二维码中的表格所示。

任务二 满足老年人头发清洁的需要

▶案例导读

陈奶奶,70岁,脑出血后左侧肢体活动障碍,长期卧床,于近期入住养老院协助照护区。作为照护人员,你在查房时发现陈奶奶的头发有些凌乱、油腻,且出现打结情况。

请思考:你应如何为陈奶奶进行头发护理?

▶知识链接

老年人头发大多干涩、易脱落,做好头发的梳理和清洗,不仅可清除污垢,减少脱落,还可帮助老年人疏通经络,促进血液循环,获得良好的保健效果。根据老年人的自理程度和病情,对头发的护理可采取梳头、坐位洗头、床上洗头等方法。

一、梳头及坐位洗头

扫描二维码查看梳头法操作程序

1. 梳头法

扫描二维码查看梳头法具体内容。

2. 坐位洗头法

(1) 操作目的。

① 去除头皮屑和污垢,保持头发的整齐和清洁,促进老年人身体舒适。

② 按摩头皮,促进头部血液循环,促进头发生长。

③ 维持老年人的良好形象,维护其自尊,促进其身心健康。

④ 预防头虱、头虮,防止疾病传播。

(2) 评估。

① 辨识老年人,与老年人沟通交流。

② 评估老年人的洗头习惯和配合程度。

③ 评估老年人头发状况,有无污垢、头皮屑、打结、头虱和头虮。

(3) 工作准备。

① 环境准备:整洁、安静、明亮、舒适,关闭门窗,必要时用屏风遮挡,调节室温至24~26℃。

② 老年人准备:了解坐位洗头的目的、方法、注意事项和配合要点,坐在椅子上。

③ 照护人员准备：着装整洁，洗手，修剪指甲，戴口罩。
④ 物品准备：毛巾1条、洗发液1瓶、梳子1把、水盆1个、座椅1个、方凳1个、水壶1个（水温40～45℃）。必要时备吹风机1个。

(4) 坐位洗头法操作程序(见表4-7)。

表4-7　坐位洗头法操作程序

操作流程	操作内容
① 核对解释	备齐用物，携至床旁；核对老年人的床号、姓名；向老年人解释操作的目的、方法和配合要点
② 安置体位	搀扶老年人坐在水盆前，将毛巾围于老年人胸前和颈肩部。叮嘱老年人双手扶稳盆沿(见图4-4)，闭眼，头低于水盆上方
③ 协助洗发	照护人员用水壶缓慢倾倒温水浸湿老年人头发。将洗发液倒在掌心揉搓至有泡沫后涂于老年人头发上，用双手十指指腹揉搓头发、按摩头皮。力量适中，揉搓方向由四周发际边缘向头顶部。揉搓完毕后用温水冲净头发
④ 擦干头发	用胸前毛巾擦净老年人面部及头发，必要时用吹风机吹干头发
⑤ 梳理头发	用梳子将老年人头发梳理整齐
⑥ 整理用物	搀扶老年人回床休息，整理用物
⑦ 洗手记录	洗手，记录执行时间和效果

(5) 注意事项。
① 洗发过程中，随时注意老年人的反应，询问其感受。如水温是否合适，揉搓力度是否恰当等，以便随时调整操作方法。
② 注意室温、水温变化，及时擦干头发，防止老年人着凉。
③ 操作动作要轻快，以减少老年人的不适和疲劳。

图4-4　坐位洗头法

二、床上洗头

床上洗头常用方法包括床上洗发器洗头法、扣杯法、马蹄形垫法和洗头车洗头法。

床上洗头的操作目的、评估、同坐位洗头法。

1. 工作准备

(1) 环境准备：整洁、安静、明亮、舒适，关闭门窗，必要时用屏风遮挡，调节室温至24～26℃。

(2) 老年人准备：了解床上洗头的目的、方法、注意事项和配合要点，平卧于床上。

(3) 照护人员准备：着装整洁，洗手，修剪指甲，戴口罩。

(4) 物品准备：橡胶单1条、毛巾2条、棉球2个、纱布1块、洗发液1瓶、梳子1把、水盆1个，水壶1个(水温40～45℃)、污水桶1只，必要时备电吹风1个。根据不同的洗头方法可准备床上洗发器(见图4-5)或马蹄形垫(见图4-6)或搪瓷杯、橡胶管和防水膜(扣杯制作见图4-7)或洗头车(见图4-8)。洗头车是一种新型专业化洗发用具。将热水盛于水箱内，污水管插入污水箱内。检查各连接管是否漏水，关闭水阀门，插上电源，待水泵启动后，打开阀门即可使用。临时不用时只要关闭水阀门即可，不必切断电源，喷头应放在卡槽上以防下滑。

图 4-5　床上洗发器

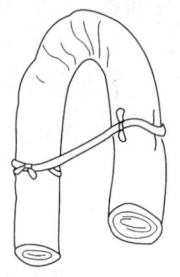

图 4-6　马蹄形垫

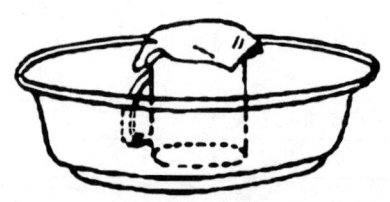

图 4-7　扣杯制作

图 4-8　洗头车

2. 操作程序

床上洗头操作程序见表 4-8。

表 4-8　床上洗头操作程序

操作流程	操作内容
(1) 核对解释	备齐用物,携至床旁,核对老年人的床号、姓名;向老年人解释操作的目的、方法和配合要点;询问老年人是否需要排大小便
(2) 安置体位	① 床上洗发器洗头法:协助老年人斜角平卧,头置于床边,枕头下移至老年人肩背部,橡胶单及干毛巾铺于枕头上。一手托住老年人的头部,另一手将床上洗发器垫于老年人头下,老年人的头枕于洗发器中央凹陷处,洗发器的排水管下接污水桶(见图 4-9)。 ② 马蹄形垫法:协助老年人斜角平卧,头置于床边,枕头下移至老年人肩背部。将马蹄垫置于老年人后颈下,使其枕于马蹄形垫的凸起处,老年人的头部置于水槽中,马蹄垫的下端放于污水桶内(见图 4-10)。 ③ 扣杯法:协助老年人斜角平卧,头置于床边,枕头下移至老年人肩背部,橡胶单及干毛巾铺于枕头上。取水盆一只,盆底部放一条毛巾,并将搪瓷杯倒扣在盆中央,上面垫四折小毛巾并外包防水膜。老年人头部枕于毛巾上,水盆内放一根橡胶管,下接污水桶(见图 4-11)。 ④ 洗头车洗头法:协助老年人取仰卧位,上半身斜向床边,头部枕于洗头车的头托上,将接水盘置于老年人头下
(3) 松领围巾	松开老年人衣领向内折,另取一干毛巾折叠后围于其颈部
(4) 保护眼耳	用棉球塞住老年人双耳,纱布遮盖眼睛,防止水溅入其中
(5) 清洗头发	松开老年人头发,先冲少量温水,询问老年人水温是否合适,冲湿头发;涂擦洗发液,用指腹揉搓头发并按摩头皮(力量适中,揉搓方向由发际向头顶部);揉洗完毕后热水冲净,注意抬起老年人头部洗净脑后头发,用颈部干毛巾擦净面部并包裹头发

续表

操作流程	操作内容
（6）擦干头发	一手托住头部,一手撤去洗发器,将枕头移回老年人头下。取下耳内棉球,用包头毛巾擦干头发(必要时用电吹风吹干头发),并梳理整齐
（7）整理用物	撤去橡胶单及毛巾,协助老年人取舒适卧位,整理老年人衣服和被褥,开窗通风
（8）洗手记录	洗手,记录执行时间和效果

图 4-9　床上洗发器洗头法

图 4-10　马蹄形垫法

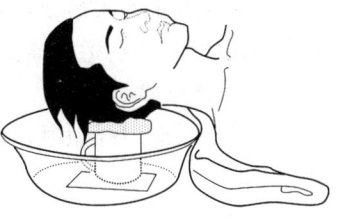

图 4-11　扣杯法

3. 注意事项

（1）洗发时,随时注意观察老年人的反应,询问其感受。如有不适应停止操作。

（2）注意室温、水温变化,及时擦干头发,防止老年人着凉。

（3）操作要轻快,以减少老年人的不适和疲劳。

（4）防止水流入老年人眼、耳内或沾湿衣服、床单。如已沾湿,要及时更换。

三、灭除头虱、头虮

扫描二维码查看具体内容。

扫描二维码查看灭除头虱、头虮

任务训练

本次任务训练的内容为用床上洗发器洗头,操作评分标准如二维码中表格所示。

扫描二维码查看床上洗头技术操作考核评分标准

任务三　满足老年人皮肤清洁的需要

案例导读

李奶奶,85岁,脑卒中后右侧肢体偏瘫10个月。今日入住养老公寓非自理区。入住评估时,李奶奶身体清洁度较差,皮肤污垢较多,有异味。

请思考：照护人员应该采用何种方式为李奶奶进行皮肤清洁？在操作中照护人员应该注意哪些事项？

知识链接

皮肤具有保护机体、调节体温、吸收、分泌及感觉等功能。干净的皮肤可使老年人身体舒适,心情愉快。人到老年,由于皮肤逐渐老化,皮脂分泌减少,皮肤大多干燥,容易发生瘙痒;对冷、热刺激等感觉功能减退。随着年龄的增长,皮肤抵抗力下降,老年人容易发生皮肤疾病,如老年斑、湿疹、皮肤瘙痒症等。

一、皮肤照护的要点

1. 及时清洁

老年人外出回来后要注意洗脸洗手。沐浴时要用温水,不要使用碱性皂液。冬季洗澡每周一次即可,浴后适量涂擦乳液滋润皮肤。夏季出汗多时,要及时洗浴,保持皮肤清爽。

2. 注意防晒

当紫外线照射强烈时,老年人外出应戴遮阳帽或涂擦防晒用品,以防紫外线对皮肤造成损伤。

3. 饮食营养

老年人应多食含有维生素及矿物质的食物,做到均衡饮食。不吸烟,少饮酒,少喝含有咖啡因的饮品。每日饮水6~8大杯,以利于促进人体内循环,加速细胞生长,保证皮肤水分充足。

4. 充足睡眠

每天保证7~8小时的睡眠,皮肤会在人体睡眠时进行细胞自我更新。

5. 其他要点

保持良好的情绪状态,减少紧张与压力;适当做运动,以加速皮肤表面的血液循环。

二、协助清洁面部、双手、足部、修剪指(趾)甲

1. 清洁面部、双手

(1) 操作目的。

促进老年人身体舒适,维护老年人自尊。

(2) 评估。

① 辨识老年人,与老年人沟通交流。

② 评估老年人的意识状态、自理能力、卫生状况、合作程度。

(3) 工作准备。

① 环境准备:关闭门窗,调节室温至22~26℃。

② 老年人准备:坐位,了解操作注意事项和配合要点。

③ 照护人员准备:衣帽整齐,洗净双手,修剪指甲。

④ 物品准备:脸盆内盛温水(42℃左右)、塑料布(橡胶单)、毛巾、香皂、面霜等。

(4)清洁面部、双手操作程序(见表4-9)。

表4-9 清洁面部、双手操作程序

操作流程	操作内容
① 核对解释	备齐用物,携至床旁;核对老年人的床号、姓名;向老年人解释操作的目的、方法和配合要点
② 安置体位	扶老年人坐起,盖被上铺塑料布(橡胶单),脸盆放在上面
③ 协助清洗	协助老年人用清水和香皂清洁面部、手臂和双手,清水洗净并擦干
④ 整理用物	撤去脸盆与塑料布(橡胶单);面部及双手涂擦面霜;倾倒污水,清洗毛巾
⑤ 洗手记录	洗手,记录执行时间和效果

(5)注意事项。

① 水温不可过热,以防烫伤。

② 脸盆要放稳并注意固定,避免倾倒浸湿被褥和衣物。

③ 鼓励有自理能力的老年人自己清洗面部和双手。

2. 足部清洁

(1)操作目的。

同清洁面部、双手。

(2)评估。

① 辨识老年人,与老年人沟通交流。

② 评估老年人的意识状态、自理能力、卫生状况、合作程度。

③ 评估老年人脚部有无破损、感染等问题。

(3)工作准备。

① 环境准备:关闭门窗,调节室温至22~26℃。

② 老年人准备:屈膝仰卧位,了解操作注意事项和配合要点。

③ 照护人员准备:衣帽整齐,洗净双手,修剪指甲。

④ 物品准备:脚盆内盛温水(42℃左右),塑料布(橡胶单)、毛巾、香皂、润肤油等。

(4)足部清洁操作程序(见表4-10)。

表4-10 足部清洁操作程序

操作流程	操作内容
① 核对解释	备齐用物,携至床旁;核对老年人的床号、姓名;向老年人解释操作的目的、方法和配合要点,取得老年人配合
② 安置体位	掀开盖被,辅助老年人取屈膝仰卧位(膝下可垫枕头),足下铺塑料布(橡胶单),裤管向上卷至膝部,放稳盛温水的脚盆
③ 浸泡双足	将老年人的双脚放于洗脚盆中,如无不适浸泡10 min
④ 清洗双足	抬起一只脚,在脚底、脚面涂擦香皂,揉搓踝部、足底、脚面、趾缝,再用清水洗净擦干。同法清洗另一只脚
⑤ 涂润肤油	按从脚跟到脚趾的顺序为老年人涂擦润肤油
⑥ 整理用物	撤去脚盆与塑料布(橡胶单),整理床铺;倾倒污水,清洗毛巾
⑦ 洗手记录	洗手,记录执行时间和效果

3. 修剪指(趾)甲

(1) 操作目的。

同清洁面部、双手。

(2) 评估。

同清洁面部、双手。

(3) 工作准备。

① 环境准备:关闭门窗,调节室温至22~26℃。

② 老年人准备:屈膝仰卧位,了解操作注意事项和配合要点。

③ 照护人员准备:衣帽整齐,洗净双手,修剪指甲。

④ 物品准备:指甲刀、纸巾、洗手液。

(4) 修剪指(趾)甲操作程序(见表4-11)。

表4-11 修剪指(趾)甲操作程序

操作流程	操作内容
① 核对解释	备齐用物,携至床旁;核对老年人的床号、姓名;向老年人解释操作的目的、方法和配合要点,取得老年人配合
② 修剪指(趾)甲	手下或足下铺垫纸巾,一手握住老年人的手(足)的手指(脚趾),另一只手持指甲刀修剪指(趾)甲(先手指甲,后脚趾甲),保留指(趾)甲长度1~1.5 mm。手指甲圆剪,脚趾甲平剪
③ 挫平边缘	用指甲锉挫平指(趾)甲边缘毛刺
④ 整理用物	用纸巾包裹指(趾)甲碎屑弃掉,整理床铺
⑤ 洗手记录	洗手,记录执行时间和效果

(5) 注意事项。

① 在老年人沐浴后修剪,如果老年人指(趾)甲较硬,可先用温水浸泡5~10 min。

② 不可修剪过深或过短,不可损伤皮肤。

三、会阴部清洁

(1) 操作目的。

保持老年人会阴部清洁、无异味,预防感染。

(2) 评估。

① 辨识老年人,与老年人沟通交流。

② 评估老年人的意识状态、自理能力、卫生状况、合作程度。

③ 评估老年人会阴部有无破溃、感染、异味等。

(3) 工作准备。

① 环境准备:关闭门窗,调节室温至22~26℃,必要时用屏风遮挡。

② 老年人准备:屈膝仰卧位,了解操作注意事项和配合要点。

③ 照护人员准备:衣帽整齐,洗净双手,修剪指甲。

④ 物品准备:水盆内盛温水(42℃左右),橡胶手套1副、一次性护理垫1个、毛巾1条;对不能自理的女性老年人需要准备冲洗壶(内盛温水)、清洁的衣裤和被单、浴巾1条、便盆等。

(4) 会阴部清洁操作程序(见表 4-12)。

表 4-12 会阴部清洁操作程序

操作流程	操作内容
① 核对解释	备齐用物,携至床旁;核对老年人的床号、姓名;向老年人解释操作的目的、方法和配合要点,取得老年人配合
② 安置体位	掀开盖被,被尾向上折叠;协助老年人取屈膝仰卧位,裤子脱至膝部,臀下铺一次性护理垫;会阴冲洗时臀下垫便盆
③ 会阴清洁	擦洗法:照护人员戴好橡胶手套,用专用毛巾浸湿拧至半干进行擦拭,随时清洗毛巾,直至局部清洁无异味。女性老年人擦洗顺序:阴阜向下擦至尿道口、阴道口、肛门,擦洗两侧腹股沟。男性老年人擦洗顺序:尿道口、阴茎、阴囊、腹股沟、肛门。 冲洗法:照护人员戴好橡胶手套。一手持冲洗壶,一手拿毛巾,边冲边擦洗会阴,由阴阜向下至尿道口、阴道口、肛门,最后擦洗大腿两侧腹股沟(见图 4-12),冲洗完毕用毛巾擦干
④ 整理用物	撤去便盆、一次性护理垫;为老年人穿好裤子,整理床单位;清洗便盆和毛巾
⑤ 洗手记录	洗手,记录执行时间和效果

(5) 注意事项。

① 鼓励有自理能力的老年人自己清洗会阴部。

② 使老年人注意保暖。

③ 冲洗时水温不可过热,注意观察老年人反应。冲洗时缓慢倒水,避免打湿被褥。

④ 有留置导尿管者禁止冲洗,可进行局部擦拭。

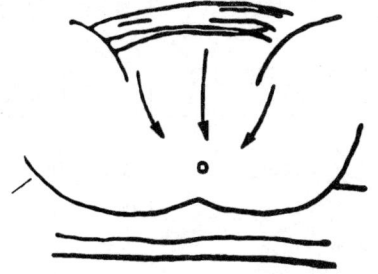

图 4-12 会阴部清洁的擦洗顺序

四、协助沐浴

1. 淋浴

(1) 操作目的。

① 去除老年人身体污垢,保持皮肤清洁干燥,促进身体舒适。

② 促进老年人皮肤血液循环,预防皮肤感染、压力性损伤等并发症。

③ 使老年人放松肌肉,保持良好精神状态。

(2) 评估。

① 辨识老年人,与老年人沟通交流。

② 评估老年人的意识状态、自理能力和合作程度。

③ 评估老年人的皮肤清洁度、卫生习惯和卫生知识。

(3) 工作准备。

① 环境准备:室内安静整洁,关闭门窗,调节室温为 24~26℃;浴室内有呼叫器、扶手、地面、浴盆防滑。

② 老年人准备:了解操作的目的、方法、注意事项和配合要点。

③ 照护人员准备:着装整洁,洗手,修剪指甲,双手温暖,戴口罩。

④ 物品准备:淋浴设施、毛巾 1 条、浴巾 1 条、浴液 1 瓶、洗发液 1 瓶、清洁衣裤 1 套、梳子 1 把、洗澡椅 1 把(见图 4-13),必要时备吹风机 1 个。

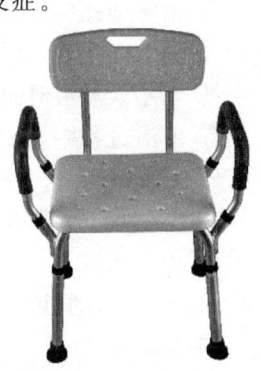

图 4-13 洗澡椅

(4) 协助沐浴操作程序(见表 4-13)。

表 4-13 协助沐浴操作程序

操作流程	操作内容
① 核对解释	备齐用物,携至床旁;核对老年人的床号、姓名;向老年人解释操作的目的、方法和配合要点,取得老年人配合
② 护送入浴	协助老年人穿防滑拖鞋,搀扶或使用轮椅运送老年人进入浴室
③ 调节水温	避开老年人身体调节水温,先开冷水开关,再开热水开关(单把手开关由冷水向热水方向调节),调节水温在 40℃ 左右(伸手触水,温热不烫手为宜)
④ 脱去衣裤	协助老年人脱去衣裤并坐在洗澡椅上,双手握住扶手(偏瘫老年人脱衣服时先脱健侧,再脱患侧)
⑤ 清洗身体	先用淋浴喷头淋湿老年人下肢,询问水温是否合适;用花洒淋湿老年人身体,由上至下涂抹浴液,涂擦颈部、双上肢、胸腹部、背臀部、双下肢,用花洒将全身冲洗干净
⑥ 清洗头发和面部	叮嘱老年人低头闭眼,背靠椅背。用花洒淋湿头发,将洗发液揉搓至有泡沫后涂于老年人头发上,双手十指指腹揉搓头发、按摩头皮,力量适中,由发际向头顶部揉搓,随时观察老年人有无不适,用花洒将头发冲洗干净。取少量沐浴液为老年人清洗面部和耳后,打开淋浴开关,用手接水洗净老年人面部沐浴液
⑦ 清洗会阴部及臀部	一手搀扶老年人站起,另一只手取少量沐浴液擦洗老年人会阴部及臀部,随后冲洗会阴部及臀部。协助老年人坐下,再次从颈部向下冲洗全身,关闭淋浴开关
⑧ 擦干更衣	用浴巾包裹老年人身体并擦干,用毛巾迅速擦干老年人面部及头发。协助老年人穿好清洁衣裤(偏瘫老年人穿衣服时应先穿患侧,再穿健侧),搀扶或使用轮椅运送老年人回房
⑨ 整理用物	开窗通风,擦干浴室地面;将物品放回原处,清洗浴巾、毛巾和换下来的衣裤
⑩ 洗手记录	洗手,记录执行时间和效果

(5) 注意事项。

① 老年人自行淋浴时,浴室门不要内插,以免发生意外时他人不能进入。可在门把手上悬挂示意标牌。照护人员应经常询问老年人是否需要帮助。

② 浴室地面应放置防滑垫,以防老年人滑倒。

③ 调节水温时,喷头不应冲向老年人。

④ 老年人淋浴时间不可过长,水温不可过高,以免发生头晕等不适。

⑤ 淋浴过程中,随时观察老年人的反应,如有不适应迅速停止操作,通知医护人员。

2. 盆浴

扫描二维码查看盆浴具体内容。

3. 床上擦浴

(1) 操作目的、评估。

同淋浴。

(2) 工作准备。

① 环境准备:关闭门窗,调节室温为 24~26℃,必要时用屏风遮挡或拉上窗帘。

② 老年人准备、照护人员准备:同淋浴。

扫描二维码查看盆浴

③ 物品准备：小方毛巾1条、浴巾1条、沐浴液1瓶、护理垫1块、清洁衣裤、污水桶、橡胶手套1副、2个盛装40～45℃温水(擦浴时的水温为38～40℃)的暖瓶、水盆3个(用于清理身体、臀部、脚部等)，毛巾3条(用于擦拭身体、臀部、脚部等)，必要时备50%的乙醇或按摩油、润肤剂。

(3) 床上擦浴操作程序(见表4-14)。

表4-14 床上擦浴操作程序

操作流程	操作内容
① 核对解释	备齐用物，置于浴室适宜位置；核对老年人的床号、姓名；向老年人解释淋浴的目的、方法和配合要点；询问老年人是否需要排便、排尿，并予以帮助
② 脱去衣裤	协助老年人脱去衣裤，盖好被子
③ 擦洗面部	水盆内倒入温水，浸湿小方毛巾；将浴巾覆盖在老年人枕巾及胸前被子上；将小方毛巾拧干，横向对折再纵向对折(见图4-14)；用小方毛巾的四个角分别擦拭老年人双眼的内眼角和外眼角(见图4-15)。洗净小方毛巾包裹在手上(见图4-16)，涂上沐浴液擦洗老年人面部。擦拭顺序为额、鼻、鼻翼两侧至唇周、面颊、颈、耳及耳后(见图4-17)。 额：由额中间分别向左，再向右擦洗。 鼻、鼻翼两侧至唇周：由鼻根擦向鼻尖，再由鼻翼一侧向下至鼻唇部横向擦，沿一侧唇角向下，再横向擦拭下颌。 面颊：由唇角向鬓角方向擦拭，用同样方式擦拭另一侧。 颈：由中间分别向左，再向右擦洗。 耳及耳后：由上向下擦拭耳及耳后
④ 擦拭手臂	暴露老年人近侧手臂，将浴巾半铺半盖于手臂上；打开浴巾，浸湿毛巾，分别用沐浴液和清水由老年人前臂向上臂擦拭，再用浴巾擦干；用同样手法擦拭另一侧手臂，擦洗完毕后清洗双手
⑤ 擦拭胸部	将老年人盖被向下折叠，暴露其胸部，用浴巾遮盖胸部；打开浴巾上部，分别用沐浴液、清水环形擦拭老年人胸部。注意擦净皮肤皱褶处，如腋窝、女性乳房下垂部位，擦洗中随时掀开与遮盖浴巾
⑥ 擦拭腹部	将盖被向下折至老年人大腿上部，用浴巾遮盖老年人胸腹部，掀开浴巾下角向老年人胸部反折，暴露老年人腹部，分别用沐浴液、清水顺时针螺旋形擦拭腹部，由上向下擦拭腹部两侧，用浴巾擦干。擦洗中随时掀开与遮盖浴巾
⑦ 擦拭背臀部臀部	协助老年人侧卧，面部朝向照护人员；将被子向上折起暴露老年人背部和臀部。将浴巾一侧边缘铺于老年人背部下，向上反折遮盖背部和臀部。打开浴巾，分别用沐浴液、清水由老年人腰部沿脊柱向上擦至肩颈部，再螺旋向下擦洗背部一侧。用同样的方法擦洗另一侧。打开浴巾，分别用沐浴液、清水环形擦洗臀部两侧，用浴巾擦干，撤去浴巾，协助老年人取平卧位，盖好被子
⑧ 擦洗下肢	暴露一侧下肢，浴巾半铺半盖；打开浴巾，一手固定老年人下肢踝部呈屈膝状，另一手分别用沐浴液、清水由小腿向大腿方向擦拭，用浴巾擦干；用同样的方法擦洗另一侧下肢
⑨ 擦拭会阴部	使用专用水盆，盛温水至1/3。擦洗方法同"会阴部清洁"
⑩ 清洗足部	更换脚盆，盛装半盆温水；将老年人被尾向一侧打开，暴露双脚。将浴巾卷起垫在老年人膝下支撑，将脚盆放在足下铺好的护理垫上。将老年人一只脚浸没在水中搓洗。抬起老年人的一只脚，涂擦沐浴液，并揉搓脚掌、脚背、足跟、趾缝、脚踝。将老年人的脚再次浸没在水中，洗净沐浴液；使用脚巾擦干脚部，放入被子内(见图4-18)。用同样的方法清洗另一只脚

续表

操作流程	操作内容
⑪ 整理用物	撤去水盆、护理垫和膝下浴巾;协助老年人更换清洁衣裤;盖好被子,撤去屏风,开窗通风;倾倒污水桶,刷洗水盆、污水桶。将用物放回原处,清洗浴巾、毛巾、污衣裤
⑫ 洗手记录	洗手,记录执行时间和效果

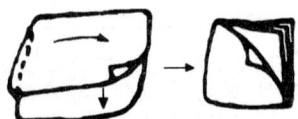

图 4-14 折叠小方毛巾

图 4-15 擦拭双眼

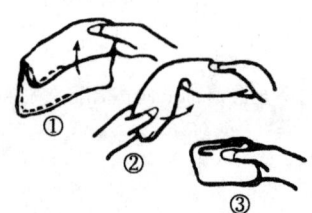

图 4-16 小方毛巾包裹方法

图 4-17 面部擦拭顺序

图 4-18 清洗脚部

(5)注意事项。

① 多人同住一室时,应用隔帘遮挡。
② 擦浴过程中动作要轻柔,要及时遮盖老年人暴露部位以防着凉。
③ 随时添加温水,调整水温,并更换污水。
④ 擦洗过程中,观察老年人反应,如出现寒战、面色苍白等情况,要立即停止擦浴并报告。

4. 洗澡机洗浴

扫描二维码查看洗澡机洗浴具体内容。

扫描二维码
查看洗澡机
洗浴

五、特殊老年人身体清洁

1. 特殊老年人身体清洁的注意事项

随着年龄的增长,老年人生理机能逐渐衰退,加上各种疾病等因素导致机体受损。如糖尿病足、摔倒后导致骨折、卧床老年人发生低蛋白血症而引起全身水肿等。为这类特殊老年人做身体清洁时,应做到以下几点。

(1)特殊老年人身体虚弱,在清洁过程中应注意观察老年人的情况,如有异常应立刻停止并汇报。

(2)在清洁过程中应加强对受伤部位的保护,避免二次伤害。

(3)在清洁过程中,应做好异常情况的观察和记录,并及时汇报。

(4)如遇皮肤破溃、出血、感染等,应在医护人员的指导下进行操作。

2. 为糖尿病足老年人洗脚

(1) 操作目的。

① 促进老年人身体舒适,维护老年人自尊。

② 保护病足伤口,预防伤口恶化。

(2) 评估。

① 辨识老年人,与老年人沟通交流。

② 评估老年人的意识状态、自理能力、卫生状况、合作程度。

③ 评估老年人双脚有无皮肤破损或脚部疾病。

④ 评估糖尿病足脚趾部位包裹的纱布有无渗液,外周有无红肿等情况。

(3) 工作准备。

① 环境准备:关闭门窗,调节室温至22～26℃。

② 老年人准备:屈膝仰卧位或坐位,了解操作注意事项和配合要点。

③ 照护人员准备:衣帽整齐,洗净双手,修剪指甲。

④ 物品准备:脚盆内盛温水(38℃～40℃)、毛巾、香皂、润肤油、保鲜膜、胶布等。

(4) 为糖尿病足老年人洗脚操作程序(见表4-15)。

表4-15 为糖尿病足老年人洗脚操作程序

操作流程	操作内容
① 核对解释	备齐用物至床旁;向老年人解释操作目的、流程和注意事项,取得老年人配合
② 包裹患足	纱布包裹患侧脚伤口,用保鲜膜覆盖表面并向外展开1 cm,用胶布粘贴保鲜膜与皮肤衔接处
③ 清洗健足	协助老年人将健侧脚浸没在脚盆中进行揉搓;然后一手抬起脚,一手在脚底、脚面涂擦香皂,揉搓脚底、脚背、趾缝及脚踝;再次将脚浸没在脚盆中,反复多次洗净皂液并抬起擦干
④ 清洗患足	一手掌心托住老年人患侧脚跟,位于脚盆上方,一手避开保鲜膜包裹处,撩水淋湿脚部,涂抹香皂,揉搓脚部各部位;再次淋水洗净皂液,并擦干;打开胶布,撤下保鲜膜;检查包裹的纱布是否干燥
⑤ 擦润肤油	为老年人双脚涂擦润肤油
⑥ 整理用物	携用物至洗漱间,倾倒污水,清洗毛巾和脚盆
⑦ 洗手记录	洗手,记录执行时间和效果

(5) 注意事项。

① 水温不宜过烫,浸泡时间不宜过长。

② 洗脚前,应检查老年人脚部皮肤情况。

③ 糖尿病足包裹的纱布如有浸湿,应通知医护人员立即更换。

④ 当老年人足部患有传染性皮肤疾病时,照护人员应戴乳胶手套或一次性橡胶手套,并使用毛巾为老年人清洗足部,使用完毕后应进行消毒处理。

3. 为骨折老年人进行身体清洁(以一侧上肢骨折为例)

(1) 操作目的。

① 去除老年人身体污垢,保持皮肤清洁干燥,促进身体舒适。

② 促进皮肤血液循环,预防皮肤感染、压力性损伤等并发症。

③ 放松肌肉,使老年人保持良好精神状态。
④ 保护老年人患侧肢体,防止其肢体受到二次伤害。

(2) 评估。

① 辨识老年人,与老年人沟通交流。
② 评估老年人的意识状态、自理能力、卫生状况、合作程度。
③ 评估老年人患侧肢体骨折部位的情况。

(3) 工作准备。

① 环境准备:调节浴室温度为 24~26 ℃。关闭门窗,确认洗澡椅完好、高度适宜,浴室铺设防滑垫。
② 老年人准备:了解操作注意事项和配合要点。
③ 照护人员准备:衣帽整齐,洗净双手,修剪指甲。
④ 物品准备:保鲜膜、胶布、大毛巾、浴巾、小方毛巾、三角巾、浴液、洗发液、梳子、清洁衣裤、防滑拖鞋,必要时备吹风机。

(4) 骨折老年人身体清洁操作程序(见表 4-16)。

表 4-16 骨折老年人身体清洁操作程序

操作流程	操作内容
① 核对解释	备齐用物,放置浴室适宜位置;核对老年人的床号、姓名,向老年人解释淋浴的目的、方法和配合要点;询问是否需要排便、排尿,予以协助
② 护送入浴	协助老年人穿防滑拖鞋,搀扶或使用轮椅运送老年人进入浴室
③ 脱去衣裤	协助老年人脱去衣裤;先脱健侧,再脱患侧
④ 保护患肢	搀扶老年人在洗澡椅上坐稳,摘下悬吊三角巾,患侧手臂包裹保鲜膜并覆盖绷带,用胶布粘贴在保鲜膜与皮肤衔接处。叮嘱老年人健侧手臂轻托患侧手臂
⑤ 调节水温	避开老年人身体,调节水温至温热不烫手(水温为 40℃左右),手持淋浴喷头淋湿老年人下肢,询问水温是否适宜
⑥ 协助洗浴	避开患侧手臂淋湿全身,按照淋浴步骤协助洗浴
⑦ 擦干更衣	用浴巾包裹老年人身体,用大毛巾迅速擦干老年人的面部及头发,并用浴巾擦干其身体
⑧ 检查患肢	打开胶布,撤下保鲜膜,检查老年人患侧手臂绷带有无浸湿情况;协助老年人更衣,先穿患侧,再穿健侧;使用三角巾将右臂悬吊在胸前,搀扶老年人回房间休息
⑨ 整理用物	开窗通风,擦干浴室地面;将用物放回原处;清洗浴巾、大毛巾、小方毛巾及换下的衣裤,悬挂晾干
⑩ 洗手记录	洗手,记录执行时间和效果

(5) 注意事项。

① 淋浴时,避开骨折部位。
② 操作动作应轻稳,避免触碰骨折部位。

扫描二维码
查看床上擦
浴技术操作
考核评分标准

任务训练

本次任务训练的内容为床上擦浴,操作评分标准如二维码中的表格所示。

任务四 协助老年人穿脱衣物、鞋袜

案例导读

张爷爷,70岁,脑梗死后遗症左侧肢体偏瘫,卧床,左手略屈曲,无法自主伸直,左腿不能自主弯曲,口齿不清。医生和康复治疗师建议佩戴手部和足踝矫形器。今日查房,照护人员为老人翻身时发现其衣服上有污渍。

请思考:照护人员应该如何为张爷爷更换衣裤?如何为张爷爷佩戴手部和足踝矫形器?

一、穿脱衣物概述

着装是一个人社会交往和满足自尊的需要。老年人的着装不仅要美观、保暖,更要舒适、健康。自理老年人可根据喜好自行选择着装的种类、样式,而非自理老年人,其穿脱衣裤、鞋袜需要不同程度的协助。因此,照护人员应掌握穿脱不同类型衣物的方法,从而更好地为老年人服务,避免老年人受凉的同时,减轻照护工作强度。

1. 老年人服装选择的原则

老年人的服装不仅需要舒适,还要有益于健康。棉质服装是最佳选择。老年人服装选择应遵循实用、舒适、整洁、美观的原则。

(1)实用。衣物有保暖防寒的作用。老年人对外界环境的适应能力较差,冬季畏寒,春秋怕风。因此,老年人应选择冬季保暖、夏季消暑、春秋防风的服装。

(2)舒适。老年人服装应力求宽松舒适、柔软轻便、利于活动。尽量选择纯棉制品,四季适宜。夏季可选凉爽透气的真丝、棉麻类服装。

(3)整洁。衣着整洁不仅使老年人神采奕奕,也能增强自信,维护自尊,有利于其身体健康。老年人内衣及夏季衣服应常洗常换,保持整洁。

(4)美观。根据老年人文化素养、喜好和品味,应为老年人选择符合自身气质的服装,做到款式简洁、剪裁美观、穿脱方便。

2. 老年人鞋袜的选择原则

(1)鞋子。老年人选择鞋子时应遵循大小适宜、减震、排汗、轻巧、防滑、舒适的原则。日常行走适宜选择布底鞋,且鞋跟2厘米左右。运动时最好选择鞋底硬度适中、鞋内宽松且带有粘扣的运动鞋,避免选择需要系鞋带的运动鞋,以免鞋带松开绊倒。居室内行走应选择长度刚刚能将足部塞满整个鞋面的拖鞋,后跟以2~3厘米为宜。

(2)袜子。老年人应尽量选择袜口宽松的棉质袜子,方便穿脱的同时,也能避免足部血液回流不畅导致的肿胀。袜子应勤换勤洗,以预防足部疾病。

二、协助老年人穿脱衣裤、鞋袜

1. 操作目的

保持身体和着装整洁舒适,维护老年人自尊。

2. 评估

(1) 辨识老年人,与老年人沟通交流。

(2) 评估老年人的意识状态、自理能力、卫生状况、合作程度。

(3) 评估老年人衣物污染情况。

3. 工作准备

(1) 环境准备:整洁舒适,温度适宜。关闭门窗,拉好隔帘或屏风。

(2) 老年人准备:了解操作注意事项和配合要点。

(3) 照护人员准备:衣帽整齐,洗净双手,修剪指甲。

(4) 物品准备:清洁衣物、鞋袜。

4. 操作程序

(1) 为老年人更换开襟衣服操作程序(见表4-17)。

表 4-17 为老年人更换开襟衣服操作程序

操作流程	操作内容
核对解释	备齐用物至床旁,核对老年人信息并做好解释
安置体位	协助老年人坐起或摇高床头呈半坐位
脱去脏衣	为老年人解开衣扣,将衣领向下拉,露出两肩;脱去一侧衣袖,将衣服从背后绕到另一侧,褪下衣袖
更换新衣	展开清洁的开襟衣服,辨别衣身、衣袖;从一侧袖口端套入手臂,握住老年人手部套入衣袖,提拉至肩部。叮嘱老年人身体稍前倾,捏住衣领将衣身从背后展开,将健侧手臂向斜下方或斜上方伸入衣袖
整理衣服	拉平衣身,整理衣领
洗手记录	洗手,记录执行时间和效果

(2) 为老年人更换套头衣服操作程序(见表4-18)。

表 4-18 为老年人更换套头衣服操作程序

操作流程	操作内容
核对解释	备齐用物至床旁,核对老年人信息并做好解释
安置体位	协助老年人坐起或摇高床头呈半坐位
脱去脏衣	将套头上衣的下端向上拉至老年人胸部,一手扶住老年人肩部,另一只手从背后向前从老年人头部脱下衣身部分;拉住近侧衣袖袖口,脱下衣袖,用同样的方法脱下另一侧衣袖
更换新衣	一只手从袖口处伸入至衣身开口处,握住老年人手腕,将衣袖套入老年人手臂,用同样的方法穿好另一侧衣袖;双手握住衣身前后片下沿至领口开口处,套过老年人头部
整理衣服	拉平衣身
洗手记录	洗手,记录执行时间和效果

(3) 为老年人穿脱裤子操作程序(见表4-19)。

表4-19 为老年人穿脱裤子操作程序

操作流程	操作内容
核对解释	备齐用物至床旁,核对老年人信息并做好解释
安置体位	协助老年人仰卧位
脱去脏裤	为老年人松开裤带、裤扣;协助老年人身体分别左倾和右倾,将裤子右侧和左侧部分依次向下拉至臀下;嘱老年人屈膝,双手分别拉住老年人两侧裤腰向下褪至膝部以下,分别抬起左右下肢,逐一褪出裤腿
更换新裤	取清洁的裤子并辨别正反面;一手从裤管口套入至裤腰开口处,轻握老年人一脚踝,另一手将裤管向老年人大腿方向提拉。用同样的方法穿上另一条裤管。叮嘱老年人屈膝,双手分别拉住两侧裤腰部分向上提拉至老年人臀部;协助老年人身体分别左倾和右倾,将右侧和左侧裤腰依次向上拉至腰部;系好裤带、裤扣
整理衣服	拉平裤子
洗手记录	洗手,记录执行时间和效果

(4) 为老年人穿脱鞋袜操作程序(见表4-20)。

表4-20 为老年人穿脱鞋袜操作程序

操作流程	操作内容
核对解释	备齐用物至床旁,核对老年人信息并做好解释
安置体位	协助老年人坐于床边
脱鞋袜	解开鞋带或粘扣,握住鞋的足跟部分脱下两只鞋子。双手分别拉住脚踝两侧袜口向下脱下袜子,检查老年人脚部有无破损及脚部是否有疾患
穿鞋袜	取清洁袜子并辨别正反面及袜子的足跟位置,双手分别捏住袜子开口至袜头处,套入老年人脚趾,向脚踝方向提拉。袜子应穿着平整,与脚部完全贴合。检查鞋子内部是否平整,无异物。一手握住鞋跟部分,另一手托起老年人足跟,将其脚趾部分套入鞋内,直至脚掌、脚跟与鞋底内面贴合,最后系好鞋带
洗手记录	洗手,记录执行时间和效果

5. 注意事项

(1) 室温适宜,避免对流风,预防着凉。

(2) 辨别好衣身、衣袖、袜子的正反面和足跟。同时,注意衣裤的叠放顺序,先穿的放在上面,后穿的放在下面。

(3) 操作应轻柔、快捷,避免牵拉老年人肢体损伤皮肤,同时避免长时间暴露导致其受凉。

(4) 对于能自主穿脱衣物的老年人,应指导其自主进行。

(5) 对于一侧肢体功能障碍或偏瘫的老年人,应遵循"患穿健脱"的原则,即穿衣时先穿患侧,再穿健侧;脱衣时,先脱健侧再脱患侧。

(6) 脱袜子后应检查老年人脚部皮肤情况;穿鞋前应检查鞋内是否平整,有无异物。

(7) 更衣时注意保护老年人的隐私。

三、协助老年人穿脱简易矫形器

扫描二维码
查看协助老
年人穿脱简
易矫形器

扫描二维码查看具体内容。

任务训练

分组进行角色扮演,练习为老年人穿脱衣裤、鞋袜。

任务五　为老年人整理床单位、更换被服

案例导读

照护人员为任务四中的张爷爷翻身时发现床单褶皱不平整,且有渣屑。

请思考:照护人员应该如何为张爷爷整理床单位?

知识链接

对于老年人来说,一个清洁、舒适的床单位不仅有利于老年人的休息,而且可以保持居室的整齐美观。照护人员应定时或根据实际情况为老年人整理或更换床单,保持床单的平整、干净、舒适,同时去除居室异味,减少老年人感染、压力性损伤的发生概率,促进老年人身体健康。

一、为老年人整理床单位、更换被服的概述

1. 清扫整理床单位的要求

(1) 床铺表面平整、干燥、无渣屑。

(2) 扫床时,床刷应套上床刷套,且一床一刷套,不可混用。

(3) 卧床的老年人,照护人员应在三餐后、晚睡前对其床铺进行清扫整理,避免食物残渣掉落在床上,给老年人带来不适甚至压力性损伤。

2. 更换被服的要求

(1) 照护人员戴口罩、帽子,每周为老年人更换被服1~2次。

(2) 若被服被尿、便、呕吐物、汗液等污染,应及时更换。

(3) 老年人的被褥、枕头应经常在阳光下晾晒。

3. 被服的回收、清洗消毒方法

(1) 养老机构应建立洗衣房并配有专用洗涤设备,若无条件可送至符合资质的专业洗涤机构。

(2) 被服应由专门的工作人员回收,回收时应佩戴口罩、帽子及橡胶手套,在远离老年人房间的指定地点,与照护人员共同清点回收被服。

(3) 被服有明显污渍应先进行局部清洗揉搓,再进行统一洗涤。

(4) 对污染严重或患有传染病老年人的被服,应单独回收,应用消毒剂(常用 500～1000 mg/L 含氯消毒液)浸泡 2 小时,再进行单独清洗。

(5) 洗涤环境应分区明确(包括回收区、消毒区、清洗区、晾晒区、清洁物品存放区等)。

二、整理床单位及更换被服的方法

1. 操作目的

(1) 保持床单位和居室的整洁、美观和舒适。

(2) 保持床铺清洁、平整,预防压力性损伤等并发症。

2. 评估

(1) 评估床单位的清洁程度,有无渣屑、褶皱。

(2) 对于卧床老年人,还应与老年人沟通,评估其意识状态、自理能力、肢体活动度、心理状况和合作程度。

3. 工作准备

(1) 环境准备:居室内无老年人进餐或治疗,室温 24～26℃,关闭门窗,必要时遮挡屏风。

(2) 老年人准备:明确操作目的,了解操作过程。

(3) 照护人员准备:着装整洁,洗净双手,修剪指甲,戴口罩。

(4) 物品准备。

① 整理法:扫床车(见图 4-19)1 辆,床刷 1 个,床刷套若干(略湿)。

图 4-19　扫床车

② 更换床单法:扫床车 1 辆、清洁被服 1 套(床单、被罩、枕套)、床刷 1 个、床刷套若干(略湿)、洗手液、必要时备清洁衣裤 1 套。

4. 操作程序

(1) 整理床单位。

① 整理空床单位(见表 4-21)。

表 4-21　整理空床单位

操作流程	操作内容
安置用物	携用物至床旁,移开桌椅,将棉被折叠成方块状放置在床旁椅子上,将枕头放在棉被上
湿扫床铺	取床刷,套好一只清洁潮湿的床刷套。从床头纵向扫至床尾,每扫一刷要重叠上一刷的 1/3,避免遗漏。扫毕,将床刷套取下放在扫床车的污物桶内
整理床单	将近侧床尾部床单打开,抻平反折于床褥下,将近侧床单边缘平整塞于床褥下。用同样方法铺好另一侧床单,使床单平整紧绷于床褥上
整理盖被	整理好盖被叠成被筒,被尾向内折三折与床尾平齐
整理枕头	拍打枕头至蓬松放置在床头(放置枕头时,若枕套开口在一侧,开口应背门)
整理用物	将床刷和床刷套进行清洗、消毒、归位扫床车
洗手记录	洗手,记录执行时间和效果

② 整理卧床老年人床单位(见表4-22)。

表4-22 整理卧床老年人床单位

操作流程	操作内容
核对解释	携用物至老年人床旁,核对老年人信息并做好解释,关闭门窗
松被翻身	移开桌椅,放下近侧床挡,按压检查对侧床挡拉起且牢固。协助老年人向对侧翻身,移枕、盖好被子
湿扫床铺	取床刷,套好一只清洁潮湿的床刷套,轻抬近侧枕头,从床头扫至床尾,靠近床中线清扫床单上的渣屑,每扫一刷要重叠上一刷的1/3,避免遗漏
整理床单	将近侧床尾部床单打开,抻平反折于床褥下;将近侧床单边缘平整塞于床褥下
清扫对侧	协助老年人翻身至近侧,盖好被子。拉起近侧床挡,确认牢固。转至对侧,放下床挡,同样方法清扫并铺平床单
整理盖被	协助老年人取平卧,整理好盖被叠成被筒,被尾内折与床尾平齐
整理枕头	取下枕头,拍松后放在老年人头下,调整至舒适位置
拉起床挡	确认两侧床挡拉起且牢固
整理用物	移回床旁桌椅,开窗通风。消毒床刷和床刷套,归位扫床车
洗手记录	洗手,记录执行时间和效果

(2) 更换被服。

① 空床更换被服(见表4-23)。

表4-23 空床更换被服

操作流程	操作内容
安置用物	携用物至床旁,物品按使用顺序码放在床尾椅子上(上层床单,中层被罩,下层枕套)。移开床旁桌,距床20 cm
撤脏床单	从床头至床尾松开床单四边,床单纵边分别向上反折卷起。床头、床尾部分别向中间卷起,放于污衣袋内
清扫床褥	方法同整理空床单位
铺新床单	取清洁床单展开,床单中线位于床中线上。床单短边应分别超过床头、床尾。一手托起近侧床头的床垫边角,另一只手伸过床头中线将床单折入床垫下;随后一手扶持床头角,一手将床单长边的边缘折于床褥下面(见图4-20)。用同样方法铺好床尾。移至近侧床中间,两手下拉床单中部边缘,塞于床垫下。转至对侧,用同样方法铺好对侧床单
撤脏被罩	照护人员站在床右侧,将被子展开平铺于床上。打开被罩被尾开口端,一手揪住被罩边缘,一手伸入被罩中分别将两侧棉胎向中间对折。随后一手抓住被罩被头部分,一手抓住棉胎被头部分,将棉胎呈"S"形撤出并放于床尾。脏污被罩放于扫床车污衣袋内
套新被罩	将清洁被罩展开,中线对齐床中线,打开被罩的被尾开口。一手抓住棉胎被头部分,将棉胎装入清洁被罩内,使棉胎被头处占满被罩被头部分,无虚边。在被罩内将棉胎侧边分别向两侧展开铺平,棉胎四角占满被罩四角,系好床尾侧被罩系带。将棉被两侧向内反折,与床沿平齐,被尾向内反折,与床尾平齐
更换枕套	将枕芯从枕套中抽出,将脏污枕套放在污衣袋内。在床尾部,取清洁枕套内面朝外,双手伸进枕套内撑开并揪住两内角,抓住枕芯两角,套好枕套。拍松枕芯,平放于床头,开口端背向门口
整理用物	移回床旁桌、床旁椅;清理用物,污染被单送洗、消毒
洗手记录	洗手,记录执行时间和效果

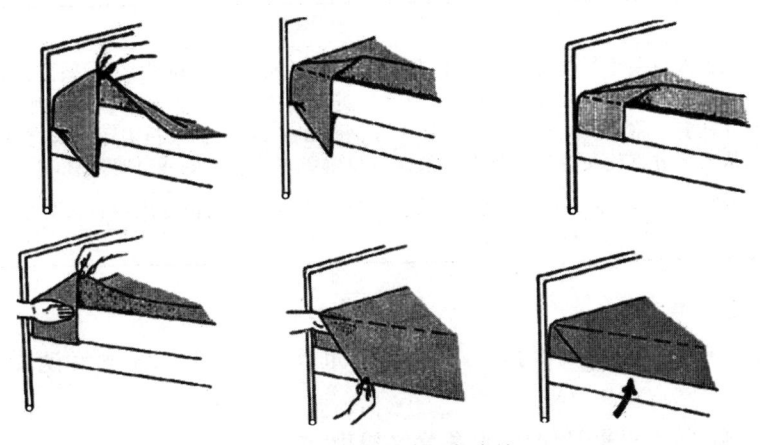

图 4-20 铺床的折角方法

② 为卧床老年人更换被服(见表 4-24)。

表 4-24 为卧床老年人更换被服

操作流程	操作内容
核对解释	携用物至老年人床旁,核对老年人信息并做好解释,关闭门窗
安置用物	移开床旁桌,距床 20 cm,将物品按使用顺序码放在床尾椅子上(上层床单,中层被罩,下层枕套)
松被翻身	照护人员站在床的右侧,放下近侧床挡,检查对侧床挡拉起且牢固。一手托起老年人头部,一手将枕头平移向床的对侧,协助老年人向对侧翻身,盖好被子
清扫床单	从床头至床尾,松开近侧床单,将床单向上卷起至老年人身下。取床刷,套上清洁潮湿的床刷套,从床头至床尾,靠近床中线清扫近侧床垫上的渣屑,每扫一刷要重叠上一刷的 1/3,避免遗漏
铺近侧单	取清洁床单,床单的纵向中线对齐床中线,展开近侧床单平整铺于床褥上,余下的一半向上卷于老年人身下,近侧床单边缘反折于床垫下(同空床更换床单操作)
移枕翻身	将枕头移至近侧,协助老年人翻转身体侧卧于清洁床单上(面向照护人员),盖好被子,拉起近侧床挡协助老年人取平卧,整理好盖被叠成被筒,被尾内折与床尾平齐
铺对侧单	照护人员转至床对侧,放下床挡,从床头至床尾松开污染床单,将床单向上卷起,再将污染床单分别从床头、床尾向中间卷起放在污衣袋内。清扫褥垫上的渣屑(方法同前),撤下床刷套,放在污衣袋内。拉平老年人身下的清洁床单,平整铺于床褥上(同前)。协助老年人平卧于床中线上,盖好被子
更换被罩	照护人员站在床右侧,将盖于老年人身上的被子两侧及被尾展开。打开被罩被尾开口端,一手揪住被罩边缘,一手伸入被罩中分别将两侧棉胎向中间对折。随后一手抓住被罩被头部分,一手抓住棉胎被头部分,将棉胎呈"S"形撤出并放于床尾,被罩仍覆盖在老年人身体上。取清洁被罩平铺于脏污被罩上,被罩中线对准床中线。清洁被罩的被头部分置于老年人颈部。打开清洁被罩被尾开口端,一手抓住棉胎被头部分将棉胎装入清洁被罩内,使棉胎被头处占满被罩被头部分,无虚边。在被罩内将棉胎被边分别向两侧展开铺平,棉胎四角占满被罩四角,系好床尾侧被罩系带。从床头向床尾方向翻卷撤出脏污被罩,放在污衣袋内。将棉被两侧向内反折,与床沿平齐,被尾向内反折,与床尾平齐

续表

操作流程	操作内容
更换枕套	照护人员一手托起老年人头部,另一手撤出枕头。在床尾处将脏污枕套撤下,并放在污衣袋内。取清洁枕套内面朝外,双手伸进枕套内撑开并揪住两内角。抓住枕芯两角,套好枕套。将枕头从老年人胸前放至左侧头部旁边,照护人员右手托起老年人头部,左手从头下方将枕头拉至老年人头部适宜位置。若枕套为侧开口时,开口应背门
整理用物	开窗通风,洗净双手。脏污被服统一洗涤、消毒。清洁消毒床刷和床刷套
洗手记录	洗手,记录执行时间和效果

5. 注意事项

(1) 扫床时,要靠近床中线清扫,每扫一刷要重叠上一刷的 1/3,避免遗漏,注意扫净枕头下面。

(2) 一床一刷套,不可重复使用,避免交叉感染。

(3) 协助老年人翻身侧卧时,要拉起床挡,避免其坠床,同时动作要轻稳,防止其磕碰床挡。

(4) 操作过程中,不可过多暴露老年人身体,以免受凉。更换被罩时,要避免遮住老年人口鼻。

(5) 操作中动作要轻稳,避免尘埃飞扬。

(6) 床单应平整、紧实、耐用;棉胎装入被罩内,被头部分应充实,不可有虚边;枕头四角应充实,枕套开口应背门。

(7) 照护人员应注意节力。如铺床前用物应准备齐全,按使用先后顺序依次放置。铺床时身体靠近床边,上身保持直立,两腿前后分开稍屈膝,以扩大支撑面,降低身体重心,增加稳定性。

任务训练

扫描二维码
查看卧床老
年人床上更
换被服技术
操作考核评
分标准

分组练习协助卧床老年人更换被服,操作评分标准如二维码中的表格所示。

项目五　满足老年人营养需要

引言

营养与健康的关系甚为密切,合理的营养可以增进人体健康。随着年龄老化,老年人身体器官功能逐渐减退,咀嚼、消化及吸收食物的能力降低,生活自理能力也逐渐下降,这些因素的存在导致老年人营养不良的发生风险增加。营养不良易造成老年人发病率及死亡率增加、住院时间延长、预期寿命减少,严重危害老年人健康。关注和改善老年人的饮食和营养,不仅可以防止早老和老年多发病的发生,还是维护老年人健康、提高生活质量的重要护理内容。

知识链接

人体为了维持生命与健康,预防疾病及促进疾病康复,每天必须从食物中获得营养物质。这些食物中能够被人体消化、吸收和利用的有机和无机物质被称为营养素。营养素在体内的主要功能是供给能量,构成及修补组织,调节生理功能。照护人员只有掌握老年人对营养的需要特点,饮食、营养与疾病痊愈的关系,才能够采取有效的措施,满足老年人在疾病康复过程中的营养需要,从而使老年人达到恢复健康和促进健康的目的。

项目分解

根据老年人生活自理情况及吞咽功能,将满足老年人营养需要分解为三项任务,即为老年人摆放进食体位,协助老年人进食、饮水,鼻饲饮食照护。

任务一　为老年人摆放进食体位

案例导读

孙爷爷,70岁,丧偶,退休教师。半年前突发脑卒中遗留左侧肢体偏瘫,目前生活半自理,进餐时需要他人协助。

请思考:根据上述情境,帮助孙爷爷摆放合理的进食体位。

知识链接

合理的进食体位能够让老年人在进餐时看清食物,不仅可以使其增进食欲,还可以减少其进餐中噎食、误吸等意外情况的发生,从而增强老年人进餐过程中的舒适感。

一、老年人进食体位的概念及摆放目的

老年人进食体位是根据老年人的自理程度及病情,采取适宜的进食姿势。其目的是增强老年人的食欲,增加进食量,增加营养摄入,提高机体抵抗力。同时可以避免不良体位引发呛咳、误吸、噎食等意外。

二、老年人常用的进食体位

1. 坐位

适用于基本自理、体弱、下肢功能障碍,但不需要辅助设备可保持独立坐姿者,包括轮椅坐位及床上坐位。

2. 半卧位

适用于病情危重、需要人员及设备辅助使上身抬起者。半卧位应抬高床头30°~45°,进餐时老年人头应偏向一侧或前屈以防误吸。

三、为老年人摆放进食体位的方法

1. 操作目的

(1) 有利于老年人进食,增强食欲,增加进食量。

(2) 预防老年人进食过程中意外情况的发生。

2. 评估与解释

(1) 评估老年人的疾病情况、吞咽功能、饮食种类、服药情况、自理能力等。

(2) 向老年人解释,使老年人身心做好准备;询问其是否需要排便,并根据需要协助;与其沟通进餐的地点及体位。

3. 工作准备

(1) 环境准备:清洁、安静、光线柔和、温湿度适宜、无异味。

(2) 照护人员准备:衣帽整洁,洗净双手。

(3) 老年人准备:了解摆放体位的方法及配合要点;清洁双手(可由照护人员协助完成)。

(4) 用物准备:可根据老年人情况准备轮椅、餐桌、过床桌或餐板、毛巾、软枕等。

4. 操作实施

为老年人摆放进食体位操作实施见表5-1。

表 5-1 为老年人摆放进食体位操作实施

进食体位	操作流程	操作内容
(1) 轮椅坐位（见图 5-1）	准备轮椅	老年人坐在床沿上，将轮椅推至老年人床旁，轮椅与床成 30°~45°夹角，固定轮椅刹车，抬起脚踏板
	转移位置	搀扶老年人起身站稳，叮嘱老年人双手扶住照护人员肩部，移步转身背对轮椅，坐在轮椅中间，后背紧贴椅背
	调整坐姿	协助老年人系上腰间安全带，放平轮椅脚踏板，协助老年人将双脚放于脚踏板上
	推至餐桌	松开刹车，推轮椅至餐桌前，固定刹车。餐桌高度应高于轮椅扶手，固定轮椅后老年人胸部应靠近餐桌
	准备进餐	在老年人颌下及胸前垫好毛巾；叮嘱老年人进餐时身体前倾
(2) 床上坐位（见图 5-2）	抬高床头	电动床、机械摇把床：将床头摇起；可适当在老年人背后垫软枕以提高舒适感；可在其膝下垫软枕或使其屈膝盘腿以增加舒适感。 普通床：老年人侧卧，协助老年人利用健侧手肘支撑坐起，将软枕垫于老年人背后，使其屈膝外展或盘腿，确保坐位稳定、舒适
	放置餐板	老年人面前放置餐板或过床桌
	准备进餐	体位摆放完毕后，在老年人颌下及胸前垫好毛巾，叮嘱老年人进餐时身体前倾
(3) 半卧位（见图 5-3）	抬高床头	电动床、机械摇把床：将床头摇起，与水平面成 30°~45°夹角，老年人上身坐起；摇起床尾，使老年人屈膝，避免身体下滑。 普通床：协助老年人坐起，背后垫软枕，使老年人身体与床的水平面夹角成 30°~45°，在老年人膝下垫软枕，使其屈膝，在膝盖处放置软枕，起到支撑作用
	准备进餐	老年人颌下及胸前垫好毛巾，准备进餐

图 5-1 轮椅坐位进食体位

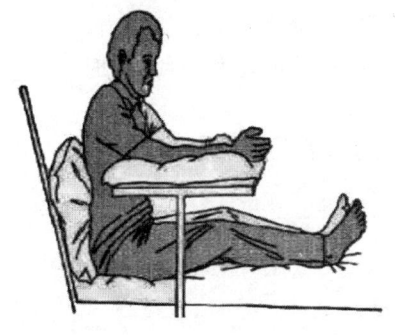

图 5-2 床上坐位进食体位

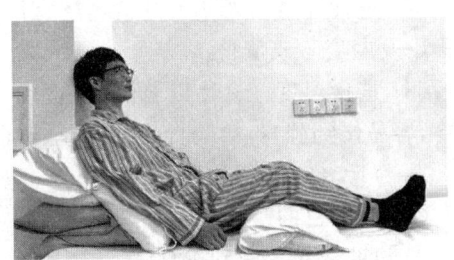

图 5-3 半卧位进食体位

5．注意事项

（1）协助老年人摆放体位前应做好评估。

（2）摆放体位时动作应轻柔，确保老年人安全。

▶任务训练

请为案例导读中的孙爷爷摆放合适的进食体位。

任务二　协助老年人进食、饮水

▶案例导读

王奶奶，65岁，退休教师，生活部分自理。1周前王奶奶因急性肠梗阻入住某医养结合型养老机构住院部，经手术治疗后病情稳定，肠道已恢复正常功能，进食流质饮食后无不适。

请思考：根据上述情境，协助王奶奶进食及饮水。

▶知识链接

伴随着身体器官功能的下降，部分老年人存在不同程度的进食饮水问题，尤其是患有脑卒中、帕金森等可以引起吞咽障碍的慢性疾病者，进食饮水不当可能会给其带来致命性伤害。

一、协助老年人进食

1．协助老年人进食的要点

（1）进食时间、频次和量。

① 进食时间。应根据老年人生活习惯进行安排。一般早餐时间为6～7时，午餐时间为11～12时，晚餐时间为17～19时。

② 进食频次。老年人除了保证一日三餐正常进食外，为了适应其肝糖原储备减少及消化吸收能力降低等特点，可适当在其晨起、两餐之间补充水果、牛奶、坚果等。

③ 进食量。老年人每天的进食量应根据上午、下午、晚上的活动量均衡地分配到一日三餐中。老年人应多吃新鲜瓜果、绿叶蔬菜，每天不少于300克。这是维生素和无机盐的主要来源，可维持正常的代谢活动，有利于增强机体的免疫力，提高防病抗病能力。

（2）进食速度。老年人进食速度宜慢，这样有利于食物的消化和吸收，同时可预防进食过程中发生呛咳或噎食。

（3）进食温度。食物以温热、不烫嘴为宜。食物过热，容易灼伤口腔及食管黏膜；食物过冷，容易伤到脾胃，影响食物的消化、吸收。

2．协助老年人进食的方法

（1）操作目的。

① 协助老年人顺利进食。

② 预防进食过程中意外情况的发生。

(2) 评估与解释。

① 评估老年人的疾病情况、吞咽功能、饮食种类、服药情况、自理能力等。

② 向老年人解释食物的基本情况及摆放位置、饮食注意事项等。

(3) 工作准备。

① 环境准备：整洁，无异味，温湿度适宜。

② 照护人员准备：衣帽整洁，修剪指甲，洗手。

③ 老年人准备：了解进食时间及食物名称，独立或在照护人员协助下服用餐前药、如厕、洗手。视情况在下颌或胸前垫好毛巾、佩戴义齿。

④ 用物准备：餐具、餐桌或餐板、食物、纸巾、毛巾、口腔清洁用物、记录单、笔等。

(4) 协助老年人进食操作实施（见表5-2）。

表5-2 协助老年人进食操作实施

操作流程	操作内容
① 进食体位	为老年人摆放进食体位，上身坐直或稍向前倾
② 摆放食物	鱼剔骨、肉去骨，按老年人进食习惯摆放食物的位置
③ 确认食物	与老年人确认食物的名称、摆放位置。拉住视力障碍老年人的手分别确认饭、菜、汤的位置，同时告知其食物的种类、名称，利于老年人按顺序拿取。将汤匙或筷子递到视力障碍的老年人手中
④ 协助进食	可独立进食者：叮嘱老年人细嚼慢咽，小心进食；不能自理者：照护人员用手臂内侧触及碗壁感受食物的温热程度。以汤匙喂饭，每一口食物占据汤匙的1/3为宜。确认老年人完全咽下后再喂下一口，直到进食完毕
⑤ 餐后整理	撤下餐具，协助老年人进食后漱口，并用毛巾擦干口角水痕，为床上进食老年人撤下餐板或餐桌、毛巾，整理床单位
⑥ 洗手记录	洗手，记录老年人进食的体位，需要辅助的程度，进食种类、速度、量以及近期有无明显进食习惯的改变，进食过程中有无吞咽困难、噎食、误吸、呛咳、呕吐等情况的出现

(5) 注意事项。

① 进食前照护人员要触碰碗壁检查食物温度。

② 老年人进食后应保持进食体位30分钟，以防止食物反流。

③ 对于有咀嚼或吞咽困难的老年人，应将食物打碎成糊状。

④ 一般按照时钟平面图摆放食物，并告知老年人方向、食物名称，利于老年人按顺序拿取，如6点钟方向放饭，12点钟方向放汤，3点钟及9点钟方向放菜等（见图5-4）。

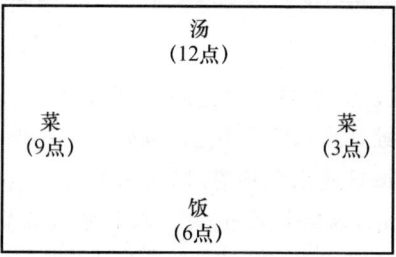

图5-4 食物放置顺序平面图

⑤ 老年人身体情况允许时,尽量下床进食。不便下床者,可采取床上坐位或半卧位进食。

⑥ 预先了解老年人的饮食习惯、喜好等,便于对比及发现异常情况。

⑦ 如进食过程中发生异常情况,如噎食等,要及时施救并上报。

二、协助老年人饮水

1. 操作目的

(1) 协助老年人顺利饮水。

(2) 预防饮水过程中意外情况的发生。

2. 评估与解释

(1) 评估老年人的疾病情况、吞咽功能、饮水限制、自理能力等。

(2) 解释操作的目的、配合要点,取得老年人的理解与配合。

3. 工作准备

(1) 环境准备:整洁,无异味,温湿度适宜。

(2) 照护人员准备:衣帽整洁,修剪指甲,洗手。

(3) 老年人准备:了解操作目的、理解并配合。

(4) 用物准备:水杯、吸管、汤匙、水或其他饮品、清洁用具、围巾、纸巾、记录单、笔等。

4. 操作实施

协助老年人饮水操作实施见表5-3。

表5-3 协助老年人饮水操作实施

操作流程	操作内容
(1) 饮水体位	可自行饮水的老年人取坐位,使用吸管饮水、需喂水的老年人取半卧位
(2) 协助饮水	独立进水:将水杯递到老年人手中,确认其拿稳水杯后,看护其直接进水或借助吸管进水。 使用吸管:不能自行饮水者,照护人员手持水杯,将吸管上端放入老年人口中。叮嘱老年人吸水时不要用力过猛。 喂水:照护人员手持汤匙,汤匙内水量为汤匙的1/2~2/3。将汤匙靠近老年人口唇,紧贴老年人唇沿,缓慢抬手,让老年人嘟嘴吸吮。确认老年人下咽后,再喂下一汤匙
(3) 整理用物	将水杯等用物放回原处,根据情况进行清洗。用纸巾擦干老年人口角水痕。叮嘱老年人保持体位30分钟后再躺下,为卧床老年人整理床单位
(4) 洗手记录	洗手,记录老年人饮水的体位、需要辅助的程度、饮水量、速度以及近期有无明显饮水习惯的改变,饮水过程中有无呛咳等情况的出现

5. 注意事项

(1) 协助老年人饮水时应注意水温不可过高,以免烫伤。

(2) 病情允许的情况下,最好采取坐位饮水,以防发生呛咳或吸入性肺炎。

(3) 正常情况下,老年人每日进水量应在1500 mL左右。特殊患病老年人进水量应遵医嘱,将饮水容器做好刻度标记,做好饮水记录。因限水而口渴的老年人,可用湿棉球或少量水湿润口腔。

(4) 注意饮水时间的安排,尽量避免夜间过量饮水。

（5）不能自理的老年人，尤其是不能表达的老年人，应注意每日分次、定时喂水，防止其饮水量不足。

（6）及时发现饮水过程中的异常情况并上报。

任务训练

分组进行角色扮演（A角色为照护人员，B角色为老年人），协助不同自理情况的老年人进食、饮水。

任务三　鼻饲饮食照护

案例导读

孙爷爷，65岁，退休教师，存在严重的吞咽功能障碍。为保证孙爷爷的营养摄入，须遵医嘱给予鼻饲饮食。

请思考：根据上述情境，请为孙爷爷进行鼻饲饮食照护。

知识链接

管饲是将导管插入胃肠道，为危重症、昏迷、存在消化道功能障碍、不能经口进食或不愿经口进食的老年人提供必需的食物、营养液、水及药物的方法。根据导管插入途径的不同，可分为口胃管、鼻胃管（鼻饲）、鼻肠管、胃造口管、空肠造口管。在进行管饲时，应根据胃肠道的病理情况、预计管饲时间和老年人的情况确定具体途径。本任务主要以鼻胃管（即导管由鼻腔插入胃内）为例讲解管饲法的操作方法。

一、鼻饲饮食的种类

根据老年人的消化能力、身体需要等，可将鼻饲饮食分为混合奶、匀浆膳和要素饮食。

1. 混合奶

混合奶是以牛奶为主要原料的流质饮食，其中可以加入豆浆、鸡蛋、米粉、浓肉汤、菜汁等成分。混合奶营养丰富，易于消化和吸收，适用于身体虚弱、消化功能差的鼻饲老年人。

2. 匀浆膳

匀浆膳可自行制备或直接使用商用匀浆膳。自制匀浆膳成分可根据老年人的情况自主调配并打碎，可包括牛奶、煮鸡蛋、豆腐、瘦肉末、熟猪肝等，类似于正常膳食内容。自制匀浆膳容易被微生物污染，固体成分易于沉降且黏度高，需用大孔径胃管。商用匀浆膳无菌，成分明确，喂食方便。

3. 要素饮食

以氨基酸混合物或蛋白水解物为氮源，以易于消化的糖类为能源，混以矿物质、维生素及少量含有必需氨基酸的植物油的一种完全膳食。要素饮食为无渣饮食，不需消化或少部分需要消化，可直接被老年人肠道吸收利用。

二、鼻饲用物

1. 胃管

胃管(见图 5-5)是通过鼻腔插入胃内,为不能经口进食的老年人补充营养的鼻饲用具。胃管可由橡胶、硅胶或无毒医用高分子材料等制成。完整的胃管由导管和戴帽的接头组成,长度可为 100 cm 或 120 cm,在胃管管壁上有清晰的长度标记。一般胃管经鼻腔插入胃内的长度为 45 cm～55 cm,应根据老年人的身高等确定个体化长度。为防止反流、误吸,插管长度可在 55 cm 以上;若需经过胃管注入刺激性药物,可将胃管再向深处插入 10 cm。

2. 灌注器

灌注器是用来将鼻饲液经胃管推注到胃内的工具,外观类似于注射器,有多种规格(见图 5-6)。

图 5-5　胃管

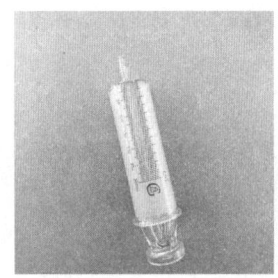

图 5-6　灌注器

三、判断胃管是否在胃内的方法

每次为老年人进行鼻饲前,照护人员必须确认胃管在老年人胃内后方可推注食物。判断胃管是否在胃内的方法有三种,可任选其一。

1. 抽吸胃液法

用注射器或灌注器连接胃管末端进行抽吸,看是否有胃液或胃内容物被抽出。若有,则证明胃管在胃内。此方法较为准确、常用。

2. 听气过水声法

用注射器或灌注器连接胃管末端,向胃管内快速注入 10～20 mL 空气,同时在剑突下胃区用听诊器听是否有气过水声(见图 5-7)。如可听到气过水声,则证明胃管在胃内。

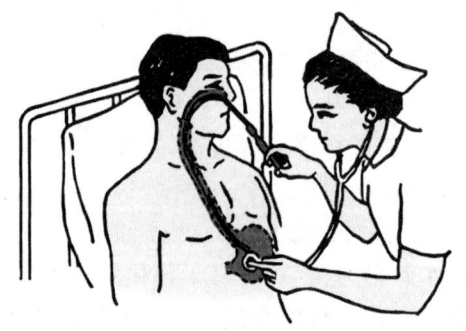

图 5-7　听气过水声法

3. 气泡逸出法

水杯内盛半杯清水,将胃管末端端口打开并放入杯内水面以下,观察有无气泡逸出。如无气泡逸出,表明胃管在胃内;如有大量气泡逸出,则表明误入气管。此方法相比于上述两种方法,准确度不高,如胃管盘于口腔内或末端已升至食管内时,管内并无气泡逸出,贸然推注食物会存在安全风险。

除了上述三种方法外,还可通过 X 射线检查法、抽吸物检测法、CO_2 测定法、内镜检查法等判断胃管的位置,其中 X 射线检查法被公认为判断胃管是否在胃内的金标准。

四、鼻饲饮食照护的方法

1. 操作目的

对不能自行经口进食的老年人以鼻饲供给食物和药物,以满足老年人营养和治疗的需要。

2. 评估与解释

(1) 评估老年人的年龄、病情、意识、特殊需求、心理状态及合作程度,鼻饲管的位置、通畅情况、留置日期,饮食种类及量等。

(2) 向老年人及家属解释操作的目的、配合要点,取得理解与配合。

3. 工作准备

(1) 环境准备:整洁、宽敞、无异味。

(2) 照护人员准备:衣帽整洁,修剪指甲,洗手,戴口罩。

(3) 老年人准备:了解鼻饲饮食的目的、操作过程及注意事项,愿意配合。

(4) 用物准备:碗、灌注器、弯盘、毛巾、纸巾、无菌纱布块、胶布、内盛 100 mL 温水(38℃~40℃)的水杯、200 mL 瓶装温热鼻饲液(38℃~40℃)、记录单等。

4. 操作实施

鼻饲饮食照护操作实施如表 5-4 所示。

表 5-4 鼻饲饮食照护操作实施

操作流程	操作内容
(1) 核对信息	核对老年人床号、姓名、鼻饲液的种类及用量
(2) 摆放体位	① 将床头抬高或使用软垫将老年人上半身垫高呈半坐位,与床水平面成 30°角;② 将老年人头稍偏向照护人员一侧,在老年人的颌下垫毛巾,并将弯盘放在其下颌角处的毛巾上;③ 打开胃管末端包裹的纱布,将胃管末端放入弯盘内,纱布丢进垃圾袋内
(3) 检查固定	查看鼻部用于固定的胶布是否松动、胃管刻度标记是否有移位。如遇胃管滑脱,应立即通知医护人员处理
(4) 确定位置	以抽吸胃液法为例:手持灌注器,打开胃管末端盖帽,将灌注器的乳头与胃管末端连接,一手固定连接处,一手拉灌注器活塞进行抽吸,若有胃内容物被抽出,表明胃管在胃内。将胃内容物推回,盖好胃管末端盖帽
(5) 温水润管	① 将鼻饲液倒入碗中备用;② 手持灌注器从水杯中抽取 20 mL 温水,在手腕内侧感受水温,以水温不烫手为宜;③ 将灌注器乳头与胃管末端连接,缓慢推注温水,查看并询问老年人有无不适感。推注完毕后断开连接,盖好胃管末端盖帽

续表

操作流程	操作内容
(6) 推鼻饲液	① 用纸巾将灌注器乳头处胃液残留擦净以免污染床单位,抽取鼻饲液 50 mL,在手腕内侧测温;② 以 10~13 mL/min 的速度将鼻饲液推注入老年人胃内;③ 推注过程中观察并询问老年人感受,如有不适及时查找原因并予以纠正;④ 用同样的方法将余下的鼻饲液分次推注完毕
(7) 冲洗胃管	抽取 30~50 mL 温开水,测温后用脉冲式手法推注入胃管内以冲洗胃管内壁上的食物残渣,防止堵管
(8) 清洁末端	用毛巾或纸巾拭净胃管末端食物残留,盖好末端盖帽
(9) 调整体位	① 叮嘱老年人进食后保持坐位或半卧位 30 min,以防食物反流引发误吸;② 30 min 后,协助老年人取舒适体位
(10) 整理用物	① 取纱布包裹鼻饲管末端,用胶布缠绕固定,放于枕旁;② 撤下弯盘及毛巾,整理床单位;③ 清洗用物:将灌注器在流动水下清洗干净,并用开水浸泡消毒,晾干后备用。一般灌注器 1 周更换一次
(11) 洗手记录	洗手,正确记录鼻饲时间和鼻饲量

5. 注意事项

(1) 对长期鼻饲的老年人,每日晨、晚间应做口腔清洁。

(2) 对需要吸痰的老年人,应及时给予吸痰。鼻饲前、后 30 分钟之内禁止吸痰,避免引起反流及误吸。

(3) 鼻饲老年人需要遵医嘱服用口服药物时,应咨询医护人员片剂是否可以研碎,经允许后研碎并溶解,再从胃管推注。注意防止胃管堵塞。

(4) 定时更换固定胃管的胶布,关注老年人胃管固定处皮肤的情况,发现异常时应及时通知医护人员处理。

(5) 鼻饲过程中,如果老年人出现恶心、呕吐等情况应立即停止鼻饲,将老年人头偏向一侧,并立即通知医护人员。

(6) 在鼻饲前,照护人员应确定胃管在老年人胃内。如果抽吸胃内容物时发现胃内容物呈深棕色或有其他异常,应立即通知医护人员。

(7) 每次鼻饲量不应超过 200 mL,推注时间以 15~20 分钟为宜,两餐间隔不少于 2 小时。

扫描二维码查看鼻饲饮食的操作评分标准

任务训练

根据案例导读中的情境,为孙爷爷进行鼻饲照护。教师示范后,学生分组训练。鼻饲饮食的操作评分标准详见二维码中的表格。

项目六　满足老年人排泄需要

引言

排泄是机体将新陈代谢产生的废物排出体外的生理过程,包括排尿、排便等,是人体维持健康和生命的必要条件。随着年龄的增长,老年人机体调节功能逐渐减弱,自理能力逐渐下降,有时因疾病原因而不能进行正常的排尿、排便活动。照护人员应理解、同情和尊重老年人,运用有关照护知识和技术指导、帮助老年人,满足其排泄方面的基本生理需要。

知识链接

老年人的排泄功能随着年龄的增加而明显减退,泌尿系统的老化会导致相关肌肉张力减小、容量减少,表现为无法有效地将尿液排出体外而出现尿潴留,严重时还会出现尿失禁等情况。老年女性因会阴部肌肉张力下降、更年期后激素水平降低,可出现尿道萎缩而致尿失禁;老年男性会因为前列腺增生而造成排尿困难、慢性尿潴留等。老年人消化器官的老化会使得各种消化液分泌量减少,消化功能减退,造成营养吸收障碍以及胃肠蠕动减慢,同时由于结肠、肛门括约肌松弛,老年人还易发生便秘、大便嵌顿或失禁等。以上与排泄有关的健康问题均可直接影响老年人的生活质量和健康长寿。因此,照护人员及时为老年人提供有关排泄的指导和协助具有重要意义。

项目分解

老年人在排泄方面易发生的健康问题主要包括排尿、排便异常。另外,为老年人提供满足其排泄需要的照护时,照护人员还需要完成二便标本采集以及呕吐照护工作。因此,本项目将从满足老年人泌尿系统排泄的需要、满足老年人消化系统排泄的需要、采集二便标本和呕吐照护四方面进行项目分解。

任务一　满足老年人泌尿系统排泄的需要

案例导读

张奶奶,66岁,脑卒中后遗留右侧肢体偏瘫。主治医生建议其进行康复锻炼,以逐渐恢复肢体活动能力。张奶奶出院后第2天主诉下腹部胀痛,有尿意,但排尿困难,用手触摸可见下腹部膨隆,有压痛。

请思考:张奶奶可能出现了什么异常情况?你作为她的照护人员该如何处理?

知识链接

正常的泌尿功能对人体维持健康至关重要,它可以确保人体不断地将代谢产物排出体外,以维持机体内环境的稳定。当排尿异常时,个体的身心健康会受到不同程度的影响,因此照护人员在工作中应了解老年人的身心需要,提供适宜的护理措施,协助老年人解决排尿问题,促进其健康。

一、尿液的观察及评估

尿液的评估内容主要包括尿量与次数、颜色、透明度、气味、酸碱度、比重等。

1. 尿量与次数

尿量是反映肾脏功能的重要标志之一。正常成人每昼夜尿量为 1000～2000 mL,平均为 1500 mL。每次尿量 200～400 mL,日间排尿 3～5 次,夜间 0～1 次。老年人由于肾脏的退行性改变易出现夜尿增多。尿量的变化可以分为多尿、少尿和无尿。

(1) 多尿是指 24 小时尿量超过 2500 mL。暂时性多尿常见于饮水过多的老年人或充血性心力衰竭的病人服用利尿剂后;病理性多尿多见于患肾脏疾病(如慢性肾炎后期肾脏浓缩功能发生障碍)的病人,或患有糖尿病、尿崩症等的老年人。

(2) 少尿是指 24 小时尿量少于 400 mL 或每小时尿量少于 17 mL。多见于心脏、肝脏、肾脏功能衰竭或休克者。

(3) 无尿是指 24 小时尿量少于 100 mL 或 12 小时内无尿者,也称闭尿。常见于各种原因所致的休克、严重脱水或急性肾衰竭、药物中毒患者。

2. 颜色

正常新鲜的尿液呈淡黄色或深黄色。当尿液浓缩时,可见量少色深。尿液的颜色还受某些食物和药物的影响,如进食大量胡萝卜或服用核黄素时,尿液呈深黄色。在病理情况下,尿液的颜色可有如下变化。

(1) 血尿。尿液内含有一定量的红细胞时称血尿,血尿颜色的深浅与尿液中所含红细胞的量有关,尿液中含红细胞量多时呈洗肉水样。血尿多见于急、慢性肾炎,输尿管结石,泌尿系统感染,肿瘤及结核患者等。

(2) 血红蛋白尿。大量红细胞在血管内被破坏,将形成血红蛋白尿,呈浓茶色或酱油色,隐血试验呈阳性。多见于溶血、恶性疟疾和溶血性贫血等患者。

(3) 胆红素尿。尿中含有大量的结合胆红素致尿液外观呈深黄色或黄褐色,振荡尿液后泡沫也呈黄色。常见于阻塞性黄疸和肝细胞性黄疸患者。

(4) 乳糜尿。因尿中含有淋巴液而呈乳白色,多见于丝虫病患者。

3. 透明度

透明度即浑浊度,正常新鲜尿液清澈透明,放置后可见微量絮状沉淀物。蛋白尿不影响尿液的透明度,但振荡时可产生较多且不易消失的泡沫。新鲜尿液出现混浊有以下几个原因。

(1) 正常情况。尿液含有大量尿盐时,尿液冷却后可出现微量絮状沉淀物使尿液浑浊,但加热、加酸或加碱后,尿盐溶解,尿液即转为澄清。

(2) 异常情况。尿液中含有大量脓细胞、红细胞、上皮细胞、细菌或炎性渗出物时,排出的新鲜尿液即呈白色絮状混浊,此种尿液在加热、加酸或加碱后,其浑浊度不变,多见于泌尿系统感染患者。

4. 气味

正常尿液气味来自尿内的挥发性酸。尿液久置后,因尿素分解产生氨,故有氨臭味。若新鲜尿有氨臭味,则提示有泌尿道感染风险;糖尿病酮症酸中毒时,因尿中含有丙酮而呈烂苹果味;有机磷农药中毒者,尿液有大蒜臭味。

5. 酸碱度

正常人尿液呈弱酸性,一般尿液 pH 值为 4.5～7.5,平均为 6。饮食的种类可影响尿液的酸碱度,如进食大量肉类食物时,尿液可呈酸性;进食大量蔬菜时,尿液可呈碱性。酸中毒患者的尿液可呈强酸性;严重呕吐者的尿液可呈强碱性。

6. 比重

成人在正常情况下,尿比重波动于 1.015～1.025 之间。尿比重与尿量成反比,受饮水量和出汗量的影响。尿比重的高低主要取决于肾脏的浓缩功能。若尿比重经常为 1.010 左右,则提示肾功能严重障碍。

二、老年人正常排尿的照护

1. 影响排尿的因素

排尿受多方面因素影响。协助老年人正常排尿,首先应评估可能影响排尿的因素。

(1) 年龄和性别。老年人因膀胱肌肉张力减弱,易出现尿频。老年男性易发生前列腺增生而出现滴尿或排尿困难。老年女性则因会阴部肌肉张力下降及更年期后激素水平降低,易出现尿失禁。

(2) 排尿习惯。排尿与个人习惯有关,如多数人习惯于起床和睡前排尿。另外,排尿的姿势、环境是否合适,时间是否充裕等,均会影响老年人排尿活动的正常进行。

(3) 社会文化因素。在现代社会,在隐蔽的场所排尿已形成一种社会规范。当缺乏隐蔽环境时,老年人就会产生许多压力,进而影响其正常排尿。

(4) 心理因素。心理因素对排尿影响较大,当老年人处于紧张、焦虑、恐惧或经受剧烈疼痛时,会出现尿频、尿急,有时也会抑制排尿反射而出现尿潴留。影响排尿最重要的心理因素是个体所受的暗示,排尿可以因为任何听觉、视觉或其他身体感觉的刺激而触发。例如,有些人听到水流声就会想到排尿。

(5) 饮食和气候。尿量的多少与液体的摄入量直接相关。大量饮水和摄入含水分多的食物,则尿量增多。某些饮料,如咖啡、茶、可可、酒精性饮料等有利尿作用;含盐量较高的饮料或食物会造成水钠潴留,使尿量减少。夏天出汗多,机体内水分减少,血浆晶体渗透压升高,引起抗利尿激素分泌增多,促进肾脏的重吸收功能,会导致尿液浓缩和尿量减少;冬天较冷,机体外周血管收缩,循环血量增加,体内水分也相对增加,反射性地抑制抗利尿激素的分泌,会使尿量增加。

(6) 疾病。老年人神经系统的损伤或病变,会使排尿反射的神经传导和排尿的意识控制出现障碍,引起尿失禁;泌尿系统疾病,如结石、狭窄或肿瘤,可导致排尿受阻,出现尿潴留;肾脏病变会使尿液生成障碍而出现少尿、无尿。

(7) 治疗和药物。手术或外伤均可导致失液、失血,体液不足会使尿量减少。有些药物会直接影响排尿,如利尿剂可阻碍肾小管对钠盐的重吸收,增加排尿量;止痛剂和镇静剂会抑制中枢神经系统,降低神经反射而干扰排尿。

2. 协助老年人正常排尿的照护措施

(1) 维持正常的排尿习惯。遵从老年人原有的排尿习惯,如排尿时间、姿势和对环境的要求等。

(2) 摄入液体。液体摄入量增加则尿液生成增加,从而刺激排尿反射。正常成人平均每日液体需要量为1200～1500 mL。但在异常情况下,如发热、大汗等,则需要增加液体摄入量。对活动受限的老年人应鼓励其每日摄入2000～3000 mL液体,增加尿量,稀释尿液,防止形成结石和泌尿系统感染。同时,也应鼓励老年人进食含水量高的食物。

(3) 运动。运动能增强腹部和会阴部肌肉的力量,利于排尿,也有助于预防压力性尿失禁的发生。其方法为收缩或收紧会阴部肌肉数秒钟,像憋尿一样,然后如排尿一样放松肌肉,每日数次,以不疲劳为宜。

(4) 自我放松和隐蔽性。自我放松对排尿非常重要,而提供一个隐蔽的环境对于自我放松又尤为关键。故应给予老年人足够的时间放松自己,并提供隐蔽的环境,适当地遮挡老年人,以帮助其正常排尿。

(5) 姿势。女性正常的排尿姿势是蹲或坐姿,而男性则常是站姿。卧姿不利于排尿的原因是重力的方向无助尿液流出以及无法使用腹内压。因此,若情况允许,应尽量协助女性采取坐姿、男性采取站姿进行排尿。同时,鼓励老年人身体前屈,用手按压腹部,以增加腹压,促进排尿。

(6) 利用暗示。排尿是一种条件反射,利用暗示的力量,可以有效地促使老年人排尿。如听流水声或用温水冲洗会阴部等方法。

(7) 健康教育。帮助老年人及其家属或照顾者正确认识维持正常排尿习惯的意义和获得有关排尿的知识及技巧。

3. 协助老年人如厕

(1) 操作目的。协助特殊老年人完成二便排泄,避免如厕过程中意外情况的发生。

(2) 评估及解释。

① 评估老年人的病情、意识状态、活动能力、二便控制能力、排便排尿过程中需要帮助的程度等。

② 向老年人解释操作的目的及配合要点,取得老年人配合。

(3) 工作准备。

① 环境准备:整洁,温湿度适宜,无异味,地面干燥。

② 照护人员准备:衣帽整洁,清洗并温暖双手。必要时戴口罩、手套。

③ 老年人准备:了解操作目的及配合要点;确认有协助排便排尿需求。

④ 用物准备:坐便器、扶手设施、卫生纸等。根据老年人情况准备轮椅、助行器、床旁坐便器、尿壶。

(4) 协助老年人如厕操作实施(见表6-1)。

表 6-1　协助老年人如厕操作实施

操作流程	操作内容
① 确认需求	询问老年人确有排便排尿需求
② 协助如厕	搀扶或用轮椅推行老年人进入卫生间。晚间可采用床旁坐便椅。协助老年人背向坐便器，叮嘱老年人用手扶住坐便器旁边扶手。一手搂抱老年人腋下（或腰部），另一手协助老年人（或由老年人自己）脱下裤子（见图 6-1），双手扶托老年人腋下，协助老年人平稳地坐于坐便器上，双手扶稳扶手进行排尿。老年人自己借助卫生间扶手支撑身体（或照护人员协助）起身，自己（或照护人员协助）穿好裤子。询问老年人排尿是否顺畅，观察老年人的尿液情况。按压坐便器冲水开关冲水
③ 协助整理	协助老年人洗手。使用轮椅推行或搀扶老年人回房间休息。卫生间开窗通风或开启排风设备清除异味后关闭。若使用坐便椅排尿，协助老年人排尿后，倾倒便盆，清洗消毒后晾干备用
④ 洗手记录	洗净双手，做好记录

（5）注意事项。

① 老年人的卧室应尽量靠近卫生间，方便老年人如厕。房间至卫生间通道应保持通畅，无杂物。保持卫生间地面整洁、无水渍，以防老年人滑倒。

② 卫生间应设有坐便器并安装扶手，方便老年人坐下和站起。卫生用品应放在老年人伸手可及的位置。

③ 如果老年人能短距离或在他人搀扶下行走，应尽量鼓励老年人到卫生间如厕。如果老年人能坐稳但行走不便，可选择在床边使用坐便椅排尿。

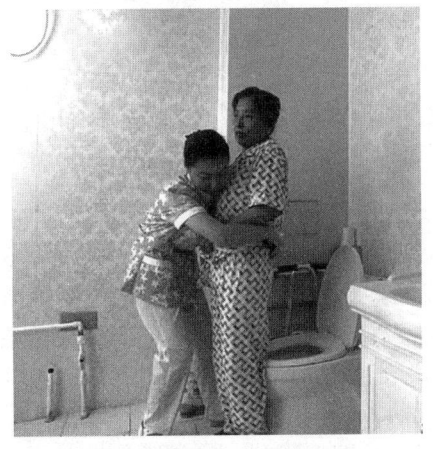

图 6-1　协助老年人脱下裤子

三、尿失禁老年人的照护

1. 尿失禁的类型

扫描二维码查看具体内容。

扫描二维码查看尿失禁的类型

2. 尿失禁老年人照护措施

（1）心理安慰与支持。无论何种原因引起的尿失禁，均会给老年人心理造成很大的负面影响，如困窘、恐惧、丧失自尊，甚至产生自卑或自我厌恶等情绪，同时尿失禁也给老年人生活带来许多不便。因此，照护人员在照顾老年人的过程中，要充分尊重、理解和关心老年人，给予安慰、开导和鼓励，帮助老年人树立信心，促进康复。

（2）保持皮肤清洁与干燥。尿失禁常因尿液浸渍而致臀部及会阴部皮肤发生皮疹、溃疡或感染。如不及时处理可导致严重并发症。

① 及时清理。保持皮肤清洁的首选方法是及时更换潮湿的尿垫和衣被，用温水洗净会阴和臀部，并用柔软的毛巾轻轻擦干。同时勤换衣裤、床单、尿垫等，以保持局部皮肤清洁干燥、减少异味。根据皮肤情况，定时按摩受压部位，防止压力性损伤的发生。

② 选择合适的护理用物。对长期卧床的老年人，要选择合适的尿垫。尿垫以吸湿性强、通气良好、柔软的棉织品为好。另外，可以依据老年人的特点选择一次性纸尿垫或纸尿

裤等,这些护理用品具有吸水性强、对皮肤刺激性小、不限制活动、耐久性好的特点,但纸制品通气性较差,不宜长期使用。

(3) 外部引流。必要时应用接尿装置引流尿液(见图 6-2、图 6-3)。老年女性可用女式尿壶紧贴外阴部接取尿液;老年男性可用尿壶接尿,也可用阴茎套连接集尿袋,接取尿液,但此法不宜长时间使用,每天要定时取下阴茎套和尿壶,清洗会阴部和阴茎,并将局部暴露于空气中至干燥。

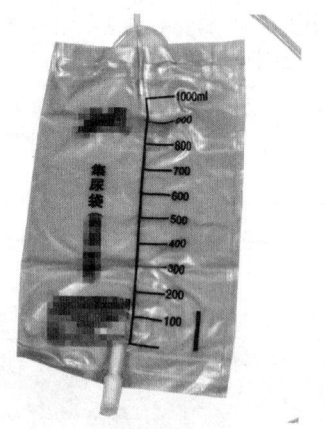

图 6-2　普通集尿袋

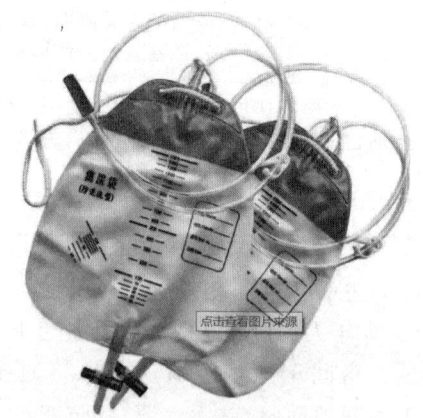

图 6-3　抗反流集尿袋

(4) 重建正常的排尿功能。排尿功能训练是尿失禁老年人重要的康复措施。训练时要制订合理的计划,并持之以恒。要协助老年人养成规律的排尿习惯,合理安排排尿时间表,无论有尿还是无尿,刚开始时白天每隔 1~2 小时去卫生间排尿(或使用便器)一次,夜间每隔 4 小时排尿一次,排尿后用手按压下腹部,以排空膀胱残余尿液,但注意用力要适度。坚持一段时间后,逐渐延长排尿间隔时间,进一步促进老年人正常排尿功能的恢复。

(5) 摄入适量的液体。如老年人病情允许(肾衰竭、心肺疾患除外),可鼓励老年人多饮水,以增加对膀胱的刺激,促进排尿反射的恢复,预防泌尿系统感染。液体的摄入量一般控制在白天 1500~2000 mL 为宜,老年人入睡前应适当限制饮水,以免夜间尿量增多,影响老年人睡眠。

(6) 肌肉力量的锻炼。指导老年人进行骨盆底部肌肉的锻炼,以增强控制排尿的能力。具体方法是老年人取立、坐或卧位,试做排尿或排便动作,先慢慢收紧盆底肌肉,再缓缓放松,每次 10 秒左右,连续 10 次,每日进行数次,以不觉疲乏为宜。病情许可的情况下,可做抬腿运动或下床走动,增强腹部肌肉的力量。

(7) 留置尿管。对长期尿失禁的老年人,可行导尿术留置导尿,避免尿液浸渍刺激皮肤,发生皮肤破溃。定时排放尿液,以锻炼膀胱壁肌肉张力,恢复膀胱的正常生理功能。

3. 为老年人更换尿垫(尿布)、纸尿裤

尿垫(尿布)适用于完全卧床且伴有痴呆、意识不清及尿失禁的老年人。纸尿裤除了适用于上述人群外,还适用于能够行走、坐轮椅、卧床伴躁动不安,同时伴有尿失禁、尿滴沥的老年人。

(1) 操作目的。为老年人及时清理大小便,更换被污染的尿垫(尿布)或纸尿裤,增强老年人的舒适感,预防皮肤损伤的发生。

(2) 评估及解释。

① 评估老年人的病情、意识状态、活动能力、大小便控制能力、尿垫(尿布)或纸尿裤是否需要更换等。

② 向老年人解释操作的目的及配合要点,取得老年人配合。

(3) 工作准备。

① 环境准备:安静整洁,温湿度适宜,关闭门窗。

② 照护人员准备:衣帽整洁,清洗并温暖双手。必要时戴口罩、手套。

③ 老年人准备:了解操作目的及配合要点。

④ 用物准备:尿垫(尿布)、纸尿裤、水盆、湿热毛巾等。根据老年人局部皮肤情况准备皮肤护理用物。

(4) 为老年人更换尿垫(尿布)、纸尿裤操作实施(见表6-2)。

表6-2 为老年人更换尿垫(尿布)、纸尿裤操作实施

操作流程	操作内容
① 再次沟通	携用物至老年人房间,向老年人说明需要为其更换尿布,使老年人做好身心准备
② 更换尿垫(尿布)或纸尿裤	更换尿垫(尿布):将水盆及温热毛巾放在床旁座椅上。掀开老年人下身盖被,双手分别扶住老年人的肩部、髋部,翻转老年人身体,面向照护人员呈侧卧位。将老年人身下污染的尿垫(尿布)向臀下方向折叠。取湿热毛巾擦拭其臀部及会阴部,观察局部皮肤情况。将清洁尿垫(尿布)平铺,靠近臀部处卷折。翻转老年人身体呈平卧位,轻抬近侧臀部,撕下污染的尿垫(尿布)放入专用污物桶,拉平尿垫(尿布)。 更换纸尿裤:将水盆及温热毛巾放在床旁座椅上。协助老年人褪下裤子,取平卧位;解开纸尿裤粘扣,将前片从两腿间后撤。双手分别扶住老年人的肩部、髋部,向近侧翻转身体呈侧卧位,将被污染的纸尿裤内面对折于臀下,用卫生纸擦拭便污渍,取湿热毛巾擦拭臀部、会阴部。观察老年人会阴部及臀部皮肤情况,辨别清洁纸尿裤前后片,将清洁纸尿裤前后两片纵向对折(紧贴皮肤面袋内),开口朝外铺于老年人臀下,后片压于老年人身下。协助老年人呈平卧位,从近侧撤下被污染的纸尿裤,放入污物桶。拉平身下清洁纸尿裤,从两腿间向上兜起尿裤前片,将前片两翼向两侧拉紧,后片粘扣粘贴于纸尿裤前片粘贴区。整理大腿内侧纸尿裤边缘至服帖
③ 协助整理	为老年人整理衣裤,盖好盖被,整理床单位,开窗通风。 清洗毛巾,刷洗水盆。非一次性尿布需要集中清洗、消毒,晾干备用
④ 洗手记录	洗净双手,做好记录

(5) 注意事项。

① 每隔2小时观察尿垫(尿布)、纸尿裤浸湿情况,被污染后应及时更换,防止发生尿布疹及压力性损伤,增加老年人舒适感,减轻异味。

② 更换时应关闭门窗,动作轻稳,避免老年人受凉。

③ 更换纸尿裤时,将大腿内侧纸尿裤边缘整理服帖,防止侧漏。

④ 根据老年人胖瘦情况选择尺寸适宜的纸尿裤。

⑤ 当老年人患有传染性疾病时,被污染的尿垫(尿布)或纸尿裤应作为医用垃圾集中回收处理。

4. 留置导尿管老年人的照护

(1) 留置导尿管的常见原因。留置导尿是在导尿后,将导尿管留在膀胱内,引流出尿液的方法。常用于长期昏迷、瘫痪或前列腺增生、排尿困难的老年人,由医护人员插入导尿管。

(2) 留置导尿老年人的照护措施。

① 保持导尿管通畅。留置导尿管应放置妥当,避免受压、扭曲、堵塞等造成的引流不畅而致老年人泌尿系统感染。为老年人翻身、活动身体时,注意固定导尿管不要松脱。

② 妥善固定导尿管和集尿袋。导尿管长短要适宜,以老年人能自如翻身但导尿管尾端又不会浸入尿液为宜。集尿袋固定时不得超过膀胱高度并避免受压,防止尿液反流,导致感染。老年人离床活动时,用胶布将导尿管远端固定在大腿上,以防导尿管脱出,集尿袋应妥善固定(见图 6-4)。当老年人卧床时,集尿袋可固定在床旁易于检查但又较为隐蔽的适当位置(见图 6-5)。

图 6-4　站立时妥善固定导尿管及集尿袋

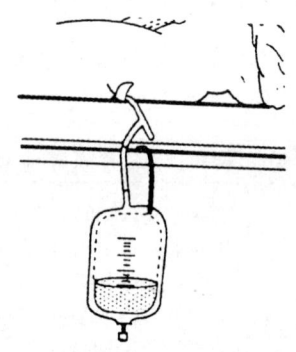

图 6-5　卧床时妥善固定集尿袋

③ 保持会阴部清洁。用温水毛巾擦拭老年人会阴部,用消毒棉球擦拭其尿道口及周围皮肤,每日 2 次,以防感染。

④ 鼓励饮水。鼓励老年人多饮水和进行适当的活动,以预防泌尿系统感染和结石的形成。

⑤ 训练膀胱反射功能。对于长期留置导尿管的老年人,拔除导尿管前无须定时夹闭或开放引流管。应指导老年人训练膀胱功能,指导老年人进行盆底肌收缩运动,促进膀胱功能的恢复。

⑥ 及时排空并且定时更换集尿袋,记录尿量。更换集尿袋时,引流管应始终低于老年人会阴部,不可将引流管末端抬高,防止尿液反流。根据导尿管的材料决定更换导尿管的频次,一般 1~4 周更换一次。

⑦ 注意倾听老年人的主诉并观察尿液情况。发现尿液混浊、沉淀、有结晶时,应及时报告护士或医生,必要时每周检查尿常规 1 次。

5. 更换集尿袋

(1) 操作目的。为老年人更换集尿袋,预防尿路感染。

(2) 评估及解释。

① 评估老年人的尿液情况、集尿袋最近一次的更换时间等。

② 向老年人解释操作的目的及配合要点,取得老年人配合。

(3) 工作准备。

① 环境准备：温暖、舒适、无对流风，关闭门窗。

② 照护人员准备：衣帽整洁，洗净并温暖双手，戴口罩。

③ 老年人准备：了解操作目的及配合要点。

④ 用物准备：一次性无菌集尿袋 1 个、棉签、消毒液、清洁纸巾、血管钳等。

(4) 更换集尿袋操作实施（见表 6-3）。

表 6-3　更换集尿袋操作实施

操作流程	操作内容
① 再次沟通	携物品至床前，向老年人解释并征得同意后，掀开被褥暴露导尿管与集尿袋连接处，在连接处铺纸巾
② 分离管袋	用血管钳夹闭导尿管，一手持导尿管，另一手将集尿袋的引流管轻稳地拔下，分开导尿管与集尿袋
③ 消毒管口	用棉签蘸取消毒液消毒导尿管口及周围两次
④ 连接新袋	打开备用的集尿袋，标记集尿袋更换的日期，取出护帽，将集尿袋的引流管插入导尿管中，手不可触及管口
⑤ 倾倒尿液	倾倒集尿袋中的尿液，妥善处理用物
⑥ 整理记录	协助老年人取舒适卧位，整理床单位。洗手，记录老年人集尿袋更换的时间、尿液情况

(5) 注意事项。

① 每日定时更换集尿袋，及时倾倒集尿袋中的尿液。

② 更换集尿袋和倾倒尿液时，集尿袋与引流管的位置不可高于膀胱，以免尿液倒流。

③ 鼓励老年人多饮水，并协助老年人经常更换卧位。发现尿液浑浊、有沉淀时，应及时报告护士或医生，必要时采集尿标本送检化验。

④ 如老年人能离床活动，应注意妥善安置导尿管和集尿袋。

5. 留置导尿管老年人尿液情况的观察及报告

(1) 操作目的。观察老年人尿液情况，及时发现异常并上报、处理。

(2) 评估及解释。

① 评估老年人的病情、尿液情况、下腹部有无腹胀不适感、导尿管及集尿袋的留置及更换时间等。

② 向老年人解释操作的目的及配合要点，取得老年人配合。

(3) 工作准备。

① 环境准备：整洁、光线明亮。

② 照护人员准备：着装整齐，洗净双手，戴好口罩。

③ 老年人准备：了解操作目的及配合要点。

④ 用物准备：笔、记录单、便盆、量杯、手套等。

(4) 留置导尿管老年人尿液情况的观察及报告操作实施（见表 6-4）。

表6-4　留置导尿管老年人尿液情况的观察及报告操作实施

操作流程	操作内容
① 再次沟通	携物品至床前,向老年人解释与沟通,取得理解与配合
② 观察尿液	检查尿道口有无分泌物;检查留置导尿管有无被压、反折,打开导尿管阀门,查看是否通畅;照护人员一条腿后撤下蹲,待导尿管内尿液停止流动,关闭阀门。为老年人盖好盖被。戴手套(或一次性手套),取量杯放在集尿袋正下方,打开集尿袋底部放尿开关,排尽尿液后,关闭开关。视线与量杯处于同一高度,查看尿量、尿液颜色,并判断尿液气味是否正常
③ 倾倒尿液	持量杯至卫生间倾倒尿液,刷洗便盆,浸泡消毒,晾干备用
④ 洗手记录	将尿量及尿液性状填写在"留置导尿管尿液观察记录单"上(见表6-5)。如有异常应及时报告医护人员,必要时应及时就医,并做好交接班

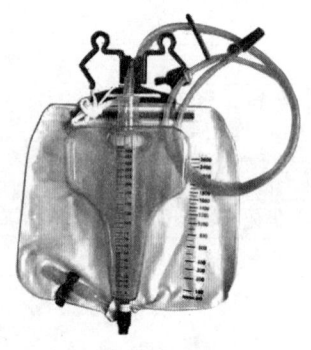

图6-6　抗反流精密集尿袋

（5）注意事项。

① 打开尿管上的阀门,放尿后应将其夹闭,再读取尿量数值。

② 记录老年人尿液情况时要及时、准确。

③ 发现尿液异常时,应及时留取尿液标本,并报告医护人员。

④ 若使用抗反流精密尿集袋(见图6-6),可通过观察集尿袋上自带的刻度读取尿量。

表6-5　留置导尿管尿液观察记录单

房间—床号：　　　姓名：　　　性别：　　　年龄：

日期	时间	尿量(mL)	颜色	絮状物	特殊异味	备注

四、尿潴留老年人的照护

1. 尿潴留的常见原因

尿潴留是指尿液大量存留在膀胱内而不能自主排出。当尿潴留时膀胱的容积可增至3000～4000 mL,膀胱高度膨胀,可至脐部。老年人会主诉下腹胀痛、排尿困难。尿潴留常见的原因有：

（1）机械性梗阻。膀胱颈部或尿道有梗阻性病变,如前列腺增生或肿瘤压迫尿道使排尿受阻。

（2）动力性梗阻。由排尿功能障碍引起,而膀胱、尿道并无器质性梗阻病变,如外伤、手术或使用麻醉剂致脊髓初级排尿中枢活动障碍或抑制,不能形成排尿反射。

（3）其他原因。如不习惯卧床排尿或不能用力排尿,包括某些心理因素,如焦虑、窘迫,使得排尿不能及时进行。

2. 尿潴留老年人的照护措施

（1）及时报告。发现老年人有尿潴留时,要及时报告医护人员,并针对老年人的心理状态给予解释和安慰,以缓解其窘迫及焦虑不安。

（2）提供隐蔽的排尿环境。关闭门窗,请无关人员回避,让老年人安心排尿。

（3）调整体位和姿势。取适当体位,病情允许,照护人员应协助老年人以其习惯姿势排尿,如扶老年人坐起或抬高上身。

（4）诱导排尿。采取适当的姿势,给予暗示诱导排尿,如听流水声或用温水冲洗会阴。亦可采用艾灸关元、中极穴等方法,刺激排尿。

（5）热敷、按摩。热敷、按摩可放松肌肉,促进排尿。如果老年人病情允许,可用热水袋热敷或用手轻轻按摩老年人下腹部,但注意按摩时切不可按压过度,以防其膀胱破裂。

（6）健康教育。指导老年人养成定时排尿的习惯。

（7）协助行导尿术。经上述处理仍不能解除尿潴留时,应积极配合医护人员进行各种操作,如导尿术等。

任务训练

任务训练内容为练习更换集尿袋,扫描二维码查看操作评分标准。

扫描二维码查看更换集尿袋技术操作评分标准

任务二 满足老年人消化系统排泄的需要

案例导读

李爷爷,75岁,一月前入住某养老公寓,生活半自理。5天前老年人进行户外活动时不慎扭伤腰部,医嘱卧床休息。近两日老年人主诉排便次数减少、排便困难、食欲不佳。触诊腹部硬实紧张,可摸到腹部包块。

请思考：李爷爷出现了什么异常情况？你作为照护人员该如何处理？

知识链接

从大肠排出废物的过程称为排便。正常人的直肠腔内除排便前和排便时,通常无粪便。当肠蠕动将粪便推入直肠时,刺激直肠壁内的感受器,其兴奋冲动传至初级排便中枢,同时上传到大脑皮层,引起人体便意和排便反射。如果环境许可,皮层发出下行冲动到脊髓初级排便中枢,通过神经冲动引发排便反射,完成排便。排便时,腹肌、膈肌收缩使腹内压增加,共同促进粪便排出。

排便活动受意识控制。个体经过一段时间的排便训练后,便可以自主控制排便。如果个体经常有意识遏制便意,便会使直肠渐渐失去对粪便压力刺激的敏感性,加之粪便在大肠内停留过久,水分被吸收过多而干结,造成排便困难,这是产生便秘最常见的原因之一。

一、粪便的观察及评估

1. 正常粪便的观察

排便是人体基本生理需要,排便次数因人而异。一般成人每天排便1~3次,若排便超过3次/天或每周少于3次,应视为排便异常。正常大便颜色多呈黄褐色或棕黄色,柔软成形,有少量黏液,平均量约100~300克/天,其内容物主要为食物残渣、脱落的大量肠上皮细胞、细菌以及机体代谢后的废物。粪便的颜色和量与摄入食物的量和种类有关,有时会受到药物的影响。粪便气味因膳食种类而异,强度主要由腐败菌的活动性及动物蛋白质摄入的量所决定。

2. 异常粪便的观察

(1) 形状。便秘时粪便坚硬、呈栗子样;消化不良或急性肠炎时可见稀便或水样便;肠道部分梗阻或直肠狭窄者,其粪便多呈扁条形或带状。

(2) 颜色。柏油样便多见于上消化道出血;白陶土色便常提示胆道梗阻;暗红色血便多见于消化道出血;果酱样便见于肠套叠、阿米巴痢疾;粪便表面粘有鲜红色血液常见于痔疮或肛裂;白色"米泔水"样便多见于霍乱、副霍乱。

(3) 内容物。粪便中混入少量黏液,肉眼一般不易察觉。若粪便中混入或粪便表面附有血液、脓液或肉眼可见的黏液,常提示消化道感染或出血。肠道寄生虫感染者的粪便中可查出蛔虫、蛲虫、绦虫节片等。

(4) 气味。严重腹泻病人,其粪便因未消化的蛋白质与腐败菌作用而呈恶臭味;下消化道溃疡、恶性肿瘤病人,其粪便多呈腐败臭;上消化道出血患者,其粪便呈腥臭味;消化不良者,其粪便多有酸败臭。

二、老年人正常排便的照护

1. 影响排便的因素

生理、心理及社会因素均可影响排便。因此,为满足老年人排便需要,应对影响因素进行评估,以确认现存的护理问题。

(1) 心理因素。心理因素是影响排便的重要因素。精神抑郁,身体活动减少,肠蠕动减慢可导致便秘。情绪紧张、焦虑则可导致肠蠕动增加而引起腹泻。

(2) 年龄因素。老年人随年龄的增加,腹壁肌肉张力下降,胃肠蠕动减慢,肛门括约肌松弛等可导致肠道控制能力下降而出现排便异常。

(3) 饮食因素。合理的饮食结构与足量的液体摄入是维持正常排便的重要条件。如果摄入量过少、食物中缺少纤维或水分不足时,易引起粪便变硬、排便减少,从而发生便秘。

(4) 个人排便习惯。有规律的排便习惯和熟悉的环境等均能促进正常排便。当这些生活习惯由于环境的变化而无法维持时,可能会影响正常排便。

(5) 活动因素。活动可维持肌肉的张力,刺激肠蠕动,有助于维持正常的排便功能。各种原因所致长期卧床、缺乏活动时,会因肌肉张力减退而导致排便困难。

(6) 社会文化因素。排便是个人隐私,因此,当个体因排便功能障碍需要医务人员帮助而丧失隐私时,个体就可能抑制便意而导致便秘。

(7)疾病因素。肠道本身的疾病或其他系统的病变均可影响正常的排便。如肠道感染或肿瘤可使排便次数增加,神经系统病变可致排便失禁。

(8)治疗因素。有些药物能治疗或预防便秘、腹泻的发生。如缓泻剂可刺激肠蠕动,促使排便,但如果药物剂量把握不准就可能导致相反的结果。有些药物则可能干扰排便的正常形态,如长期服用抗生素,可使肠道正常菌群失调而引起腹泻;麻醉剂或镇静剂可使肠蠕动减弱而导致便秘。某些治疗和检查也会影响个体的排便活动,例如腹部、肛门或会阴部手术,肠壁肌肉的暂时麻痹或伤口疼痛会造成便秘。

2. 协助老年人排便的照护措施

(1)鼓励养成良好的排便习惯。良好的排便习惯是建立在稳定的生活规律基础之上的。老年人应养成早睡早起、三餐固定的生活习惯。对于老年人,最适宜的排便时间是在每日早餐后,因为此时胃结肠反射最强、胃肠活动最活跃、对刺激最敏感。同时应告知老年人有便意时应立即排便,即遵循"排泄最优先原则"。若错过了排便最佳时机,直肠排便反射将被抑制,粪便长时间滞留在肠道内,水分被吸收后易导致便秘。对于没有形成规律排便习惯的老年人,照护人员应根据每位老年人的身体情况制订排便计划,进行有意识地训练,逐渐使其养成定时排便的习惯。

(2)安排合适的排便环境。环境是影响排便的重要因素之一,要为老年人创造一个独立、隐蔽、宽松的环境。能够行走或乘轮椅的老年人,应尽量搀扶老年人如厕。便桶旁应设立扶手或其他支撑物,以便老年人排便后能助力起身。如不能自行如厕者,应关闭门窗、拉帘遮挡。老年人便后应及时清理环境,为老年人盖好衣被,开窗通风,保持室内空气清新,无异味。

(3)选取舒适的排便姿势。

① 蹲位排便。蹲位是最佳排便姿势,因为下蹲时腹部肌肉受压,腹腔内压力增加可促进粪便排出。但是如果老年人患有高血压、心脏病等,应避免采取蹲位姿势排便,以免老年人下蹲时间过久导致血压变化或加重心脏负担而发生意外。因此,老年人采取蹲位排便的时间不要过久,起身要慢。起身时可借扶托物以支撑身体或有照护人员在旁扶助。

② 坐位排便。坐位排便时,直肠收缩力、腹压及重力三种力的作用较强,易于排便,因此建议老年人尽量选择坐位排便。对于不能自行如厕的老年人,照护人员应搀扶老年人在便桶上坐稳,手扶于身旁的支撑物(栏杆、凳子、墙壁等),叮嘱老年人起身速度要慢,以免摔倒。

③ 卧位排便。体弱或因病不能下床排便的老年人,需要在床上使用便器排便,如果情况允许可将床头抬高 30°~50°,扶老年人取半坐卧位排便。

(4)腹部环形按摩。排便时用手沿结肠解剖位置自右向左进行环形按摩,可促进结肠内容物向下移动,并可增加腹内压,促进排便。

(5)遵医嘱使用缓泻剂或简易通便剂。缓泻剂可增加粪便中的水分含量,加快肠蠕动,促进排泄。老年人应选择作用缓和的泻剂,但应避免长期使用或滥用。简易通便剂可软化粪便、润滑肠壁、刺激肠蠕动,常用的简易通便剂有开塞露、甘油栓等。必要时可协助医护人员进行灌肠。

3. 协助卧床老年人使用便器排便

(1)操作目的。协助卧床老年人使用便器完成排便,提高其舒适度,减轻腹胀、便秘。

(2) 评估及解释。

① 评估老年人的病情、意识状况、排便情况、理解及配合能力等。

② 向老年人解释操作的目的及配合要点,取得老年人配合。

(3) 工作准备。

① 环境准备:整洁、光线明亮。

② 照护人员准备:着装整齐,洗净双手,戴好口罩、手套。

③ 老年人准备:了解操作目的及配合要点。

④ 用物准备:便盆、卫生纸等,必要时备橡胶单、治疗巾或尿垫。

(4) 协助卧床老年人使用便器排便操作实施(见表6-6)。

表6-6 协助卧床老年人使用便器排便操作实施

操作流程	操作内容
① 再次沟通	携物品至床前,向老年人解释,取得理解与配合
② 脱裤至膝下	协助老年人脱裤至膝部,叮嘱其两腿屈膝,双脚向下蹬在床上,肢体活动障碍者可用软枕支托在膝下
③ 垫好便盆	一手托住老年人臀部,与老年人一起用力抬高其臀部,另一只手将便盆宽边朝向老年人,置于其臀下,如情况允许可抬高床头。对于无活动能力者,照护人员先协助老年人侧卧,一手扶住老年人肩部,一手扶托老年人腰及骶尾部并放入便盆,再协助其恢复平卧位(见图6-7),或由两人同时用力抬高老年人臀部,将便盆置于其臀下
④ 创造环境	照护人员暂时离开,让老年人安心排便
⑤ 便后整理	排便完毕,照护人员一手抬起老年人臀部,另一手取出便盆,协助其擦净肛门,注意由前至后擦拭,撤去便盆,开窗通风

图6-7 协助老年人在床上使用便盆

(5) 注意事项。

① 不使用破损便盆,不硬塞或硬拉便盆,必要时在便盆边缘垫软纸或布垫,以免损伤老年人骶尾部皮肤。

② 在寒冷季节,应注意为老年人保暖。

三、便秘老年人的照护

1. 简易通便法

(1) 操作目的。简易通便法包括开塞露法、甘油栓法、肥皂栓法等,目的是用简易的方法为排便困难的老年人解除便秘。

(2) 评估及解释。

① 评估老年人的病情、意识状况、排便情况、痔疮情况、理解及配合能力等。

② 向老年人解释操作的目的及配合要点,取得老年人配合。

(3) 工作准备。

① 环境准备:整洁、光线明亮。

② 照护人员准备:着装整齐,洗净双手,戴好口罩、手套。

③ 老年人准备:了解操作目的及配合要点。

④ 用物准备:根据情况准备 20 mL 开塞露 1 支或甘油栓、肥皂,指套或橡胶手套,卫生纸等。

(4) 简易通便法操作实施(见表6-7)。

表6-7 简易通便法操作实施

操作流程	操作内容
① 再次沟通	携物品至床前,向老年人解释,取得理解与配合
② 脱裤至膝下	协助老年人取左侧卧位,脱裤于膝下
③ 协助通便	● 开塞露法(见图6-8):取下开塞露的瓶帽,若无瓶帽可将封口端剪去。先挤出少许药液于卫生纸上,滑润开口处。一手暴露老年人肛门,一手将开塞露的细端全部轻轻插入其肛门内。挤压开塞露将药液全部挤入其直肠内。退出开塞露药瓶,为老年人擦净肛门处。 ● 甘油栓法(见图6-9):剥去甘油栓外的锡纸,一手暴露老年人肛门,一手戴手套或指套将甘油栓的细头端在前,全部插入老年人肛门内约3~4 cm,退出手指后,用卫生纸抵住肛门处并轻轻按摩,使其在体腔温度下融化。 ● 肥皂栓法:先将肥皂削成圆锥状(底部直径 1 cm,长 3~4 cm),放入热水中融化棱角后备用。暴露老年人肛门,一手戴手套或指套将肥皂栓的细头端在前,全部插入老年人肛门内约3~4 cm
④ 便后整理	5~10 min 后协助老年人排便。排便后视老年人自理能力协助其擦净肛门。洗手、开窗通风,做好排便记录

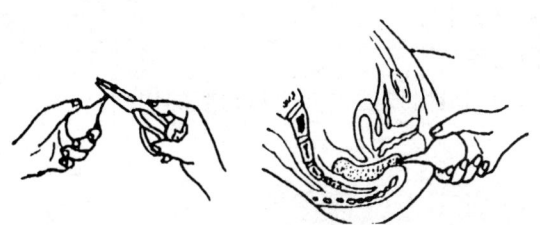

图6-8 开塞露法

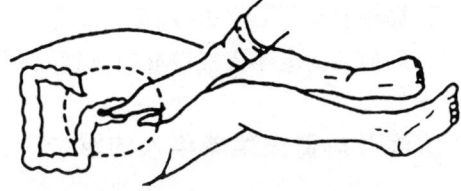

图6-9 甘油栓法

(5) 简易通便法的注意事项。

① 根据具体情况与条件选择其中一项,帮助老年人解除便秘。

② 操作前要仔细询问、观察老年人有无痔疮、肛裂等情况,如有肛门黏膜溃疡、肛裂及肛门疼痛者,不宜使用肥皂栓法。

③ 操作时动作要轻柔,防止意外损伤。

④ 体力较弱的老年人排便时,应扶助老年人稳妥地坐于便器上,老年人的手扶于固定的扶手或支撑物上。必要时协助自理困难的老年人冲洗局部。

2. 人工取便法

(1) 操作目的。帮助体力虚弱、腹部肌肉无力、发生顽固性便秘或粪便嵌顿的老年人排出粪便。

(2) 评估及解释。

① 评估老年人的病情、意识状况、排便情况、痔疮情况、理解及配合能力等。

② 向老年人解释操作的目的及配合要点,取得老年人配合。

(3) 工作准备。

① 环境准备:温暖、安全、舒适,关闭门窗。

② 照护人员准备:着装整齐,洗净双手,戴好口罩、手套。

③ 老年人准备:了解操作目的及配合要点。

④ 用物准备:橡胶手套或指套、润滑油、卫生纸、便盆、护理垫、盆、温水、小毛巾等。

(4) 人工取便法操作实施(见表6-8)。

表6-8 人工取便法操作实施

操作流程	操作内容
① 再次沟通	携物品至床前,向老年人解释,取得理解与配合
② 暴露肛门	协助老年人取左侧卧位,脱下裤子至大腿部,暴露肛门,臀下垫护理垫
③ 取出粪便	一手戴好手套(或指套),将食指用润滑油涂抹后,按压老年人肛门边缘,嘱咐老年人深呼吸以放松腹肌,待肛门松弛时,手指轻柔地插入肛门内,触及到干硬的粪块后,机械地破碎粪块,沿直肠内壁一侧轻轻地抠出,由浅入深地取出嵌顿的粪便
④ 清洁肛门	取便后,脱下手套(或指套),用温水为老年人洗净肛门,可热敷肛门周围20~30分钟
⑤ 洗手记录	整理用物,洗净双手。必要时记录取便情况

(5) 注意事项。

① 心脏病、脊椎受损者用人工取便易刺激其迷走神经,需特别留意。操作时如老年人出现面色苍白、心悸、头昏、出汗等不适,应立即停止操作。

② 操作时动作要轻柔,避免损伤老年人直肠黏膜。

③ 取便后为老年人洗净肛门,局部热敷20~30分钟,以促进肛门括约肌的回缩。

四、腹泻及排便失禁老年人的照护

1. 腹泻老年人的照护措施

老年人腹泻是指老年人正常排便形态改变,频繁排出松散稀薄的粪便甚至水样便。腹泻多为消化系统疾病所致,也可因消化系统以外的疾病或其他原因引起,如饮食不当或使用泻剂不当或情绪紧张、焦虑等。对腹泻老年人的照护措施有以下几项。

（1）密切观察。观察老年人排便的次数，排出粪便的颜色、有无脓血、黏液、寄生虫等，必要时留取标本送检。如老年人有口渴、尿少等脱水表现，应及时报告护士或医生。如疑似肠道传染病时，应注意尽早隔离。

（2）遵医嘱协助服药。医生对老年人的情况作出明确诊断后，需协助老年人按医嘱进行药物治疗。

（3）注意休息。老年人腹泻时常体力较弱，需叮嘱老年人注意休息，减少活动，必要时卧床。生活需给予周到的照顾，如厕时根据老年人的需要进行必要的帮助，如搀扶、清洁局部等。对不能下床的老年人应协助其床上排便，以减轻体力消耗。

（4）膳食调理。腹泻期间，肠黏膜充血、水肿、肠蠕动加快，消化吸收紊乱。此时老年人宜食用无油少渣、易消化的流食，如米粉、细面条等。应少食多餐，勿食用油腻、辛辣、生冷、坚硬、富含粗纤维的食物，禁食油炸食品。暂停饮用牛奶、豆浆等，以免引起腹胀。对于腹泻较严重的老年人，需鼓励其适当多饮白水或淡盐水，采用多次少量的方法，防止老年人脱水。严重腹泻者可暂禁食。

（5）保持清洁干燥。注意保持老年人皮肤的清洁与干燥，老年人每次便后要及时清洗会阴及臀部，更换污染的衣物，以免排泄物刺激局部皮肤发生损伤，必要时应在肛周涂油膏保护局部皮肤。

（6）保暖。老年人腹泻期间，注意其腹部的保暖，使其保持舒适，利于恢复健康。

（7）健康教育。向老年人讲解有关腹泻的知识，指导老年人注意饮食卫生，养成良好的卫生习惯。

2. 排便失禁老年人的照护措施

老年人大便失禁是指老年人肛门括约肌失去控制，粪便不由自主地排出，多由于神经肌肉系统的病变或损伤，如瘫痪等、胃肠道疾病、精神障碍或情绪失调等原因引起，其照护措施如下。

（1）心理支持与安慰。大便失禁给老年人的身心均带来沉重的压力，老年人会因大便失禁而感到自卑、羞愧、失去自尊或抑郁等。照护人员要充分尊重、理解老年人，用全面周到的照顾、关心体贴的语言、熟练的照顾技巧，帮助其树立康复的信心。

（2）皮肤护理。大便失禁对老年人肛周皮肤刺激较大，易导致其局部皮肤破损，如皮疹、压力性损伤等。故老年人每次排便后应及时用温水洗净肛门周围及臀部皮肤，并用柔软的干毛巾轻轻擦干，保持肛门周围皮肤的清洁和干燥，必要时局部涂鞣酸软膏以保护皮肤，避免破损和感染。注意观察老年人骶尾部皮肤变化，定时按摩受压部位，预防压力性损伤。随时更换污染的衣裤和被单。建议用柔软、吸水、透气性好的尿垫。

（3）帮助老年人重建控制排便的能力。了解老年人排便时间、规律，定时给予便器，促使老年人按时排便；教会老年人进行肛门括约肌及盆底肌肉收缩锻炼。指导老年人取立、坐或卧位，试做排便动作，先慢慢收缩肌肉，然后再慢慢放松，每次10秒左右，连续10次，每次锻炼20～30分钟，每日数次，以老年人感觉不疲乏为宜。

（4）保持室内空气清新。老年人室内应经常通风，以保持空气清新，通风的时间可根据室内外温差的大小、室外风力的大小以及室内空气污染的程度进行调节。

五、肠造瘘老年人的照护

肠造瘘是指由于结肠病变,经外科手术切除病变组织后,将近端结肠固定于腹壁外,粪便由此排出体外,又称人工肛门或假肛。此种状况持续时间一般较长,甚至终身,故为此类老年人提供精心、周到的护理尤为重要。

1. 肠造瘘老年人的照护措施

(1)造瘘袋的选择与清洗。选择合适的造瘘袋,及时更换肠造瘘口的便袋,使老年人身体舒适。除使用一次性造瘘袋外,非一次性造瘘袋平时要勤倒、勤洗。当袋内的粪便超过1/3时,应及时取下便袋倾倒,并更换清洁便袋。取下的脏污便袋清洗干净后,可用1.5%氯己定溶液浸泡30分钟后洗净备用。

(2)造口周围皮肤的护理。腹部的护肤片应每2周更换一次,如有脱落或被粪便严重污染的情况,应及时报告医护人员并更换。

(3)注意饮食,定时排便。老年人应摄取平衡膳食,定时进餐,进食容易消化的食物,避免生冷、辛辣等刺激性食物,少吃含粗纤维多、容易胀气的食物,如洋葱、韭菜、黄豆、辣椒等。养成定时排便的习惯,注意饮食卫生,避免腹泻。

(4)衣物的选择。老年人宜选择宽松、舒适、柔软的衣物,以免衣物过紧压迫、摩擦造瘘口,引起出血。

(5)日常活动指导。照护人员在指导老年人进行日常活动时,应避免过于用力的动作,以免老年人形成造口旁疝或造口脱垂。照护人员可指导老年人学会造瘘口的自我护理。

(6)注意观察排便情况。照护人员应注意观察老年人的排便情况,如发现其排便困难、造瘘口狭窄等情况,要及时报告医护人员。

(7)指导沐浴。当使用两件式造瘘袋时,照护人员在底盘与皮肤接触处贴上一圈防水胶布即可;使用一件式造瘘袋时,可覆盖一层清洁食品袋,再在外周封上一圈防水胶布。

2. 为肠造瘘老年人更换两件式造瘘袋

造瘘袋主要用于收集粪便,肠造瘘口的末端常连接于造瘘袋。造瘘袋的设计分为一件式和两件式。一件式造瘘袋(见图6-10)通常是一次性使用,操作简单。两件式造瘘袋(见图6-11)的袋子与底盘可分开,特点是底盘按造瘘口形状大小剪切并固定在肠造瘘口上,排便后从底盘上松开造瘘袋卡扣,取下造瘘袋,可以更好地保护造瘘口周围的皮肤。

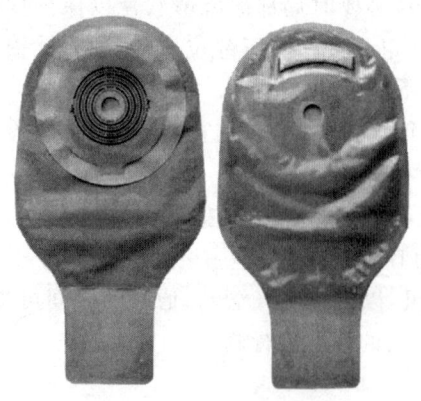

图6-10 一件式造瘘袋

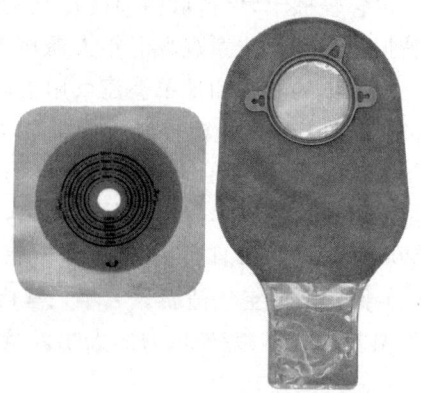

图6-11 两件式造瘘袋

(1) 操作目的。为肠造瘘老年人更换清洁的结肠造瘘口袋,增加老年人身体舒适感,预防并发症。

(2) 评估及解释。

① 评估老年人的病情、意识状况、粪便情况、造瘘口及周围组织的情况、理解及配合能力等。

② 向老年人解释操作的目的及配合要点,取得老年人配合。

(3) 工作准备。

① 环境准备:温暖、安全、舒适,关闭门窗。

② 照护人员准备:着装整齐,洗净双手,戴好口罩、手套。

③ 老年人准备:了解操作目的及配合要点。

④ 用物准备:两件式造瘘袋、温水、毛巾、卫生纸、橡胶单、治疗巾或尿布、便盆等。

(4) 为肠造瘘老年人更换两件式造瘘袋操作实施(见表6-9)。

表6-9 为肠造瘘老年人更换两件式造瘘袋操作实施

操作流程	操作内容
① 再次沟通	携物品至床前,向老年人解释,取得理解与配合
② 暴露造瘘口	暴露造瘘口部位,铺橡胶单、治疗巾或尿布于造瘘口侧下方
③ 底、袋分离	打开便袋与造瘘袋底盘连接处的扣环,取下便袋,观察排泄物性状、颜色及量;将便袋放于便盆里;轻轻摘除造瘘袋底盘
④ 清洁皮肤	用柔软的卫生纸擦净人工肛门周围的皮肤,再用温水毛巾清洗局部皮肤并擦干,观察并擦拭造瘘口周围皮肤(见图6-12),根据皮肤情况选择皮肤护理用品
⑤ 连接新袋	按造瘘口大小裁剪造瘘袋后,撕去贴纸,轻轻将造瘘袋贴于腹壁皮肤上;将清洁的便袋与造瘘袋底盘连接,扣紧扣环后用手向下牵拉便袋,确认便袋固定牢固,再用弹性腰带将便袋系于腰间
⑥ 整理用物	将造瘘袋内粪便倾倒于马桶内,冲洗造瘘袋至清洁;清洗毛巾及便盆,将毛巾悬挂晾干备用;协助老年人整理衣物;洗手、记录,如粪便有异常及时上报

(5) 注意事项。

① 便袋内粪便超过1/3时,应及时取下便袋倾倒,更换另一个清洁便袋。

② 清洁造瘘口周围皮肤后应根据情况选用皮肤护理用品,同时注意不能因护理用品的使用而影响造瘘袋底盘与皮肤的黏性。

③ 操作动作轻稳,避免污染床单位和周围环境。

④ 注意保护老年人隐私,可使用屏风、隔帘等进行遮挡。

⑤ 擦拭造瘘口周围皮肤时,切勿擦洗造瘘口处黏膜。观察人工造瘘的血供情况及造瘘肠管断端是否存在回缩、出血、坏死等情况。

图6-12 擦拭造瘘口周围皮肤

任务训练

分组进行角色扮演,练习以下操作:协助老年人如厕;协助卧床老年人在床上使用便器;协助便秘老年人进行简易通便;更换结肠造瘘袋。

任务三 采集二便标本

案例导读

赵奶奶,73岁,因外伤截瘫丧失排尿控制能力,为避免持续经受尿液浸渍而发生皮疹,保持局部皮肤完整,医嘱予以留置导尿。近日赵奶奶出现体温升高,为确定感染来源,遵医嘱为其留取尿常规标本送检以协助诊断。

请思考:如果你是照护人员,该如何采集尿常规标本?

知识链接

标本采集是指根据检验项目的要求采集被采样者的血液、体液(如腹水)、排泄物(如尿液、粪便)、分泌物(如痰、鼻咽部分泌物)、呕吐物等标本,通过物理、化学或生物学的实验室检查技术和方法进行检验,作为疾病的判断、治疗、预防以及药物监测、健康状况评估等的重要依据。标本检验结果将直接影响疾病的诊断、治疗和病人的抢救等,而高质量的检验标本是获得准确而可靠的检验结果的首要环节。结合养老照护人员工作的性质及特点,本任务将重点学习尿、便标本的采集方法及注意事项等。

一、二便标本采集的目的

(1)采集老年人的尿标本常用于常规体检,检查有无尿路感染、出血,有无内分泌、免疫系统紊乱及肾脏等器官病变。

(2)采集老年人的粪便标本常用于常规体检,检查有无消化系统感染、出血、肠道寄生虫及肠道传染性疾病等。

二、二便标本采集的原则

(1)依据医嘱采集各种标本。
(2)采集前根据检验目的选择合适的容器。
(3)二便标本的采集量、时间、方法要准确。
(4)采集二便标本前后要认真核对。
(5)采集二便标本后要及时送实验室检查。

三、采集尿标本

1. 操作目的

(1)检查尿液的颜色、比重、蛋白、糖定性、细胞和管型等。

(2) 进行病原微生物培养、鉴定和药敏试验等,协助疾病诊断与治疗。

2. 评估及解释

(1) 评估老年人的病情、意识状态、自理能力、理解能力等。

(2) 向老年人及家属解释操作的目的、方法及配合要点等。

3. 工作准备

(1) 环境准备:温暖、安全、舒适、隐蔽。

(2) 照护人员准备:着装整齐,洗净双手,戴口罩。

(3) 老年人准备:了解操作目的及配合要点。

(4) 用物准备:手消毒剂、标本容器、化验单(标明房间号或床号、姓名、化验目的、日期等)、生活垃圾桶、医疗垃圾桶、一次性手套,必要时备注射器、便盆或尿壶、屏风。

4. 操作实施

采集尿标本操作实施见表6-10。

表6-10 采集尿标本操作实施

操作流程	操作内容
(1) 再次沟通	携物品至床前核对信息,向老年人解释,取得理解与配合
(2) 采集标本	① 常规标本 可自理老年人:嘱其先洗手、清洁会阴及尿道口,再给予标本容器,嘱其将清晨起床、未进早餐和做运动之前所收集的第一次排出的尿液留于容器内(前段尿排入便盆或马桶,收集中段尿到未污染的容器中,多余尿排入便盆或马桶),留取量为实验的最小标本量,至少半杯,一般2～10 mL。 不能自理的老年女性:照护人员戴手套,为老年人清洗会阴部,臀下垫便盆采集清洁中段尿(尿液排出几毫升后,不停止排尿,采集中段尿液)倒入标本容器中。 不能自理的老年男性:照护人员为其清洗会阴部,使用尿壶接取尿液,尿道口与尿壶之间保持3～5 cm距离,采集中段尿并倒入标本容器中。 留置导尿的老年人:留取标本前夹闭导尿管10～20 min。采集标本时,反折导尿管,关闭集尿袋上的放尿开关,分离导尿管与集尿袋的衔接处,使用碘酊消毒导尿管末端,将便盆放于床上,打开导尿管放出部分尿液至便盆内。再次反折导尿管,将标本容器放置在导尿管末端接取尿液至足够量后反折导尿管。将标本容器放置妥当。用碘酊消毒导尿管末端及集尿袋衔接端,再将集尿袋衔接端插入导尿管内。打开集尿袋开关,检查导尿管是否通畅。 ② 尿培养标本 中段尿液:遮挡病人,协助老年人取坐位或平卧位,放好便盆。照护人员戴手套,协助老年人清洗外阴后,分开其阴唇(女性)或缩回包皮(男性),使其开始排尿,留取中段尿液约5～10 mL盛于带盖的标本容器中。 导尿法:清洗尿道口,协助医护人员插入导尿管,弃去先流出的15 mL尿液后,采集中段尿液至标本容器。 留置导尿管:夹闭导尿管10～20 min后,消毒导尿管采集部位,用注射器无菌采集5～10 mL尿液,将尿液转入标本容器
(3) 整理	① 撤去便器,协助老年人取舒适卧位,整理床单位。 ② 倾倒便器,刷洗、消毒、晾干备用。 ③ 按《医疗废物管理条例》处置用物,脱手套、洗手
(4) 标本送检	根据标本采集原则再次核对后,将标本送检并记录

5. 注意事项

(1) 尿液标本必须按要求留取。晨尿浓度较高,不易受饮食的影响,化验结果更准确。随机尿液标本的采集不受时间的限制,但应有足够的尿量用于检测。容器上应准确记录收集尿液的时间。

(2) 采集标本的容器应清洁、干燥、一次性使用。

(3) 不可将粪便混入尿液中,以防粪便中的微生物使尿液变质。

(4) 尿液标本应及时送检,以免影响检验结果。如尿液标本无法在 2 小时内完成检测,应置于 2~8℃条件下保存。

(5) 留取尿培养标本时,应在医护人员的监督指导下进行采集并严格执行无菌操作。

四、采集便标本

1. 操作目的

检查粪便的颜色、性状、细胞、有无脓血或寄生虫等。

2. 评估及解释

(1) 评估老年人的病情、意识状态、合作程度、生活自理能力、心理状况等。

(2) 向老年人及家属解释操作的目的、方法及配合要点。

3. 工作准备

(1) 环境准备:温暖、安全、舒适、隐蔽。

(2) 照护人员准备:着装整齐,洗净双手,戴口罩。

(3) 老年人准备:了解操作目的及配合要点,按要求在标本采集前排空膀胱。

(4) 用物准备:棉签、手消毒剂、一次性手套、化验单(标明房间号或床号、姓名、化验目的、日期等)、标本容器(内附棉签或检便匙)、便盆、生活垃圾桶、医疗垃圾桶等,必要时备屏风、透明塑料薄膜或透明纸拭子、透明胶带。

4. 操作实施

采集便标本操作实施见表 6-11。

表 6-11 采集便标本操作实施

操作流程	操作内容
(1) 再次沟通	携物品至床前核对信息,向老年人及家属解释,取得理解与配合
(2) 采集标本	① 常规或隐血标本:嘱咐老年人排便于清洁、干燥的便盆中,对不能自理的老年人应协助其排便。戴手套,用检便匙或棉签取脓液、血、黏液部分或粪便表面、深处及粪端多处约 5 g,置于标本容器内。 ② 培养标本:嘱咐老年人排便于干燥、消毒的便盆中,对不能自理的老年人应协助其排便。戴手套,用无菌棉签挑取标本中异常部分(黏液、脓液和血的部分)2~5 mL 粪便悬液或 2~5 g 粪便标本,置于标本容器内。 ③ 寄生虫及虫卵标本:嘱咐或协助老年人排便于便盆内,用棉签取不同部位带血或黏液部分 5~10 g 送检。 ④ 检查蛲虫标本:用透明塑料薄膜或软黏透明纸拭子在 24:00 或清晨排便前,于肛门周围皱襞处拭取标本并立即送检。或嘱咐、协助老年人在睡觉前或清晨未起床前,将透明胶带贴于肛门周围处。取下并将已粘有虫卵的透明胶带面贴于载玻片上或将透明胶带对合,立即送检。 ⑤ 阿米巴原虫标本:将便盆加温至接近人体的体温,排便后标本连同便盆立即送检

操作流程	操作内容
（3）整理	① 为老年人取舒适卧位，整理床单位。 ② 按《医疗废物管理条例》处置用物，洗手
（4）标本送检	根据标本采集原则再次核对后，将标本送检并记录

5. 注意事项

（1）老年人发生腹泻时，应留取有脓血或黏液的部分。如为水样便，应盛于大口容器中送检。

（2）采集寄生虫标本时，如老年人服用驱虫剂或做血吸虫孵化检查，应在粪便的不同部位取带血或黏液部分送检。如做孵化毛蚴检查，应留取不少于 30 g 的粪便，并尽快送检，必要时留取整份粪便送检。

（3）检查阿米巴原虫时，在标本采集前几天，不应给老年人服用钡剂、油质或含金属的泻剂，以免金属制剂影响阿米巴原虫虫卵或孢囊的显露。同时应加热便盆，并在老年人排便后保温立即送至实验室。

（4）检查大便隐血，嘱老年人在检查前三天内禁食肉类、肝类、血类、叶绿素类饮食及含铁剂药物，避免出现假阳性，应于第 4 天留取 2 个部位的粪便标本约 5 g，及时送检。

（5）采集培养标本时，应实现全部无菌操作并将标本收集于灭菌封口的容器内。难获取粪便或排便困难者，可采用直肠拭子法，即将拭子或无菌棉签前端用无菌甘油或生理盐水湿润，然后插入老年人肛门 4~5 cm，轻轻在直肠内旋转，擦去直肠表面黏液后取出，盛于无菌试管中或保存液中送检。

（6）标本中避免混入尿液和异物，如卫生纸、花露水、除臭剂等。不应从纸尿裤、衣裤、卫生纸等物品上留取标本。不能用棉签的棉絮端挑取标本。采集后的标本宜在 1 小时内（夏季）或 2 小时内（冬季）送检。

任务训练

简述二便标本采集的方法及注意事项。

任务四　呕吐照护

案例导读

李大爷，78 岁，无慢性疾病，生活能完全自理，入住某养老机构。某日，其子女前来看望时，带来了老人爱吃的烤鸭并照顾其进食。当晚李大爷觉得胃部不适，继而出现恶心、呕吐不止等情况，呕吐物为胃内未消化的食物。

请思考：如果你是李大爷的照护人员，你将如何对李大爷进行照护？

知识链接

恶心与呕吐是常见的症状，恶心常为呕吐的先兆，是欲将胃内容物经口吐出的一种上腹部特殊不适的感觉。呕吐是胃内容物或部分小肠内容物不自主地经贲门、食管逆流至口腔的现象。从某种意义上讲,呕吐是机体的一种保护性防御反应,可将摄入的无法消化的物质排出体外。但剧烈频繁的呕吐,可造成大量体液的丢失,甚至引发水、电解质及酸碱平衡紊乱。老年人机体调节功能差,呕吐常会引起严重的并发症,危及老年人的健康。老年健康照护人员应给予呕吐老年人及时、周到的照顾。

一、呕吐的观察与评估

1. 有效鉴别呕吐与反流

（1）反流俗称反食,是指胃和十二指肠内容物在无恶心和不用力的情况下涌入咽部或口腔的现象,含酸味时称反酸,是食管反流病最常见症状之一。

（2）呕吐是将胃肠内容物从口腔猛力驱出的动作,呕吐前常出现恶心、流涎、呼吸急促和心跳加快等表现。呕吐是一种机体具有保护意义的防御性反射,可将胃内无法消化的物质排出,但持续、剧烈的呕吐会影响机体进食和正常的消化活动。

2. 呕吐方式

多数情况下,呕吐前先有恶心症状,然后胃内容物经口吐出或溢出。但颅内压增高引起的呕吐多无恶心,呕吐剧烈且呈喷射状。

3. 呕吐发生的时间和诱发因素

幽门梗阻所致的呕吐常发生在夜晚或凌晨；胃肠源性呕吐常与进食、饮酒、服用药物等有关,常伴恶心,呕吐后多感觉轻松；食物中毒者呕吐因进食不洁食物引起,如餐后出现呕吐骤起且集体发病,首先应考虑食物中毒；晕动病所致的呕吐则与乘车或坐船有关。

4. 呕吐的次数与量

幽门梗阻、胃潴留或十二指肠淤滞者,呕吐量较多；条件反射性呕吐量不多,吐后可再进食,一般营养状况无明显改变。

5. 呕吐物的性状

观察呕吐物的性状,幽门梗阻引起呕吐者常为隔夜宿食；高位肠梗阻引起呕吐者呕吐物常含有胆汁；呕吐物中有粪臭味则提示低位肠梗阻；霍乱、副霍乱患者的呕吐物为米泔水样；有机磷中毒引起呕吐者呕吐物常带有蒜味。

6. 伴随症状

不同疾病引起的呕吐,其伴随症状常不同。如颅内压增高者多伴有剧烈头痛及意识障碍；急性心肌梗死、肺梗死者常伴有胸痛；急性胃肠炎多伴有腹痛、腹泻。

7. 呕吐时的身体反应

长期频繁呕吐者,常伴有脱水、营养不良等症状和体征。老年人及意识障碍者发生呕吐时,易发生呛咳、误吸,易导致肺部感染,甚至窒息。

8. 呕吐时的心理反应

频繁呕吐可使老年人产生紧张、恐惧等情绪反应。

二、老年人呕吐时的照护措施

1. 体位

恰当的体位是防止老年人呕吐物呛入气管引起窒息或吸入性肺炎的重要措施。因此,老年人呕吐时,照护人员应立即协助老年人坐起,面向下以便呕吐。呕吐时老年人常感觉眩晕无力,可一手扶托老年人的额部,使其舒适。不能坐起者,应立即协助老年人侧卧或平卧,头偏向一侧,以免将呕吐物吸入气管。

2. 陪伴与观察

老年人呕吐时,照护人员应在旁陪伴。注意观察老年人面色,对于年龄较大、体质虚弱或神志不清者尤其应注意观察,并保持其呼吸道通畅。如果少量呕吐物呛入气管,可轻拍老年人背部促其排出。

3. 呕吐物处理

老年人呕吐后应立即清除呕吐物,同时观察呕吐物的性状,如呕吐物中含有血液或呈黄绿色、咖啡色等,应暂时保留呕吐物,以便护士和医生查看、留取标本并及时送检化验。

4. 呕吐后处理

呕吐停止后,协助老年人用温水漱口,及时更换被污染的衣被,协助老年人取舒适卧位。清洁并整理室内环境,开窗通风。

5. 协助疾病治疗

对于严重、频繁呕吐的老年人,应遵医嘱协助其按时服药,及时补充营养、水分和电解质。

任务训练

以小组为单位,针对案例导读进行分析,提出有效照护措施。

项目七　满足老年人睡眠需要

休息和睡眠是维持人类身体健康、使其处于最佳状态的必要条件。适当的休息和睡眠可维持和促进老年人处于最佳的生理和心理状态，照护人员应为老年人创造良好的休息和睡眠环境，评估分析影响老年人休息和睡眠的原因，并积极采取恰当的措施，满足老年人对休息和睡眠的需要。

《2022年中国国民健康睡眠白皮书》显示，42%的老年人入睡时间超过半小时，失眠率高达21%，46%的老年人因身体健康原因睡不好。失眠不但会增加心脑血管疾病、糖尿病和神经退行性疾病的发生风险，而且还会损害心理健康，容易出现焦虑、抑郁等不良情绪，将严重降低老年人的生活质量。

本项目通过促进老年人有效睡眠、睡眠障碍认知两项任务进行阐述。

任务一　促进老年人有效睡眠

▼ 案例导读

王奶奶，73岁，高血压病史8年，血压控制稳定。两天前入住某养老机构双人间。入住后王奶奶的睡眠质量欠佳，主要表现为入睡困难、夜间易醒，且醒后无法继续入睡，第2日精神不振、嗜睡、心情烦躁。照护人员通过与王奶奶沟通，了解到王奶奶尚未习惯养老机构内的生活，如熄灯太早，夜间楼道灯光太亮，而且隔壁床老人睡觉时打呼噜、频繁起夜等。

请思考：如果你是王奶奶的照护人员，你应采取哪些措施促进王奶奶的睡眠？

▼ 知识链接

睡眠是人类的基本需求。睡眠不足不仅会导致老年人社会孤立、机体功能下降、跌倒风险增加及认知功能受损等，而且容易增加其痴呆、焦虑抑郁和心血管疾病的发生风险。

一、睡眠概述

1. 睡眠的概念

睡眠是指高等脊椎动物周期性出现的一种自发的和可逆的静息状态,表现为机体对外界刺激的反应性降低及意识的暂时中断。正常人脑的活动始终处在觉醒和睡眠交替状态,这种交替是生物节律现象之一。睡眠对消除疲劳、恢复精力、增强免疫力、延缓衰老、保护心理健康及皮肤美容等具有十分重要的促进作用。

2. 睡眠的表现与分期

睡眠是一个非常复杂的生理现象,包括两种相互交替的睡眠状态,即非快速眼动睡眠(又称慢波睡眠)和快速眼动睡眠(又称快波睡眠)。

(1) 非快速眼动睡眠。

① 入睡期（Ⅰ期）。此期为清醒与睡眠之间的过渡阶段,维持几分钟,可被外界声响或说话声吵醒。此期人昏昏欲睡,大脑变得放松,思维开始漫游,全身肌肉放松,眼球左右转动,心跳和呼吸频率轻度下降,可将其看作是通往睡眠之门。脑电波出现一些不规则波形并混有小振幅波。

② 浅睡期（Ⅱ期）。在这个阶段,大脑活动变慢,眼睑缓慢睁开和闭合,眼动停止,体温降低,呼吸规律。该期大约持续 10～20 分钟。脑电波出现睡眠锭,就是短暂爆发、频率高、波幅大的脑电波,这可能标志着大脑正在逐渐尝试着关闭它自己。

③ 中度睡眠期（Ⅲ期）。在这个阶段,肌肉完全放松,生命体征下降,睡眠加深,不能被感觉刺激所干扰,需要巨大的声响才能被唤醒。该期大约持续 15～30 分钟。脑电波的频率会继续降低,波幅变大。

④ 深度睡眠期（Ⅳ期）。在这个阶段,全身完全松弛,很少活动,很难唤醒。体内分泌大量生长激素,促进体内合成作用,减少蛋白质分解,加速受损组织的愈合,特别是对于软骨组织和肌肉组织的生长非常重要。该期大约持续 15～30 分钟。脑电波处于最低的频率。

(2) 快速眼动睡眠。此时个体脑部高度活跃,脑组织代谢升高,脑电波跟在清醒状态时的很相似,高频率、低波幅的脑电波出现,呼吸变快、变浅。快速眼动睡眠构成成年人睡眠的20%。第一次快速眼动睡眠大约持续 5～10 分钟,以后时间逐渐加长,最后一次可长达 40 分钟。当人处于这个阶段时,四肢肌肉临时性"瘫痪",肌肉几乎完全松弛,可有间断的阵发性表现,如心率加快、血压升高,伴随眼球向左右快速地转动,因此被称为快速眼动睡眠。这个时期通常伴随着梦境,且通常能记住,此阶段对精神和情绪的恢复最为重要。

(3) 睡眠周期。睡眠首先进入非快速眼动睡眠,然后进入快速眼动睡眠,两种睡眠状态交替出现,大约由 4～6 个周期组成。在正常成人的一夜睡眠中,非快速眼动睡眠第Ⅰ期约占整次睡眠的 10%,第Ⅱ期约占 50%,第Ⅲ期及第Ⅳ期约占 20%,快速眼动睡眠约占 20%。在一个夜晚内,人要经历数个从第Ⅰ期到第Ⅳ期的非快速眼动睡眠过程。第一个周期里的深度睡眠阶段(第Ⅲ期、第Ⅳ期非快速眼动睡眠)的时间是全部深度睡眠阶段里最长的,进入深夜后逐渐变短。第一个快速眼动睡眠阶段是全部快速眼动睡眠中时间最短的,之后变得越来越长。

当睡眠被中断,再继续睡眠时,人体将从睡眠的最初阶段开始,无法回到被中断的那个睡眠时相。老年人如果在睡眠过程中经常被中断,将无法获得足够的深度睡眠和快速眼动睡眠,睡眠质量会大大下降。因此,在对老年人进行睡眠照护时,照护人员应充分了解老年人睡眠的规律及特点,评估老年人的睡眠需要及影响其睡眠的因素,从而提高老年人的睡眠质量和连续性。

二、老年人睡眠的特点及影响因素

老年人的睡眠特点是早睡、早醒和夜间觉醒较多,有效睡眠时间较少。随着老年人大脑皮层功能减弱,新陈代谢减慢,其非快速眼动睡眠状态下的深度睡眠期缩短,入睡期和浅睡期时间增长,正常的睡眠过程常受到影响。老年人容易出现睡眠维持困难、总睡眠时间减少、夜间觉醒次数增加、对外界刺激的敏感度增高等现象。因此,老年人容易出现睡眠障碍。影响老年人睡眠质量的因素主要有以下几方面。

1. 生理因素

影响老年人睡眠质量的生理因素主要有夜尿、过度疲劳和内分泌变化等。

2. 心理、社会因素

多种心理、社会因素会对老年人的睡眠质量产生影响。其中,对离退休后生活的不适应、离退休后经济来源减少、就医费用增加等都给老年人造成很大的压力,成为影响老年人睡眠质量的重要原因。婚姻状况正常、继续参加工作、有业余爱好和社会活动等因素有益于提高老年人的睡眠质量。人际关系紧张、孤独感较强、社会支持度低、对生活不满意的老年人,睡眠质量较差。

3. 病理因素

躯体疾病造成的疼痛、不适、恶心、发热、心悸、尿频等都会对老年人睡眠质量产生影响,如脑血管疾病、阿尔茨海默病、糖尿病、冠心病、肿瘤、泌尿系统疾病和肺气肿等都会导致老年人睡眠紊乱。此外,各种精神疾病均可导致老年人睡眠障碍,如抑郁症、焦虑症、精神分裂症等。

4. 药物因素

对于患有基础疾病的老年人,需要长期进行药物治疗,而许多药物会对睡眠产生影响。例如,镇静催眠药短期可促进睡眠,若长期服用,机体对药物产生耐受性,一旦停药,会引起一系列精神和躯体症状,如兴奋、不安、失眠等,从而加重原有的睡眠障碍。

5. 食物因素

有些食物具有催眠作用,比如豆类、乳制品等含 L-色氨酸较多的食物,能够缩短入睡时间,有利于老年人进入睡眠。浓茶、咖啡等含有咖啡因,能够刺激神经,使人兴奋、难以入睡,即使入睡也易中途醒来,因此睡前 4~5 小时最好不要饮用。

6. 环境因素

当环境发生改变时,睡眠也会受到影响。养老机构与老年人原来的家庭生活环境不同,对于新入住的老年人而言,新的环境可能会对其睡眠产生较为严重的影响。此外,通风、温度、噪声、光线等环境因素也都会影响睡眠,如习惯关灯睡眠的人在有灯光的情况下会入睡困难。

7. 个人习惯

睡前的不良习惯会影响老年人的睡眠质量，比如睡前打扫卧室卫生、抽烟、剧烈运动、饮水过多、进食过量、观看恐怖电影、情绪发生剧烈变化等。此外，午睡时间太长也会影响老年人夜间的正常睡眠。睡前泡脚等良好习惯，则有利于改善睡眠状况。

三、睡眠评估

1. 评估内容

为能够全面正确地评估老年人的睡眠情况，照护人员需要收集老年人睡眠的主、客观资料。除了对老年人的一般情况、心理状况及认知功能状况等内容做出评估外，还应评估以下内容。

（1）每晚的就寝时间。

（2）入睡所需要的时间，是否会强迫自己入睡。

（3）夜间睡眠中是否会频繁觉醒，醒来时间、次数、原因及再次入睡所需要的时间。

（4）睡眠深度，是否会出现打鼾、做噩梦、呼吸暂停、梦游等情况，如有，应记录其严重程度及对睡眠的影响。

（5）睡眠持续时间，早上睡醒时间，醒来对睡眠是否满意，是否会赖床。

（6）白天是否感觉疲惫、精力不足等。

（7）是否午睡及午睡时长。

（8）睡眠习惯，如室内光线、声音、温度，睡前对食物、饮料的需要情况，睡前经常进行的活动，白天是否经常喝茶或者咖啡等刺激性饮品。

（9）是否服用催眠药物，服用药物的种类及剂量。

2. 睡眠评估

（1）客观评估。常用工具有多导睡眠图、体动记录仪。多导睡眠图可监测睡眠结构、体位体动、觉醒次数等，被认为是诊断睡眠障碍的金标准。体动记录仪则通过佩戴特殊仪器捕获人体活动、睡眠、休息的变化参数，进而估算睡眠潜伏期、总睡眠时间及睡眠效率等。由于专业技术、设备及场地等的限制，主要应用场所为医疗机构。

（2）主观评估。

① 睡眠日记。睡眠日记是国际公认的辅助检查睡眠疾病的方法。通过记录睡眠日记能够评估老年人的睡眠质量，帮助其分析睡眠情况。此外，每天记录睡眠日记对于部分老年人的失眠本身就是一种行为疗法，可帮助其重建良好的睡眠习惯，也能帮助医护人员全面了解老年人的睡眠习惯。照护人员通常在老年人起床30分钟内记录睡眠日记，主要记录内容包括老年人的睡眠状况，如上床、入睡及起床时间、夜间醒来次数及再入睡情况、梦境及对睡眠的影响、起床后的精神状况等。

② 主观量表。应用最为广泛的睡眠主观量表为匹兹堡睡眠质量指数。此外，还可使用失眠严重程度指数量表、阿森斯失眠量表等进行主观睡眠评定。

四、促进老年人有效睡眠的措施

1. 促进老年人有效睡眠的措施

详见本项目任务二中的"老年人睡眠障碍的照护方法"。

2. 为老年人布置睡眠环境并协助入睡

老年人的体温调节能力差,夏季室内温度以 26～30℃为宜,冬季室温以 18～22℃为宜,相对湿度在 50%～60%。应保持居室内安静,在护理过程中,照护人员尽量做到"四轻",即说话轻、走路轻、关门轻、操作轻。老年人居室布色宜淡雅,夜间应有适当的照明设施,如夜灯或地灯。室内空气保持清新。室内设备靠墙放置,尽量用弧形家具。卫生间应靠近卧室,设置坐便器并配把手,地面应防滑。为不能自理的老年人在睡前放置好所需物品。

(1) 操作目的。根据老年人情况为其布置舒适的睡眠环境,促进老年人睡眠。

(2) 评估。

① 评估老年人的年龄、性别、健康及用药情况、睡眠习惯等。

② 评估老年人的心理状况及认知功能。

(3) 工作准备。

① 环境准备:整洁、舒适、安全、空气清新。

② 照护人员准备:着装整洁、洗手、戴口罩。

③ 老年人准备:如厕、洗漱。

④ 物品准备:根据老年人主诉,准备毛毯、水杯、痰桶等用物。

(4) 为老年人布置睡眠环境并协助入睡操作实施(见表 7-1)。

表 7-1 为老年人布置睡眠环境并协助入睡操作实施

操作流程	操作内容
① 核对解释	备齐用物至床旁,向老年人解释操作目的、流程和注意事项,取得老年人配合
② 关闭门窗	关闭窗户,拉好窗帘,与老年人沟通。如"刚才已经通风,现在我给您关上窗户、拉上窗帘"
③ 调节温湿度	根据老年人习惯,调节温湿度并沟通。如"空调给您调到 24℃、湿度 50% 可以吗?"
④ 铺好床铺	检查床铺有无渣屑,按压床铺感受软硬度。铺平褥子、拍松枕头。展开盖被呈 S 形折叠对侧,可与老年人沟通后灵活调整
⑤ 协助就寝	协助老年人上床就寝,盖好盖被,根据需要加盖毛毯
⑥ 询问需求	询问老年人是否有其他需求,及时满足
⑦ 调节光线	开启地灯,关闭大灯

(5) 注意事项。老年人睡前,卧室应适当通风换气,避免空气混浊或异味影响睡眠。根据季节准备适宜的被褥。枕头应松软、高度适中。

五、观察、记录老年人睡眠情况

1. 老年人睡眠观察、记录要点

老年人睡眠观察、记录要点见表7-2。

表7-2　老年人睡眠观察、记录要点

项目	具体内容
(1) 观察要点	① 一般情况下应包括老年人的入睡时间、夜间觉醒时间及次数、总睡眠时间、睡眠质量（晨起精神状况）等。② 当发现老年人晨起精神不佳或主诉睡眠不好时，应重点观察其是否有入睡困难、不能维持睡眠、昼夜颠倒、睡眠呼吸暂停、夜间阵发性呼吸困难或嗜睡等现象
(2) 异常睡眠记录内容	① 异常睡眠记录内容包括床号、姓名、睡眠一般情况（入睡时间、觉醒时间及次数、总睡眠时间、睡眠质量）、老年人主诉、异常睡眠的表现、有无采取助眠措施等。② 观察并确认老年人存在异常睡眠情况，做好记录的同时应报告医护人员或家属

2. 观察并记录老年人睡眠异常

观察并记录老年人睡眠异常见表7-3。

表7-3　观察并记录老年人睡眠异常

操作流程	操作内容
(1) 评估、准备	备齐用物至床旁，向老年人解释操作目的、流程和注意事项，取得老年人配合
(2) 观察睡眠	① 按照"为老年人布置睡眠环境并协助入睡操作实施"中的方法协助老年人入睡。② 夜间2小时查房一次，观察老年人睡眠情况，做到走路轻、关门轻。③ 查房期间，根据老年人需要给予帮助
(3) 沟通	根据老年人习惯，调节温湿度并沟通。
(4) 记录	值班报告如实记录老年人夜间睡眠情况。记录内容可参考以下示例：1床×××，高血压，昨晚21点协助老年人就寝，23点查房发现其仍未进入睡眠状态，夜间如厕1次，整晚觉醒4次，间歇睡眠，每次睡眠时间为30~60分钟。晨起感觉疲乏。已经告知医护人员，建议睡前照护时协助其泡脚，应继续加强观察和看护

任务训练

以小组为单位，对案例导读进行分析，在评估基础上：

1. 提出有效促进老年人睡眠的照护措施。
2. 为老年人布置睡眠环境并协助其入睡。
3. 观察并记录老年人睡眠异常的情况。

任务二　睡眠障碍认知

📖 案例导读

王爷爷,80岁,3个月前老伴去世,子女将其接至家中同住,王爷爷在子女家中每晚入睡困难,入睡后经常醒来,再次入睡困难。为缓解王爷爷的睡眠问题,子女为其从医院买回了舒乐安定,王爷爷想吃但又担心会出现药物上瘾。白天王爷爷经常出现精神萎靡、心烦意乱、脾气暴躁的情况。

请思考:结合上述案例,判断王爷爷的睡眠障碍类型并给予适当的照护措施。

📖 知识链接

老年人由于身体及心理的变化,常会出现睡眠质和量的改变,即睡眠障碍。

一、睡眠障碍的概述

睡眠障碍是生物、心理、躯体疾病、神经系统疾病、精神疾病等一系列因素所导致的睡眠发动与维持困难、睡眠时间绝对值增加或减少、睡眠与觉醒节律障碍及睡眠某些特殊阶段异常情况的总称。

睡眠障碍产生的原因非常复杂,既有生物因素,又有心理因素、药物因素以及其他因素。睡眠障碍是老年人最常见的问题之一,是威胁老年人身心健康的重要因素。长期睡眠障碍会影响老年人原发病的治疗和康复,加重或诱发某些躯体疾病。

二、老年人常见睡眠障碍的类型及表现

睡眠障碍分为器质性睡眠障碍和非器质性睡眠障碍。非器质性睡眠障碍,即各种心理、社会因素引起的非器质性睡眠与觉醒障碍,包括睡眠失调和睡眠失常两大类。

1. 睡眠失调

睡眠失调主要表现为失眠、嗜睡和睡眠—觉醒节律障碍。

(1)失眠。失眠症是睡眠失调中最常见的一种,常见的临床表现是入睡困难、睡眠中多醒或早醒、缺乏睡眠感。失眠可引起焦虑、抑郁或恐惧心理,并导致机体精神活动效率下降,妨碍社会功能。当一个人反复失眠时,就会对睡眠产生恐惧心理并过分关注失眠的不良后果,这样就形成了一个恶性循环,使失眠问题持续存在。患有失眠的人,晚上上床准备就寝后,常会感到紧张、焦虑、担心或抑郁,思维不能平静下来,常过多地考虑如何得到充足的睡眠、个人问题、健康状况,并试图以服药来缓解自己的紧张情绪。

应激事件增加引起生理功能紊乱(特别是内分泌功能紊乱,如更年期妇女)或衰老引起睡眠机能减退均可导致失眠。所以,失眠多见于妇女、老年人及心理社会功能状况差的人群。

(2)嗜睡。嗜睡常表现为在睡眠量充足的情况下,机体白天睡眠过度及睡眠发作或醒来达到完全觉醒状态的过渡时间延长。嗜睡会导致老年人睡眠紊乱,影响其生活及社会功能。其中,发作性睡眠,即控不住的短时间嗜睡,会导致老年人摔倒,具体表现为老年人肌张

力部分或全部丧失。猝倒发作常因情绪急剧变化引起。

(3) 睡眠-觉醒节律障碍。个体睡眠-觉醒节律与社会正常环境所认可的睡眠-觉醒节律之间不同步,从而导致个体主诉失眠或嗜睡。睡眠-觉醒节律障碍表现为在应该清醒时嗜睡,在应该睡眠时失眠。从而造成睡眠的时序、质和量无法满足老年人的需求,会严重影响老年人的生活及社会功能。

2. 睡眠失常

睡眠失常是指在睡眠中发生异常的发作性事件,如睡行症、睡惊症和梦魇。成人发生睡眠失常主要是心因性的。

(1) 睡行症。睡行症又称为夜游症,是睡眠和觉醒现象同时存在的一种意识改变状态。睡行症常在夜间睡眠的前1/3阶段发作,具体表现为个体起床,走来走去,表现出低水平的注意力、反应性和运动技能,个体目光凝滞、表情茫然,与其交谈无反应,难以被唤醒,个体清醒后无记忆。

(2) 睡惊症。睡惊症又称夜惊症,是夜间出现的极度恐惧和惊恐的发作,伴有强烈的语言和自主神经系统的高度兴奋。常在夜间睡眠的前1/3阶段发生,对他人试图平息睡惊的努力相对无反应,个体清醒后对发作的回忆十分有限。

(3) 梦魇。睡眠时被噩梦突然惊醒,能清晰回忆梦境中的恐怖内容,感到心有余悸。梦魇常在夜间睡眠的后期发作。从恐怖的梦境中惊醒后,个体能迅速恢复定向和完全清醒。

三、老年人睡眠障碍的照护方法

1. 加强对老年人睡眠障碍的评估与管理

目前,国内外研究证据均指出对老年人睡眠状况的全面评估是提供健康睡眠促进措施的基础。推荐使用简短、有效的睡眠评估工具,如匹兹堡睡眠质量指数。此外,还应对老年人失眠状况进行全面记录以帮助医护人员了解其睡眠情况。

2. 促进老年人身体舒适,做好晚间睡眠照护

(1) 睡前帮助老年人做好个人卫生清洁工作。协助老年人认真清洁口腔、洗脸、洗手、清洁会阴部和臀部等,帮助老年人排空大小便,协助其更衣,保证老年人身体清爽、舒适。

(2) 整理床铺。铺好被子,选择合适高度的枕头,一般以将头放在枕头上压缩至6~8 cm为宜。老年人盖被需根据季节进行增减,被内温度以32~34℃为宜,必要时睡前可用热水袋温暖被褥,为防止烫伤,睡前应取出热水袋。

(3) 妥善协助老年人取舒适的卧位。检查并处理老年人身体各部位引流管、伤口、敷料等可能引起不舒适的问题。若发现老年人身体不适,如疼痛、胸闷、气喘等异常情况,应及时报告医生,以帮助老年人缓解身体不适。

3. 饮食调节

综合营养干预对改善睡眠障碍具有重要作用。常见具体营养干预措施包括以下几项。

(1) 高质量的膳食模式。推荐地中海饮食模式。该模式能够通过调整和改善饮食结构而改善睡眠质量。

(2) 补充蛋白质、维生素及矿物质的摄入量。

(3) 首选自然食物。以谷类为主,杂粮占1/4~1/2。保证优质蛋白质摄入,多吃深色蔬菜、水果。

(4)适量补充维生素D。维生素D缺乏会显著增加睡眠障碍的发生风险。增加日照是补充维生素D的经济、有效的方法,建议每周3～4次,每次20～30 min。此外,还可以口服维生素D制剂补充机体所需。

(5)适当多进食富含色氨酸的食物。色氨酸参与情绪、睡眠和生物节律的调节,常用于治疗失眠。其食物来源包括牛奶、鸡、鱼、鸡蛋、南瓜籽、豆类、花生、奶酪和绿叶蔬菜等。

(6)限制咖啡因的摄入。咖啡因对睡眠的影响与年龄、性别、体重、基因多态性及其他个体化因素等有关。欧洲食品安全局在报告中提出:成年人咖啡因摄入的安全剂量为单次摄入量不超过200 mg。存在睡眠障碍的老年人宜根据个人健康状况和意愿选择含咖啡因的食物,避免过量摄入和在睡前摄入。

(7)补充益生菌。含有不同菌株的短乳杆菌和长双歧杆菌可以改善睡眠质量和情绪并延长睡眠持续时间。高膳食纤维饮食有助于肠道菌群的多样性和稳定性。

4. 加强体育锻炼

在老年人健康状况允许的范围内,适当增加活动量可改善其睡眠质量。如大步走、游泳、打太极拳等。运动应选择适宜的时间、方式和强度,睡前1小时不可剧烈运动。

5. 心理护理

睡前应调节老年人的思想和情绪,使其做到无忧无虑、情绪稳定。照护人员应密切观察老年人的情绪变化,通过与老年人谈心、倾听老年人诉说等方法,对老年人进行心理疏导。通过与老年人共同分析对睡眠不利的因素,提出相应措施,转移老年人对失眠的注意力,切忌让老年人长时间沉浸在不良情绪中。此外,应鼓励老年人多与周围人交流,鼓励家属多关心老年人,让老年人获得良好的支持氛围,从而缓解老年人的心理压力,使其改善睡眠。

6. 其他非药物干预措施

其他非药物干预措施主要包括以下几方面。

(1)睡眠卫生教育。这是一种成本低、可及性强、实用性强、可短时间内实施的方法。照护人员可向老年人讲解睡眠的基本知识、影响睡眠的因素、改善睡眠的方法等。

(2)认知行为干预。照护人员可协助医护对老年人开展认知行为干预,主要分为睡眠限制、刺激控制、放松训练、睡眠卫生和认知疗法等。

(3)改善生活方式。协助老年人保持生活规律,早睡早起,定时作息。鼓励其多参加文娱活动,避免生活过于单调。使其保持情绪稳定,及时化解不良情绪。

(4)中医养生保健。可以通过穴位按摩的方法缓解老年人睡眠问题,如按揉神门穴、内关穴、涌泉穴等。

7. 药物干预

当其他促进睡眠的方法无效时,照护人员应遵医嘱协助老年人口服安眠药物。应密切观察老年人用药反应及安全问题,并避免其长时间服用安眠药产生耐药性。照护人员应在老年人睡前协助其服药,避免药物提前发挥作用,造成摔伤等意外。

任务训练

以小组为单位,对案例导读进行分析,判断王爷爷的睡眠障碍类型并给予适当的照护措施。

模块三

老年人基础照护

项目八　常用的体征评估及异常时的照护

生命体征、血糖和疼痛是老年照护工作中的基础评估项目。通过对以上项目的评估，可帮助照护人员了解老年人的基本生命状态、病情轻重及整体健康状态，同时还可为老年照护计划的制订及完善等提供重要依据。对上述基础评估项目的运用能力，是照护人员从事养老照护工作的必备能力。

本项目主要围绕体温、脉搏、呼吸、血压、血糖及疼痛6方面的评估与照护内容展开。

任务一　体温评估与照护

▼ 案例导读

李先生，65岁，今早8点，照护人员小王发现李先生仍未起床。询问时李先生主诉头痛、嗓子疼、倦怠乏力、浑身发冷。小王立即为李先生测体温，并报告医生。医生诊断李先生患急性上呼吸道感染。

请思考：

1. 如果你是照护人员小王，该如何为李先生测量体温？
2. 你将如何照护体温异常的李先生？

▼ 知识链接

体温分为体核温度和体表温度。体核温度是指机体深部组织（如胸腔、腹腔或盆腔）的温度，相对稳定且高于体表温度。体表温度是皮肤、皮下组织以及脂肪的温度，可受环境温度和衣着情况的影响，且低于体核温度。正常范围内的体温是人体进行新陈代谢及一切生命活动的必要条件。

一、正常体温

1. 体温的形成

（1）产热过程。机体的总产热量主要包括基础代谢、食物特殊动力作用和肌肉活动所产生的热量。基础代谢是机体产热的基础，主要由三大营养物质代谢产生。其中，对体温影响较大的产热器官是肝脏和骨骼肌。机体在安静状态下,主要由肝脏产热。而人在活动时,肌肉则成为主要的产热器官。人在寒冷环境中主要依靠寒战来增加产热量。当机体发生寒战时,代谢量可增加4~5倍,用以维持机体在寒冷环境中的体热平衡。

(2) 散热过程。人体主要通过辐射、传导、对流和蒸发等方式将机体各组织器官产生的热量散发出去。当环境温度低于体表温度时,机体大部分热量可通过辐射、传导、对流等方式随着血液循环由皮肤向外散发,小部分热量通过肺、肾和消化道等途径,随着呼吸、尿和粪便散发至体外。当环境温度不低于体表温度时,蒸发就成为人体主要的散热方式。

(3) 体温的调节。机体的体温调节分为自主性体温调节和行为性体温调节。自主性体温调节是指在下丘脑体温调节中枢的控制下,机体通过调节肝脏、骨骼肌、皮肤血管及汗腺等器官的活动维持体热平衡。行为性体温调节是指有意识地调节体热平衡的活动,即通过在不同的环境中采取不同的姿势和行为来调节体温。人在严寒的环境中,会通过自主性体温调节机制发生肌肉寒战以增加产热,还可能通过行为性体温调节采取缩肩弓背、跺脚、跑步等进行御寒。

2. 正常体温范围

由于体核温度不易测量,常以口腔、直肠、腋窝等处的温度来代表体温,其中直肠温度(即肛温)最接近人体深部温度。正常体温范围见表8-1。

表8-1 正常体温范围

部位	平均值(℃)	正常范围(℃)
腋温	36.5	36.0~37.0
口温	37.0	36.3~37.2
肛温	37.5	36.5~37.7

3. 体温的生理性变化

体温受多种因素影响会出现生理性变化,但其变化范围很小,一般不超过0.5~1℃。在测量体温时,应考虑以下方面。

(1) 性别。成年女性体温比男性略高0.3℃。这可能与女性皮下脂肪较厚、散热相对较少有关。

(2) 年龄。老年人体温偏低,但高龄老年人体温可能偏高。此外,老年人对外界极端温度更为敏感。

(3) 压力和情绪。当情绪激动时,体内肾上腺素分泌增多,会导致体温升高。

(4) 进食。进食后,尤其是大量摄入蛋白质食物可使身体产热增加。饥饿、禁食时体温会下降。

(5) 运动。运动可增加产热,使体温上升。因此,测量体温应在人体安静状态下进行。

(6) 环境。外界环境温度突然升高,可使体温暂时轻度上升。

(7) 昼夜节律。24小时之内,凌晨2~6时人体体温最低,下午2~6时最高。老年人体温的昼夜节律变化可因衰老过程中自主神经功能的改变而减弱。

二、体温评估

正常体温是在一个范围内波动的,可通过测量老年人的体表温度来监测其体温的变化,帮助判断其有无发热。

1. 体温计的种类及特点

（1）水银体温计。

水银体温计分口表、肛表和腋表 3 种(见图 8-1)。其基本构造及工作原理为：体温计毛细管的下端和球部之间有一狭窄部分，水银遇热膨胀后不能自行回缩，从而保证体温测试值的准确性。水银体温计有摄氏体温计和华氏体温计两种(见图 8-2)，国内主要使用的是摄氏体温计。摄氏体温计的刻度通常是 35～42℃，在每 1℃范围又分为 10 小格，每小格 0.1℃，并且在 0.5℃和 1℃的刻度处用较粗的线标记，在 37℃处用红色线标记。

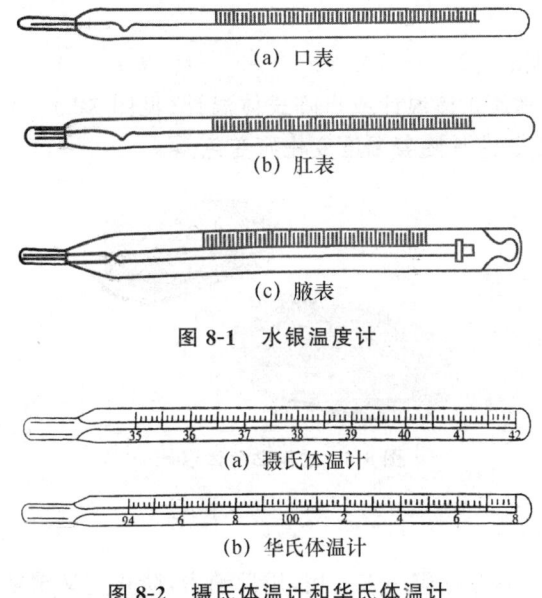

(a) 口表

(b) 肛表

(c) 腋表

图 8-1　水银温度计

(a) 摄氏体温计

(b) 华氏体温计

图 8-2　摄氏体温计和华氏体温计

（2）电子体温计。

电子体温计利用热敏电阻的特性进行体温测量。电子体温计一般由感温头、量温棒、显示屏、开关等部分组成。常见电子体温计有棒式、奶嘴式(见图 8-3)。前者可测量口温、腋温及肛温，后者适用于婴幼儿。电子体温计具有测温迅速、读数直观、无汞环保、使用方便等特点。但其读数准确度会受电子元件及供电因素的影响，稳定性低于水银体温计。

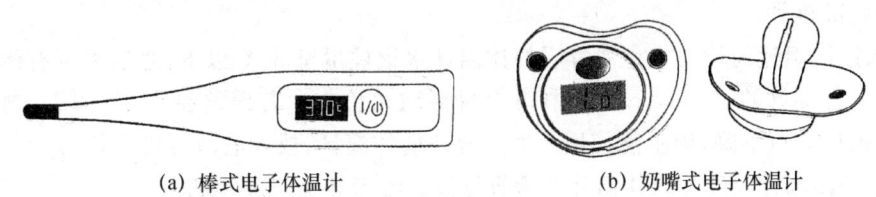

(a) 棒式电子体温计

(b) 奶嘴式电子体温计

图 8-3　电子体温计

（3）红外线体温计。

红外线体温计通过红外线传感器吸收人体辐射的红外线进行体温测量，具有测温迅速、简单、安全等优点，常用于测量额温及耳温，分为接触式和非接触式两大类(见图 8-4)。

 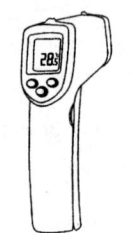

(a) 耳温枪 　　　　　(b) 额温枪
(接触式红外线体温计)　(非接触式红外线体温计)

图 8-4　红外线体温计

(4) 感温贴片体温计。

感温贴片体温计又称片式体温计或点阵式体温计(见图 8-5)。其由对热敏感的化学指示点薄片构成,测温时点状薄片随着温度变化而变色。

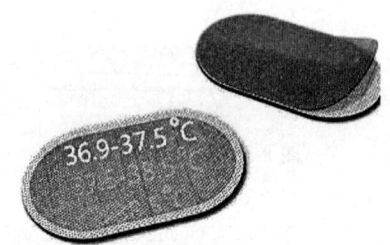

图 8-5　感温贴片体温计

2. 体温计的消毒与检查

(1) 体温计的消毒。体温计应一人一用,用后消毒,防止交叉感染。

① 水银体温计的消毒。将使用后的体温计放入消毒液中浸泡,清水冲洗,擦干后放入清洁容器中备用。注意口表、肛表、腋表应分别消毒和存放。

② 电子体温计及红外线体温计的消毒。可参考相关产品的说明书,根据不同材质选择适当的消毒方法,其中感温头部分是消毒的重点。红外线耳温枪多配有探头保护套,探头保护套使用后按一次性用品处理。

(2) 体温计的检查。新体温计在使用前应进行检查,已使用的体温计也应定期检查,以保证测量的准确性。

① 水银体温计的检查。将消毒后的体温计水银柱甩至 35℃ 以下,之后将所有体温计同一时间放入已测好的 40℃ 以下的水中,3 分钟后取出检查。若误差在 0.2℃ 以上、玻璃管有裂痕或水银柱自行下降,则不能使用。擦干合格的体温计,放入清洁容器内备用。

② 电子体温计及红外线体温计的检查方法。参考相关产品说明书。

3. 体温的测量方法(以水银体温计为例)

(1) 操作目的。

① 判断老年人体温有无异常。

② 动态监测老年人体温变化,为其疾病诊断及治疗提供依据。

(2) 评估及解释。

① 评估老年人的年龄、健康状况、心理状态及合作程度。

② 向老年人解释体温测量的目的、方法、注意事项及配合要点。

(3) 工作准备。

① 环境准备：室温适宜、光线充足、环境安静。

② 照护人员准备：衣帽整洁，修剪指甲，洗手，戴口罩。

③ 老年人准备：了解体温测量的目的、方法、注意事项及配合要点；体位舒适，情绪稳定；测温前 20~30 分钟若有运动、进食、冷热饮摄入、冷热敷、洗澡等，应休息 30 分钟后再测量。

④ 用物准备：容器 2 个（一个清洁容器盛放已消毒的体温计，另一个盛放测温后的体温计）、含消毒液的纱布、表（有秒针）、记录本、笔、手消毒剂。若测肛温，另备润滑剂、棉签、卫生纸。

(4) 体温测量操作实施（见表 8-2）。

表 8-2 体温测量操作实施

操作流程	操作内容
① 核对解释	备齐用物至床旁，向老年人解释操作目的、流程和注意事项，取得老年人配合
② 测量体温	口温：将口表水银端斜放于老年人舌下热窝（见图 8-6），嘱其闭口勿咬，用鼻呼吸，测量时间 3 min。 腋温：擦干老年人汗液，将体温计水银端放于其腋窝正中并贴紧皮肤，嘱其屈臂过胸，夹紧，测量时间 10 min。 肛温：老年人取侧卧位、俯卧位或屈膝仰卧位，暴露测量部位。照护人员润滑肛表水银端，插入其肛门 3~4 cm 处，测量时间 3 min
③ 取体温计	取出体温计，用纱布擦拭消毒。测肛温时，用卫生纸擦净肛门处
④ 读取数值	读取体温计上的数值后，将使用后的体温计置于容器中
⑤ 协助整理	协助老年人穿衣，取舒适体位
⑥ 记录体温	洗手，记录测量数值
⑦ 物品消毒	体温计消毒，清洗，擦干后放入清洁容器中
⑧ 异常上报	如体温异常，立即报告家属或医护人员

(5) 注意事项。

① 测量前后应检查体温计有无破损，水银柱是否在 35℃ 以下。

② 对于危重、躁动以及不能自理的老年人，测量体温时应在其床旁守护，以免发生意外。

③ 若老年人测量体温前有运动、进食及情绪变化，或者做过冷热疗法等，应使其休息 30 分钟后再进行测量。

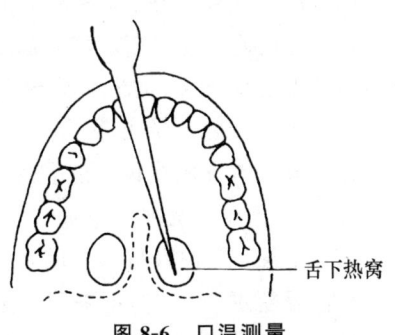

图 8-6 口温测量

④ 测量腋温时，应嘱咐老年人注意保暖，以免受凉；测量直肠温度时，还应注意遮挡。

⑤ 测量腋温时，体温计水银端应紧贴老年人腋窝皮肤，以保证测量结果的准确性。

⑥ 读数时,手持体温计玻璃端轻轻转动,视线与体温计玻璃端相平,待水银柱与刻度相平齐时,进行读数并及时记录。

⑦ 体温计用完之后应及时消毒,并甩至35℃以下,放入清洁容器内备用。甩时应使用腕力,不要触及其他物品,以防碰碎。水银体温计如不慎碰碎,应及时收集、清理水银并装入密封瓶,开窗通风。

⑧ 测量口腔温度时,如老年人不慎将体温计水银端咬碎,照护人员应立即清除老年人口腔内的玻璃碎屑及水银,以免损伤老年人唇舌、口腔、食道及胃肠黏膜。如老年人不慎将水银吞下,可协助其口服蛋清或牛奶,延缓水银的吸收。如老年人病情允许,可协助其进食纤维丰富的食物,促进水银的排出。

三、体温过高老年人的照护

1. 体温过高的基本概念

体温过高是指机体体温升高超过正常范围。病理性体温过高分为发热和过热。

(1) 发热是指在致热源的作用下,体温调节中枢的调定点上移而引起的调节性体温升高,分为感染性发热和非感染性发热。感染性发热由病原体引起,非感染性发热由病原体以外的各种原因引起,如恶性肿瘤引起的发热。

(2) 过热,又称超热,特点是中枢体温调定点未发生移动,是由于体温调节障碍、散热障碍、产热器官功能异常等,造成体温调节中枢不能控制在与调定点相适应的水平,是被动性的体温升高,如中暑、烧伤后瘢痕影响机体散热造成的体温升高等。

2. 发热程度

以口腔温度为例,发热程度可划分为低热(37.3~38.0℃)、中等热(38.1~39.0℃)、高热(39.1~41℃)和超高热(>41.0℃)。

3. 发热过程及表现

一般将发热分为三个时期。

(1) 体温上升期。此时期的特点是产热大于散热,体温不断升高。老年人可出现畏寒、皮肤苍白、无汗,有时可伴有寒战。

(2) 高热持续期。此时期,产热和散热过程在较高的水平上保持相对平衡。表现为发热、面色潮红、皮肤灼热、口唇干燥、呼吸浅促等。

(3) 退热期。此时期,散热增加,产热趋于正常。体温下降可有骤退和渐退两种方式。骤退者体温突然下降,数小时内恢复正常。渐退者体温逐渐下降,在2~3天内恢复正常。体温骤退者常伴随大量出汗,年老体弱及患有心血管疾病的老年人易出现血压下降、脉搏细速及四肢湿冷等虚脱或休克的表现,照护人员应加以注意。

4. 发热老年人的照护措施

(1) 降温。照护人员可选用药物降温或者物理降温。物理降温有局部和全身冷疗两种方法。体温超过39℃时,可采用冷湿敷、冰袋等局部冷疗方法。体温超过39.5℃时,可采用温水拭浴、酒精拭浴等全身冷疗方法达到降温目的。药物降温是通过降低体温调节中枢的兴奋性及血管扩张、出汗等方式促进机体散热而达到降温目的。给予老年人口服药物降温时,应遵医嘱注意药物的使用剂量及注意事项,并密切观察老年人服药后的反应,尤其对于体弱及合并心血管疾病者,应防止其在体温下降时发生虚脱或休克。实施降温措施30分钟后应测量老年人体温,做好记录和交班。

(2)补充营养和水分。发热病人应注意补充营养和水分,协助其摄入高热量、高蛋白、富含维生素、易消化的流质或半流质食物。在病情允许的情况下,应鼓励老年人多饮水,以每日2500~3000 mL为宜。

(3)促进舒适。

① 休息。发热时能量消耗大,休息可以减少能量的消耗,促进机体的康复。高热老年人需卧床休息,低热老年人可酌情减少活动,适当休息。老年人居室应温湿度适宜、安静整洁、空气流通。

② 口腔护理。高热时,由于唾液分泌减少,口腔黏膜干燥,身体抵抗力下降,有助于口腔细菌的生长繁殖,容易引发口腔感染。对于发热老年人,应在晨起、餐后及睡前协助其进行口腔护理,以保持口腔清洁。

③ 皮肤护理。体温下降时会大量出汗,应随时帮助老年人擦干汗液,更换衣服和床单,使其保持皮肤清洁和干燥,并注意防止其受凉。对于长期持续发热的老年人,应协助其经常变换体位,防止压力性损伤、肺炎等并发症的发生。

(4)病情观察。

① 生命体征的变化情况。定时测量体温,高热时应每4小时测量一次,体温恢复正常3天之后,改为每日1~2次。注意老年人呼吸、脉搏和血压的变化,并观察其液体出入量及饮食摄入量。

② 伴随症状。密切观察老年人是否有寒战、出汗、淋巴结肿大、皮疹等伴随症状。

③ 发热的原因及诱因。观察引起发热的原因及诱因有无解除,老年人是否有受寒史、不洁饮食、过度疲劳等情况。密切观察老年人服用的药物及服药后的反应,如皮疹、胃肠道反应等,并注意比较服药前后的体温变化。

④ 出入量。注意观察老年人饮水量、饮食摄入量、尿量及体重的变化。

⑤ 循环情况。观察老年人四肢末梢循环情况,若老年人高热而四肢末梢厥冷、发绀,则提示病情加重。

⑥ 高热抽搐。观察老年人是否出现抽搐,并协助医护给予对症处理。

(5)心理支持。

① 体温上升期。老年人突然发热、发抖、面色苍白。此时老年人易产生紧张、不安、害怕等心理反应,照护人员应加强陪伴,耐心解答老年人的问题,尽量满足其合理需要。

② 高热持续期。尽量减轻高热给老年人带来的身心不适,尽量满足其合理需求。

③ 退热期。满足老年人舒适的需要,注意其清洁卫生,协助其及时补充营养。

四、体温过低老年人的照护

体温过低是指体温低于正常范围,常见于全身衰竭的危重老年人。

1. 体温过低的发生原因

(1)散热过多。长时间暴露在低温环境中,使机体散热过多、过快;在寒冷环境中大量饮酒,使血管过度扩张而导致热量散失。

(2) 产热减少。重度营养不良导致机体产热不足,或由于疾病影响机体代谢率降低,产热减少。

(3) 体温调节中枢受损。如颅脑损伤、脊髓损伤或药物中毒等,导致体温调节中枢障碍。

2. 体温过低的表现

体温过低的主要表现包括体温下降,呼吸、脉搏、血压降低,发抖,皮肤苍白冰冷,肢端可出现冻伤,尿量减少,意识障碍,嗜睡,甚至昏迷等。

3. 体温过低老年人的照护

(1) 保暖。提高环境温度(22～24℃为宜),给予相应的保暖措施,如热水袋、电热毯、添加衣被等,以减少老年人热量的散失。可以协助其适当多饮热水,以提高体温。使用热水袋等保暖措施时,要严密监护,以防烫伤。

(2) 观察。密切观察老年人生命体征及病情变化,至少每小时测一次体温,直至其体温恢复至正常范围且处于稳定状态。同时也要关注老年人呼吸、脉搏和血压的变化。

(3) 配合医护人员。积极配合医护人员治疗原发病,祛除病因。

▶ 任务训练

运用本任务所学知识,结合案例完成体温测量,并对体温异常的老年人进行照护。

任务二　脉搏评估与照护

▶ 案例导读

刘奶奶,75岁,因儿女不在身边,今日入住老年公寓。入住后,刘奶奶主诉心慌不适,医生检查后下医嘱为测量脉搏3次/天。

请思考:如果你是刘奶奶的照护人员,该如何为其测量脉搏?

▶ 知识链接

在每个心动周期中,由于心脏的收缩和舒张,动脉内的压力和容积发生周期性的变化,动脉管壁会产生有节律的搏动,称为动脉脉搏,简称脉搏。

一、脉搏评估

脉搏的评估包括脉率、脉律、脉搏的强弱、动脉壁的情况四个方面。

(1) 脉率。脉率是指每分钟脉搏搏动的次数。健康成人在安静、清醒状态下脉率为60～100次/分。脉率可受年龄、性别、体型、活动、饮食、情绪变化等的影响。如老年人脉率偏慢,女性稍快;运动时的脉率要高于休息时;饮用浓茶或者咖啡可以使脉率增快;情绪激动时脉率会增快等。正常情况下,脉率和心率是一致的,脉率是心率的指示。当脉率微弱,难以测定时,应测量心率。

(2) 脉律。脉律是指脉搏的节律性,它反映了左心室的收缩情况。正常脉律均匀规则、间隔时间相等、跳动力量均匀。

(3) 脉搏的强弱。评估脉搏时还应关注脉搏的强弱。正常脉搏触诊时强弱均匀。

(4) 动脉壁的情况。正常动脉管壁光滑、柔软、富有弹性,可通过触摸感知动脉壁的情况。

二、脉搏测量技术

脉搏测量方法包括仪器测量和手法测量。仪器测量包括指夹式脉氧监测仪、智能手表或智能手环、电子血压计等。手法测量通过皮肤浅表处的大动脉的搏动来判断脉搏情况。常选桡动脉,其次为颞动脉、颈动脉、肱动脉、股动脉等。以下重点介绍手法测量。

1. 操作目的
(1) 判断脉搏有无异常。
(2) 动态监测脉搏的变化,间接了解心脏的情况。
(3) 为疾病诊断、治疗提供依据。

2. 评估及解释
(1) 评估老年人的年龄、健康状况、心理状态及合作程度。
(2) 向老年人解释脉搏测量的目的、方法、注意事项及配合要点。

3. 工作准备
(1) 环境准备:室温适宜、光线充足、环境安静。
(2) 照护人员准备:衣帽整洁,修剪指甲,洗手,戴口罩。
(3) 老年人准备:了解脉搏测量的目的、方法、注意事项及配合要点;体位舒适,情绪稳定;测温前20~30分钟若有运动、进食、冷热饮摄入、冷热敷、洗澡、坐浴、灌肠等,应休息30分钟后再测量。
(4) 用物准备:表(有秒针)、记录本、笔、手消毒剂,必要时备听诊器。

4. 操作实施
脉搏测量操作实施见表8-3。

表8-3 脉搏测量操作实施

操作流程	操作内容
(1) 核对解释	备齐用物至床旁,向老年人解释操作目的、流程和注意事项,取得老年人配合
(2) 摆放体位	使老年人取卧位或坐位,伸展手腕,手臂置于舒适位置
(3) 测量脉搏	照护人员以食指、中指、无名指的指端按压老年人桡动脉,按压力度适中,以能清楚测得脉搏搏动为宜(见图8-7)
(4) 脉搏计数	正常脉搏计数为30 s内脉搏数乘以2;异常脉搏测1 min;脉搏短绌者由两人同时测量,一人听心率,一人测脉搏,由听心率者发测量起止令,测量时间为1 min(见图8-8)
(5) 洗手记录	洗手并记录脉搏数值

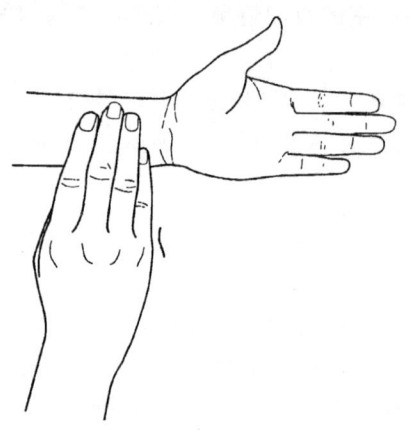

图 8-7 桡动脉测量法

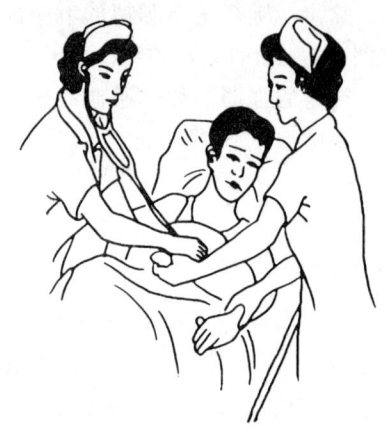

图 8-8 脉搏短绌者测量法

5. 注意事项

（1）测量脉搏前，老年人若有剧烈运动、情绪激动、紧张恐惧等情况，应休息 20～30 分钟后再测量。

（2）测量脉搏时勿用拇指，因拇指小动脉搏动较为强烈，易与老年人的脉搏混淆。

（3）测量脉搏时，正常脉搏可用测 30 秒的脉搏数乘以 2 来估算。异常脉搏应测量 1 分钟；脉搏细弱难以触及时，应测 1 分钟。

（4）为偏瘫老年人测量脉搏时，应选择健侧肢体。

任务训练

运用本任务所学知识，结合案例导读中的案例，为老年人测量脉搏。

任务三　呼吸评估与照护

案例导读

刘阿姨，65 岁，慢性支气管炎。近日出现咳嗽、痰量增多、胸闷、憋喘。医生诊断为慢性支气管炎急性发作，嘱密切观察患者咳嗽、咳痰的症状及呼吸情况。

请思考：如果你是刘阿姨的照护人员，应如何评估和测量患者呼吸情况？

知识链接

呼吸是生物机体和外界进行气体交换的过程，是机体新陈代谢的重要环节。在呼吸过程中，机体不断从外界环境中摄取氧气，并把自身产生的二氧化碳排出体外。呼吸是维持机体新陈代谢和生命活动所必需的基本生理过程之一，一旦呼吸停止，生命也将终止。

一、呼吸评估

健康人在静息状态下,呼吸稳定而有节律,正常成人安静时呼吸频率为 16～20 次/分,节律规则,呼吸均匀无声且不费力。呼吸与脉搏的比例为 1:4,可受年龄、活动、情绪等因素的影响。老年人呼吸稍慢,活动和情绪波动时增快,休息和睡眠时较慢。此外,呼吸的节律还可受意识支配,可从呼吸频率、深度、节律、声音及形态等方面对老年人的呼吸状况进行评估。

1. 频率异常

(1) 呼吸过速。呼吸频率超过 24 次/分钟称为呼吸过速,也称气促,常伴随发热、疼痛、甲状腺功能亢进等。一般体温每升高 1℃,呼吸频率增加 3～4 次/分。

(2) 呼吸过缓。呼吸频率低于 12 次/分,称为呼吸过缓,常伴随颅内压增高、镇静剂过量。

2. 深度异常

(1) 深大呼吸是一种深而规则的大呼吸,又称库斯莫尔呼吸,波形示意见图 8-9,常见于糖尿病酮症酸中毒和尿毒症酸中毒患者等。

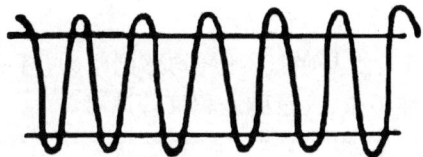

图 8-9　深大呼吸(库斯莫尔呼吸)波形示意

(2) 浅快呼吸是一种浅表而不规则的呼吸,常见于呼吸肌麻痹、某些肺与胸膜疾病患者,也可见于濒死老年人。

3. 节律异常

(1) 潮式呼吸,又称陈-施呼吸,指呼吸由浅慢逐渐加快加深,然后再由深快逐渐变浅变慢,之后呼吸暂停 30～40 秒,再开始重复以上情况的呼吸过程,如此周而复始,呈潮水涨落样,波形示意见图 8-10。常见于神经系统疾病患者,如脑炎、脑膜炎、颅内压增高患者。

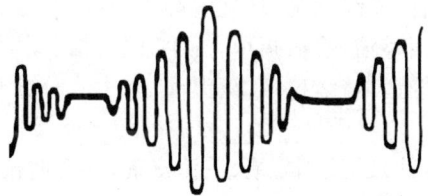

图 8-10　潮式呼吸(陈-施呼吸)波形示意

(2) 间断呼吸,又称比奥呼吸,表现为有规律地呼吸几次后,突然停止呼吸,间隔较短时间后,随即又开始呼吸,如此反复交替,波形示意见图 8-11,常在老年人临终前发生。

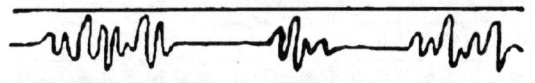

图 8-11　间断呼吸(比奥呼吸)波形示意

4. 声音异常

（1）蝉鸣样呼吸表现为吸气时产生一种极高的似蝉鸣样的音响。这是由于声带附近阻塞，空气吸入发生困难。常见于喉头水肿、喉头异物患者。

（2）鼾声呼吸表现为呼吸时发出一种粗大的鼾声，这是由于气管或支气管内有较多的分泌物蓄积所致。多见于昏迷患者。

5. 形态异常

（1）胸式呼吸减弱，腹式呼吸增强。多见于肺、胸膜或胸壁疾病患者。

（2）腹式呼吸减弱，胸式呼吸增强。多见于腹膜炎、大量腹水、腹腔内肿瘤等患者。

6. 呼吸困难

呼吸困难是老年人的常见症状及体征。老年人主观上感觉到空气不足，客观上表现为呼吸费力，可出现发绀、鼻翼扇动、端坐呼吸、辅助呼吸肌参与呼吸活动等，会造成呼吸频率、深度、节律的异常。呼吸困难可分为以下三种。

（1）吸气性呼吸困难。其特点是吸气显著困难，吸气时间延长，有明显的三凹征（吸气时锁骨上窝、胸骨上窝、肋间隙出现凹陷）。常见于气管阻塞、气管异物、喉头水肿等患者。

（2）呼气性呼吸困难。其特点是呼气费力，呼气时间延长。常见于支气管哮喘、阻塞性肺气肿等患者。

（3）混合性呼吸困难。其特点是吸气、呼气均感到吃力，呼吸频率增加。常见于重症肺炎、广泛性肺纤维化、大面积肺不张、大量胸腔积液等患者。

二、呼吸的测量方法

1. 操作目的

（1）判断老年人呼吸有无异常。

（2）动态监测呼吸的变化，了解老年人呼吸情况。

（3）为疾病诊断、治疗提供依据。

2. 评估及解释

评估老年人的年龄、健康状况、心理状态及合作程度。

3. 工作准备

（1）环境准备：室温适宜、光线充足、环境安静。

（2）照护人员准备：衣帽整洁，修剪指甲，洗手，戴口罩。

（3）老年人准备：体位舒适，情绪稳定；测温前 20～30 分钟若有运动、情绪激动等，应休息 30 分钟后再测量。

（4）用物准备：表（有秒针）、记录本、笔、手消毒剂，必要时准备棉签。

4. 操作实施

呼吸测量操作实施见表 8-4。

表 8-4　呼吸测量操作实施

操作流程	操作内容
（1）核对解释	备齐用物至床旁，简要沟通以取得老年人配合
（2）摆放体位	协助老年人取舒适体位
（3）测量呼吸	将手放在老年人的诊脉部位似诊脉状，眼睛观察老年人胸部或腹部的起伏

续表

操作流程	操作内容
(4)观察胸腹	呼吸频率(一起一伏为一次呼吸),观察老年人呼吸深度、节律、音响、波形及有无呼吸困难
(5)呼吸计数	正常呼吸可用测30 s的脉搏数乘以2来估算。异常呼吸测量1 min
(6)洗手记录	洗手,记录所测呼吸数值

5. 注意事项

(1)呼吸测量前,老年人若有剧烈运动、情绪激动、紧张恐惧等情况,应休息20～30分钟后再测量。

(2)测量呼吸时,一般情况下应测量30秒,计数乘以2即为呼吸次数。对于呼吸不规则的老年人,要测量1分钟。危重者呼吸微弱不易察觉,可用少许棉花置于老年人鼻孔前,观察棉花被吹动的次数,计时1分钟。

(3)呼吸可以受意识支配,因此测量呼吸之前不必刻意向老年人解释,在测量时尽量不使老年人觉察,以免引起其紧张,影响测量结果的准确性。

三、异常呼吸的照护

1. 舒适的环境

房间整洁,温度适宜,避免引起或诱发呼吸异常的因素,如灰尘、螨虫等。开窗通风,保持室内空气流通。

2. 体位

协助老年人采取有利于呼吸的坐位或卧位。

3. 观察

重点观察老年人的呼吸情况,包括呼吸的频率、深度、节律、声音、形态有无异常,有无咳嗽、咳痰、咯血、发绀、呼吸困难及胸痛。观察老年人服药之后的症状有无缓解,有无不良反应。

4. 用药护理

必要时遵医嘱协助护士给予老年人口服药物、雾化吸入,遵医嘱给予氧气吸入、吸痰处理。

5. 饮食护理

提供足够的营养和水分,选择易于咀嚼和吞咽的食物,避免老年人过饱以及食用产气食物,以免膈肌上移影响呼吸。

6. 心理支持

有针对性地做好老年人的心理支持和疏导,消除其恐惧与不安。

7. 健康教育

教育老年人戒烟限酒,以减少对呼吸道黏膜的刺激;指导老年人进行呼吸肌训练,以帮助其呼吸。

扫描二维码
查看体温、
脉搏、呼吸
的测量技术
评分标准

任务训练

运用任务一至任务三所学的内容及案例，练习体温、脉搏和呼吸的测量，评分标准详见二维码中的表格。

任务四　血压评估与照护

案例导读

白奶奶，72岁，无特殊病史，近日入住老年公寓。今晨，照护人员小李发现白奶奶精神不振，未吃早饭，询问后白奶奶主诉头晕、头痛。小李立即报告医生。医生为白奶奶查体发现其血压为160/90 mmHg，给予口服降压药治疗，并嘱测量血压3次/天。

请思考：如果你是照护人员小李，你将如何执行医嘱，为白奶奶测量血压？

知识链接

血液在血管内流动时，对单位面积血管壁的侧压力称为血压。通常所说的血压指的是动脉血压。心室收缩时，动脉血压上升达到的最高值称为收缩压。心室舒张末期，动脉血压下降的最低值称为舒张压。收缩压与舒张压的差值称为脉压。血压的计量单位为毫米汞柱（mmHg）或千帕（kPa），二者的换算关系为：1 mmHg＝0.133 kPa，1 kPa＝7.5 mmHg。

一、血压评估

1. 血压正常值及生理性变化

正常成人安静状态下的血压范围比较稳定，以肱动脉为例，其正常范围为收缩压90～139 mmHg，舒张压60～89 mmHg，脉压30～40 mmHg。血压可随年龄、性别、环境等的变化而变化。如：

（1）年龄。随年龄的增长，收缩压和舒张压均有逐渐增高的趋势，但收缩压的升高比舒张压的升高更为显著。

（2）性别。女性在更年期前，血压低于男性；更年期后，血压升高，差别较小。

（3）昼夜节律和睡眠。血压呈明显的昼夜波动，表现为夜间血压最低，清晨起床活动后血压迅速升高。大多数人的血压凌晨2～3时最低，在上午6～10时及下午4～8时各有一个高峰，晚上8时后血压呈缓慢下降趋势，表现为"双峰双谷"，这一现象称为动脉血压的日节律。老年人动脉血压的日高夜低现象更为显著，有明显的低谷与高峰。此外，睡眠不佳也可造成血压升高。

（4）环境。寒冷环境，由于末梢血管收缩，血压会略有升高；高温环境，由于皮肤血管扩张，血压会略有下降。

（5）体形。高大、肥胖者血压较高。

（6）体位。立位血压高于坐位血压，坐位血压高于卧位血压，这与重力引起的代偿机制有关。对于长期卧床或使用某些降压药物的老年人，若由卧位改为立位时，可能出现头晕、心慌、站立不稳甚至晕厥等体位性低血压的表现。

（7）身体不同部位。一般右上肢血压高于左上肢，右侧血压比左侧高 10～20 mmHg。下肢血压比上肢高 20～40 mmHg，与血流量大有关。

（8）运动。运动时血压的变化与肌肉运动的方式有关，以等长收缩为主的运动，如持续握拳时，血压会升高；以等张收缩为主的运动，如步行、骑自行车，在运动开始时血压有所升高，但随后由于血流量重新分配和有效循环血量的改变，血压可逐渐恢复正常。

此外，激动、紧张、恐惧、兴奋等情绪，排泄、吸烟等活动都有可能使血压升高。饮酒、摄盐过多、药物等对血压也有影响。

2. 异常血压

血压超出正常范围即为异常血压。常见的异常血压有以下几种。

（1）高血压。在未服用抗高血压药的情况下，非同日 3 次测量诊室血压，18 岁以上成人收缩压≥140 mmHg 和（或）舒张压≥90 mmHg。

（2）低血压。收缩压低于 90 mmHg，舒张压低于 60 mmHg。常见于大量失血、休克、急性心力衰竭等患者。

（3）脉压异常。

① 脉压增大。常见于主动脉硬化、主动脉瓣关闭不全、甲状腺功能亢进等患者。

② 脉压减小。常见于心包积液、缩窄性心包炎、末梢循环衰竭患者。

二、血压测量

1. 血压计的种类

常用的血压计主要有水银血压计、无液血压计及电子血压计。

（1）水银血压计。水银血压计又称汞柱血压计，分台式和立式（见图 8-12）。水银血压计的玻璃管面标有双刻度，一侧为 0～300 mmHg，最小分度值为 2 mmHg，另一侧为 0～40 kPa，最小分度值为 0.5 kPa。其特点为测得数值准确可靠，但较笨重不易携带，且玻璃管部分易破裂。

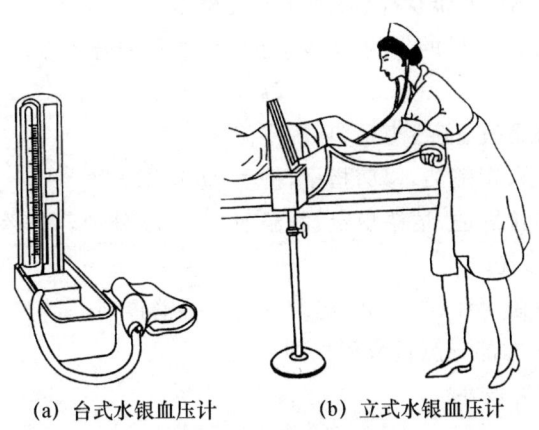

(a) 台式水银血压计　　(b) 立式水银血压计

图 8-12　水银血压计

(2)无液血压计。无液血压计又称表式血压计、弹簧式血压计。外形似表,呈圆盘状,正面盘上标有刻度及读数,盘中央有一指针,用以提示血压数值(见图8-13)。其特点是携带方便,但准确性差。

(3)电子血压计。电子血压计(见图8-14)包括手动式电子血压计和全自动数字电子血压计。前者需要自己打气,测量过程是全自动的。后者只需要按动开关键,其余部分可自动完成。电子血压计的袖带内有一个换能器,有自动采样、电脑控制数字运算及自动放气程序,数秒钟内可得到收缩压、舒张压、脉搏数值。其特点是操作方便,不用听诊器,省略放气系统,排除听觉不灵敏、噪声干扰等造成的误差。

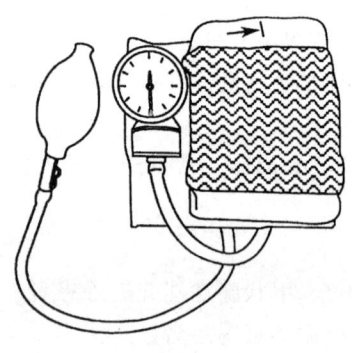

图8-13 无液血压计

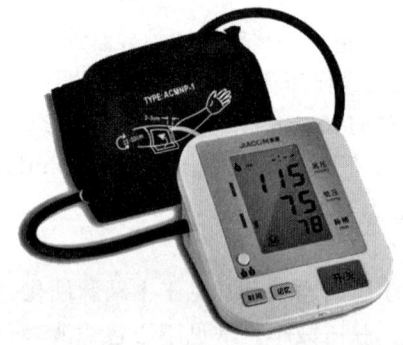

图8-14 电子血压计

2. 血压的测量方法(以水银血压计为例)

(1)操作目的。

① 判断血压有无异常。

② 动态监测血压的变化,了解老年人循环系统的情况。

③ 为疾病诊断、治疗提供依据。

(2)评估及解释。

① 评估老年人的年龄、健康状况、心理状态及合作程度。

② 向老年人解释血压测量的目的、方法、注意事项及配合要点。

(3)工作准备。

① 环境准备:室温适宜、光线充足、环境安静。

② 照护人员准备:衣帽整洁,修剪指甲,洗手,戴口罩。

③ 老年人准备:体位舒适,情绪稳定;测温前15~30分钟若有运动、吸烟、情绪激动等,应休息后再测量;排空膀胱。

④ 用物准备:水银血压计、听诊器、记录本、笔、手消毒剂。

(4)操作实施(血压的部分测量流程见图8-15)。

血压测量操作实施见表8-5。

表 8-5　血压测量操作实施

操作流程	操作内容
① 核对解释	备齐用物至床旁,核对老年人床号、姓名,与老年人沟通
② 安置体位	手臂位置(肱动脉)与心脏呈同一水平线。坐位:平第 4 肋骨;仰卧位:平腋中线
③ 摆放手臂	协助老年人卷袖,露臂,手掌向上,肘部伸直
④ 打开仪器	打开血压计,垂直放妥,开启水银槽开关
⑤ 缠绕袖带	协助老年人驱尽袖带内空气,将袖带平整置于上臂中部,下缘距肘窝 2~3 cm,松紧度以能插入一指为宜
⑥ 袖带充气	触摸肱动脉搏动,戴好听诊器,将听诊器头端置于肱动脉搏动最明显处,一手固定,另一手握加压气球,关气门,充气至肱动脉搏动消失再加压 20~30 mmHg
⑦ 袖带放气	缓慢放气,以水银柱下降速度 4 mmHg/s 为宜,注意水银柱刻度和肱动脉声音的变化
⑧ 判断血压	听诊器出现的第一声搏动音,此时水银柱所指的刻度,即为收缩压。当搏动音突然变弱或消失,水银柱所指的刻度即为舒张压
⑨ 整理仪器	排尽袖带内余气,关紧压力活门,整理后放入盒内。血压计盒盖右倾 45°,使水银全部流回槽内,关闭水银槽开关,盖上盒盖,平稳放置
⑩ 恢复体位	协助老年人取舒适体位
⑪ 洗手记录	洗手后记录血压数值,格式如:120/70 mmHg

(5) 注意事项。

① 血压计应定期检测、校准。每次测量血压前应检查血压计,包括玻璃管有无破损,水银有无泄漏,气囊、橡胶管有无老化、漏气,听诊器是否完好等。使用标准规格袖带(气囊长 22~26 cm,宽 12 cm),肥胖者使用大规格气囊袖带。

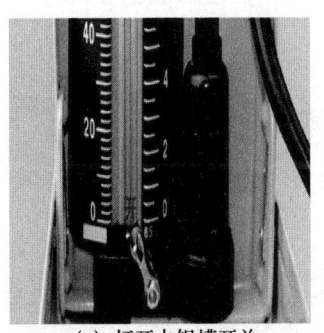
(a) 打开水银槽开关

(b) 驱尽袖带内空气

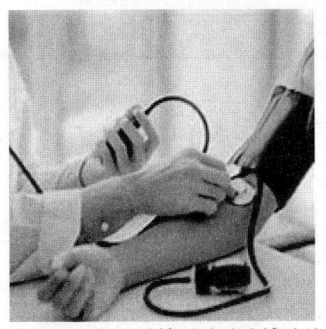
(c) 听诊器头端放于肱动脉搏动处

(d) 关气门反复充气

图 8-15　血压的部分测量流程

②如果老年人需要长期监测血压,为保证数值的准确性和可比性,应做到"四定":定时间、定部位、定体位、定血压计。

③为偏瘫、肢体外伤等老年人测量血压应选择健侧肢体。

④排除影响血压的外在因素。袖带松紧适宜(过松测得血压值偏高,过紧测得血压值偏低),测量环境不能过于嘈杂,测量前应协助老年人排空膀胱,如测量血压前老年人有剧烈活动、沐浴、情绪激动、吸烟、进食等,应休息20~30分钟再进行测量。

⑤当发现血压听不清或异常时,应重复测量。先将袖带内气体驱尽,使水银柱降至"0",稍等片刻再进行第二次测量,一般连续测2~3次,取平均值。

⑥测量时应使水银柱"0"刻度与心脏处于同一水平线。若手臂高于心脏,测得的血压值偏低,反之则偏高。

⑦充气、放气应缓慢平稳,不可过快、过猛,防止水银外溢或读数误差。

⑧注意袖带的清洁卫生,传染病患者的血压计、听诊器应专人固定使用,防止交叉感染。

三、异常血压的照护

1. 密切观察

密切观察老年人血压变化及伴随症状,及时上报医生并协助处理。对于服用药物治疗的老年人,应指导其按时服药,观察药物的不良反应,注意有无并发症的发生。测量血压要做到"四定",即定时间、定部位、定体位、定血压计。

2. 报告异常

如老年人血压较高,应让其卧床休息,报告医生后遵医嘱给予降压药物。如老年人血压过低,应迅速安置其取仰卧位,并报告医生。

3. 良好环境

为老年人提供清洁、安静、温湿度适宜、光线充足且通风的环境。

4. 保证休息

保证老年人充足的睡眠时间,高血压老年人应适当减少活动量。

5. 合理饮食

给予老年人易消化、低脂、低胆固醇、高维生素的食物,使其多食用富含纤维素的食物,防止便秘。根据老年人血压的高低限制其盐的摄入,使其避免刺激辛辣食物。

6. 控制情绪

指导老年人控制情绪,使其避免精神紧张、情绪激动、烦躁、愤怒等高血压的诱发因素。

7. 健康教育

劝导老年人戒烟限酒,保持大便通畅,必要时遵医嘱给予通便剂。指导老年人养成规律的生活习惯,学会观察其有无高血压并发症。

扫描二维码查看为老年人测量血压的操作流程及评分标准

▶ 任务训练

两人一组,相互练习测血压,单次操作时间5分钟。操作评分标准详见二维码。

任务五　血糖评估与照护

案例导读

刘奶奶,68岁,今日入住老年公寓。通过询问病史,照护人员发现刘奶奶患糖尿病20余年,每日口服降糖药。餐后2小时血糖测量值为18.6 mmol/L。医生下医嘱:每日为其测空腹血糖及三餐后2小时血糖。

请思考:如果你是刘奶奶的照护人员,你将如何为老人测量血糖?

知识链接

糖尿病是一种以血糖升高为主要表现的代谢性疾病。近年来我国糖尿病发病率不断增高。血糖监测已经成为糖尿病管理中的重要组成部分,其监测结果有助于评估糖尿病患者糖代谢紊乱的程度,反映降糖治疗的效果,为医护人员制订合理降糖方案提供依据。

一、血糖的概述

空腹血糖是指禁食8小时以上所测得的血糖值,正常参考值为3.9~6.1 mmol/L。餐后2小时血糖是指从进食第一口饭算起,到整2小时为止所测得的血糖值,正常参考值应不高于7.8 mmol/L。患有糖尿病的老年人空腹血糖最好控制在7.0 mmol/L以下,餐后2小时血糖应控制在11.0 mmol/L以下。实施血糖监测可以更好地掌握血糖的变化,降低糖尿病老年人发生低血糖的风险。若测得的血糖值超出正常参考范围,提示老年人血糖偏高或偏低,应协助老年人及时就医。

二、常见的血糖异常

血糖超出正常参考值范围,无论增高或降低均为血糖异常。血糖异常可分为生理性与病理性。生理性血糖增高常见于饭后1~2小时和情绪紧张等情况;病理性血糖增高为糖尿病等疾病的表现。生理性血糖降低常见于饥饿、剧烈运动、注射胰岛素后或服用降糖药物后;病理性血糖降低常见于注射胰岛素过量、糖代谢异常等情况。照护人员应遵医嘱按时监测老年人的血糖,准确识别异常血糖。

三、血糖异常老年人的照护措施

照顾人员要了解血糖异常老年人的病情和治疗方案,掌握糖尿病的相关知识,完成好对老年人的照顾、监督和提醒任务,有问题需及时与老年人家属或医生取得联系。

1. 血糖监测

对血糖异常的老年人进行血糖监测,可以更好地掌控老年人血糖的变化,对其生活、运动、饮食及用药具有重要的指导意义。对于血糖控制不稳定、血糖波动大、病情较重的老年人,应根据医嘱每日进行多次血糖监测,待其病情稳定或者已经达到控制目标以后,可适当减少监测次数。

2. 低血糖的照护

老年人出现可疑低血糖症状时,应立即测量血糖。对于轻中度低血糖,可协助老年人口服糖水、含糖饮料或进食糖果等。对于严重者或疑似低血糖昏迷的老年人,应及时通知医生。神志不清者,切忌喂食,以免引起误吸甚至窒息等意外。

3. 用药护理

患有糖尿病的老年人要严格按照医嘱进行口服用药或胰岛素注射治疗,照护人员应提醒并督促老年人遵医嘱用药,不能擅自更改用药时间、用药剂量,更不能随意停用药物。

4. 生活护理

照护人员应帮助老年人正确认识和看待糖尿病,使其积极配合治疗,不必产生恐惧及悲观心理。指导老年人合理膳食,定时定量,注意营养搭配,戒烟戒酒;保持生活规律,不熬夜,保证合理的作息时间;进行适量的运动,保持理想体重。

四、为老年人测量血糖并观察、记录(指端采血)

1. 操作目的

(1) 判断血糖有无异常。

(2) 动态监测血糖的变化,为糖尿病治疗方案的维持与调整提供依据。

2. 评估及解释

(1) 评估老年人的年龄、健康状况、心理状态及合作程度。

(2) 向老年人解释测量血糖的目的、方法、注意事项及配合要点。

3. 工作准备

(1) 环境准备:室温适宜、光线充足、环境安静。

(2) 照护人员准备:衣帽整洁,修剪指甲,洗手,戴口罩。

(3) 老年人准备:体位舒适,情绪稳定,清洁双手。

(4) 用物准备:血糖仪、血糖试纸、采血针、酒精、无菌干棉签、记录本、笔、手消毒剂。

4. 操作实施

为老年人测量血糖并观察、记录操作实施见表8-6。

表8-6 为老年人测量血糖并观察、记录操作实施

操作流程	操作内容
(1) 核对解释	备齐用物至床旁,核对老年人床号、姓名,与老年人沟通
(2) 安置体位	协助老年人取舒适体位
(3) 选择部位	选择老年人的采血手指端
(4) 消毒指端	用无菌干棉签蘸取酒精消毒采血手指端,待干
(5) 安装试纸	血糖仪开机,安装血糖试纸
(6) 指端采血	取采血针,一手握住老年人采血手指端下部,一手持采血针刺在采血手指端皮肤上采血
(7) 蘸取血液	用干棉签擦去第1滴血液,用血糖试纸蘸取渗出的血液直至血液全部浸湿试纸,等待读取数值

续表

操作流程	操作内容
（8）按压止血	用干棉签按压老年人指端采血处，嘱其轻轻按压至不出血
（9）读取数值	读取血糖仪上的数字，告知老年人血糖情况
（10）洗手记录	洗手后记录血糖数值
（11）整理用物	垃圾归类处置，血糖仪、血糖试纸、酒精放回原处

5. 注意事项

（1）务必严格遵医嘱按时监测血糖，以免影响异常数值的判断。

（2）消毒液只能选用酒精，切勿使用碘剂消毒。

（3）针刺采血后，第一滴渗出的血液需要轻轻拭去，检测之后渗出的血液，以免影响数值的准确性。

（4）应避免选用有感染、污染、水肿的手指指尖进行测量。

（5）若消毒，务必待干后采血，以免影响数值准确性。

▶任务训练

结合案例导读，两人一组进行角色扮演，相互练习测量血糖的方法。

任务六　疼痛评估与照护

▶案例导读

张爷爷，74岁，5年前确诊为晚期前列腺癌，全身多处骨转移。近半年病情进展加速，食欲明显下降，饮食摄入减少，营养缺乏，精神倦怠，疲乏衰弱，出现全身疼痛，影响睡眠，遵医嘱口服止痛药治疗。张爷爷性格外向，乐观坚强，热爱音乐，每日在照护人员小白的搀扶下可进行床旁活动和如厕。

请思考：如果你是小白，你如何为张爷爷进行疼痛评估与照护？

▶知识链接

疼痛是一种复杂的主观感受，是近年来非常受重视的一个常见问题。疼痛的发生提示个体的健康受到威胁。疼痛与疾病的发生、发展及转归有着密切的联系。世界卫生组织已将疼痛列为除体温、呼吸、脉搏、血压四大生命体征之外的第五大生命体征。照护人员要对老年人的疼痛情况进行评估，并采取有效措施缓解老年人疼痛，促进其身体舒适。

一、疼痛的影响因素

疼痛是机体对有害刺激的一种保护性防御反应，也是一种主观感觉，受内外因素影响。

1. 内在因素

（1）年龄。个体对疼痛的敏感程度因年龄不同而不同。随着年龄增长，对疼痛的敏感性随之增加,到老年对疼痛的敏感性又逐步下降。

(2) 文化。持有不同人生观、价值观的个体对疼痛的反应和表达方式不同。若个体生活在鼓励忍耐和推崇勇敢的文化背景中,往往更能忍受疼痛。

(3) 行为作用。娱乐活动可促进内啡肽的释放,进而缓解疼痛。主动应对,如坚持康复锻炼,可提高对疼痛的耐受力。被动应对则会导致疼痛加剧甚至抑郁情绪的出现。

(4) 对疼痛的态度。把疼痛视为一个容易解决的小问题,就会疼得轻些。相反,如果觉得疼痛反映了严重的组织损伤甚至病情的进行性加重,则会加重疼痛感。

(5) 既往疼痛经验。反复经受疼痛折磨的人对疼痛的敏感性会增强,往往对疼痛有恐惧心理。他人的疼痛经历也会对个体产生影响,如手术患者的疼痛会给即将做相同手术者带来恐惧心理。

(6) 注意力。疼痛的感觉受到老年人对疼痛注意程度的影响。将老年人的注意力转移至其他事件时,能够减轻甚至使老年人的疼痛感觉消失,比如听音乐、阅读书籍等。

(7) 情绪。一般认为,性格内向的人对疼痛的耐受性强于性格外向者。情绪与疼痛还可相互影响,如焦虑、烦躁、恐惧、悲伤等消极情绪可使疼痛加剧,而疼痛加剧则使情绪进一步恶化;愉快等积极情绪可减轻老年人的疼痛感受,而疼痛减轻也可改善老年人的情绪。

2. 外在因素

(1) 环境变化。环境因素可影响疼痛,如噪声、温度和光线等。舒适的环境可以改善老年人的情绪,从而减轻疼痛。

(2) 社会支持。良好的社会支持,如家人的陪伴、鼓励及赞扬,可减轻老年人的恐惧感和孤独感,进而减轻疼痛。

(3) 医源性因素。有些治疗和护理操作可能会使老年人产生疼痛感,因此在操作时应尽可能轻柔、熟练。

二、疼痛的评估

1. 疼痛评估的原则

(1) 及时评估。老年人的疼痛主诉是疼痛评估的金标准,对疼痛的评估应列入照护工作常规。老年人一旦主诉疼痛,照护人员应相信老年人的主诉,鼓励其充分表达疼痛的感受和叙述相关健康史,及时对其进行疼痛评估。

(2) 全面评估。协助医护人员对老年人进行全面疼痛评估,包括疼痛的经历和健康史,并协助完成必要的检查。

(3) 动态评估。动态评估包括评估疼痛的发作、治疗效果及转归,可为医护人员调整疼痛治疗及护理方案提供依据。

2. 疼痛评估的内容

除老年人的一般情况(性别、年龄、职业、诊断、病情等)和体格检查外,还应评估其疼痛经历和相关健康史、社会心理因素等。

(1) 疼痛经历和相关健康史。疼痛经历的评估包括疼痛的部位、程度、性质、时间、伴随症状、加重和缓解因素、疼痛发生时的表达方式及目前的处理和疗效等。疼痛相关健康史的评估包括既往诊断、既往所患疾病的慢性疼痛情况、既往镇痛治疗及减轻疼痛的方法等。

(2) 社会心理因素。社会心理因素包括老年人的痛苦情况、精神病史和精神状态,家属和他人的支持情况,镇痛药物滥用的危险因素,疼痛治疗不充分的危险因素等。

3. 疼痛评估的方法

(1) 交谈法。

交谈法主要是询问老年人疼痛经历和相关健康史。询问时,照护人员应避免根据自身对疼痛的理解和经验,对老年人的疼痛程度做出主观判断。要注意老年人的语言和非语言表达,以便获得更可靠的资料。

(2) 观察法。

观察法主要是关注老年人疼痛时的生理(面色、表情)、行为(体态变化)和情绪反应。通过观察这些反应可帮助照护人员观察和评估老年人疼痛的程度,分析疼痛与其活动、体位的关系。

(3) 疼痛评估的自评工具

① 视觉模拟评分法。用一条直线,不作任何划分,仅在直线的两端注明"不痛"和"剧痛",请老年人根据自己的疼痛感觉在直线上标记其疼痛程度(见图8-16)。该评分方法较为简单,没有特定的文化背景及性别要求,对老年人及表达能力丧失者尤为适用。

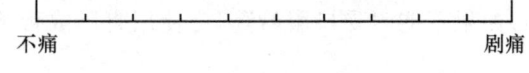

图8-16 视觉模拟评分法

② 面部表情疼痛量表。采用面部表情来表达疼痛程度(见图8-17),从左到右共有6个面部表情,最左侧的脸表示无疼痛,依次表示疼痛越来越重,直到最右侧的脸表示最痛。请老年人立即指出能反映其疼痛的那个面部表情。此方法适用于3岁以上儿童及成人。

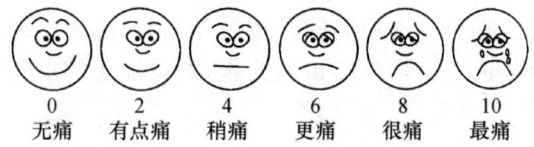

图8-17 面部表情疼痛量表

③ 数字评分法。用数字0(表示无疼痛)~10(表示疼痛到极点)代替文字表达疼痛的程度(见图8-18)。老年人可选择数字表达其过去24小时内最严重的疼痛程度。根据得分可将疼痛划分为:0无痛,1~3轻度疼痛,4~6中度疼痛,7~10重度疼痛。这种方法易于理解,并且可以用口述或书写的方法来表示。

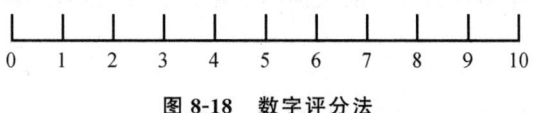

图8-18 数字评分法

④ 口述分级评分法。该方法将疼痛分为数级,如可分为4级:无痛、轻度疼痛(有疼痛但可忍受,不影响睡眠)、中度疼痛(疼痛明显、不能忍受,需要服用镇痛药,睡眠受到干扰)、重度疼痛(疼痛剧烈而不能忍受,需要服用镇痛药,严重影响睡眠)。

三、疼痛老年人的照护措施

疼痛是不舒适的最严重的表现形式,在未明确诊断疼痛原因之前,不可随意使用药物或非药物的方法止痛,以免掩盖症状,延误病情,影响疾病的治疗。对于明确诊断的以及患有慢性疼痛的老年人,照护人员应积极采取有效的照护措施,减轻老年人的痛苦。

1. 解除疼痛刺激源

通过耐心细致的评估,找到老年人疼痛的原因或诱发因素,设法去除引起疼痛的刺激源,尽量避免诱发因素。

2. 药物干预止痛

药物干预是治疗疼痛最基本、最常用的方法。照护人员应了解药物止痛的基本知识,并遵医嘱使用药物。

(1) 镇痛药物分类。镇痛药物主要分为3类:① 阿片类镇痛药,如吗啡、哌替啶、芬太尼等;② 非阿片类镇痛药,如水杨酸类药物、苯胺类药物、非甾体抗炎药等;③ 其他辅助类药物,如激素、解痉药、维生素类药物、局部麻醉药和抗抑郁类药物等。利用药物干预止痛,一般选择能够缓解疼痛且用药剂量最小、最安全的方式。老年人大多肌肉消瘦、脂肪组织较少,应尽量避免肌肉注射,如果不能耐受口服给药,可使用直肠或舌下给药等非侵入性途径替代。

(2) 三阶梯镇痛法。对于包含癌性疼痛在内的慢性疼痛的药物治疗,目前普遍采用三阶梯镇痛疗法。其目的是逐渐升级镇痛剂的使用,合理应用镇痛剂来缓解疼痛。

① 三阶梯镇痛法的基本原则:口服给药、按时给药、按阶梯用药、个体化用药、观察药物的不良反应。

② 三阶梯镇痛法的内容。第一阶梯:使用非阿片类镇痛药物,酌情加用辅助药,主要适用于轻度疼痛的患者;第二阶梯:选用弱阿片类镇痛药物,酌情加用辅助药,主要适用于中度疼痛的患者;第三阶梯:选用强阿片类镇痛药物,酌情加用辅助药,主要用于重度和剧烈癌痛的患者。

3. 中医干预止痛

主要原则为行气活血、软坚散结,或补益气血、温经止痛。常用的方法有中药、针灸、按摩、推拿、刮痧等。

4. 物理止痛

冷、热疗法是最常用的物理止痛方法,如使用热水袋、热水浴、冰袋、局部冷敷等方法,还可使用超声波疗法、光疗法、磁疗法等。值得一提的是,高龄老年人应慎用冷、热疗法,尤其是有认知功能障碍或治疗部位感觉功能受损的老年人。使用热疗时需注意预防烫伤或组织损伤。

5. 分散注意力

让老年人参加感兴趣的活动,如下棋、绘画等,能有效转移老年人对疼痛的注意力。指导老年人进行有节律的深呼吸、冥想或松弛疗法,可以消除老年人身体或精神上的紧张,有效缓解老年人的焦虑,从而消除或减轻其紧张性疼痛。

6. 心理护理

照护人员应认真倾听老年人的感受,可表达同情,给予适当的安慰,调动老年人积极的情绪。此外,可与老年人家属进行沟通,保证老年人具有良好的家庭支持氛围,从而共同帮助老年人减轻心理压力,缓解疼痛。

7. 采取措施促进老年人身体舒适

照护人员应尽量为老年人提供舒适的休息条件,帮助老年人采取舒适的体位,保证室内采光良好、床铺整洁、环境安静等。通过良好的照护措施帮助老年人减轻或缓解疼痛。

任务训练

结合案例导读及本任务中的知识,评估张爷爷的疼痛情况,制订并实施疼痛照护方案。

项目九　老年人压力性损伤的预防与照护

 **引言**

　　压力性损伤（压疮）是世界范围内老年照护领域的常见问题，具有发病率高、发展快、难治愈及治愈后易复发的特点，不仅威胁老年人的生命健康，还给患者家庭带来了沉重的经济压力和医疗负担。通过提高照护人员的认知，采取科学有效的干预措施，能够有效预防压力性损伤的发生，且预防费用远远低于治疗费用。

 **知识衔接**

　　为有效预防及治疗压力性损伤，自2009年起，欧洲压力性损伤顾问委员会、美国压力性损伤顾问委员会及泛太平洋压力性损伤联盟共同制定了《压力性损伤的预防与治疗：临床实践指南》，该指南是目前压力性损伤预防与治疗方面最权威的指南之一。该指南通常每5年修订1次，2019年11月发布了第3版。该指南为医疗卫生机构、各类养老机构预防与治疗压力性损伤提供了重要参考。

项目分解

　　本项目结合2019国际版《压力性损伤的预防与治疗：临床实践指南》《养老护理员国家职业技能标准（2019年版）》等级认定中对压力性损伤的技能要求及其他最新研究证据等，将项目分解为压力性损伤认知、老年人压力性损伤预防及照护两个任务。

任务一　压力性损伤认知

案例导读

　　赵爷爷，87岁，因急性脑梗死后遗留肢体活动不利，生活不能自理。由于长时间卧床，赵爷爷骶尾部皮肤表面呈紫红色，出现水疱，未破溃。
　　请思考：赵爷爷发生了什么问题？严重程度如何？

知识链接

压力性损伤是位于骨隆突处、医疗或其他器械下的皮肤或软组织的局部损伤,可表现为皮肤完整或开放性溃疡,可伴有疼痛。损伤因强烈、长期存在的压力和剪切力而导致。软组织对压力和剪切力的耐受性受微环境、营养、灌注、合并症以及软组织情况的影响。因用于诊断或治疗目的使用器械而产生的压力性损伤称为器械相关压力性损伤。

一、发生压力性损伤的常见原因

1. 力学因素

压力性损伤由垂直压力、摩擦力和剪切力引起,通常由2~3种力共同作用导致。

（1）垂直压力是引起压力性损伤的最重要原因。压力越大、持续时间越长、局部组织对压力越敏感,发生压力性损伤的概率越高。常见于长时间采用某种体位者,如卧位、坐位者。

（2）摩擦力使皮肤的屏障作用受损,对压力性损伤的敏感性增加。其主要来源为皮肤与衣、裤或床单表面逆行的摩擦阻力。

（3）剪切力由两层组织相邻表面间的滑行而产生的进行性相对移位所引起,由压力和摩擦力协同作用而成,与体位有密切关系(见图9-1)。如半坐卧位时,骶尾部深部组织由于重力而下滑,皮肤及表层组织由于摩擦力而留在原处,两层组织之间将形成剪切力。由剪切力造成的严重伤害早期不易被发现,且多表现为口小底大的潜行伤口。

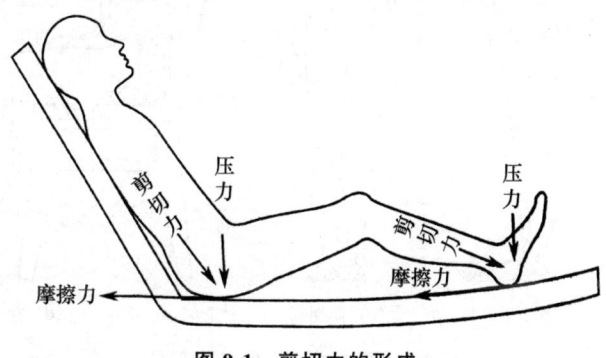

图9-1 剪切力的形成

2. 局部潮湿或排泄物刺激

大小便、汗液等可对皮肤造成潮湿及化学性刺激,进而削弱皮肤的屏障作用,导致皮肤组织破溃,容易造成继发感染。此外,过度擦洗可清除皮肤产生的天然润滑剂,导致皮肤易损性增加。

3. 全身性因素

（1）机体活动及感觉障碍。活动及感觉障碍的老年人,自主活动减弱或丧失,对伤害性刺激的反应性下降,发生压力性损伤的风险增高。

（2）年龄。老年人皮肤结构及功能衰退,造成抵抗力下降,血管脆性增加,皮肤易损性增加。

（3）营养状况。营养摄入不足时,皮肤会失去皮下脂肪及肌肉的保护作用。一旦受压,易出现压力性损伤。过度肥胖的老年人,卧床时体重对皮肤造成的压力较大,也容易出现压力性损伤。

(4) 急性应激因素。急性应激使机体对压力的敏感性增加，造成体内代谢紊乱，机体内环境的稳定性被破坏，进而导致压力性损伤发生率增高。

(5) 体温升高。体温升高使机体新陈代谢加快，可加重局部组织缺氧。此外，部分高热老年人因活动受限使皮肤受压增加。

4. 器械使用

长期使用医疗器械，使局部长期承受压力、温湿度改变，将导致局部皮肤组织耐受性下降，进而发生不同程度的压力性损伤。

二、压力性损伤的易发部位

压力性损伤易发生于受压和缺乏脂肪组织保护、无肌肉包裹或肌层较薄的骨骼隆突处。常见体位下的压力性损伤易发部位如图 9-2 所示。

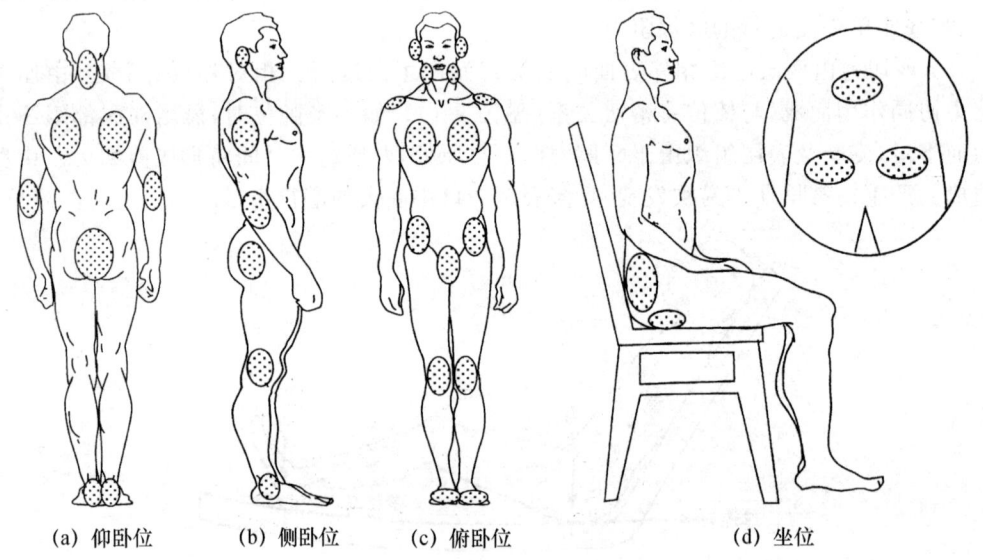

(a) 仰卧位　　(b) 侧卧位　　(c) 俯卧位　　(d) 坐位

图 9-2　压力性损伤的易发部位

三、压力性损伤分期

压力性损伤通常分为 1 期～4 期、深部组织损伤和不可分期。

1. 1 期：皮肤完整

该期表现为局部皮肤完好，出现压之不褪色的局限性红斑，通常位于骨隆突处。与周围组织相比，该区域可出现疼痛、坚硬或松软的现象，皮温也会升高或降低。肤色较深者因不易观察到明显红斑而难以识别，可根据其颜色与周围皮肤的不同来判断。

2. 2 期：部分皮层缺损

该期部分表皮缺损伴真皮层暴露，表现为浅表开放性溃疡，创面呈粉红色、无腐肉，也可表现为完整或破损的浆液性水疱。

3. 3期：全层皮肤缺损

该期全层皮肤缺损，可见皮下脂肪，但无筋膜、肌腱/肌肉、韧带、软骨/骨骼暴露，可见腐肉、焦痂，但未掩盖组织缺失的深度，可有潜行或窦道。此期不同位置的压力性损伤的深度和表现不同，臀部等脂肪丰富的部位伤口可发展成深部伤口，鼻、耳、枕骨等脂肪较薄的部位伤口可表现为浅表溃疡。

4. 4期：全层皮肤和组织缺损

该期表现为全层皮肤或组织缺损，伴骨骼、肌腱或肌肉外露。创面基底部可有腐肉和焦痂覆盖，常伴有潜行或窦道。此期压力性损伤可扩展至更深层次的肌肉、筋膜、肌腱甚至关节囊，严重时可导致骨髓炎。

5. 深部组织损伤

该期表现为皮肤完整或破损，但皮下组织已受到严重损伤，局部出现持续的指压不变白，皮肤呈深红色、栗色或紫色。在表皮分离后可能出现暗红色伤口或充血性水疱。可伴有疼痛、坚硬、糜烂、松软、潮湿、皮温升高或降低等现象。需注意的是，肤色较深者深层组织损伤可能更难以识别。

6. 不可分期

该期全层皮肤和组织缺损，创面基底部被腐肉、焦痂掩盖而无法确认组织缺损程度，需去除腐肉、焦痂后方可判断损伤程度。

四、压力性损伤的评估

1. 评估内容

（1）危险因素评估。评估压力性损伤风险时，需考虑移动和活动受限情况、承受的摩擦力和剪切力情况。此外，还需考虑高危人群、易患部位、压力性损伤史、有无压力点疼痛、是否患有糖尿病、是否使用医疗器械，以及营养状态和皮肤潮湿度等。

（2）压力性损伤伤口。如老年人已存在压力性损伤伤口，需进一步评估伤口变化情况、疼痛、组织类型、伤口尺寸、压力性损伤分期、伤口周围皮肤等情况。

（3）潜在并发症。对局部瘘管形成、溃疡、骨髓炎和蜂窝织炎、全身营养不良、菌血症等并发症进行评估。

2. 评估时间及频率

（1）老年人在入住机构后应尽快进行评估。

（2）至少每天检查高危老年人皮肤和骨隆突处一次，并做好记录。

（3）对于已患有压力性损伤的老年人，需在每次更换敷料时进行评估，且至少每周对其进行再次评估。

3. 评估工具

（1）Braden评估量表是目前国内外用来评估压力性损伤发生的较为常用的工具之一（见表9-1），对压力性损伤高危人群具有较好的评估效果，且简便、易行。内容包括感觉、潮湿程度、活动能力、移动性、营养状况及摩擦力和剪切力6个部分。总分值范围为6～23分，分值越小，代表发生压力性损伤的危险性越高。评分低于18分，代表患者有发生压力性损伤的危险，建议采取预防措施。

表 9-1　Braden 评估量表

项目	分值/分			
	1	2	3	4
感觉：对压力相关不适的感受能力	完全受限	非常受限	轻度受限	未受损
潮湿程度：皮肤暴露于潮湿环境的程度	持续潮湿	潮湿	有时潮湿	很少潮湿
活动能力：身体活动程度	限制卧床	坐位	偶尔行走	经常行走
移动性：改变和控制体位的能力	完全无法移动	严重受限	轻度受限	未受限
营养状况：日常食物摄取状态	非常差	可能缺乏	充足	丰富
摩擦力和剪切力	有问题	有潜在问题	无明显问题	——

（2）Norton 评估量表。该量表也是公认的可用于评估压力性损伤发生的有效工具（见表 9-2），特别适用于对老年人进行评估。该量表包括 5 个方面的危险因素，即身体状况、精神状态、活动能力、灵活程度及失禁情况。总分 5~20 分，分值越小，发生压力性损伤的危险性越高。得分小于 14 分提示易发生压力性损伤。

表 9-2　Norton 评估量表

身体状况	精神状态	活动能力	灵活程度	失禁情况
良好 4	思维敏捷 4	可以走动 4	行动自如 4	无失禁 4
一般 3	无动于衷 3	需协助 3	轻微受限 3	偶尔失禁 3
不好 2	不合逻辑 2	坐轮椅 2	非常受限 2	经常失禁 2
极差 1	昏迷 1	卧床 1	不能活动 1	二便失禁 1

▎任务训练

任务训练内容为使用 Braden 及 Norton 评估量表对老年人进行压力性损伤风险评估。

任务二　老年人压力性损伤预防及照护

▎案例导读

请思考：如果你是任务一案例导读中赵爷爷的照护人员，你应该如何进行照护？

▎知识链接

压力性损伤预防的关键在于加强管理，消除危险因素。正确的预防与照护措施可以将压力性损伤的发生率降到最低。对于已经发生压力性损伤的老年人，正确的处理措施可以促进其创面的愈合。

一、压力性损伤的预防措施

1. 皮肤观察及护理

（1）进行皮肤和组织评估。评估时需检查有无红斑，若有红斑，需鉴别红斑的范围，并分析红斑产生原因。此外,评估时还应评估皮肤温度、水肿、硬度和疼痛的情况。

(2) 采取预防性措施保护皮肤

① 保持皮肤清洁,避免局部不良刺激。对于失禁老年人应及时清理排泄物,使用隔离产品,保护皮肤不受潮。

② 避免用力按摩或用力擦洗易患部位皮肤,防止造成皮肤损伤。

③ 使用硅胶、泡沫等材料的皮肤保护用品,保护易患部位皮肤。如使用局部减压工具(翻身枕)、全身性减压装置(间歇充气床垫)等。

④ 摆放体位时避免红斑区域继续受压。在老年人身体状况允许的情况下,尽量减少其卧床、久坐的时间。

2. 进行营养评估

营养不良会对压力性损伤的发生、严重程度及愈合时间造成影响。根据老年人情况,进行营养评估,可由专业人员为其提供高热量、高蛋白或富含维生素及矿物质的饮食或口服营养补充制剂。

3. 进行体位变换

经常翻身是长期卧床者最简单而有效解除压力性损伤风险的方法。翻身频率需个体化,根据老年人的移动和活动能力、皮肤和组织耐受度、病情、皮肤状况、舒适感和疼痛感等确定。一般每 2 小时翻身一次,必要时每 30 分钟翻身一次。翻身时避免推、拉、拽等动作。翻身后还应合理摆放体位,如长期卧床者应取 30°斜侧卧位,避免其骶尾部和股骨大转子受压。在抬高床头时,角度应限制在 30°内,避免身体下滑而形成剪切力。对于长期坐位的老年人,除需注意维持其稳定性及全范围活动性外,还应注意使其保持合适坐姿以减轻剪切力和压力对老年人皮肤和软组织的作用。

二、为老年人翻身、观察皮肤变化、识别压力性损伤分期并处理、报告

(1) 操作目的。预防或及时发现压力性损伤。

(2) 评估及解释。

① 评估老年人的年龄、疾病及治疗史、营养状况、大小便控制情况、活动能力、合作程度及心理状态。

② 向老年人解释操作的目的、方法、注意事项及配合要点。

(3) 工作准备。

① 环境准备:室温适宜,关闭门窗,保护老年人隐私。

② 照护人员准备:衣帽整洁,修剪指甲,清洗并温暖双手,戴口罩。

③ 老年人准备:了解操作的目的、方法、注意事项及配合要点。

④ 用物准备:尺子、记录单、笔、体位垫、毛巾、乳液或酒精等。

(4) 操作实施(见表 9-3)。

表 9-3 操作实施

操作流程	操作内容
① 核对解释	备齐用物至床旁,向老年人解释操作目的,取得老年人配合
② 协助翻身	一手抬起老年人头部,另一手将枕头移至对侧;使老年人双手交叉,近侧双手放在对侧手上方;将老年人双脚交叉,近侧脚放在对侧脚上方;一手放在老年人肩颈部,一手放在其腰臀部,将老年人稍移向自己;向对侧用力,使老年人翻至侧卧;将体位垫置于老年人背部以支撑身体,维持舒适安全体位
③ 观察皮肤	按照从头到脚的顺序依次观察老年人皮肤完整度、颜色,触摸感知有无皮肤温度异常、水肿及坚硬,询问其疼痛情况;如皮肤出现异常,用尺子测量受损面积;如皮肤无异常,用温热毛巾擦净老年人背部皮肤,双手蘸取适量乳液或 30%~50% 酒精涂抹于老年人背部,按序行 3~5 min 全背按摩(见图 9-3)
④ 摆放体位	使用合适的体位垫,将老年人受损部位悬空,必要时使用减压敷料;整理床单位;询问老年人是否舒适
⑤ 洗手记录	洗手,在记录单上记录查看时间、皮肤异常部位、表现及面积,及时上报

(5) 注意事项。

① 对有遮挡的部位,如枕骨粗隆、耳郭背面,应特别注意检查。

② 操作前修剪指甲,去掉饰物,以免划伤老年人皮肤。定期为老年人修剪指(趾)甲以防自伤。

③ 按摩时,掌根要压住老年人局部皮肤,避免摩擦皮肤表面。

④ 避免按摩皮肤受损部位。

⑤ 使用海绵等物品时,应加布套。

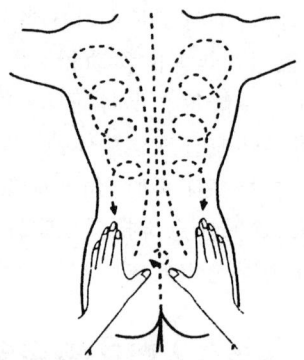

图 9-3 全背按摩的方法

三、压力性损伤的治疗与护理

压力性损伤应采取全身、局部相结合的综合治疗措施。

1. 全身治疗与护理

协助医护对老年人进行原发病的照护。评估压力性损伤的发生风险,根据危险因素采取应对措施,如合理营养、加强皮肤护理、减少局部皮肤受压等。

2. 局部治疗与护理

(1) 评估压力性损伤与疼痛。协助医护人员应用专业测评工具对压力性损伤进行观察、评估与记录。同时,还应评估老年人因压力性损伤而导致的疼痛,并采取预防和减轻疼痛的措施予以应对。

(2) 合理处置伤口。协助医护人员对伤口进行处理。

① 采取措施避免局部再次受压。

② 对于压力性损伤 1 期患者,局部使用半透膜敷料或水胶体敷料。

③ 对于压力性损伤 2 期患者,提供湿润的愈合环境,及时管理伤口渗液,预防感染,局部选用敷料促进愈合。

④ 对于压力性损伤 3~4 期患者,应清除坏死组织,减少无效腔残留,保护暴露的骨骼、

肌腱和肌肉,预防和控制感染。

⑤ 对于无法判断的压力性损伤和深层组织损伤者,应进一步全面评估,采取必要的清创措施,根据组织损伤程度选择相应的护理方法。

⑥ 记录压力性损伤的情况,分析发生原因,制订相应的改善措施,避免损伤再次发生。

⑦ 可使用其他方法如紫外线治疗、红外线治疗对压力性损伤部位进行治疗,不建议使用烤灯。此外,伤口负压治疗可以作为深度 3 期、4 期压力性损伤的辅助治疗手段。

任务训练

结合本任务的案例导读,开展老年人压力性损伤预防及照护工作。

项目十　促进老年人排痰及为老年人实施氧疗

引言

翻身叩背排痰、吸痰、吸氧主要用于维持老年人呼吸功能及保持其呼吸道通畅,是老年照护措施中常用的操作技术,《养老护理员国家职业技能标准(2019年版)》中对这几项内容做出了具体要求。

知识链接

呼吸是机体维持新陈代谢和生命活动所必需的基本生理过程之一,任何原因所导致的机体内氧气不足无法及时纠正时,都将对机体造成致命性的影响。

项目分解

在呼吸观察的基础上,采取恰当的措施保持老年人呼吸道通畅及保证氧气供应,是老年照护工作的重要内容之一。围绕上述内容,本项目将内容分解为为老年人翻身叩背促进排痰、为老年人实施氧疗两个任务。

任务一　为老年人翻身叩背促进排痰

▼ 案例导读

李奶奶,80岁,神志清醒,脑梗后长期卧床,患慢性阻塞性肺疾病30余年。近日老人出现体温升高,检查提示肺炎,肺部听诊有大量湿啰音,血氧饱和度90%,老人自诉气短、痰多不易咳出。遵医嘱持续低流量给氧,2 L/min,加强叩背排痰。医生已与家属沟通并签字确认,必要时可经口腔吸痰。请思考:如果你是李奶奶的照护人员,你应该如何促进其排痰?

▼ 知识链接

有效排痰可以排出呼吸道内的分泌物,对于保持呼吸道通畅,促进呼吸功能,预防并发症具有重要作用。当老年人呼吸道分泌物增多又不能进行有效排痰时,照护人员应及时采取有效的排痰措施。

一、协助老年人有效排痰

1. 有效咳嗽

咳嗽是一种防御性呼吸反射,可排出呼吸道内的异物、分泌物,具有清洁、保护和维持呼吸道通畅的作用。对于可以配合的老年人,照护人员可通过指导其有效咳嗽以促进痰液排出。

（1）促进有效咳嗽的主要措施包括：① 改变体位,使分泌物流入大气道内便于咳出。② 鼓励老年人做缩唇呼吸,即通过鼻吸气,以引发咳嗽反射。③ 在病情许可情况下,增加活动量有利于痰液的排出。④ 双手稳定按压胸壁下侧有助于咳嗽。

（2）有效咳嗽的步骤包括老年人取坐位或半卧位,屈膝,上身前倾,双手抱膝或在胸部和膝盖上置一枕头并用两肘夹紧,深吸气后屏气3秒(有伤口者,照护人员应将双手压在切口的两侧),随后其腹肌用力,两手抓紧支持物(脚和枕),用力爆破性咳嗽,将痰液咳出。

2. 叩背排痰技术

用手叩打胸背部,借助振动,可使痰液松脱而排出体外,适用于长期卧床、久病体弱、排痰无力的老年人。

（1）操作目的。

① 促使老年人痰液排出,保持呼吸道通畅。

② 预防压力性损伤、坠积性肺炎并发症等。

（2）评估及解释。

① 评估老年人的年龄、病情及治疗时间、进食时间、排痰能力、痰液情况、心理状态及合作程度。

② 向老年人解释操作的目的、方法、注意事项及配合要点。

（3）工作准备。

① 环境准备：室温适宜,光线充足,关闭门窗,保护老年人隐私。

② 照护人员准备：衣帽整洁,修剪指甲,清洁并温暖双手,戴口罩。

③ 老年人准备：了解操作的目的、方法、注意事项及配合要点。

④ 用物准备：体位垫或软枕、痰杯、漱口水、纸巾、一次性手套等。

（4）叩背排痰技术操作实施(见表10-1)。

表10-1 叩背排痰技术操作实施

操作流程	操作内容
① 核对解释	备齐用物至床旁,向老年人解释操作目的、流程和注意事项,取得老年人配合
② 协助翻身	协助老年人翻身至对侧或取坐位。必要时使用体位垫或软枕支撑其身体
③ 叩背排痰	一手扶住老年人,保持体位稳定;一手呈背隆掌空状,即手背隆起,手掌中空,手指弯曲,拇指紧靠食指(见图10-1),用腕关节力量带动手部活动,有节奏地从老年人后背部的肺底自下而上叩击至肩下。注意不可在老年人裸露的皮肤、肾区、脊柱、乳房等部位叩击
④ 指导咳嗽	叩背过程中,指导老年人采用缩唇式呼吸诱发咳嗽反射
⑤ 擦拭痰液	用戴手套的手协助老年人吐出痰液、漱口,用纸巾擦拭干净
⑥ 整理用物	协助老年人取舒适体位,整理好床单位
⑦ 洗手记录	洗手并记录叩背过程、咳痰情况及老年人的反应

(5) 注意事项。

① 操作前应温暖双手,以免过凉引起老年人的不适。

② 叩击宜在老年人餐后 2 小时至餐前 30 分钟内完成。

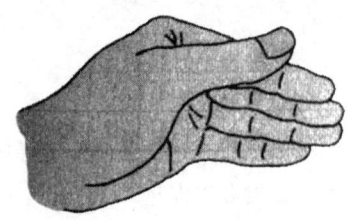

图 10-1 手呈背隆掌空状

③ 叩背时由老年人后背部的肺底向上叩击至肩下,每次叩击部位要与上次叩击部位有 1/3 的重叠,不可遗漏。叩击一侧之后再叩击另一侧,每侧至少叩击 3 次。

④ 叩击力度适中,以老年人不感到疼痛为宜。力度过轻不能使痰液顺利排出,过重容易引发损伤。

⑤ 叩击时应注意位置准确,避开脊柱、肾区、乳房等部位。

⑥ 有咯血、肺水肿、未经引流的气胸、肋骨骨折及病理性骨折史的老年人禁用叩背排痰法。排痰过程中,密切观察老年人状况,如出现呼吸困难、发绀或其他不适症状,应立即停止操作。

⑦ 如果痰液黏稠不易咳出,可遵医嘱使用稀释痰液的方法,如雾化吸入等。

二、吸痰法

吸痰法是指经口腔、鼻腔、人工气道将呼吸道的分泌物吸出,以保持呼吸道通畅,预防吸入性肺炎、肺不张、窒息等并发症的一种方法。该法主要用于年老体弱、危重、昏迷、麻醉未清醒等不能有效咳嗽、排痰者。吸痰装置有中心吸引器(中心负压装置)、电动吸引器两种。中心吸引器(见图 10-2)为各大医院的常规配置,使用便利。电动吸引器由负压调节器、负压表、电源开关、安全瓶、贮液瓶、脚踏开关组成(见图 10-3)。它们的基本工作原理为:利用负压吸引原理,连接导管吸出痰液。吸痰法的操作方法如下。

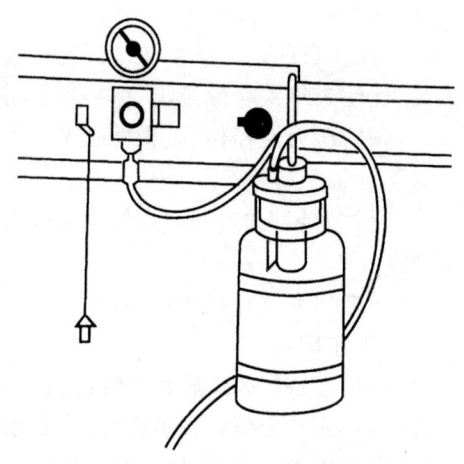

图 10-2 中心吸引器

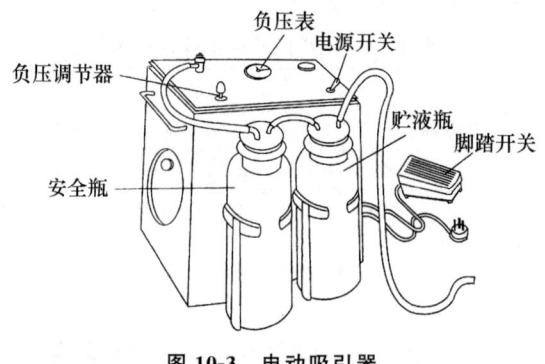

图 10-3 电动吸引器

1. 操作目的

(1) 清除呼吸道分泌物,保持呼吸道通畅。

(2) 促进呼吸功能,改善肺通气。

(3) 预防并发症的发生。

2．评估及解释

(1) 评估老年人的年龄、意识、病情及治疗时间、进食时间、排痰能力、血氧饱和度、心理状态及合作程度。

(2) 向老年人及家属解释操作的目的、方法、注意事项及配合要点。

3．工作准备

(1) 环境准备：室温适宜，光线充足，环境安静。

(2) 照护人员准备：衣帽整洁，修剪指甲，洗手，戴口罩，为特殊呼吸道感染的老年人吸痰时需按照标准防护要求着装。

(3) 老年人准备：了解操作的目的、方法、注意事项及配合要点；体位舒适，情绪稳定。

(4) 用物准备：吸引器、治疗碗 2 个（分别用于盛放试吸盐水和冲洗盐水）、吸痰管数根、生理盐水、无菌纱布、无菌血管钳或镊子、无菌手套、弯盘、医嘱单等，必要时备张口器、压舌板、舌钳等。

4．操作实施

吸痰操作实施见表 10-2。

表 10-2 吸痰操作实施

操作流程	操作内容
(1) 核对解释	备齐用物至床旁，向老年人解释操作目的、流程和注意事项，取得老年人配合
(2) 调吸引器	接通电源，打开开关，检查吸引器性能，调节负压至 40.0～53.3 kPa(300～400 mmHg)
(3) 检查口腔	检查老年人口鼻腔，取下活动性义齿
(4) 摆放体位	老年人头偏向操作者一侧
(5) 管路试吸	连接吸痰管，在试吸治疗碗内试吸少量生理盐水以检查管路通畅性并湿润导管前端
(6) 吸取痰液	一手反折吸痰管末端，另一手用无菌血管钳或镊子，或者戴无菌手套持吸痰管前端，插入老年人口咽部(10～15 cm)，然后放松导管末端，先吸口咽部分泌物，再吸气管内分泌物。吸痰时，采取左右旋转并向上提拉的手法，时间小于 15 s。随时观察老年人气道是否通畅，观察其反应，如面色、呼吸、心率等，观察吸出痰液的量、色、质
(7) 冲洗管路	吸痰管取出后，在冲洗治疗碗内抽吸生理盐水对管路进行冲洗
(8) 安置老年人	为老年人擦拭面部，取舒适体位，整理床单位
(9) 整理用物	将吸痰管扔至黄色医疗垃圾桶，玻璃接管插入盛有消毒液的试管中浸泡
(10) 洗手记录	洗手后记录痰液的量、颜色、黏稠度、气味及老年人的反应等

5．注意事项

(1) 吸痰前，应检查吸引器性能是否良好，连接是否正确。

(2) 严格执行无菌操作，每次吸痰都应更换吸痰管。

(3) 每次吸痰时间应小于 15 s，以免造成缺氧。

(4) 吸痰动作轻稳，防止呼吸道黏膜损伤。

(5) 痰液黏稠时，可配合叩击、雾化吸入，提高吸痰效果。

(6) 电动吸引器连续使用时间不宜过久。贮液瓶内液体达 2/3 时，应及时倾倒，以免液体过多吸入马达内损坏仪器。贮液瓶内应放少量消毒液，使吸出液不粘附于瓶底，便于清洗消毒。

(7) 如果老年人血氧饱和度明显下降，可在吸痰前给予高流量氧气吸入 30～60 s。

(8) 合理选择吸痰管,建议吸痰管直径小于所使用的气管插管直径的 50%。

(9) 紧急状态下,可用注射器吸痰和口对口吸痰。注射器吸痰时,用 50～100 mL 注射器连接导管进行抽吸。口对口吸痰时,由照护人员托起老年人下颌,使其头后仰并捏住其鼻孔,口对口吸出呼吸道分泌物。

▶ 任务训练

运用本任务所学知识并结合案例导读,分组进行角色扮演以练习翻身叩背促进排痰;使用模拟人练习吸痰操作。

任务二　为老年人实施氧疗

▶ 案例导读

请思考:如果你是任务一案例导读中李奶奶的照护人员,该如何为其实施氧疗?

▶ 知识链接

氧气是人体生命活动不可缺少的物质。当供应组织的氧气不足或组织利用氧气的能力发生障碍时,机体会发生缺氧。人体内氧的储备量极少,而重要脏器的耗氧量大,因此人体对缺氧的耐受性差,尤其是脑细胞对缺氧最为敏感。氧疗是通过吸入高于空气中氧浓度的氧气,提高肺泡氧分压,进而提高动脉血氧分压,最终达到纠正组织缺氧目的的治疗方法。

一、氧气疗法的概述

氧疗全称氧气疗法,是通过给氧,提高动脉血氧分压和血氧饱和度,增加动脉血氧含量,纠正各种原因造成的缺氧状态,促进机体新陈代谢和生命活动的一种治疗方法。适用于存在呼吸困难、心功能不全等问题的老年人。氧疗使用不当,可导致老年人发生中毒、呼吸道分泌物干燥、肺不张、呼吸抑制等不良反应。

供氧装置有氧气筒(含氧气压力表)供氧装置和氧气管道供氧装置两种。氧气筒(含氧气压力表)供氧装置见图 10-4。氧气管道装置(中心供氧装置)由中心供氧站供给氧气。在各床单位旁打开流量表即可使用。装表方法为:将流量表安装在中心供氧管道氧气流出口,接上湿化瓶;打开流量开关,调节流量表以检查装置性能。

二、氧疗的方法

氧疗的方法有多种,如鼻导管给氧法、鼻塞法、面罩法、氧气头罩法、氧气帐法、高压氧疗法等。其中,鼻导管给氧法是应用最广泛的给氧方法之一,其具体实施方法如下。

1. 操作目的

(1) 纠正老年人的缺氧状态。

(2) 促进老年人组织新陈代谢,维持生命活动。

2. 评估及解释

(1) 评估老年人的年龄、意识、病情及治疗情况、血氧饱和度、心理状态及合作程度。

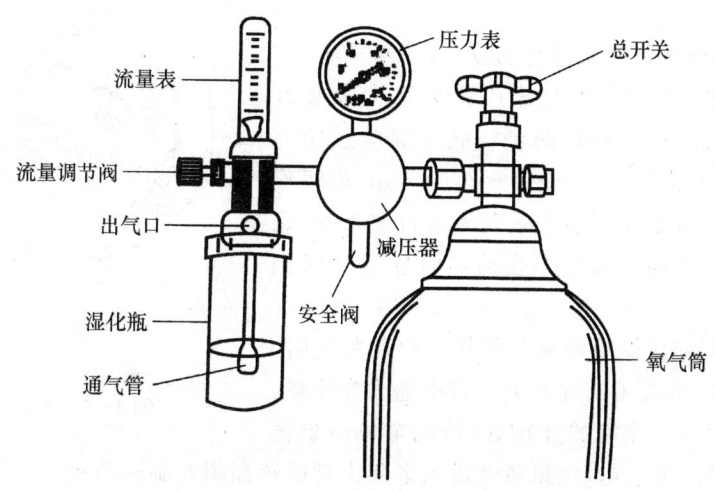

图 10-4　氧气筒(含氧气压力表)供氧装置

(2) 向老年人及家属解释操作的目的、方法、注意事项及配合要点。

3. 工作准备

(1) 环境准备：室温适宜，光线充足，远离火源，环境安静。

(2) 照护人员准备：衣帽整洁，修剪指甲，洗手，戴口罩。

(3) 老年人准备：了解操作的目的、方法、注意事项及配合要点；体位舒适，情绪稳定。

(4) 用物准备：治疗碗(内盛冷开水)、纱布、弯盘、鼻导管、棉签、扳手、氧气管道供氧装置或氧气筒(含氧气压力表)供氧装置、用氧记录单、笔、标志。

4. 操作实施

氧疗操作实施见表 10-3。

表 10-3　氧疗操作实施

操作流程	操作内容
(1) 核对解释	备齐用物至床旁，向老年人解释操作目的、流程和注意事项，取得老年人配合
(2) 清洁检查	用湿棉签清洁老年人双侧鼻腔，检查有无分泌物堵塞及异常
(3) 连接导管	将鼻导管与湿化瓶的出口相连接
(4) 调节流量	根据医嘱调节氧流量
(5) 湿润管路	将鼻导管前端放入治疗碗的冷水中湿润，观察是否有气泡冒出
(6) 插入鼻导管	将鼻导管插入老年人鼻孔 1 cm 处
(7) 固定鼻导管	将鼻导管环绕老年人耳部向下放置并调节松紧度(见图 10-5)
(8) 洗手记录	洗手并记录给氧的时间、氧流量、老年人的反应
(9) 吸氧观察	老年人吸氧过程中应按时巡视，观察其是否发生缺氧等不良反应
(10) 停止用氧	取下鼻导管
(11) 安置老人	协助老年人取舒适体位，整理床单位
(12) 卸氧气表	氧气筒(含氧气压力表)供氧装置：关闭总开关，放出余气后，关闭流量开关，卸表；氧气管道供氧装置：关闭流量开关，取下流量表
(13) 用物处理	按照垃圾分类要求对一次性用物进行处理，非一次性用物要及时擦拭或浸泡消毒后备用；氧气筒上悬挂空或满的标志
(14) 洗手记录	洗手并记录停止用氧的时间及效果

5. 注意事项

(1) 用氧前检查氧气装置有无漏气,是否通畅。

(2) 严格遵守操作规程,注意用氧安全,切实做好"四防",即防震、防火、防热、防油。氧气筒应放阴凉处,周围严禁烟火及易燃品,距明火至少 5 m,距暖气至少 1 m,以防引起燃烧。压力表及螺旋口勿上油,也不能用带油的手装卸。氧气瓶在搬运时要避免倾倒撞击。

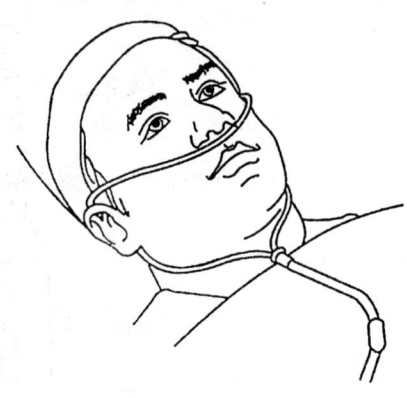

图 10-5　固定鼻导管

(3) 给氧时,应先调节流量后使用。停用氧气时,应先拔出鼻导管,再关闭氧气开关。若中途改变流量,应先分离鼻导管与湿化瓶的连接处,待调节好流量再接上。以免一旦开关出错,大量氧气进入老年人呼吸道而损伤肺部组织。

(4) 常用湿化液为灭菌蒸馏水。急性肺水肿患者用 20%～30% 乙醇作为湿化液。

(5) 氧气筒内氧勿用尽,至少要保留 0.5 MPa(5 kg/cm^2)的压力,以免灰尘进入筒内,再充气时引起爆炸。

(6) 对未用完或已用完的氧气筒,应分别悬挂"满"或"空"的标志,既便于及时调换,也便于急用时搬运,提高抢救速度。

(7) 用氧过程中,应加强监测。

任务训练

运用本任务所学知识并结合案例导读,分组使用氧气筒(含氧气压力表)供氧装置练习鼻导管给氧法。

项目十一　老年人用药照护

引言

药物治疗是老年人预防疾病、治疗疾病、维护健康的重要措施之一。随着年龄的增长，老年人各脏器的组织结构和生理功能逐渐出现退行性改变，影响机体对药物的吸收、分布、代谢和排泄。同时，由于老年人常患有多种疾病，治疗中应用药物品种较多，发生药物不良反应的概率相应提高。因此，老年人的安全用药与照护显得日益重要。

知识链接

为了保证准确、安全而有效地给药，照护人员必须了解常用药物的药理学知识、老年人的用药史，掌握正确的给药方法和技术，准确评估老年人用药后的疗效与反应等，在职业许可范围内指导其安全正确地接受药物治疗。

项目分解

按照相关国家职业标准要求，照护人员需要在医护指导下给药。结合职业特点，照护人员的主要给药途径包括口服给药、吸入给药、常用外用给药。因此，本项目将从给药的基本知识以及上述几个给药途径进行项目分解。

任务一　给药的基本知识

▼知识链接

给药即药物治疗，是最常用的一种疾病治疗方法，在预防、诊断和治疗疾病过程中起着重要的作用。老年照护工作中，照护人员在医护指导和监督下，可实施多种非侵入性给药治疗，同时自身也承担着给药的法律责任。为了科学、准确、安全、有效地完成给药，照护人员必须了解相关的药理学知识，熟练掌握正确的给药方法和技术，正确评估老年人用药后的疗效与不良反应，指导老年人合理用药，使药物治疗达到最佳效果。

一、药物的作用、种类、给药途径及次数与时间

1. 药物的作用

(1) 预防疾病。药物作用于人体后,可以调节机体的免疫功能,提高机体抗病能力,从而预防疾病,如乙肝疫苗、流行性脑脊髓膜炎疫苗、维生素 D、铁剂等。

(2) 诊断疾病。在疾病的诊断中,常常需要使用一些药物以协助检查、明确诊断,如肾造影中的用药等。

(3) 治疗疾病。药物的主要作用是治疗疾病,通过杀灭病原微生物、调节机体的生理功能等治疗疾病,如各类抗生素、降压药物、降糖药等。

2. 药物的种类

依据给药途径,常用药物可分为以下类型。

(1) 胃肠道给药剂型。该类型药物包括片剂、胶囊剂、散剂、颗粒剂、溶液剂、混悬剂、乳剂等。

(2) 非胃肠道给药剂型。

① 注射给药剂:溶液剂、混悬剂、乳剂、固体剂等。

② 呼吸道给药剂型:气雾剂、喷雾剂、粉雾剂等。

③ 皮肤给药剂型:擦剂、软膏剂、洗剂、贴剂等。

④ 黏膜给药剂型:滴眼剂、滴鼻剂、舌下片剂等。

⑤ 腔道给药剂型:栓剂、气雾剂、阴道片或胶囊等。

3. 给药途径

常用的给药途径包括口服、舌下含服、注射(皮下、肌内、静脉、动脉)、吸入、直肠、皮肤等方式。除动、静脉注射药液直接进入人体血液循环外,其他途径的药物均有一个吸收过程,吸收顺序由快至慢依次为:吸入、舌下含服、直肠、肌内注射、皮下注射、口服、皮肤。

4. 给药的次数与时间

给药的次数与时间主要取决于药物的半衰期、药物的特性及机体的生物节律性,应遵医嘱执行。一般而言,健胃及增进食欲的药物宜在饭前服,对胃黏膜有刺激性的药宜在饭后服。一日需服用 3 次的药物,如抗生素类,服药时间可在 7～8 点,15～16 点,22 点左右。饭前或空腹服用的药物,要在没吃饭或吃饭前 30 分钟服用。饭后服用的药物,一般在吃饭后 30 分钟服用。

二、药物的保管原则

药物一般存放在避光、阴凉、通风处,必须按药物性质于规定条件下贮存,应及时关注有效期。有效期是指药物在规定的贮存条件下,能保持质量的期限,药物标签上注明的有效期是指可以使用到所标明月份的最后一天,次日即无效。药物的保管原则如下所述。

(1) 老年人居室内储存的药物数量不可过多,以免过期失效或变质。

(2) 药瓶或药袋上要清楚地写明药名、每片药的剂量、药的用法、开药的日期、医院等。凡字迹不清或无标签的药都不能使用。

(3) 药物要分类存放。内服药与外用药应分别放置,以免急用时拿错,使老年人误服而

发生危险。

(4) 药物要避光,放在干燥、阴凉、清洁、老年人容易拿取的地方。

(5) 根据各类药物的不同性质,妥善保存。

① 易挥发、潮解或风化的药物,必须装瓶、盖紧,密闭保存,如乙醇、糖衣片、干酵母、复方甘草片、阿司匹林、含碘片、各种维生素和胶囊等。

② 栓剂、水剂药和遇热容易变质的药物,如胰岛素、眼药水等,应低温保存,看清楚外包装上的贮存方法。如提示药物在冷处保管,则温度控制应在2~10℃;在阴凉暗处保管,温度应控制在20℃以下;在室温下保管,不需冷藏,放置于室内即可。

③ 易氧化和遇光变质的药物,如维生素C、氨茶碱等,应装在有色瓶中,或在垫上黑纸的纸盒里保存,放于阴凉处。

④ 易过期的药物,如各种抗生素、胰岛素应定期检查,按有效期时限的先后,有计划地使用,避免浪费。

(6) 药物应固定放在照护人员和老年人都知道的地方。每天早晨照护人员可将老年人全天的药量分别放在几个药杯或药盒内,以防其忘记服用或误服。

(7) 药物如有沉淀、浑浊、异味、变色、潮解、霉变或标签脱落、难以辨认等现象,应立即停止使用。

(8) 贵重药、麻醉药、剧毒药应有明显标记,需加锁保管,专人负责、专本登记,列入交班内容。

三、给药原则

(1) 遵医嘱给药,不得擅自更改。同时,照护人员对于有疑问的用药应及时指出,核对清楚后再用药,切不可盲目执行,也不可擅自更改。

(2) 给药前了解所用药物的作用、性质、剂量、用药时间、副作用等。

(3) 用药前了解老年人的疾病,目前的治疗方案。

(4) 安全、准确地给药。

① 严格按准确的剂量、方法,在准确的时间内给予药物。为此,需切实做到"三查、八对、一注意"。

a. 三查:操作前、操作中、操作后查(对八对的内容进行核查,其中必须使用两种以上方式核对老年人信息,如床号、姓名、腕带等)。

b. 八对:核对床号、姓名、药名、浓度、剂量、用法、时间、药品有效期。

c. 一注意:注意老年人用药后的反应并及时记录。

② 选择正确、合适的给药方法和给药途径。

③ 保证良好、妥善的药物保管和准确的药物配制。

④ 对易致过敏反应的药物,给药前需对老年人做过敏试验,结果为阴性方可使用。

四、药物不良反应

药物不良反应是指在常用剂量情况下,由于药物或药物相互作用而发生意外、与防治目的无关的不利或有害反应,包括药物副作用、毒性作用、变态反应、继发反应等。

1. 老年人常见药物不良反应

（1）胃肠道症状。该症状包括恶心、呕吐、腹泻、口干、腹胀等。

（2）体位性低血压。体位性低血压又称直立性低血压，老年人因为体位的突然改变易产生头晕。使用降压药、利尿剂、血管扩张药时，尤其易发生体位性低血压，因此，在使用这些药物时应特别注意。

（3）精神症状。老年人中枢神经系统对某些药物的敏感性增高，易引起精神错乱、抑郁和痴呆等。

（4）耳毒性。年老体弱者使用氨基苷类抗生素和多黏菌素易产生眩晕、头痛、恶心、共济失调、耳鸣甚至耳聋等症状。

（5）尿潴留。有前列腺增生的老年人，在使用抗抑郁药、利尿剂时，易引起或者加重尿潴留，使用时应注意。

老年人由于其生理的特殊性，药物不良反应发生率较高。因此，老年人用药后，照护人员要密切观察其是否出现药物不良反应。一旦发现老年人服药后出现不良反应，应及时报告医生，遵医嘱及时采取停药等处理措施。

2. 药物过敏反应

过敏反应又叫变态反应，发生机制是药物作为一种抗原进入机体后，有些个体体内会产生特异性抗体，使细胞致敏。当再次使用同类药物时，抗原与抗体在细胞上作用，从而引起过敏反应。这种反应与用药剂量无关，一般仅发生于少数过敏体质人群。为了防止发生过敏反应，在使用某些致敏性高的药物前，须详细询问老年人用药史、过敏史和家族史，并做药物过敏试验。皮肤过敏试验结果呈阴性时才可用药。但也有少数人会出现假阴性反应，还有少数人在皮肤试验期间就会发生严重的过敏反应，因此在做过敏试验时应做好急救准备。

任务二　口服给药

案例导读

武奶奶，66岁，糖尿病病史2年、高血压病史1年，自诉血压、血糖控制稳定。近来，因家中有人生病，忙于照顾病人而时有忘记服药。为保证每日服药剂量，武奶奶就在服药时把漏服的药一起服下，她认为这样服药的总量就不少了，可是监测血糖和血压时，血糖值和血压值均不正常。请思考：如果你是武奶奶的照护人员，应如何帮助她正确服药？

知识链接

口服给药是最常用、最方便的给药方法，特点是经济和相对安全。药物经口服后被胃肠道吸收，进入血循环，可起到局部治疗和全身治疗的作用。给药前应了解老年人的年龄、意识状态、活动能力及确定其能否自理服药等，还要评估老年人的吞咽能力、合作能力，确认其有无口腔或食管疾病以及是否有恶心、呕吐症状，服药是否合作，有无不遵医嘱行为，是否具备所服药物的有关知识。

一、口服给药操作

1. 操作目的

(1) 协助老年人遵照医嘱安全、正确地服用药物。

(2) 协助疾病预防、诊断,治疗疾病、减轻症状。

2. 评估及解释

(1) 评估老年人的病情(尤其是肝、肾功能)、年龄、意识状态、治疗情况、进食时间、吞咽功能、口腔及食管情况、用药遵医行为、对药物相关知识的了解情况等。

(2) 向老年人解释给药的目的、方法、注意事项及配合要点。

3. 工作准备

(1) 环境准备:环境清洁、安静、光线充足。

(2) 照护人员准备:衣帽整洁,修剪指甲,洗手,戴口罩。

(3) 老年人准备:了解服药的目的、方法、注意事项及配合要点。

(4) 用物准备:根据医嘱备药、服药本、水壶(内盛温水)、手消毒剂等,必要时备饮水管。

4. 操作实施

口服给药操作实施见表 11-1。

表 11-1 口服给药操作实施

操作流程	操作内容
(1) 核对解释	将备好的用物及药物拿至老年人床旁,核对、解释
(2) 核对医嘱	依照服药本上床号、姓名、药名、剂量、浓度、方法、时间再次核对并查看药物有效期
(3) 体位安置	协助老年人坐起,保持舒适体位
(4) 协助服药	倒温水或使用饮水管,让老年人先喝一口水,递药杯后协助其服药,服药后指导老年人根据药物特性适量饮水,待其将药物咽下,协助老年人擦净口周围
(5) 再次核对	服药完毕后,再次核对服用药物
(6) 整理物品	确认无误后整理物品并清洗干净
(7) 安置老年人	协助老年人取舒适体位
(8) 洗手记录	洗手,观察并记录老年人服药情况及疗效,如有异常情况应及时上报

5. 注意事项

(1) 仔细核对医嘱和检查药物的质量。

(2) 遵医嘱停药或加药时,应及时告知老年人。

(3) 协助老年人按时、按量服药,服用多种药物时注意配伍禁忌。

(4) 注意老年人服药时的体位,一般采取站立位、坐位或半卧位,切勿平躺服药。

(5) 通常饮用 40~60℃的温水口服药物,禁用茶水、咖啡、饮料等服药。

(6) 根据药物性质,使老年人在服药前后适量饮水。

(7) 对于上消化道出血的老年人,当其服用固体药物时,需研碎再口服。对于留置胃管、气管切开、昏迷的老年人,可从胃管注入药物。

(8) 老年人服用特殊药物时的注意事项包括以下几方面。

① 服用铁剂、酸类的药对牙齿有损害,要用吸管服用,服后要漱口以免损害牙齿。

②强心苷类药物每次发药前必须测量老年人的心率、心律、脉率。脉率低于60次/分或心律不齐时,应暂停服用,并告知医生。

③止咳剂及舌下含化的药片,一般服用15分钟后才可饮水。若同时服多种药,保护性止咳剂及口内溶化的药片应最后服,舌下含片应放于舌下待其溶解。

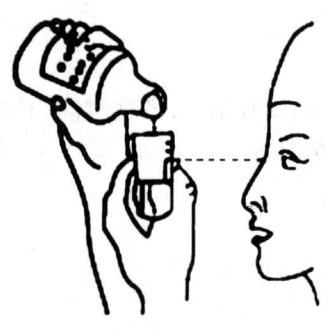

图11-1 量取药液的方法

④服用抗生素及磺胺类药物应注意准时服药,以保证有效的血药浓度。磺胺类药物主要经过肾脏排泄,少尿时容易形成结晶而堵塞肾小管,损伤肾脏,因此服药后应多饮水。

⑤肠溶片、控释片、缓释片、舌下含片,切忌研碎或咀嚼。

⑥服用液体药物时应用量杯量取(见图11-1)。

⑦服用油剂或者药液不足1 mL时可用滴管吸取。在药杯内先倒入少量冷开水(以免药液粘附杯内,影响剂量),以15滴为1 mL计算,用滴管吸取所需药量后服用。

⑧服用冲剂时,将药粉用温水冲调后再服用。

⑨服用中药丸时,可根据老年人情况将药丸分成若干小丸,以便服用。

二、老年人错服药的紧急处理

老年人因种种原因错服药后,应保持镇静,不要慌张。首先要弄清错服的是什么药,以便采取相应的急救措施。若误服解热镇痛药、维生素类药、助消化药,只需观察,不必采取特殊处理措施。若误服大量安眠药、止痛药,可用手指、筷子等刺激其咽喉,引起呕吐,使药物尽快排出体外,并尽早送医院治疗。若误服外用药、剧毒药、农药、毒鼠药,应尽快催吐,将病人送往医院,并带上错服的药瓶、药袋等,供医生参考。若误服碘酒,应迅速服用一些米汤、面汤或其他含淀粉的流质食物后催吐。淀粉与碘反应后呈蓝色或蓝黑色斑点,错服后要反复喝,反复吐,直到吐出物不再呈蓝色为止。

▶任务训练

请结合案例及本任务中所学知识,协助老年人服用不同类型的口服药物。

任务三 吸入给药

▶案例导读

王奶奶,63岁,10年慢性阻塞性肺疾病史。王奶奶主诉痰多、黏稠、不易咳出。医生为其开具医嘱:地塞米松2 mg溶于生理盐水30 mL中进行超声雾化吸入。请思考:如果你是王奶奶的照护人员,你应该如何给药?

🔖 知识链接

吸入给药法是指利用雾化装置将药液分散成细小的雾滴以气雾状喷出,使其悬浮在空气中,经患者鼻或口吸入,进入支气管和肺泡,以达到预防和治疗疾病目的的方法。吸入药物除了对呼吸道局部产生作用外,还可通过肺组织吸收产生全身性疗效。由于雾化吸入用药具有奏效快、药物用量小、不良反应较轻的优点,其应用日渐广泛。目前常用的雾化吸入方式分为两大类,一类是超声雾化吸入,另一类是射流雾化吸入,即由气体驱动的雾化吸入方式。本任务主要介绍超声雾化吸入法、射流雾化吸入法。

一、超声雾化吸入法

超声雾化吸入法是应用超声波将药液变成细微的气雾,随着人体吸气进入呼吸道,达到治疗呼吸道疾病目的的方法。其特点是产生的雾滴小且均匀(直径 5 μm 以下),药液可以随深而慢的吸气到达患者终末支气管和肺泡,起到治疗作用。此外,超声雾化吸入器(见图 11-2)可随时调节雾量的大小,同时雾化器的电子部件产热,能对药液轻度加热,可使老年人吸入温暖、舒适的气雾。

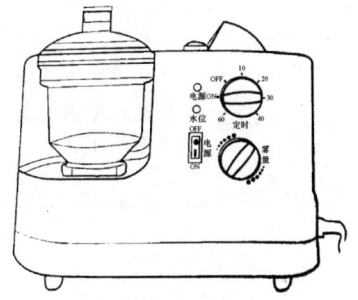

图 11-2 超声雾化吸入器

1. 操作目的

(1) 湿化气道。常用于呼吸道湿化不足、长期使用人工呼吸机者。

(2) 控制感染。消除炎症,常用于支气管、肺部感染的治疗。

(3) 改善通气。解除支气管痉挛。

(4) 祛痰镇咳。稀释痰液,帮助祛痰。

2. 评估及解释

(1) 评估老年人的意识状况、病情及治疗方案、用药史、过敏史,确认其呼吸道是否通畅、口腔情况、心理状况、合作程度及对药物的认知等。

(2) 向老年人及家属解释超声雾化吸入的目的、方法、注意事项及配合要点。

3. 工作准备

(1) 环境准备:清洁、安静、光线充足、温湿度适宜。

(2) 照护人员准备:衣帽整洁,修剪指甲,洗手,戴口罩。

(3) 老年人准备:了解操作的目的、方法、注意事项及配合要点;取舒适体位。

(4) 用物准备:超声雾化吸入器 1 套、水温计、弯盘、冷蒸馏水、药液、生理盐水、治疗巾、消毒液、医疗及生活垃圾桶。

4. 操作实施

超声雾化吸入操作实施见表 11-2。

表 11-2 超声雾化吸入操作实施

操作流程	操作内容
(1) 检查机器	使用前检查雾化器各部件是否完好,有无松动、脱落等异常情况
(2) 连接管路	连接雾化器主件与附件
(3) 加蒸馏水	加冷蒸馏水于水槽内,水量要求浸没雾化罐底部的透声膜
(4) 加入药物	将药液用生理盐水稀释至 30～50 mL 倒入雾化罐内,将雾化罐放入水槽,盖紧水槽盖
(5) 核对解释	核对老年人信息,解释操作的目的与注意事项
(6) 安置体位	根据老年人情况,协助其取舒适体位(多为坐位或半坐位),铺治疗巾于老年人颌下
(7) 清洁口腔	协助老年人漱口,使其清除口腔分泌物及食物残渣
(8) 二次核对	操作中再次对"八对"内容进行核实
(9) 调节雾量	接通电源,打开电源开关,调整定时开关至所需时间,打开雾化开关,调节雾量
(10) 雾化吸入	将口含嘴放入老年人口中(也可用面罩),使其紧闭嘴唇,用口深吸气,用鼻呼气,如此反复,直至药液吸完为止
(11) 再次核对	操作后再次对"八对"内容进行核实
(12) 结束雾化	治疗完毕,取下口含嘴,关闭雾化开关,再关闭电源开关
(13) 协助漱口	协助老年人漱口、清洁面部,取舒适体位;整理床单位
(14) 整理用物	倒掉水槽内的水,擦干水槽;将口含嘴(面罩)、螺纹管、雾化罐浸泡于消毒液内 1 h 后洗净晾干备用
(15) 洗手记录	洗手,记录雾化药物名称、剂量、雾化方式、雾化时间、老年人的反应及治疗效果等

5. 注意事项

(1) 水槽内无水时,不可开机,以免损坏仪器。水槽和雾化罐内切忌加温水或热水。水槽内必须有足够的冷水,如发现水温超过 50℃ 或水量不足,应关机,重新更换或加入冷蒸馏水。

(2) 口腔内的食物残渣、分泌物会增加阻力,阻碍雾滴深入,并可将口腔内的细菌带入呼吸道内引发或加重感染。

(3) 一般雾化时间为 15～20 分钟。治疗过程中如需加入药液,不需关机,直接从盖上的小孔添加即可。

(4) 雾化后及时漱口,防止药液在咽部积聚。清洁面部以清除残留在面部的药液。

(5) 操作应轻柔,忌用硬物刮、擦水槽底部,以免损伤水槽底部的晶体换能器和雾化罐底部的透声膜。

(6) 老年人呼吸道分泌物多时,可先使用叩背排痰法以保持其呼吸道通畅。雾化后观察老年人痰液排出情况,如排出困难,必要时可吸痰。

(7) 密切关注老年人雾化吸入治疗中潜在的药物不良反应。

二、射流雾化吸入法

射流雾化吸入法是以压缩空气或氧气为驱动力,利用高速运动的气体造成的压力直接将液体药物撞击成微小颗粒,使药液雾化并推动雾化后的颗粒进入患者气道深部的方法。

射流雾化的驱动源可以来自专用的空气压缩机,也可以是医院中心供氧系统或钢瓶氧气筒提供的已经经过压缩的氧气,使用时将加入药液的射流式氧气雾化器与中心供氧装置或氧气筒连接,调节流量后即可使用。

1．操作目的

(1) 控制感染。适用于下呼吸道病变或感染患者。

(2) 改善通气。适用于有小气道痉挛倾向、低氧血症、气管插管的老年人。

(3) 祛痰镇咳。适用于气道分泌物多的老年人。

2．评估及解释

(1) 评估老年人的意识状况、病情及治疗方案、用药史、过敏史,确认其呼吸道是否通畅、口腔情况、心理状况、合作程度及对药物的认知等。如使用氧气作为驱动源,应了解老年人是否患有Ⅱ型呼吸衰竭。

(2) 向老年人及家属解释操作的目的、方法、注意事项及配合要点。

3．工作准备

(1) 环境准备:清洁、安静、光线充足、温湿度适宜。

(2) 照护人员准备:衣帽整洁,修剪指甲,洗手,戴口罩。

(3) 老年人准备:了解操作的目的、方法、注意事项及配合要点,取舒适体位。

(4) 用物准备:射流雾化器、供氧装置(湿化瓶内勿放水)、弯盘、治疗巾、药液、消毒液、医疗及生活垃圾桶。

4．操作实施

射流雾化吸入操作实施见表11-3。

表11-3 射流雾化吸入操作实施

操作流程	操作内容
(1) 核对解释	核对老年人信息,解释操作的目的与注意事项
(2) 安置体位	据老年人情况,协助其取舒适体位(多为坐位或半坐位),铺治疗巾于老年人颌下
(3) 清洁口腔	协助老年人漱口,清除其口腔分泌物及食物残渣
(4) 检查装置	遵医嘱按比例将药液稀释,注入雾化器的药杯内
(5) 连接装置	连接雾化器的接气口与供氧装置的输氧管
(6) 二次核对	操作中再次对"八对"内容进行核实
(7) 调节流量	调节氧流量,一般为6~8 L/min
(8) 雾化吸入	指导老年人手持雾化器,身体保持与地面垂直,将口含嘴(面罩)放入口中,紧闭嘴唇,用口深吸气,用鼻呼气,如此反复,直至药液吸完为止
(9) 再次核对	操作后再次对"八对"内容进行核实
(10) 结束雾化	取出雾化器,关闭氧气开关
(11) 协助漱口	协助老年人漱口,清洁面部,取舒适体位;整理床单位
(12) 整理用物	将口含嘴(面罩)、螺纹管、雾化罐浸泡于消毒液内1 h后洗净晾干备用
(13) 洗手记录	洗手,记录雾化药物名称、剂量、雾化方式、雾化时间、老年人的反应及治疗效果等

5．注意事项

(1) 当老年人呼吸道分泌物多时,可先使用叩背排痰法以保持其呼吸道通畅。

(2) 正确使用供氧装置,注意用氧安全,室内应避免出现火源。

(3) 氧气湿化瓶内勿盛水,以免液体进入雾化器内使药液稀释,影响疗效。

(4) 密切关注老年人雾化吸入治疗中潜在的药物不良反应。

（5）观察及协助老年人排痰，注意观察老年人痰液排出情况，如痰液仍未咳出，可予以吸痰等方法协助其排痰。

任务训练

扫描二维码
查看超声雾
化吸入技术
操作评分标准

结合案例及本任务中的知识点，分组练习超声雾化吸入给药，操作评分标准见二维码中的表格。

任务四　常用外用给药

案例导读

孙爷爷，78岁，既往有过敏性鼻炎病史40余年，1个月前患上呼吸道感染。炎症指标控制后，老人仍自诉鼻腔堵塞、眼睛干涩且有异物感和针刺样感觉、耳鸣、耳道内发痒，已4日未排大便，腹胀感明显。医生诊断：结膜炎、中耳炎、鼻炎。医生为其开具滴眼、滴鼻、滴耳剂及甘油栓剂以缓解孙爷爷的不适感。请思考：作为孙爷爷的照护人员，你该如何为孙爷爷使用上述药物？

知识链接

滴药法是常用的外用给药方法之一，是指将药液滴入某些体腔，如眼、耳、鼻等处，以达到局部或全身的治疗作用，或协助做某些诊断检查的给药方法。

一、滴眼药法

1. 操作目的
用于眼部疾病的诊断及治疗，如消炎、收敛、麻醉、散瞳等。

2. 评估及解释
（1）评估老年人的意识状况、眼部疾病情况、心理状况、合作程度及对药物的认知等。
（2）向老年人及家属解释操作的目的、方法、注意事项及配合要点。

3. 工作准备
（1）环境准备：清洁、安静、光线充足。
（2）照护人员准备：衣帽整洁，修剪指甲，洗手，戴口罩。
（3）老年人准备：了解操作的目的、方法、注意事项及配合要点。
（4）用物准备：遵医嘱备眼药水或眼药膏、消毒棉签或棉球（可用纸巾替代）、医疗及生活垃圾桶、记录单、笔。

4. 操作实施
滴眼药法操作实施见表11-4。

表 11-4　滴眼药法操作实施

操作流程	操作内容
(1) 核对解释	核对老年人信息,解释操作的目的与注意事项
(2) 安置体位	协助老年人取仰卧位或坐位,使其头略后仰,照护人员站在老年人身旁或身前
(3) 擦拭眼部	用干棉球或棉签或纸巾拭去老年人眼部分泌物,嘱其眼向上看
(4) 眼部上药	滴眼药水法(见图11-3): ① 照护人员左手拇指将老年人下眼睑轻轻向下牵拉,暴露其结膜下穹隆部。 ② 右手持滴管或滴瓶,手掌根部轻轻置于老年人前额上,滴管距离其眼睑大约1～2 cm,将药液1～2滴滴入结膜下穹隆中央的结膜囊内。 ③ 轻轻提起下眼睑,嘱老年人闭目并转动眼球2～3 min,使药液均匀扩散于眼球表面。 ④ 用干棉签拭干流出的药液,并用干棉球紧压泪囊区2～3 min。 涂眼药膏法(见图11-4): ① 照护人员左手拇指将老年人下眼睑轻轻向下牵拉。 ② 右手持药膏瓶将眼药膏挤入下穹隆部,药膏约1 cm长度,最后以旋转方式离断膏体。 ③ 嘱老年人闭眼休息片刻
(5) 安置老年人	协助老年人擦拭面部,取舒适体位;整理床单位
(6) 整理用物	按垃圾分类要求进行用物处置
(7) 洗手记录	洗手,记录眼部用药的名称、剂量、用药时间、老年人的反应及药物效果等

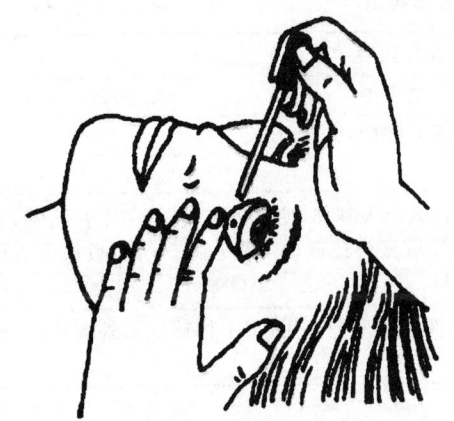

图 11-3　滴眼药水法

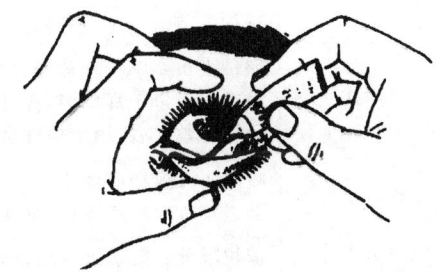

图 11-4　涂眼药膏法

5. 注意事项

(1) 一般先滴右眼后滴左眼,以免滴错。若左眼病变较轻,则先左后右,以免交叉感染。

(2) 滴瓶距眼不可过远,以免药液滴下时压力过大,也不可过近,以免触及老年人眼睛,药液被污染。

(3) 滴眼药水后,用干棉球紧压泪囊区2～3分钟,以免药液经泪道流入泪囊和鼻腔后,被黏膜吸收而引起全身不良反应。

(4) 若眼药水与眼药膏同用,先滴眼药水后涂眼药膏。

(5) 若数种药物同用,必须间隔2～3分钟。先滴刺激性弱的药物,后滴刺激性强的药物。

(6) 动作轻柔,防止药瓶晃动,刺伤老年人眼睛或引起不适。

二、滴耳药法

1. 操作目的

耳部清洁、消炎。

2. 评估及解释

(1) 评估老年人的意识状况、耳部疾病情况、心理状况、合作程度及对药物的认知等。

(2) 向老年人及家属解释操作的目的、方法、注意事项及配合要点。

3. 工作准备

(1) 环境准备:清洁、安静、光线充足。

(2) 照护人员准备:衣帽整洁,修剪指甲,洗手,戴口罩。

(3) 老年人准备:了解操作的目的、方法、注意事项及配合要点。

(4) 用物准备:遵医嘱备滴耳药、消毒棉签、棉球、医疗及生活垃圾桶、记录单、笔,必要时备浓度为3%的过氧化氢、吸引器、消毒吸引器头。

4. 操作实施

滴耳药法操作实施见表11-5。

表 11-5 滴耳药法操作实施

操作流程	操作内容
(1) 核对解释	核对老年人信息,解释操作的目的与注意事项
(2) 安置体位	协助老年人取侧卧位或坐位,使其头偏向健侧,患耳向上
(3) 清洁耳道	用棉签清洁老年人外耳道
(4) 耳部滴药	照护人员一手持干棉球,向后上方轻提老年人耳郭,使耳道变直;另一手持滴管,掌根轻轻固定于耳郭旁,自外耳孔顺外耳道壁将药液缓慢滴入 3~5 滴;再用手指按压耳屏数次后,用干棉球塞入外耳道口
(5) 安置老年人	嘱老年人保持原体位 1~2 min,使药液充分发挥作用,用干棉球拭去外流药液;协助老年人取舒适体位;整理床单位
(6) 整理用物	按垃圾分类要求进行用物处置
(7) 洗手记录	洗手,记录耳部用药的名称、剂量、用药时间、老年人有无迷路反射等

5. 注意事项

(1) 避免滴管触及外耳道,污染滴管及药液。勿将药液直接滴在鼓膜上。

(2) 迷路反射,又称前庭脊髓反射,是由于中耳迷路感受器受到刺激,身体产生躯干、四肢肌张力发生变化的反射,可表现为眩晕、眼球震颤等。滴耳后出现的迷路反射与药液过量有关,应注意避免。

三、滴鼻药法

1. 操作目的

治疗上颌窦炎、额窦炎,减少鼻腔分泌物,减轻鼻塞症状。

2. 评估及解释

(1) 评估老年人的意识状况、鼻部疾病情况、心理状况、合作程度及对药物的认知等。

(2) 向老年人及家属解释操作的目的、方法、注意事项及配合要点。

3. 工作准备

(1) 环境准备：清洁、安静、光线充足。

(2) 照护人员准备：衣帽整洁，修剪指甲，洗手，戴口罩。

(3) 老年人准备：了解操作的目的、方法、注意事项及配合要点。

(4) 用物准备：遵医嘱备滴鼻药、干棉球或纸巾、医疗及生活垃圾桶、记录单、笔。

4. 操作实施

滴鼻药法操作实施见表11-6。

表 11-6　滴鼻药法操作实施

操作流程	操作内容
(1) 核对解释	核对老年人信息，解释操作的目的与注意事项
(2) 安置体位	协助老年人取坐位，使其头向后仰，或取垂头仰卧位。治疗上颌窦炎、额窦炎时，使老年人头后仰并向患侧倾斜
(3) 清洁鼻腔	帮助老年人先排出鼻腔内分泌物，清洁鼻腔，解开衣领
(4) 鼻腔滴药	一手扶持老年人头部并轻推其鼻尖，使鼻孔扩张；另一手持滴瓶在距鼻孔 1~2cm 处滴入药液 3~5 滴；轻捏老年人鼻翼，使药液分布均匀
(5) 安置老年人	嘱老年人保持原体位 3~5 min，用纸巾擦去外流药液；协助老年人取舒适体位；整理床单位
(6) 整理用物	按垃圾分类要求进行用物处置
(7) 洗手记录	洗手，记录鼻腔用药的名称、剂量、用药时间、老年人反应等

5. 注意事项

(1) 滴管不可触及鼻孔，以免被污染。

(2) 血管收缩剂不能连续使用 3 天以上，否则可出现反跳性充血，使黏膜充血加剧。

四、直肠栓剂插入法

1. 操作目的

软化粪便以利于排便。

2. 评估及解释

(1) 评估老年人的病情、自理能力、对药物的认知、合作程度、肛周情况。

(2) 向老年人及家属解释操作的目的等。

3. 工作准备

(1) 环境准备：光线充足、温湿度适宜、屏风遮挡。

(2) 照护人员准备：衣帽整洁，修剪指甲，洗手，戴口罩。

(3) 老年人准备：了解操作的目的、方法、注意事项及配合要点。

(4) 用物准备：直肠栓剂、手套或指套、卫生纸、治疗巾、医疗及生活垃圾桶、记录单、笔。

4. 操作实施

直肠栓剂插入法操作实施见表11-7。

表 11-7　直肠栓剂插入法操作实施

操作流程	操作内容
(1) 核对解释	核对老年人信息,解释操作的目的与注意事项
(2) 安置体位	协助老年人取侧卧位,使其膝部弯曲,暴露肛门
(3) 戴上手套或指套	戴上手套或指套
(4) 插入栓剂	嘱老年人张口呼吸,尽量放松;将栓剂插入肛门,用食指将栓剂沿直肠壁朝脐部方向送入 6~7 cm 处(见图 11-5)
(5) 保持侧卧	置入栓剂后,嘱老年人保持侧卧位 15 min;15 min 后,协助其穿裤子、取舒适体位;整理床单位
(6) 整理用物	按垃圾分类要求进行用物处置
(7) 洗手记录	洗手,记录插入栓剂的名称、剂量、插入时间、老年人反应等

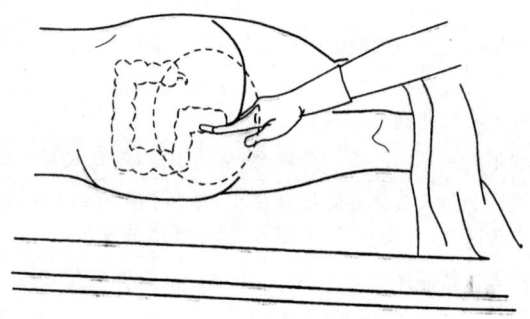

图 11-5　插入栓剂

5. 注意事项

(1) 用于疾病治疗的药物,必须插至肛门括约肌以内,并确定栓剂附着在直肠黏膜上。

(2) 若栓剂脱出,应重新插入。

(3) 使用通便栓剂后,若老年人有便意,应及时协助其排便。

(4) 操作过程中应注意保护老年人隐私。

▼任务训练

请结合案例及本任务所学知识,练习为老年人滴眼药、滴耳药、滴鼻药、使用直肠栓剂。

项目十二　冷热疗法的应用

冷热疗法是利用低于或高于人体温度的物质作用于患者局部或全身,达到止血、止痛、消炎、退热、保温、减轻症状等治疗目的的方法,是常用的一种物理治疗方法。老年照护人员应熟悉冷热疗法的生理效应,正确应用冷热疗法,确保老年人安全,达到治疗目的。

一、冷热疗法的效应

1. 生理效应

冷热疗法可以使机体发生一系列的生理变化,产生相应的生理效应。热疗可使机体皮肤血管扩张、血液流速增快、白细胞吞噬能力增强、新陈代谢增强,还可使肌肉松弛,可用于解除肌肉痉挛、暂时缓解疼痛。而在软组织损伤早期(48小时内),冷疗有助于控制出血、减轻水肿与疼痛。

2. 继发效应

用冷或用热超过一定时间,机体将产生与生理效应相反的作用,是一种防御反应。如持续用冷30~60分钟后,会出现小动脉扩张;持续用热30~45分钟后,扩张的小动脉会发生收缩。因此,冷热疗法应以20~30分钟为宜,如需反复使用,中间必须休息1小时,让组织有一个复原的过程,防止产生继发效应,抵消应有的治疗效果。

二、影响冷热疗法的因素

1. 方法

因为水比空气导热性能强、渗透力大,所以湿冷、湿热疗法比干冷、干热疗法的效果好,但危险性也较高。

2. 部位

皮肤薄或经常不暴露的部位对于冷热会有明显的反应。血液循环良好的部位可增强冷、热应用的效果。因此,为高热老年人降温时,可将冰囊放置在皮肤薄且有大血管分布的腋下与腹股沟处。

3. 时间

冷热应用有一定的时间要求,在一定时间内,其效应随着时间的增加而增强,以达到最佳的治疗效果。但时间过长所产生的继发效应将抵消其治疗作用,甚至还可引起不良反应,如寒战、面色苍白、冻伤或烫伤等。

4. 面积

冷热疗应用的面积越大,机体的反应越强。但要注意,冷疗或热疗面积越大,老年人的耐受性就越差,且越容易引起全身反应。

5. 温度

冷热应用时的温度与体表温度相差越大,机体对冷热刺激的反应越强。此外,环境温度也能直接影响治疗效果,如环境温度过低,则散热快,热效应降低;在干燥的冷环境中进行冷疗,效果会增强。

6. 个体差异

年龄、性别、身体状况、居住习惯等因素也会影响冷热疗法的效果。

项目分解

冷热疗法是常用的照护技术。冷疗法包括使用冰袋、冰囊、冰帽、化学制冷袋,温水拭浴、酒精拭浴等;热疗法包括使用热水袋、热湿敷、温水坐浴、烤灯等。本项目将从冷疗法和热疗法两方面进行分解。

任务一 冷疗法

案例导读

1. 王奶奶,69岁,今日不慎跌倒,右踝肿痛,右腿无法正常走路。医生检查后未见骨折,诊断其为右踝软组织损伤,医嘱为局部外用药物涂抹,局部冷敷。请思考:如果你是照护人员,你将如何为王奶奶进行冷敷?操作中应注意什么?

2. 付爷爷,65岁,慢性支气管炎急性发作。咳嗽、咳痰,体温38.6℃,脉搏89次/分,呼吸22次/分,血压130/85 mmHg。主诉头痛、咽喉痛,精神倦怠,食欲差,卧床休息。医嘱:口服药物治疗,进行物理降温。请思考:如果你是照护人员,你将如何为付爷爷进行物理降温?操作中应注意什么?

知识链接

冷疗法是用低于人体温度的物质,作用于机体的局部或全身,以达到使患者止血、止痛、消炎和退热目的的治疗方法。

一、冷疗法目的

1. 减轻疼痛

冷疗可抑制组织细胞的活动,降低神经末梢敏感性,从而使患者减轻疼痛。同时,冷疗后血管收缩,渗出减少,可减轻局部组织内的张力,起到减轻疼痛的作用。因此,在关节扭伤后48小时内可用冷湿敷,以减轻关节软组织出血和疼痛。

2. 减轻局部充血或出血

冷疗可使毛细血管收缩,降低血管通透性,减轻局部组织充血;还可使血液黏稠度增加,促进血液凝固而控制出血。如鼻出血时,冷疗可促进血液凝固而控制出血。

3. 控制炎症扩散

冷疗后,局部血流减少,细菌的活动力和细胞代谢率降低。炎症早期应用冷疗法,可抑制化脓及炎症扩散。如鼻部软组织发炎早期,可采用鼻部冰敷以控制炎症扩散。

4. 降低体温

冷疗可通过传导作用散热,降低体温,适用于高热、中暑的老年人等。

二、冷疗法的禁忌证

1. 循环障碍

大面积组织受损、局部血液循环不良、感染性休克、微循环障碍、皮肤颜色青紫者不宜进行冷疗,以防加重循环障碍,导致组织坏死。

2. 组织损伤、破裂或有开放性伤口

冷疗可导致血液循环障碍加重,增加组织损伤,影响伤口愈合,特别是大范围组织损伤应禁止冷疗。

3. 慢性炎症或深部化脓病灶

冷疗可导致局部血流量减少,妨碍炎症的吸收。

4. 冷过敏者

对冷过敏者,冷疗时易出现荨麻疹、关节疼痛、寒战等过敏症状。

5. 慎用冷疗法的情况

昏迷、感觉异常、关节疼痛、心脏病等患者。

6. 禁忌冷疗的部位

(1) 枕后、耳郭、阴囊等处禁用冷疗,以防冻伤。

(2) 心前区禁忌冷疗,以防反射性心率减慢、心房纤颤、心室纤颤及房室传导阻滞。

(3) 腹部用冷易导致腹泻。

(4) 足底禁忌冷疗,以防反射性末梢血管收缩而影响散热,或引起一过性冠状动脉收缩。

三、局部冷疗法

常用局部冷疗法包括使用冰袋、冰囊,化学制冷袋,冰帽,退热贴等(见图12-1)。其原理是用冷的物质接触皮肤,通过传导与蒸发的物理作用,带走人体局部热量,从而使体温降低。以下重点介绍冰袋的使用方法及冷湿敷。

1. 冰袋的使用

(1) 操作目的。降温、止血、镇痛、消炎。

(2) 评估及解释。

① 评估老年人的年龄、健康状况、局部皮肤状况、活动能力、合作程度及心理状态。

② 向老年人解释使用冰袋的目的、方法、注意事项及配合要点。

（a）冰袋、冰囊

（b）化学制冰袋

（c）冰帽

（d）退热贴

图 12-1　局部冷疗法常用物品

(3) 工作准备。

① 环境准备：室温适宜，酌情关闭门窗，避免对流风直吹，保护老年人隐私。

② 照护人员准备：衣帽整洁，修剪指甲，洗手，戴口罩。

③ 老年人准备：了解使用冰袋的目的、方法、注意事项及配合要点；体位舒适。

④ 用物准备：冰袋及布套、毛巾、冰块、帆布袋、木槌、脸盆及冷水、勺、手消毒剂、生活垃圾桶及医疗垃圾桶。

(4) 冰袋的使用操作实施（见表 12-1）。

表 12-1　冰袋的使用操作实施

操作流程	操作内容
① 准备冰袋	从冰箱或制冷机中取出冰块，放入脸盆内用冷水冲去棱角；将去棱角的冰块装袋至 1/2～2/3 满；排除冰袋内空气并夹紧袋口；用毛巾擦干冰袋，倒提，检查；将冰袋装入布套
② 核对解释	备齐用物至床旁，向老年人解释操作目的，取得老年人配合
③ 放置位置	高热降温时可将冰袋放于老年人前额、头顶部和体表大血管流经处，如颈部两侧、腋窝、腹股沟等
④ 放置时间	不超过 30 min
⑤ 效果观察	观察老年人局部皮肤是否出现发紫、麻木等不良反应，询问老年人感受
⑥ 用物处置	撤去治疗用物，协助老年人取舒适体位，整理床单位，倒空冰袋内的水，倒挂晾干，吹入少量空气，夹紧袋口备用
⑦ 洗手记录	洗手，记录冷疗的部位、时间、效果、老年人反应

(5) 注意事项。

① 注意倾听老年人主诉并密切观察其用冷部位的血液循环情况,如出现皮肤苍白、青紫或有麻木感,需立即停止冷疗,以防冻伤。

② 随时观察冰袋是否移位,是否夹紧,冰袋有无漏水。当冰块融化后要及时更换,保持布套干燥。

③ 为高热老年人降温时,冷疗时间不宜过长,在冰袋使用30分钟后需要再次测量其体温并记录。当体温降至39℃以下时,即可取下冰袋。当采用腋下放置冰袋降温后,50分钟内不宜使用同侧腋下测量体温。

2. 冷湿敷

(1) 操作目的。同本任务中"冰袋的使用"。

(2) 评估及解释。同本任务中"冰袋的使用"。

(3) 工作准备。

① 环境准备:室温适宜,酌情关闭门窗,保护老年人隐私。

② 照护人员准备:衣帽整洁,修剪指甲,洗手,戴口罩。

③ 老年人准备:了解冷湿敷的目的、方法、注意事项及配合要点;体位舒适。

④ 用物准备:敷布若干、纱布、一次性治疗巾、手套、盆内盛冰水、生活垃圾桶、医疗垃圾桶、手消毒剂。

(4) 冷湿敷操作实施(见表12-2)。

表 12-2 冷湿敷操作实施

操作流程	操作内容
① 核对解释	备齐用物至床旁,向老年人解释操作目的,取得老年人配合
② 患处准备	协助老年人取舒适卧位,暴露患处,垫一次性治疗巾于受敷部位上
③ 冷敷患处	戴上手套,将敷布浸入冰水后取出拧至半干,抖开敷布敷于老年人患处。每3~5 min更换一块敷布,整个过程持续15~20 min
④ 效果观察	观察老年人局部皮肤变化及反应
⑤ 用物处置	撤去治疗用物,擦干患处,协助老年人取舒适体位,整理床单位,用品消毒后备用
⑥ 洗手记录	洗手,记录冷敷的部位、时间、效果、老年人反应

(5) 注意事项。

① 若冷湿敷部位为开放性伤口,须在医护指导下按照无菌技术先处理伤口再进行冷湿敷。

② 若为降温,使用冷湿敷30分钟后应测量老年人体温,并做好记录。

四、全身冷疗法

常用的全身冷疗法包括温水拭浴、酒精拭浴等,原理是通过温水或酒精使皮肤表面毛细血管扩张,通过蒸发,吸收并带走机体大量的热,从而降低体温。温水拭浴更温和、舒适,使用广泛;酒精拭浴散热效果强,但体感舒适性差,血液病患者、酒精过敏者、体弱老年人禁用。

1. 操作目的

为高热老年人降温。

2. 评估及解释

(1) 评估老年人的年龄、病情、体温、意识、有无酒精过敏史、皮肤状况、活动能力、合作程度及心理状态。

(2) 向老年人解释操作的目的、方法、注意事项及配合要点。

3. 工作准备

(1) 环境准备：室温适宜,酌情关闭门窗,窗帘遮挡。

(2) 照护人员准备：衣帽整洁,修剪指甲,洗手,戴口罩。

(3) 老年人准备：了解使用操作的目的、方法、注意事项及配合要点；体位舒适,按需排尿。

(4) 用物准备：大毛巾、小毛巾、冰袋、热水袋、脸盆(内盛 32~34℃温水或 30℃浓度为 25%~35%的酒精 200~300 mL)、医疗及生活垃圾桶、手消毒剂,必要时备干净衣裤、便器。

4. 操作实施

全身冷疗法操作实施见表 12-3。

表 12-3 全身冷疗法操作实施

操作流程	操作内容
(1) 核对解释	备齐用物至床旁,向老年人解释操作目的,取得老年人配合
(2) 松被脱衣	松开床尾盖被,协助老年人脱去上衣
(3) 置冰袋、热水袋	冰袋置于老年人头部以助降温并防止其头部因充血而头痛；热水袋置于老年人足底以促进其足底血管扩张而减轻头部充血,增加舒适感
(4) 按序拭浴	方法：脱去老年人衣裤,大毛巾垫于擦拭部位下,小毛巾浸湿后拧至半干,缠于照护人员手上,以离心方向拭浴,用大毛巾擦干皮肤。 顺序：① 双上肢：老年人取仰卧位,顺序依次为颈外侧、肩、上臂外侧、前臂外侧、手背；侧胸、腋窝、上臂内侧、前臂内侧、手心。② 腰背部：老年人取侧卧位,顺序依次为颈下肩部、臀部。拭浴毕,穿好上衣。③ 双下肢：老年人取仰卧位,顺序依次为外侧：髂骨、下肢外侧、足背；内侧：腹股沟、下肢内侧、内踝；后侧：臀下、大腿后侧、腘窝、足跟。 时间：每侧(四肢、腰背部)3 min,全程 20 min 以内
(5) 拭浴观察	观察老年人有无出现寒战、面色苍白、呼吸及脉搏异常等
(6) 操作后处理	拭浴完成后取下热水袋。按需协助老年人更换衣物,取舒适体位。整理用物
(7) 洗手记录	洗手,记录拭浴的时间、效果、老年人反应

5. 注意事项

(1) 拭浴时,应以轻拍方式进行,避免用摩擦方式。

(2) 擦拭腋下、掌心、腹股沟、肘窝等部位时稍用力,擦拭时间可适当延长,以更好地达到降温的目的。心前区、腹部、后颈、足底为禁忌部位。

(3) 注意观察老年人全身情况,如出现寒战、面色苍白、脉搏或呼吸异常时,应立即停止拭浴。

扫描二维码
查看温水拭浴操作评分标准

🔖 任务训练

结合案例导读中的案例,练习温水拭浴。单次操作时间为 15 分钟。操作评分标准详见二维码。

任务二　热疗法

▼案例导读

1. 赵爷爷,78岁,长期便秘,近三日未大便。今日晨起感觉头晕乏力,下腹部疼痛,食欲差,未进早餐又返回床上休息。赵爷爷要求照护人员帮他用热水袋进行腹部热敷减轻疼痛。请思考:如果你是照护人员,请判断现在是否可以为赵爷爷进行腹部热敷并向其解释原因。

2. 王奶奶,69岁,三天前不慎跌倒,右踝肿痛,右腿无法正常走路。医生检查后未见骨折,诊断为右踝软组织损伤。请思考:如果你是照护人员,你认为现在可以为王奶奶进行局部热敷缓解肿痛吗?如果不可以,原因是什么?如果可以,你将如何为王奶奶进行热敷?

▼知识链接

热疗法是用高于人体温度的物质作用于机体的局部或全身,以达到促进血液循环、消炎、解痉和增加舒适感的治疗方法。

一、热疗的目的

1. 减轻疼痛

热疗可降低机体感觉神经的兴奋性,提高疼痛阈值;可改善血液循环,促进炎症消散;增加关节的活动度,减少肌肉痉挛和关节强直。

2. 减轻深部组织充血

热疗可开放动静脉吻合支,使皮肤血流量增加、深部组织血流量减少,从而减轻深部组织充血。

3. 促进炎症消散

热疗可增强新陈代谢、白细胞的吞噬功能,释放蛋白溶解酶,促进炎症的消散。如踝关节扭伤出血48小时后可应用湿热敷,以促进踝关节软组织瘀血的吸收和炎症的消散。

4. 保暖与舒适

热疗可促进血液循环,将热量带至全身,增加老年人的舒适感。

二、热疗的禁忌证

1. 未经确诊的急性腹痛

热疗虽能减轻疼痛,但易掩盖病情,同时热疗会促进炎症的发生过程,有引发腹膜炎的危险。

2. 鼻周围三角区感染

该处血管分布丰富,面部静脉无静脉瓣,且与颅内海绵窦相通,热疗会使血管扩张而导致炎症扩散至颅内,后果严重。

3. 各种出血性疾病

热疗可使局部血管扩张,增加脏器的血流量和血管的通透性,加重出血。

4. 其他

重要脏器功能不全者禁用热疗。此外,特殊部位,如皮肤湿疹、急性炎症、金属植入物部位、人工关节部位、恶性病变部位、睾丸等禁用热疗。

三、热疗方法

1. 热水袋

(1) 操作目的。保暖、解痉、镇痛、使患者舒适。

(2) 评估及解释。

① 评估老年人的年龄、病情、体温、意识、皮肤状况、活动能力、合作程度及心理状态。

② 向老年人解释操作的目的、方法、注意事项及配合要点。

(3) 工作准备。

① 环境准备:室温适宜,酌情关闭门窗,窗帘遮挡。

② 照护人员准备:衣帽整洁,修剪指甲,洗手,戴口罩。

③ 老年人准备:了解操作的目的、方法、注意事项及配合要点;体位舒适,愿意配合,按需排尿。

④ 用物准备:热水袋及布套、水温计、毛巾、盛水容器及热水、手消毒剂、医疗及生活垃圾桶。

(4) 使用热水袋操作实施(见表12-4)。

表12-4 使用热水袋操作实施

操作流程	操作内容
① 调节水温	调节水温至老年人适用水温(50℃)
② 灌热水袋	放平热水袋,去塞,一手持袋口边缘,一手灌水(见图12-2)至1/2~2/3满;将其缓慢放平,排出袋内空气并拧紧塞子;用毛巾擦干热水袋,倒提,检查;将热水袋装入布套
③ 核对解释	备齐用物至床旁,向老年人解释操作目的,取得老年人配合
④ 放热水袋	放置于老年人所需部位,袋口朝身体外侧
⑤ 放置时间	不超过 30 min
⑥ 观察效果	观察水温以及老年人使用热水袋的效果、反应等
⑦ 用物处理	撤去用物,协助老年人取舒适体位;倒空热水袋,倒挂、晾干,吹气并旋紧塞子,放于阴凉处备用
⑧ 拭浴观察	观察老年人有无出现寒战、面色苍白、呼吸及脉搏异常等
⑨ 洗手记录	洗手,记录使用热水袋的时间、效果、老年人的反应等

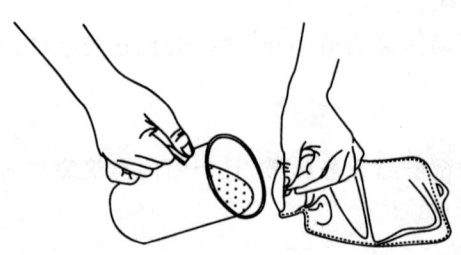

图 12-2 灌热水袋

(5) 注意事项。

① 拭浴时,以轻拍方式进行,避免用摩擦方式。

② 擦拭腋下、掌心、腹股沟、肘窝等部位时稍用力,擦拭时间可适当延长,以更好地达到降温的目的。心前区、腹部、后颈、足底为禁忌部位。

③ 使用前检查热水袋有无破损,热水袋与塞子是否配套、旋紧,以防漏水。

④ 炎症部位热敷时,热水袋灌水应至1/3满,以免压力过大,引起疼痛。

⑤ 老年人使用热水袋时,应在布套外再包一块大毛巾或将热水袋放于两层毯子之间,以防烫伤。

⑥ 加强巡视,定期检查老年人局部皮肤情况,必要时在床旁交接班。

2. 热湿敷

热湿敷的操作目的、评估及解释、工作准备及操作实施同"热水袋"。在使用过程中,注意调节水温为50~60℃,敷前需在手臂内侧试温,热疗过程中应注意观察老年人的皮肤情况,以免烫伤。

3. 温水拭浴

(1) 操作目的。消炎、消肿、止痛,促进引流,常用于会阴部、肛门疾病及手术后。

(2) 评估及解释。

① 评估老年人的年龄、病情及治疗方案、局部皮肤及伤口情况、活动能力、合作程度及心理状态。

② 向老年人解释操作的目的、方法、注意事项及配合要点。

(3) 工作准备。

① 环境准备:室温适宜,关闭门窗,窗帘遮挡。

② 照护人员准备:衣帽整洁,修剪指甲,洗手,戴口罩。

③ 老年人准备:了解操作的目的、方法、注意事项及配合要点;排二便,用温水清洗局部皮肤。

④ 用物准备:水温计、坐浴盆、坐浴椅、热水瓶、药液(遵医护嘱)、毛巾、无菌纱布、手消毒剂、医疗及生活垃圾桶。

(4) 温水拭浴操作实施(见表12-5)。

表12-5 温水拭浴操作实施

操作流程	操作内容
① 配药、调水温	遵医护嘱配置药液于坐浴盆内,盆内水至1/2满,调节水温至40~45℃
② 核对解释	备齐用物至床旁,向老年人解释操作目的,取得老年人配合
③ 摆放椅子	将坐浴盆置于坐浴椅上,根据老年人情况摆放坐浴椅位置
④ 协助坐浴	协助老年人将裤子脱至膝部后取坐姿;嘱老年人将臀部和会阴部全部浸泡在坐浴液中,持续15~20 min
⑤ 观察反应	观察老年人反应,如出现面色苍白、脉搏加快、眩晕等,应立即停止
⑥ 浴后处置	坐浴后用毛巾擦干老年人臀部,协助其穿裤,卧床休息;整理床单位,拉开隔帘、开窗通风,用物消毒后备用
⑦ 洗手记录	洗手,记录坐浴的时间、药液、效果、老年人的反应等

(5) 注意事项。

① 老年人坐浴前应先排空二便,因热水可刺激会阴、肛门,易引起排尿、排便反射。

② 老年人坐浴部位如有伤口,坐浴盆、药液及用物需无菌,坐浴后照护人员应协助医护对其伤口进行无菌处理。

③ 老年女性如患有阴道出血、盆腔急性炎症,不宜坐浴,以免引起感染。

④ 坐浴过程中,注意观察老年人反应及主诉,如有异常应及时停止坐浴,及时报告。

4. 红外线灯及烤灯

(1) 操作目的。消炎、镇痛、解痉,促进创面干燥结痂及肉芽组织生长。

(2) 评估及解释。

① 评估老年人的年龄、病情及治疗方案、意识、局部皮肤状况、活动能力、合作程度及心理状态。

② 向老年人解释操作的目的、方法、注意事项及配合要点。

(3) 工作准备。

① 环境准备:室温适宜,必要时关闭门窗,窗帘遮挡。

② 照护人员准备:衣帽整洁,修剪指甲,洗手,戴口罩。

③ 老年人准备:了解操作的目的、方法、注意事项及配合要点,体位舒适、愿意合作。

④ 用物准备:手消毒剂,必要时备有色眼镜、红外线灯或鹅颈灯。

(4) 红外线灯及烤灯操作实施(见表12-6)。

表 12-6 红外线灯及烤灯操作实施

操作流程	操作内容
① 核对解释	备齐用物至床旁,向老年人解释操作目的,取得老年人配合
② 暴露患处	协助老年人暴露患处,体位舒适;用温水清洁局部治疗部位
③ 调节灯具	调节灯距、温度,一般灯距照射部位皮肤 30~50 cm
④ 开灯照射	开灯照射,注意对照射部位的保护,时间 20~30 min
⑤ 观察效果	每 5 min 观察治疗效果与老年人反应,如有异常及时停止并报告
⑥ 操作后处置	协助老年人取舒适体位,整理床单位;擦拭灯具整理后备用
⑦ 洗手记录	洗手,记录照射的部位、时间、效果、老年人的反应等

(5) 注意事项。

① 前胸、面部、颈部照射时,老年人应佩戴有色眼镜或用纱布遮盖眼睛。

② 对于局部感觉障碍、血液循环障碍、瘢痕部位,照射时应加大灯距,防止烫伤。

③ 若多次照射后皮肤出现网状红斑、色素沉着等,应立即停止照射。红斑一般可自然消退,不需特殊处理。

④ 使用时避免触摸灯泡,可用纱布覆盖烤灯,以免发生烫伤、火灾等意外。

▼ 任务训练

结合案例导读中的案例,练习热水袋和热湿敷的使用。

项目十三　预防及控制养老机构院内感染

 **引言**

老年人抵抗感染的能力较低,是院内感染的高发人群。发生院内感染不仅会增加老年人和机构的经济负担,还会给老年人带来痛苦,甚至危及生命,它严重制约着养老机构照护质量的提高。因此,养老机构院内感染管理工作已成为评价养老机构照护质量的重要标志之一。养老机构中的感染与照护工作密切相关,作为老年人的直接照护者,必须掌握预防和控制养老机构院内感染的基础知识及技能。

 **知识链接**

养老机构是老年人密集的场所,容易被各种病原微生物污染,为疾病的传播提供了条件,易造成院内感染。院内感染对社会及老年人自身均带来严重危害。目前,全国多地制定了相关养老机构院内感染控制规范,对养老机构的清洁与消毒、手卫生、重点区域感染预防与控制、感染性疾病及常见疾病的院内感染防控措施等进行了规范。

项目分解

在养老机构院内感染的防控工作中,消毒灭菌、手卫生、隔离技术是目前预防控制感染的关键措施。结合照护人员工作内容及要求,将本项目分解为养老机构院内感染概述,清洁、消毒、灭菌,隔离技术三部分。

任务一　养老机构院内感染概述

一、养老机构院内感染

1. 养老机构院内感染

养老机构院内感染是指入住机构的老年人、家属或工作人员在养老机构内发生临床症状的感染。由于感染有一定的潜伏期,因此院内感染也包括在机构内感染而在机构外才发病的情况。

2. 养老机构院内感染分类

(1)根据感染源的不同,院内感染分为以下几种。

① 内源性感染（自身感染）。内源性感染是指免疫功能低下的老年人由自身正常菌群引起的感染。即老年人在发生院内感染之前已是病原携带者,当机体抵抗力降低时引起自身感染。

② 外源性感染（交叉感染）,外源性感染是指各种原因引起的老年人在院内遭受非自身固有病原体侵犯而发生的感染。病原体来自老年人自身以外的个体或环境,通过直接或间接的途径,导致感染的发生。

(2) 根据病原微生物的种类可分为细菌感染、真菌感染、病毒感染、支原体感染、衣原体感染、寄生虫感染等。

(3) 按发生的部位分为呼吸系统感染、泌尿系统感染、消化系统感染等。

3. 养老机构院内感染的常见类型

常见的养老机构院内感染类型有尿路感染、呼吸道相关感染（肺炎、流感）、皮肤软组织感染和胃肠炎,其他类型的感染还有菌血症、结膜炎等。

4. 养老机构院内感染易发因素

(1) 老年人自身因素。老年人由于生理性衰老,组织、器官功能减弱,机体免疫力低下,防御功能较低。有些老年人长期卧床,容易发生组织损伤,当病原微生物入侵时容易发生感染,如压力性损伤感染、呼吸道感染等。

(2) 机构环境因素。基础设施建设影响养老机构院内感染管理工作的多个方面,如通风、手卫生、医疗废弃物处理等。

(3) 医疗护理因素。机构内的照护人员是感染防控的第一实践人,其感染防控知识和技能水平的高低影响着自身和老年人在各个操作中的暴露风险。另外,侵入性设备的使用和留置破坏了机体原有的物理屏障,也增加了老年人院内感染的风险。

(4) 机构感染管理机制。机构管理者和各类工作人员缺乏感染的相关知识,对感染重视不够、资源不足、投入缺乏,如感染管理制度不健全、执行不严格、监管不到位、培训不全面等都会造成院内感染的发生。

二、养老机构院内感染发生的条件

传染源、传播途径和易感人群是养老机构院内感染发生的三个要素,三者同时存在并相互联系,缺少或阻断任一要素,都不会发生院内感染。

1. 传染源

传染源是指病原体自然生存、繁殖并排出的宿主（人或动物）或场所。根据来源主要分为两类。

(1) 内源性传染源,即患病者本人。其身体某些特定部位（皮肤、泌尿生殖道、胃肠道、呼吸道及口腔黏膜等）的常居菌或暂居菌,或来自外部环境并定植在这些部位的正常菌群,以及身体其他部位感染的病原微生物,在个体抵抗力下降、菌群易位或菌群失调时,是内源性感染的重要来源。既可导致自身感染,也具有传播能力。

(2) 外源性传染源,即患病者之外的宿主或环境。主要包括：

① 已感染的患者及病原携带者。

② 机构内被病原微生物污染的环境。

③ 机构内感染或携带病原微生物的动物。

（3）养老机构内传染源管理措施。

① 照护人员应承担其感染性疾病预防、控制工作的第一责任人职责。

② 严格执行老年人入院评估制度，原则上禁止有传染性疾病的老年人入住。

③ 入院的老年人应分区入住、管理，对传染性疾病做到"早发现、早报告、早隔离、早治疗"。

④ 对患有、疑似患有传染性疾病的老年人及其密切接触者，根据其所患疾病采取观察、隔离等措施。

⑤ 按照《中华人民共和国传染病防治法》的规定，对被污染的场所、物品及生活废物及医疗废物实施消毒和无害化处理。

2. 传播途径

传播途径是指病原体从传染源传播到易感者的途径。

（1）养老机构院内感染的发生可有一种或多种传播途径，主要包括以下途径，见表13-1。

表13-1 养老机构院内感染途径

传播途径	具体内容
① 接触传播	● 概念：病原体通过手、媒介物直接或间接接触导致的疾病传播，是养老机构院内感染最常见、最主要的传播方式之一 ● 直接接触传播：传染源直接将病原微生物传播给易感宿主，如老年人之间、工作人员之间等 ● 间接接触传播：传染源排出的病原微生物通过媒介传播给易感宿主。最常见的传播媒介是照护人员的手。水源、食物、器械等被污染，均可引起病原体的传播
② 空气传播	● 概念：带有病原微生物的微粒子通过空气流动导致的疾病传播。如带有血热病毒的啮齿类动物、家禽通过排泄物污染尘埃后形成气溶胶颗粒造成流行性出血热的传播
③ 飞沫传播	● 概念：带有病原微生物的飞沫核在空气中短距离（通常1m内）移动到易感人群的口、鼻黏膜或眼结膜等处导致的传播；常见的主要通过飞沫传播的疾病有开放性肺结核、猩红热、百日咳、严重急性呼吸综合征等
④ 其他途径	● 通过动物携带病原微生物而引起的生物媒介传播等。常见的疾病有田鼠咬伤致人感染而发生的鼠疫等

（2）养老机构内切断传播途径的措施。

① 遵照相关规定、相应标准，迅速将患者转移至相应的医疗机构。

② 协助相关部门做好患者流行病学调查和随访工作。

3. 易感人群

易感人群是指对某种疾病或传染病缺乏免疫力的人群。养老机构是易感人群相对集中的地方，易发生感染且感染容易流行。

病原体传播到易感人群后引起感染主要取决于病原体的毒力和机体的易感性。病原体的毒力取决于其种类和数量，机体的易感性取决于病原体的定植部位和个体的防御功能。保护易感老年人的措施包括根据老年人身体情况，使其合理调整饮食、适当增加文娱活动以提高其机体免疫力；在传染病流行期间，易感老年人应避免与患者接触；根据老年人的实际需求，使其选择性进行预防性接种或服药等。

三、养老机构院内感染的预防与控制

1. 建立养老机构感染管理体系，加强监控

目前，我国养老机构感染防控管理体系、规章制度仍有待进一步完善。各地可结合地方标准及特点，逐步健全感染防控管理体系、健全各项规章制度。

2. 按照各项规章制度管理养老机构院内感染

按照《中华人民共和国食品安全法》等法律法规的规定，进行食品的采购、储存、运输、加工。按照《中华人民共和国传染病防治法》对传染病进行防控及报告。制订应对院内感染聚集性病例的防控方案，至少每半年组织培训一次，并建立个人培训记录。

任务二 清洁、消毒、灭菌

▼ 案例导读

王奶奶，73岁，三天前突然出现发热、恶心，伴呕吐、腹泻各1次，昨日至今日每天腹泻2~3次，无呕吐。照护人员为王奶奶采集肛门拭子送检，经检测：诺如病毒阳性。为避免王奶奶将病毒传染给其他老年人，照护人员制定了详细的环境及物品清洁、消毒、灭菌措施。请思考：照护人员制定的措施都应包含哪些内容？

▼ 知识链接

清洁、消毒、灭菌是预防和控制院内感染的重要措施，包括室内外环境、用具、器械等的清洁、消毒和灭菌。根据环境保护的原则，凡患感染性疾病老年人接触过的物品、食物及其分泌物、排泄物等，均应消毒后再行处理，以免污染环境。

一、基本概念

1. 清洁

清洁是指用物理方法清除物体表面的污垢、尘埃以及有机物的过程。清洁还包括保持周围环境的洁净。清洁可以去除和减少物体表面的微生物，减少接触性感染发生的危险，但并非杀灭微生物。清洁是物品消毒、灭菌的前期步骤，常用于地面、家具、墙壁、餐具、医疗器械及护理用品等物体表面的处理。常用的清洁方法包括手工清洗、机械清洗和超声波清洗等。清洗步骤包括冲洗、洗涤、漂洗、终末漂洗等。

2. 消毒

消毒是指用物理和化学方法杀灭或清除传播媒介上除芽孢以外的所有病原微生物及其他有害微生物，使其数量减少到无害化程度的过程。它适用于与皮肤、黏膜接触的器械和物品的处理。根据有无已知的传染源可分为预防性消毒和疫源性消毒；根据消毒的时间可分为随时消毒和终末消毒；根据其消毒效果可分为高效消毒、中效消毒及低效消毒。

值得一提的是，灭菌是指用物理和化学方法杀灭或清除传播媒介上的全部微生物，使其达到无菌程度的过程。微生物既包括致病微生物和非致病微生物，也包括细菌芽孢和真菌孢子等。

3. 灭菌

灭菌可包括消毒,而消毒却不能代替灭菌。消毒多用于卫生防疫方面,灭菌则主要用于医疗护理。经过灭菌的物品称为无菌物品,可用于人体内部外科手术等。

常用的消毒灭菌方法包括物理方法(煮沸消毒法、紫外线照射法、日光暴晒法等)和化学方法(擦拭法、喷雾法等)。常用的化学消毒剂有含氯消毒剂、75％乙醇、季铵盐类苯扎溴铵、胍类消毒剂氯己定、过氧化氢等。使用时根据说明书操作即可。

二、养老机构内环境、物品的清洁、消毒及灭菌

1. 清洁、消毒及灭菌方法

老年人身体机能日益下降,身体抵抗力下降,容易发生各种感染,感染后容易继发各种并发症。通过加强对老年人居住环境、使用物品的清洁与消毒,可有效降低感染的发生风险。养老机构内环境、物品的清洁、消毒及灭菌方法见表 13-2。

表 13-2　养老机构内环境、物品的清洁、消毒及灭菌方法

物品/环境	常用方式	使用方法及注意事项
餐具	煮沸消毒法	① 先用洗涤剂清洗或刷洗物品,去掉油渍和污渍后,再用清水彻底洗净。 ② 将物品完全浸没在软水或凉开水中,盖紧锅盖。 ③ 水沸后计时,加热煮沸后持续 15 min
	微波消毒法	将物品用湿布包裹后放入微波灭菌器 5～10 min
衣服、床单等布类物品	日光暴晒法	用水清洗后,拿到阳光下直接暴晒 6～8 h,每隔 2 h 翻动一次
	煮沸消毒法	同餐具中的"煮沸消毒法"
	微波消毒法	同餐具中的"微波消毒法"
床垫、褥子、棉被等	日光暴晒法	拿到阳光下直接暴晒 6～8 h,每隔 2 h 翻动一次
	紫外线照射法	紫外线照射时,灯亮 5～7 min 后开始计时,有效距离为 25～60 cm。将物品摊开或挂起,使其充分暴露以受到直接照射,消毒时间为 20～30 min
痰盂、便器、盆具等	煮沸消毒法	同餐具中的"煮沸消毒法"
	浸泡消毒法	① 将污物倒掉、冲净,用去污粉或稀盐酸刷洗。 ② 冲水后,倒入含氯消毒液对其进行浸泡消毒。消毒时必须将痰盂和便器的盖子打开,使其完全浸没在消毒液中。 ③ 一般浸泡消毒 30 min
床、桌椅、轮椅等	擦拭法消毒	① 用蘸取化学消毒剂的抹布擦拭床、桌椅、轮椅等表面。 ② 抹布用后消毒。 ③ 扫床时采用湿式扫床法,一人一布套,用后将湿布套进行浸泡消毒
地面	擦拭法消毒	① 先用蘸水的笤帚将地面的污物清扫干净。 ② 再用墩布蘸取消毒剂擦拭地面。 ③ 消毒剂的浓度要符合要求,地面不可过湿。如果地面有血迹、粪便、体液等污物时,应先用消毒剂处理后再清洁
空气	通风法	开窗通风时间不应少于 30 min。通风时避免过堂风,并注意老人的保暖
	喷雾法	在规定时间内将一定浓度的化学消毒剂均匀喷洒于空间内
	熏蒸法	熏蒸消毒时注意安全,室内不应有人,消毒后及时通风换气

2. 清洁、消毒及灭菌的操作

(1) 操作目的。为老年人提供安全、舒适的环境,预防感染。

(2) 评估及解释。

① 评估老年人的病情、意识状态、活动能力、是否患有传染性疾病等。

② 向老年人解释清洁及消毒的注意事项,取得老年人配合。

(3) 工作准备。

① 照护人员准备:衣帽整洁,戴口罩、帽子、手套,必要时戴护目镜。

② 老年人准备:了解操作目的;行动方便者可暂时离开房间;行动不便者,根据消毒方法及消毒剂特点做好防护。

③ 用物准备:消毒剂原液、水盆(装有 3000 mL 清水)、抹布、墩布、小毛巾、气溶胶喷雾器(必要时)。

④ 环境准备:减少人员走动,避免尘土飞扬。

(4) 清洁、消毒及灭菌操作实施(见表 13-3)。

表 13-3 清洁、消毒及灭菌操作实施

操作流程	操作内容
① 核对解释	携用物进入房间,将用物放在远离老年人的桌子上;向老年人说明准备进行环境及物品消毒,取得老年人配合
② 安置老年人	协助老年人离开即将进行清洁的房间,在安全、舒适的环境中等待;若老年人不方便离开,为其佩戴口罩,并嘱其闭上眼睛或使用眼罩罩住双眼
③ 配消毒剂	取适量消毒剂原液,按照说明书配制成有效浓度的消毒剂,如 0.05% 的含氯消毒剂
④ 清洁消毒	● 擦拭表面:将干净的小毛巾浸泡消毒剂后拧干,直接擦拭家具表面。 ● 浸泡消毒:将要浸泡的物品洗净、擦干,浸没在消毒剂内,时间 30 min。 ● 清理地面:将干墩布浸入消毒剂中,控干后拖地。 ● 空气消毒:将消毒剂倒入气溶胶喷雾器内,连接电源,打开开关,按照从内到外、从上到下的顺序进行喷雾消毒。喷雾后,关闭门窗 30 min
④ 整理环境	将浸泡物品取出,用清水刷洗干净后晾干备用;将剩余消毒剂倒入下水道;开窗通风 30 min
⑤ 安置老年人	调节室温,协助老年人返回房间,取舒适体位
⑤ 处置用物	抹布、墩布等洗净、消毒、晾干备用;将其他用物放回原处

(5) 注意事项。

① 不耐腐蚀的金属表面可采用 75% 的乙醇溶液擦拭,多孔材料表面可用浓度为 0.1% 的有效氯消毒剂喷雾。

② 空气消毒可采用过氧化氢溶液进行喷雾消毒。

③ 耐腐蚀地面可用浓度 0.1% 的过氧乙酸或喷洒浓度 0.2%～0.4% 的过氧乙酸进行清洁及消毒。

④ 消毒地面前,应安置老年人于床上或沙发上,并嘱其勿走动,防止滑倒。

⑤ 消毒剂原液有刺激性和腐蚀性,配制时须戴好口罩、橡胶手套。

⑥ 消毒剂对金属有腐蚀作用,对织物有漂白作用,故不宜用于金属制品、有色衣服和油漆家具的消毒。

⑦ 为保证消毒剂的消毒效果,消毒剂应尽量现用现配,保存于密闭容器内,置于阴凉、干燥、通风处。

3. 垃圾分类及处理

根据感染防控要求,照护老年人过程中产生的垃圾主要分为生活垃圾、医疗垃圾、可回收医疗垃圾、锐器垃圾,见表13-4。

表13-4 养老机构内垃圾分类及处理

种类	定义	处理
生活垃圾	未被老年人体液、血液等污染的物品	用黑色垃圾袋收集
医疗垃圾	被老年人体液、血液等污染的物品	用黄色垃圾袋收集
可回收医疗垃圾	输液治疗后的输液袋、输液瓶等	用蓝色垃圾袋收集
锐器垃圾	针头、刀片等有锐性端口的垃圾	用锐器盒收集

(1)操作目的。防止意外伤害发生,保护环境。

(2)工作准备。

① 照护人员准备:衣帽整洁,戴口罩、橡胶手套。

② 环境准备:室内环境整洁,温湿度适宜。

③ 用物准备:口罩、橡胶手套、垃圾袋等。

(3)操作实施。

① 收集垃圾。根据垃圾种类选择对应颜色的垃圾袋,装收集垃圾,扎好袋口。

② 处理垃圾。生活垃圾可按常规处理。医疗垃圾需与专业人士联系,称重后送至专门的垃圾处理处。

(4)注意事项。

① 处理垃圾时,尽量选择老年人不在房间内的时候,如老年人行动不便,可为其戴好口罩后再进行垃圾处理。

② 在处理垃圾时,需要注意自我防护,切勿用未戴手套的手直接接触医疗垃圾,处理锐器垃圾时需要注意防止被刺伤、划伤。

任务训练

以小组为单位对案例导读进行分析,提出有效的清洁、消毒措施。

三、无菌技术

扫描二维码查看相关具体内容。

扫描二维码
查看无菌技术

任务三 隔离技术

案例导读

"非典"是2003年我国局部地区发生的一类由冠状病毒引发的急性呼吸道传染病,主要通过近距离空气飞沫和密切接触引发传染,临床主要表现为肺炎,在家庭和医院有显著的聚集性感染现象。"非典"暴发期间没有研制出有效的治愈药物,医护工作者们只能采取最古老的方式——隔离,进行疾病防控。隔离可有效控制传染源,切断传染途径,从而使得新增病例减少,最终将发病率降低到可控范围内。请思考:什么是隔离?隔离有哪些种类?不同的隔离种类对应的隔离措施有哪些?

知识链接

隔离是预防感染传播的重要措施之一,在隔离工作中,照护人员应自觉遵守隔离制度,严格遵守隔离原则,认真执行隔离技术。同时,养老机构应加强相关人员隔离知识教育,使出入机构的所有人员理解隔离的意义并能主动配合隔离工作。

一、隔离的概述

1. 基本概念

隔离就是将传染源、高度易感人群分别安置在指定的地点,缩小污染范围,减少传染病扩散的方法。

2. 隔离的目的

隔离的目的是控制传染源,切断传染链中传染源、传播途径、易感人群之间的联系,防止病原微生物在患者、工作人员及媒介物中扩散,是预防院内感染的重要措施之一。

3. 区域划分

(1) 清洁区是指不易受到患者血液、体液和病原微生物等污染且传染病患者不应进入的区域,包括值班室、卫生间、男女更衣室、浴室、储物间以及配餐间等。

(2) 潜在污染区又称半污染区,是指位于清洁区与污染区之间、有可能被患者血液、体液和病原微生物等污染的区域,包括办公室、治疗室、内走廊等。

(3) 污染区是指传染病患者和疑似传染病患者接受诊疗的区域,包括被其血液、体液、分泌物、排泄物污染的场所,如病室、处置室、污物间等。

(4) 两通道是指进行传染病诊治病区中的工作人员通道和患者通道。工作人员通道、出入口设在清洁区一端,患者通道、出入口设在污染区一端。

(5) 缓冲间是指传染病诊治区域中清洁区与潜在污染区之间、潜在污染区与污染区之间设立的两侧均有门的小室,为工作人员的准备间。

4. 隔离的原则

(1) 隔离标志明确,卫生设施齐全。

(2) 严格执行服务流程,加强三区管理,明确服务流程,保证清洁区、污染区分开,防止因流程不合理导致交叉污染。

(3) 隔离病室环境定期消毒,物品处置规范,包括空气消毒和物品消毒。

(4) 进行隔离教育,加强隔离患者的心理疏导。

(5) 掌握解除隔离的标准,实施终末消毒程序。

二、隔离的种类及措施

目前,隔离预防主要是在标准预防的基础上,实施两大类隔离预防:一是基于切断传播途径的隔离预防;二是基于保护易感人群的隔离预防。

标准预防是基于患者的血液、体液、分泌物(不包括汗液)、排泄物、非完整皮肤和黏膜均可能具有传染性的原则,针对医院所有患者和医务人员采取的一组预防感染措施,包括手卫生,根据预期可能的暴露选用手套、隔离衣、口罩、护目镜或防护面罩,也包括穿戴合适的防护用品处理患者环境中被污染的物品与医疗器械。

1. 基于切断传播途径的隔离预防

传染病的传播途径主要有接触传播、空气传播、飞沫传播和其他途径的传播。一种疾病可能有多种传播途径,照护人员应在标准预防的基础上采取相应传播途径的隔离预防措施。

(1) 接触传播疾病的隔离预防。

在标准预防的基础上,接触传播疾病的隔离预防还包括以下措施。

① 隔离室使用蓝色隔离标志。

② 老年人的隔离。使其入住单人隔离室或同病种感染者隔离室;限制老年人的活动范围,减少不必要的转运;老年人接触过的一切物品均应灭菌后再进行清洁、消毒、灭菌。被污染的敷料应装袋并标记后焚烧处理。

③ 工作人员的防护。工作人员进入隔离室前必须戴好口罩、帽子,从事可能污染工作服的操作时,应穿隔离衣,离开病室前,脱下隔离衣,按要求悬挂,每天更换、清洗与消毒或使用一次性隔离衣,用后按医疗废物管理要求进行处置。接触甲类传染病患者应按要求穿脱、处置防护服。接触血液、体液、分泌物、排泄物等物质时,应戴手套;离开隔离室前、接触污染物品后,应摘除手套,洗手并消毒。值得注意的是,手上有伤口时应戴双层手套。

(2) 空气传播疾病的隔离预防。

在标准预防的基础上,空气传播疾病的隔离预防还包括以下措施。

① 隔离室使用黄色隔离标志。

② 老年人的隔离。使其入住单间病室或同病种感染者隔离室,关闭通向走廊的门窗,或转至定点机构;限制老年人活动范围;分泌物须经严格消毒后再倾倒,专用痰杯要定期消毒,污染敷料应装袋标记后焚烧或做消毒—清洁—消毒处理;严格进行空气消毒。

③ 工作人员的防护。工作人员应严格按照区域流程,在不同的区域,穿戴不同的防护用品,离开时按要求摘脱物品,并正确处理使用后的物品;进行可能产生喷溅的操作时,应戴护目镜或防护面罩、穿防护服。当接触老年人及其血液、体液等物质时应戴手套;根据疫情防控需要,开展工作人员的症状监测。

(3) 飞沫传播疾病的隔离预防。

在标准预防的基础上,飞沫传播疾病的隔离预防还包括以下措施。

① 隔离室使用粉色隔离标志。

② 老年人的隔离。在空气传播疾病预防措施的基础上,老年人之间、老年人与探视者之间应相距1 m以上,探视者应戴医用外科口罩。

③ 工作人员的防护。严格按照区域流程和规范进行防护及物品处置。与老年人近距离(1 m以内)接触时,应戴帽子、医用防护口罩,必要时戴护目镜或防护面罩,穿防护服,戴手套。

(4) 其他传播途径疾病的隔离预防。

对经生物媒介传播的疾病,如鼠、蚤引起的疾病等,应根据疾病的特性,采取相应的隔离防护措施。

2. 基于保护易感人群的隔离预防

保护性隔离是以保护易感人群作为制定措施的主要依据而采取的隔离，也称反向隔离，适用于抵抗力低下或极易感染的老年人，如患严重烧伤、白血病及免疫缺陷的老年人等。工作人员应在标准预防的基础上，采取下列主要的隔离措施。

(1) 老年人入住单间隔离室，室外悬挂明显的隔离标志。室内空气应保持正压通风，定时换气；地面、家具等均应每天严格消毒。

(2) 凡进入隔离室的人员应穿戴隔离衣、帽子、口罩、手套及拖鞋。未经消毒处理的物品不可带入隔离区。

(3) 处理老年人的引流物、排泄物、被其血液及体液污染的物品时，应及时分装密闭，标记后送至指定地点。

(4) 凡患呼吸道疾病者或咽部带菌者，均应避免接触老年人。原则上不予探视，探视者如需进入隔离室应采取相应的隔离措施。

三、隔离技术基本操作方法

1. 帽子的使用

帽子可防止工作人员的头屑飘落、头发散落或被污染，分为一次性帽子和布制帽子。戴帽子前应洗手并擦干，选择大小适宜的清洁工作帽，将头发全部塞入帽内，不可外露。非一次性帽子应每次或每天更换，一次性帽子用后应放入医疗垃圾袋内集中处理。

2. 口罩的使用

口罩可阻止对人体有害的物质进入呼吸道，也可防止飞沫污染无菌或清洁物品。口罩可分为医用口罩、颗粒物防护口罩、保暖口罩等。医用口罩又分为医用普通口罩、医用外科口罩、医用防护口罩等。

3. 手卫生

手卫生为洗手、卫生手消毒和外科手消毒的总称。洗手是用流动水和洗手液揉搓冲洗双手，去除手部皮肤污垢、碎屑和部分微生物的过程。卫生手消毒是用手消毒剂揉搓双手，以减少手部暂居菌的过程。以上两种是养老照护人员常用的手卫生方式。外科手消毒是医护人员在外科手术前用流动水和洗手液揉搓双手、前臂至上臂下 1/3 处，再用手消毒剂清除或者杀灭手部、前臂至上臂下 1/3 处暂居菌和常驻菌的过程。

洗手及卫生手消毒的注意事项包括以下方面。

(1) 明确洗手原则。如当手部有血液或其他体液等肉眼可见的污染物或可能接触艰难梭菌、肠道病毒等对速干手消毒剂不敏感的病原微生物时，应及时洗手。

(2) 卫生手消毒应选择合适的手消毒剂，首选速干手消毒剂。

(3) 洗手及卫生手消毒应全面。双手各个部位都需洗到、冲净，尤其是指背、指尖、指缝和指关节等易污染部位，冲净双手时注意指尖向下。

(4) 牢记洗手"两前三后"，即接触患者前、进行无菌操作前、体液暴露后、接触患者后以及接触患者周围环境后。

(5) 没有肉眼可见的污染，可使用手消毒剂进行卫生手消毒。下列情况下应先洗手，然后再进行卫生手消毒：接触传染病老年人的血液、体液和分泌物及被传染病微生物污染的物品后；直接为传染病老年人进行护理或处理传染病老年人的污物后。

(6) 戴手套不能代替卫生手消毒,摘手套后应进行卫生手消毒。

4. 护目镜、防护面罩的使用

护目镜能防止老年人的血液、体液等具有传染性的物质溅入人体眼内。防护面罩能防止老年人的血液、体液等具有传染性的物质溅到人体面部。戴护目镜、防护面罩前应检查有无破损,佩戴装置有无松脱;佩戴后应调节舒适度。摘护目镜、防护面罩时应身体前倾,手指捏住靠头或耳朵的一边将其摘掉放入医疗垃圾袋内,如需重复使用,可放入回收容器内,以便清洁、消毒。

5. 穿、脱隔离衣

隔离衣是用于保护工作人员免受污染,或用于保护老年人免受感染的防护用品。下列情况应穿隔离衣:实行保护性隔离时,如护理大面积烧伤的老年人时;接触经接触传播的疾病患者时;可能受到患者血液、体液等喷溅时。

穿、脱隔离衣的步骤,分别如图 13-1、图 13-2 所示。

穿、脱隔离衣的注意事项包括以下几方面。

(1) 穿隔离衣要避免污染衣领、面部、帽子和清洁面,始终保持衣领清洁。如隔离衣已被穿过,则隔离衣的衣领和内侧应视为清洁面,外面视为污染面。手不可触及隔离衣的内侧;如穿清洁隔离衣,手可随意接触内外两面,不必按穿污染隔离衣的顺序进行。穿好隔离衣后,双臂应保持在腰部以上,不得进入清洁区,避免接触清洁物品。

(2) 脱隔离衣双手不可触及隔离衣外面。如隔离衣脱后不再使用,应将其污染面向内,衣领及衣边卷至中央,卷成包裹状后放入污衣袋内清洗消毒后备用;如为一次性隔离衣,卷好后可直接投入医疗垃圾袋。值得注意的是,进行手部消毒时不能沾湿隔离衣,隔离衣也不可触及其他物品。如果需要多次使用隔离衣,当将其挂在半污染区时,清洁面应向外;挂在污染区时则污染面向外。

(3) 隔离衣只能在规定区域内穿脱,穿前需检查有无潮湿、破损,须能全部遮盖工作服。此外,隔离衣应每日更换,如有潮湿或污染,应立即更换。接触患不同病种的老年人时也要及时更换。

6. 穿、脱防护服

防护服是在接触甲类或按甲类传染病管理的传染病患者时所穿的一次性防护用品。防护服应具有良好的防水、抗静电和过滤功能,无皮肤刺激性,穿脱方便,结合部严密,袖口、脚踝口应为弹性收口。防护服分为连体式和分体式两种。穿、脱防护服的步骤分别如图 13-3、图 13-4 所示。

穿、脱防护服的注意事项包括以下几方面。

(1) 脱防护服前先洗手,脱防护服时衣袖不可触及面部,双手不可触及防护服外面及内层工作服。

(2) 如果在穿防护服后戴手套,在脱防护服过程中,将防护服自两侧肩部向下拉,拉至手肘处,双手在后面边拉边卷,污染面向里,或一只手在后抓住帽顶,另一只手自肩部向下拉,手在衣袖内面边脱边卷,最后连同手套一起脱下。

(3) 防护服只能在规定区域内穿脱。接触多个患单一病种老年人时,防护服可连续使用,接触疑似病例时,防护服应每次更换。

(4) 防护服如有潮湿、破损或污染,应立即更换。

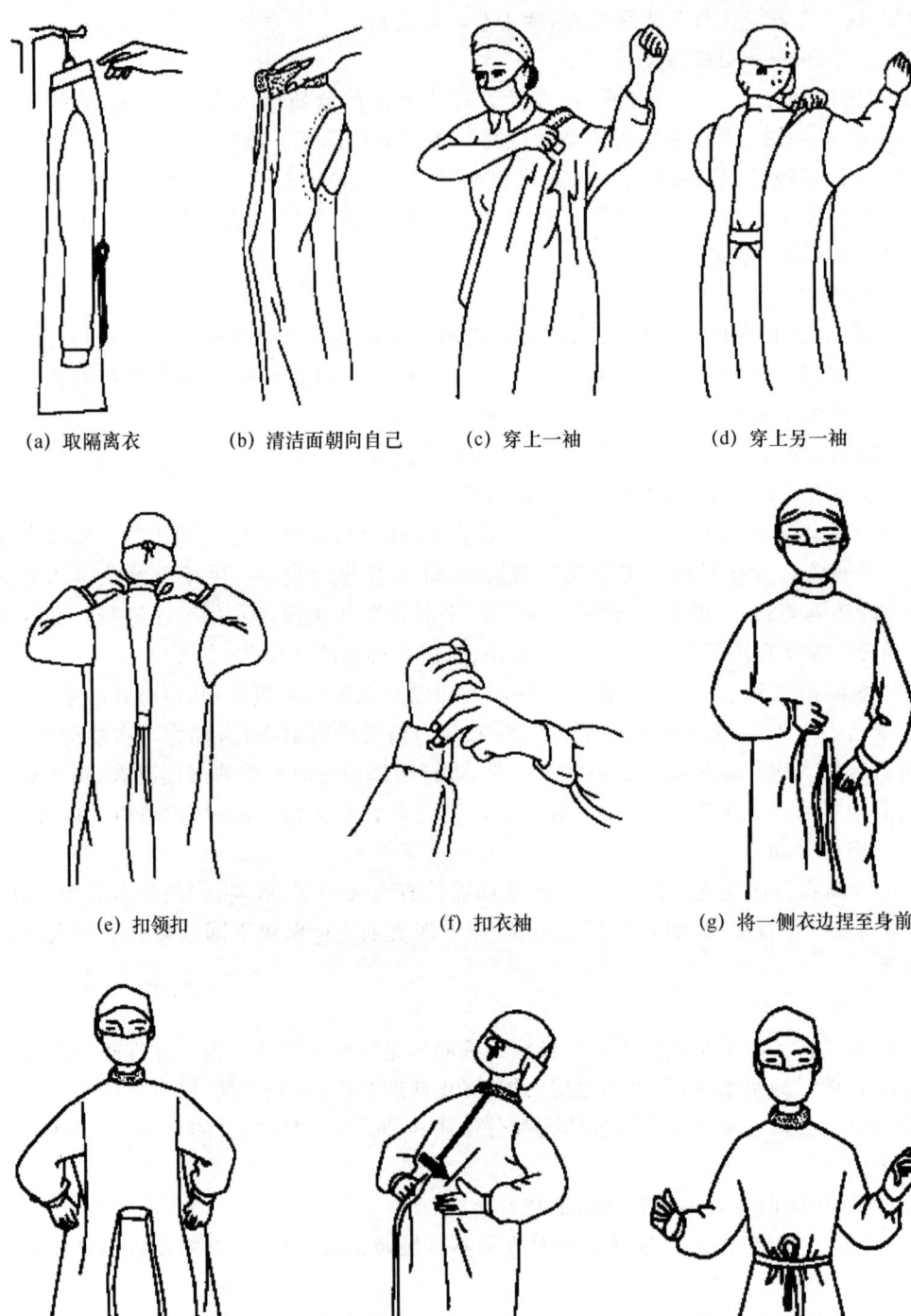

图 13-1 穿隔离衣的步骤

项目十三 预防及控制养老机构院内感染

(a) 解开腰带在前面打一活结

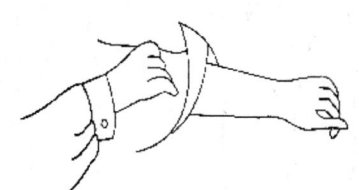
(b) 翻起袖口，将衣袖向上拉

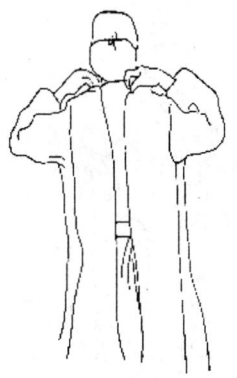
(c) 解衣领

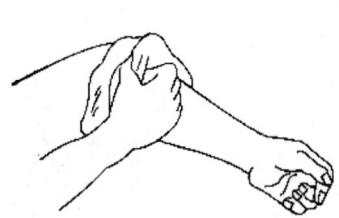
(d) 一手伸入另一袖口内拉下衣袖

(e) 一手在袖口内拉另一衣袖的污染面

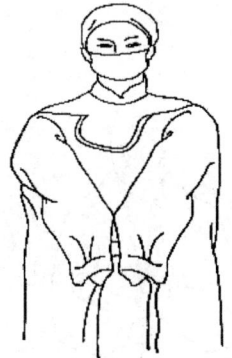
(f) 衣袖对齐，双臂逐渐退出隔离衣

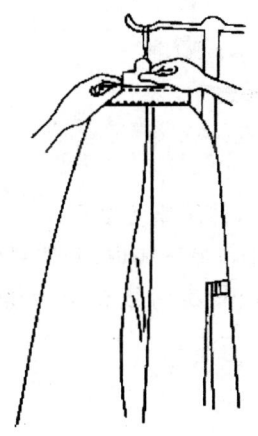
(g) 提起衣袖，对齐衣边挂在衣钩上

(h) 将一次性隔离衣投入医疗垃圾桶内

图 13-2 脱隔离衣的步骤

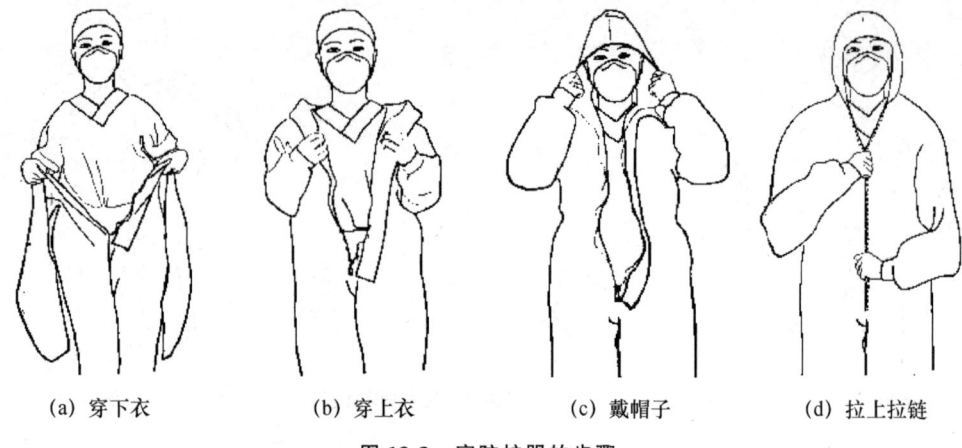

(a) 穿下衣　　(b) 穿上衣　　(c) 戴帽子　　(d) 拉上拉链

图 13-3　穿防护服的步骤

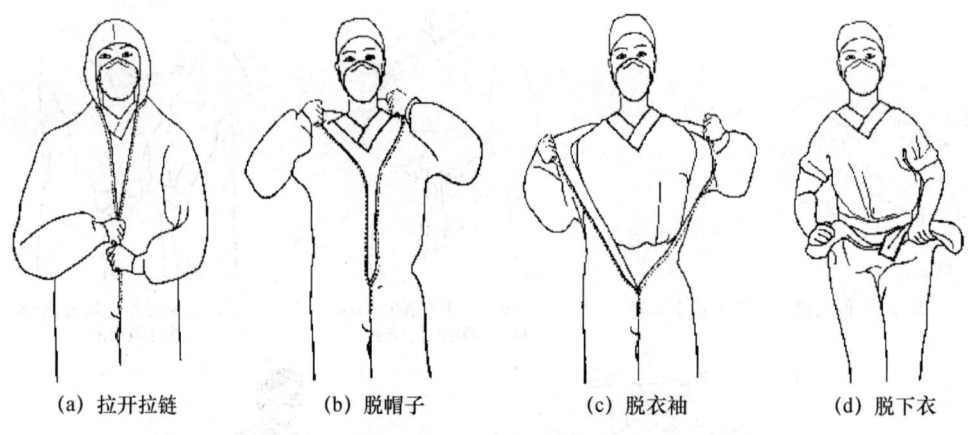

(a) 拉开拉链　　(b) 脱帽子　　(c) 脱衣袖　　(d) 脱下衣

图 13-4　脱防护服的步骤

7. 避污纸的使用

避污纸为备用的清洁纸片。在做简单隔离操作时，使用避污纸可保持双手或物品不被污染，可省略消毒程序。取避污纸时，应从页面抓取，不可掀开撕取，并注意保持避污纸清洁以防交叉感染，取避污纸的手法见图 13-5。使用后应将避污纸弃于污物桶内，集中焚烧处理。

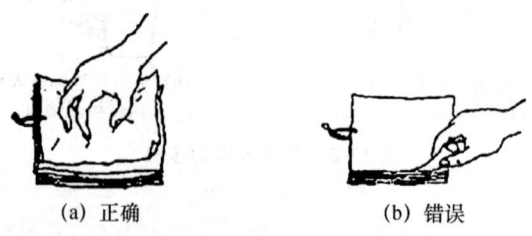

(a) 正确　　(b) 错误

图 13-5　取避污纸的手法

四、对感染老年人进行床旁隔离的操作

床旁隔离是接触隔离的一种,是指对特殊感染或感染多重耐药菌的老年人为避免感染他人而实行的隔离措施。

(1) 操作目的。避免感染和交叉感染。

(2) 工作准备。

① 照护人员准备:着装整洁,戴好帽子、口罩。

② 环境准备:清洁、宽敞。

③ 用物准备:隔离标志、警示标牌、体温计、血压计、听诊器、便器、手消毒剂、医疗垃圾桶及垃圾袋、屏风,必要时备隔离衣。

④ 老年人准备:了解操作的目的并能够配合隔离工作的进行。

(3) 对感染老年人进行床旁隔离操作实施(见表13-5)。

表13-5 对感染老年人进行床旁隔离操作实施

操作流程	操作内容
① 核对解释	携用物至老年人床旁,向其核对解释,取得老年人理解与配合
② 调整环境	有条件时,可安排老年人独居一室;无条件时,将老年人的床单位安置在整个房间的一角
③ 做好标识	在老年人房门和床头卡粘贴隔离标志,提醒无关人员勿入;将备用物品如体温计、血压计等放在指定地点,专人专用,并在用物上做好标志
④ 实施隔离	为老年人进行照护时应戴手套,必要时穿隔离衣;先为其他老年人提供照护,最后照护被隔离者;照护完毕后,脱去手套,消毒双手,穿隔离衣者应按要求脱隔离衣

(4) 注意事项。

① 每天对使用的物品按要求进行消毒。

② 对探视者进行健康宣教,探视者探视前后应洗手。

③ 关注被隔离老年人的心理。

任务训练

分组练习戴帽子、口罩,处理手卫生,穿、脱隔离衣及防护服。

项目十四　临终关怀

为临终老年人提供高质量的照护服务,既是即将接受临终关怀的老年人及其家人的深切希望,同时也是社会和谐发展的必然要求。老年照护人员有责任、有义务为临终老年人及其家属提供全面的身心照护与支持。

由英国的西西里·桑德斯于1967年在伦敦创办的圣克里斯多福临终关怀院是世界上第一家现代临终关怀院。1988年7月,天津医学院成立了临终关怀研究机构,标志着中国临终关怀的正式起步。1988年10月,在上海诞生了我国第一家机构型临终关怀医院——南汇护理院,标志着我国已跻身世界临终关怀研究与实践的行列。2006年,中国生命关怀协会宣告成立,2017年国家卫生健康委员会确定了全国第一批安宁疗护试点城市,有力推动了临终关怀向规范化、标准化、科学化方向发展。

本项目分为临终老年人及家属的护理、死亡后的护理两部分。

任务一　临终老年人及家属的护理

▼案例导读

刘女士,68岁,退休教授,既往体健,丈夫去世后独居。近期,刘女士自诉经常感到呼吸费力、胸痛、咳嗽不止,被诊断为肺癌,已发生全身多处转移。自知所剩时日不多,刘女士情绪低落,终日郁郁寡欢、唉声叹气。女儿得知母亲患病后,主动搬过来与她同住。随着刘女士的身体状况每况愈下,女儿感到身心俱疲,遂决定与临终关怀团队取得联系以缓解自身照护压力,减轻母亲的痛苦。结合案例,请思考:刘女士的心理状态会经历哪些阶段?在不同的阶段应如何为刘女士及女儿提供支持?

知识链接

舒缓治疗又称姑息治疗,是指为无治疗希望的终末期患者提供积极的、人性化的服务,主要通过控制疼痛、缓解患者身心方面的不适症状和提供心理、社会等方面的支持,使患者和家属获得尽可能好的生活质量。舒缓治疗体现了人类对生命的尊重和珍惜,让人生的最后一段旅途过得舒适、有尊严。舒缓治疗是临终关怀服务中主要的治疗手段,但不仅限于临终关怀服务,也可用于长期照护等医疗卫生服务模式中。舒缓治疗的服务重点是改善临终者的生活质量,减轻其躯体上的痛苦与情绪上的困扰。

一、临终关怀的概述

1. 临终关怀的概念

临终关怀是指由社会各阶层人员(医护人员、社会工作者、志愿者、照护人员以及慈善团体人士等)组成的团队向临终者及其家属提供的包括生理、心理和社会等方面的全面性支持和照料。其目的在于使临终者的生命质量得以提高,能够无痛苦、舒适地走完人生的最后旅途,并使家属的身心健康得到维护和增强。国内研究常将临终关怀、舒缓治疗、姑息治疗等统称为安宁疗护。

2. 临终关怀的意义

(1) 对临终者的意义。通过对临终者实施全面照料,使他们的生命得到尊重,疾病症状得以控制,生命质量得到提高,使其在临终时能够安宁、舒适。

(2) 对家属的意义。减轻家属的精神痛苦,帮助他们接受亲人死亡的现实,顺利度过居丧期,尽快适应失去亲人的生活,缩短悲伤过程。此外,还可以使家属的权利和尊严得到保护,获得情感支持,保持身心健康。

(3) 对社会的意义。临终关怀是非物质文化中的信仰、价值观、伦理道德、审美意识、宗教、风俗习惯、社会风气等的集中表现。从优生到优死的发展是人类文明进步和发展的重要标志。

3. 临终关怀的理念

临终关怀一般在死亡前3~6个月实施。其基本理念包含以照料为中心,提供全面的整体照护,维护临终者的尊严和权利,加强死亡教育使临终者和家属接纳死亡;提高临终阶段的生命质量等。

二、临终老年人的生理变化与身体护理

死亡临近是有迹象的。照护人员需注意观察临终老年人的征象,及时做好相应的处理与安排。

1. 临终老年人的生理变化

(1) 肌肉张力丧失。具体表现为尿、便失禁,吞咽困难,肢体软弱无力,不能进行自主躯体活动,脸部外观改变呈希氏面容,即面肌消瘦、面部呈铅灰色、眼眶凹陷、双眼半睁、下颌下垂、嘴微张等。

(2) 循环功能减退。具体表现为皮肤苍白、湿冷、大量出汗,四肢发绀、有斑点,脉搏快而弱,不规则或测不出,血压降低或测不出,心尖搏动通常在最后消失。

(3) 胃肠蠕动减弱。具体表现为食量少、无食欲、腹胀、呃逆、恶心、呕吐等。

(4) 呼吸功能减退。具体表现为呼吸不规律，出现潮式呼吸或呼吸变浅变慢，不能排出呼吸道分泌物，伴有痰鸣音。

(5) 知觉改变。由于神经系统机能衰退，临终前老年人视力会变得模糊并逐渐丧失，双眼半睁呆滞，眼眶凹陷，瞳孔固定，对光反射迟钝。语言可能变得混乱难懂，有时甚至不能讲话。听力往往最后消失。

(6) 意识丧失。意识丧失是临终的常见状态，有时可先出现谵妄，特别是死亡前的几天和死亡前的几个小时，常出现意识状态的改变，如嗜睡、意识模糊、昏睡、昏迷等。

(7) 疼痛。40%以上的临终老年人主诉全身有不自主疼痛，尤其是一些晚期癌症老年人。

2. 临终老年人的身体护理

(1) 改善呼吸功能。① 提供安静、舒适、洁净、温湿度适宜的环境，保持室内空气清新，定时开窗通风。② 协助临终老年人取舒适体位，昏迷者取仰卧位头偏向一侧或侧卧位，防止误吸或肺部并发症。③ 保持老年人呼吸道通畅，必要时给予吸痰操作。④ 根据老年人情况给予氧气吸入，纠正其缺氧状态，改善呼吸功能。

(2) 减轻疼痛。① 对老年人的疼痛情况做出准确评估。② 使用非药物疗法，如芳香疗法、音乐疗法等稳定老年人情绪、转移其对疼痛的注意力。③ 遵医嘱采用WHO推荐的三阶梯镇痛法控制疼痛，观察药物的作用及效果。

(3) 促进老年人舒适。① 布置舒适的居住环境，如保持适宜的温湿度、定时通风；保持居室环境安静，照护人员及家属做到"四轻"，即说话轻、走路轻、开关门窗轻、操作轻；保持床单位整洁。② 加强对皮肤的护理，如定时变换老年人体位，预防压力性损伤，协助其取舒适体位。③ 加强口腔护理，如每日检查老年人口腔黏膜是否干燥或疼痛。晨起、餐后、睡前协助其漱口。口唇干燥者注意适量喂水，使用棉签或液体石蜡保湿。口腔明显疼痛者，遵医嘱协助其使用利多卡因和氯己定含漱剂等清洗口腔。④ 注意保暖，如老年人四肢湿冷不适时加强保暖，必要时可使用水温低于50℃的热水袋保暖。

(4) 加强营养，增进食欲。① 为临终老年人创造良好的进食环境，取合适的进食体位。② 根据老年人喜好准备食物，适当增加高热量、高蛋白、易于消化的饮食，使其增加新鲜蔬菜、水果的摄入量。③ 协助进食时要注意速度、温度，以防呛噎或烫伤老年人。④ 老年人需要鼻饲时，应注意观察管道是否通畅。

(5) 减轻感知觉改变的影响。① 为临终老年人提供安静、空气新鲜的环境，保持适宜的光照，以增加其安全感。② 注意老年人眼部的清洁，及时拭去其眼部分泌物，如老年人双眼半睁，应定时协助其涂擦金霉素、红霉素眼膏，并用生理盐水湿纱布覆盖，以防发生角膜溃疡或结膜炎。③ 因听觉通常最后消失，故照护中应注意语言亲切、柔和、清晰，避免在床旁讨论病情，以减少不良刺激。如老年人视力减退，可配合触摸等非语言行为进行交流，使其感到即使在生命的最后一刻，仍不孤独。

(6) 密切观察病情变化。观察临终老年人生命体征的变化，重点观察体温、心率、血压、瞳孔、意识、血氧饱和度、肌张力、尿量等情况，如出现异常应及时报告。如果老年人出现体温持续偏低(<36℃)、脉搏细弱、呼吸节律不齐、呼吸暂停、血压持续偏低等现象，应引起高度重视，特别是呼吸的变化。当老年人出现呼吸异常时，应立即给予氧气吸入，并保持呼吸道通畅。

(7) 对谵妄和躁动老年人的照护。临终老年人由于大脑软化和大脑抑制功能降低会出现谵妄和躁动,也可能是病情危重的征象。对这类老年人应加强保护,注意其安全,床边加用防护栏,以免其躁动时发生坠床、摔伤。出现谵妄情况时,照护人员不要紧张,此时,最好请家属共同陪伴。协助老年人翻身、摆放体位时要轻柔、谨慎并注意安全。

三、临终老年人的心理变化及护理

1. 临终老年人的心理变化

美国医学博士库伯勒·罗斯经过科学研究提出了濒死过程理论,将临终者从获知病情到临终整个阶段的心理反应过程总结为以下五个阶段。

(1) 否认期。得知自己将面临死亡时,人们常常出现极力否认的心理反应。他们拒绝接受事实,常说的话是:"这不是真的,一定是搞错了!"此种防御机制可减少不良信息对自身的刺激,降低现实的压迫感,从而有较多时间调整自己以面对死亡。这个阶段的时间长短因人而异,大部分人能很快停止否认,而有些则会持续地否认直至死亡。

(2) 愤怒期。当否认无法再持续时,临终者常表现为生气与激怒,常会表达"为什么是我?"常产生无助、怨天尤人等心理。

(3) 讨价还价期。当临终者意识到否认和愤怒都不能改变事实的时候,愤怒心理会慢慢消失,并逐渐接受临终的事实,常会表示"如果再给我时间,我会……"。他们开始意识到所剩时日不多,并不断地祈求奇迹出现,力求尽可能延长生命。此阶段临终者会变得友善,对病情心存希望,愿意努力配合治疗,会试图通过自己的合作、友善的态度来改变命运,延长生命。

(4) 抑郁期。处于抑郁期的临终者,主要表现为对周围事物的淡漠、语言减少、反应迟钝、对事物毫无兴趣。这种心理反应对临终者是有益的,只有经历过内心剧痛和抑郁的人,才能达到"接纳"死亡的境界。

(5) 接受期。临终者已有面对死亡的心理准备,表现平静,常会表达"既然是我,就去面对吧""我准备好了"。此阶段的临终者相当平静,恐惧、焦虑等情绪逐渐消失。他们开始处理先前未了的事或未完成的梦想,喜欢安静独处,睡眠时间增加,情感减退,会平静、安然等待死亡的到来。

2. 临终老年人的心理护理

临终老年人不同阶段的心理护理重点不同,针对不同阶段,照护人员应做好各个阶段的心理护理工作。

(1) 否认期。照护重点是给予老年人适当的希望,保证他们不会被遗弃,会得到妥善的治疗和照护。公开坦诚地回答老年人对病情的询问,多陪伴他们,耐心地倾听他们。同时,注意运用非语言交流手段,让他们感觉到自己没有被抛弃,时刻受到照护和关心。此外,所有照护人员应注意对临终老年人病情表述的一致性,做好与他们一起讨论死亡的准备。

(2) 愤怒期。照护人员应有爱心、耐心,鼓励老年人表达愤怒,并将其发怒看成是一种有益健康的行为。为老年人提供表达或发泄内心情感的适宜环境,进行心理辅导,鼓励亲朋好友多陪伴、倾听。

(3) 讨价还价期。照护人员应给予老年人指导和关心,尽量满足其要求。认真观察老年人的病情并给予恰当的护理措施,如加强营养、预防压力性损伤等。此阶段临终老年人的讨价还价行为可能是在私下进行的,不一定能观察到,所以在交谈中应鼓励老年人说出内心的感受,积极进行引导,减轻其压力。

(4) 抑郁期。照护人员应给予老年人充分的同情、照顾、鼓励和支持;提供舒适的环境,保持老年人的形象和尊严;安排与亲朋好友会面,给予其精神上的安慰。注意观察老年人反应,对其进行死亡教育,预防自杀。

(5) 接受期。照护人员应尊重老年人的选择,给予其独处的空间,不要强迫他们进行交谈,避免过多地打扰他们,营造安静、明亮、单独的环境,减少外界的干扰,保持适度的陪伴和支持。多倾听、多安慰、多支持,加强其生活护理,使其安详平静地走完最后的时光。

四、临终老年人家属的护理

1. 临终老年人家属的心理反应

家属在情感上难以接受即将失去亲人的现实,常会出现以下心理及行为方面的改变。

(1) 个人需要的推迟或放弃。面对临终老年人,家庭的整个平衡状态会被打破,会给家属带来经济、精神各方面的压力。家属角色被强化,其他社会角色及个人的需求被弱化,家属的个人需要被延迟或放弃。

(2) 家庭中角色的调整与再适应。家庭重新调整有关成员的角色,从而保持整个家庭结构的稳定,使家庭成员各司其职,平稳度过这一生活事件。

(3) 压力增加,社会交往减少。照料临终老年人期间,家属因精神哀伤,体力、财力的消耗,常感到心力交瘁,因此社会交往明显减少。

临终老年人的病情有可能急转直下,也可能时好时坏,延续很长时间。家属的心理行为反应与老年人的临终历程密切相关。如果死亡适时到来,家属通常会做好心理准备;如果临终时间缩短,家属会措手不及,总感觉还应为亲人做更多的事情,产生内疚感,部分家属可能会产生责怪照护人员的情绪;如果死亡一拖再拖,家属哀伤过久,会感到挫伤,身心疲惫。

2. 临终老年人家属的护理

(1) 满足家属照顾老年人的需求。让家属充分了解老年人的病情与预后,使其参与老年人临终阶段的整个过程。鼓励家属陪伴在老年人身边,为其提供相处的时间和环境,让他们彼此陪伴,相互宽慰与鼓励。

(2) 鼓励家属表达感情。与家属建立良好的信任关系,鼓励其表达目前的想法与感受,积极解释临终老年人身心变化的原因,并给予家属适当的陪伴和心理安慰。可通过运用非语言的肢体动作,如适当触摸、握手、拍肩等,表达理解与安慰。理解并允许家属通过哭泣、愤怒等方式表达悲伤的情绪,对过激言行给予容忍和谅解。

(3) 指导家属对老年人进行生活照顾。鼓励家属参与老年人的照护活动,如制订计划、生活护理等。为家属示范、指导、解释照护技巧,使家属在照料老年人的过程中获得心理慰藉,同时减轻老年人的孤独感。

(4) 协助维持家庭的完整性。协助家属安排日常的家庭活动,增进老年人及家属的交流,如一同进餐、看电视、读书报等。在老年人身体条件允许的情况下,可以鼓励家属帮助老年人完成没有完成的心愿,或一起做一些一直没有做成的事。

(5) 满足家属本身生理、心理和社会方面的需求,帮助家属以积极的态度去面对现实、面对生活。

3. 为临终老年人家属提供心理慰藉及哀伤应对

(1) 操作目的。

① 减轻临终老年人家属的心理压力。

② 提升临终老年人的生命质量。

(2) 评估。

评估临终老年人及家属的身体及心理状况、需求。

(3) 工作准备。

① 环境准备：清洁、安静、光线柔和、温湿度适宜。

② 照护人员准备：衣帽整洁，心态良好。

③ 老年人及家属准备：老年人衣物整洁，体位舒适，家属情绪平稳，愿意沟通。

(4) 为临终老年人家属提供心理慰藉及哀伤应对操作实施（见表 14-1）。

表 14-1　为临终老年人家属提供心理慰藉及哀伤应对操作实施

操作流程	操作内容
① 观察记录	观察临终老年人的消极情绪并做好记录
② 沟通	与家属沟通，评估家属的状况和需求
③ 制订方案	根据评估情况制订方案，关怀家属，选择不同的场所、合适的方法来安顿家属
④ 实施计划	聆听家属的感受，运用语言及非语言沟通的方式与家属交流，鼓励家属参与照护工作，营造良好的沟通氛围，使家属得到精神慰藉

(5) 注意事项。

照护人员应富有爱心，尊重、理解家属的言行；保护老年人及其家属的隐私，协助家属照顾临终老年人；保持良好的心态和稳定的情绪。

▶任务训练

请结合案例导读及本任务中所学知识，为刘女士及女儿提供身心支持。

任务二　死亡后的护理

▶案例导读

孙爷爷患肺癌晚期长达 2 年，由于子女工作较忙、老伴患有阿尔茨海默病，在征得孙爷爷同意后，家人将其安排住进了本市的一家养老机构。该机构将为老人提供临终关怀及相关服务。虽然养老机构的照护人员非常细心，但由于病情加重，孙爷爷健康状况依然每况愈下。考虑孙爷爷时日可能不多，养老机构建议其子女全程陪护。子女接受了机构安排，请假陪在老人身边。子女在身边的第四天，孙爷爷就安详地闭上了眼睛。由于孙爷爷子女均没有办理后事的经验，因此委托养老机构为孙爷爷办理后事。

请思考：如果你来负责孙爷爷死亡后的遗体护理，你应该如何进行？

一、死亡的标准

1. 传统的死亡概念

传统的死亡概念是指机体心肺功能的停止,在医学上已被沿用很久。但由于心脏起搏、心肺复苏、呼吸机辅助通气等技术的使用,部分心跳、呼吸停止者并非必死无疑。由此可见,心跳、呼吸的停止已不能作为判断死亡的唯一标准。

2. 脑死亡

1968年,美国哈佛医学院提出了"脑死亡"的诊断标准,将"脑功能不可逆性丧失"作为新的死亡标准,实现了死亡概念由心跳、呼吸的停止过渡到中枢神经系统功能完全丧失这一观念的转变。通常脑死亡诊断标准包括:(1)对环境失去一切反应,完全无反射和肌肉活动;(2)停止自主呼吸;(3)动脉压下降;(4)脑电图平直。脑死亡的判断是一个严肃、细致和专业技术性很强的过程,必须依靠具有专业特长的临床医生根据病情及辅助检查结果,依据法律规定做出。

目前,我国尚未出台脑死亡相关的法律。2019年,相关部门发布了《中国成人脑死亡判定标准与操作规范(第二版)》,为我国脑死亡判定工作的有序、规范开展提供了重要参考。

二、死亡过程的分期

死亡并不是生命的骤然结束,而是一个从量变到质变的过程。一般将死亡分为三期,即濒死期、临床死亡期及生物学死亡期。

1. 濒死期

濒死期又称临终期,是临床死亡前主要生命器官功能极度衰弱、逐渐趋向停止的时期。此期的主要特点是中枢神经系统脑干以上部位的功能处于深度抑制或丧失状态,而脑干功能依然存在,表现为临终老年人意识模糊或丧失,各种反射减弱或逐渐消失,肌张力减退或消失。循环系统功能减退,心跳减弱、血压下降、四肢发绀、湿冷。呼吸系统功能进行性减退,表现为呼吸微弱,出现潮式呼吸或间断呼吸。代谢障碍,肠蠕动逐渐停止。感觉消失,视力下降。但某些猝死者可不经此期而直接进入临床死亡期。

2. 临床死亡期

临床死亡期是临床判断死亡的标准,此期中枢神经系统的抑制过程已由大脑皮层扩散到皮层以下部位,延髓处于极度抑制状态。该期症状表现为心跳、呼吸完全停止,各种反射消失,瞳孔散大,但各种组织细胞仍有微弱而短暂的代谢活动。一般持续5~6分钟,若抢救及时生命有复苏的可能,超过这个时间,大脑将发生不可逆的变化。但在低温条件下,临床死亡期可延长至1小时左右。

3. 生物学死亡期

生物学死亡期是指全身器官、组织、细胞生命活动停止的时期,也称细胞死亡期。此期从大脑皮层开始,整个中枢神经系统及各器官新陈代谢完全停止,并出现不可逆变化,整个机体无任何复苏的可能。机体相继出现尸冷、尸斑、尸僵及尸体腐败等现象。

(1) 尸冷。

尸冷是死亡后最先发生的尸体现象之一。死亡后机体停止产热但散热继续,故尸体温度逐渐下降。一般情况下,以直肠温度仪判断为标准,死亡后 10 个小时内,尸温下降速度为每小时 1℃,10 小时后为每小时 0.5℃,大约 24 小时,尸温降至与环境温度相同。

(2) 尸斑。

由于血液循环停止及重力作用,心血管内的血液缺乏动力而沿着血管网坠积于尸体低下部位,呈暗红色斑块或条纹,一般在死亡后 2~4 小时出现。若老年人为侧卧位,应将其转为仰卧位以防脸部颜色改变。

(3) 尸僵。

尸体肌肉僵硬,关节固定。尸僵首先从小块肌肉开始,表现为先从咬肌、颈肌开始,向下至躯干、上肢和下肢。一般在死后 1~3 小时开始出现,4~6 小时扩展到全身,12~16 小时发展到最硬,24 小时后开始减弱,肌肉逐渐变软,称为尸僵缓解。

(4) 尸体腐败。

死亡后机体组织的蛋白质、脂肪和碳水化合物因腐败细菌作用而分解的过程称为尸体腐败,表现为出现尸臭、尸绿等。一般死后 24 小时先在死者右下腹出现,逐渐扩展至全腹,最后波及全身。

三、遗体护理与遗物整理

遗体护理与遗物整理是死亡后护理的重要组成部分。做好遗体护理与遗物整理不仅是对逝者的尊重和对逝者家属的安抚,也是人道主义精神和职业素养的体现。遗体护理应在老年人确认死亡,医生开具死亡诊断书后尽快进行。

1. 操作目的

(1) 使遗体清洁无味、五官端正、肢体舒展、体位良好,便于家属辨认。

(2) 安慰家属,减轻哀痛。

(3) 整理遗物,移交家属。

2. 评估与解释

(1) 评估。接到医生开出的死亡通知书后,再次核实。评估死者的诊断、死亡原因及时间、尸体清洁程度、家属对死亡的态度等,确认其有无伤口、引流管等。

(2) 解释。通知死者家属并向其解释遗体护理的目的、方法、注意事项及配合要点等。

3. 工作准备

(1) 环境准备:安静、肃穆,必要时用屏风遮挡。

(2) 照护人员准备:衣帽整洁,洗手,戴口罩,戴手套。

(3) 用物准备:血管钳、剪刀、松节油、绷带、棉球、棉花、梳子、毛巾、四头带、尸袋或尸单、软枕、衣裤、鞋、袜、擦洗用具、手消毒剂、屏风或隔帘、物品登记表、笔等;有伤口者备换药敷料、蝶形胶布,必要时备隔离衣和手套等。

4. 操作实施

遗体护理与遗物整理操作实施见表 14-2。

表 14-2　遗体护理与遗物整理操作实施

操作流程	操作内容
（1）备齐用物	携用物至床旁,用屏风遮挡
（2）劝慰家属	请家属暂时离开或共同进行遗体护理
（3）撤去用物	撤去一切治疗用品,如输液器、氧气管、导尿管等
（4）摆放体位	将床放平,使遗体仰卧,头下置一软枕,留一层尸单遮盖遗体
（5）清洁面部	清洁死者面部,有义齿者代为装上,闭合其眼、口。若其眼睑不能闭合,可用毛巾湿敷或于上眼睑下垫少许棉花,使上眼睑下垂闭合。嘴不能闭紧者,轻揉其下颌或用四头带固定
（6）填塞孔道	用血管钳将棉球塞于死者口、鼻、耳、肛门等孔道,注意棉球勿外露
（7）清洁全身	为死者脱去衣裤,擦净全身,更衣梳发;用松节油擦净胶布痕迹,有伤口者更换敷料,有引流管者应拔出后缝合伤口或用蝶形胶布封闭并包扎
（8）包裹遗体	为死者穿上寿衣,将遗体放入尸袋内拉好拉链,或用尸单包裹遗体,用绷带在其胸部、腰部、踝部固定牢固,或用尸单盖于遗体上
（9）交接遗体	协助将遗体送至太平间
（10）遗物整理	由两名照护人员与家属共同将死者的物品分类放置并清点,一名照护人员将物品分类打包并口述物品名称和数量,另一人填写物品登记表,清点记录后,两名照护人员同时签全名;将物品登记表及遗物与家属核对并交接,请家属在登记表上签名,登记表保存一年
（11）用物处置	对房间和床单位进行终末消毒;整理文件,完成各项记录,协助家属办理各项手续

5．注意事项

（1）遗体护理应在医生出具死亡证明、家属同意后及时进行,以防尸僵。

（2）进行遗体护理期间,照护人员态度应肃穆,尊重死者,彰显素养,保护死者隐私,及时进行遗体遮盖。

（3）理解家属的悲痛心情,遗体护理后应让家属与死者做最后告别并护送家属离开。

（4）患传染病的死者遗体应使用消毒液擦拭,包裹后装入不透水的尸袋中,并做出传染标识。

四、终末消毒

终末消毒是指老年人离开或死亡后,对其居住过的居室及居室内物品进行彻底消毒,目的是将遗留在居室及各种物体上的病原体消除。终末消毒的工作内容包括对居室内床铺、地面、物品表面、空气等进行消毒。

1．操作目的

（1）将遗留在居室及各种物体表面的病原体彻底清除。

（2）使居室、床单位处于备用状态。

2．工作准备

（1）照护人员准备：衣帽整洁,洗手,戴口罩,戴手套。

（2）用物准备：盆、含氯消毒原液、抹布、拖把、干净被褥、紫外线灯、垃圾袋等。

（3）环境准备：室内温湿度适宜。

3. 操作实施

终末消毒操作实施见表 14-3。

表 14-3 终末消毒操作实施

操作流程	操作内容
(1) 初步消毒	对有传染性疾病老年人居住过的房间,先进行初步消毒,如紫外线灯照射消毒
(2) 物品整理	撤出旧被褥;收集各类垃圾并使用相应垃圾袋装好、密封好,放至规定地点
(3) 配消毒液	按照说明书取适量消毒原液倒入盆内,配制成浓度为 0.05% 的含氯消毒液
(4) 环境消毒	用抹布蘸取消毒液擦拭居室内所有物品表面;使用拖把蘸取消毒液擦拭居室内地面;将需要浸泡消毒的物品浸入消毒液内 30 min
(5) 更换被褥	更换新的干净被褥,使之处于完好备用状态
(6) 整理用物	将浸泡物品取出,用清水刷洗干净后晾干;将剩余消毒液倒入水池内;开窗通风 30 min

4. 注意事项

(1) 操作时务必戴口罩、手套。

(2) 开窗通风时间需大于 30 分钟。

(3) 通常配置 0.05% 的含氯消毒剂,用于擦拭物品表面。

(4) 如使用紫外线灯照射消毒,需按照规范进行。

五、丧亲者居丧期的护理

死者家属又称丧亲者,主要是指失去亲人的直系亲属。丧亲者在居丧期的痛苦是巨大的,这种悲伤的过程对其身心健康、生活、工作均有很大的影响,因此做好丧亲者居丧期的护理是死亡后护理的重要工作内容之一。

1. 做好遗体护理

做好遗体护理能够体现照护人员对逝世老年人的尊重,也是对丧亲者心理的极大抚慰。

2. 心理疏导

为丧亲者创造适当的环境,鼓励其宣泄情感。

3. 尽量满足丧亲者的需要

尽量满足丧亲者的需求,无法满足的需耐心解释以取得谅解与合作。

4. 协助解决实际困难

了解家属的实际困难,积极地提供支持与帮助,或给出合理化建议,但在居丧期不宜引导家属做出重大决定及突然改变生活方式。

5. 协助丧亲者培养新的兴趣,鼓励其参加各种社会活动

协助丧亲者培养新的兴趣,寻求新的经历与感受。鼓励丧亲者参加各种社会活动以宣泄不良情绪。在疏导过程中应注意家属文化、信仰、性格、兴趣爱好等方面的差异。

6. 对丧亲者的访视

通过电话、访视等方式对丧亲者进行随访,为其提供持续性的关爱和支持。

任务训练

请结合案例导读及本任务中所学知识,完成对死亡后的护理。

模块四

康复服务

项目十五 体位与体位转换

 **引言**

康复主要是通过综合协调地应用各种措施,以达到消除或减轻患者身心和社会功能障碍、增强其生活自理能力、提高其生活质量的目的。我国60%的老年人患有多种老年病或慢性病,迫切需要康复服务。康复医学服务的工作内容包括康复预防、康复评定及康复治疗。其工作多以团队方式开展,其中康复医师是团队的领导者。根据各类养老服务机构中老年照护人员工作内容及岗位职责,结合目前国家及地方养老护理职业技能比赛赛项以及国家职业(养老护理员)技能等级认定技能要求,本项目详细介绍了体位、体位转换、保护具的使用,希望在有限的篇幅内为学生提供尽可能多的有效信息。

 **知识链接**

早期指导肢体活动能力减弱或丧失的老年人进行正确的体位摆放与体位转换,不仅可以帮助其预防因长期卧床或制动而导致的并发症,还可作为治疗方案的一部分,促进老年人运动功能的恢复,最大限度地发挥其尚存的功能,尽可能地使其恢复生活自理能力。

 **项目分解**

本项目将从体位、体位转换、保护具的使用三个方面进行项目分解。

任务一 体位

▼ 案例导读

李爷爷,75岁,丧偶,退休工程师,患有高血压10余年,遵医嘱长期服用降压药控制血压。3天前,李爷爷突发脑卒中,经积极治疗后病情已稳定。目前,李爷爷每日在康复医师的指导下进行康复功能锻炼。

请思考:根据上述情境,如何协助康复医师为李爷爷摆放体位及进行体位转换。

> **知识链接**
>
> 脑卒中是一类高发病率、高死亡率、高复发率及高致残率的疾病。脑卒中患者中有75%存在不同程度的功能障碍,以偏瘫最为常见。早期良肢位摆放可以有效地防止患肢发生痉挛,保护患肢及关节、肌肉的功能,降低并发症的发生,最大限度地恢复患者的肢体功能。在脑卒中者生命体征平稳、神经学症状不再发展48小时后即可开始进行良肢位摆放,且良肢位的摆放应贯穿于患者整个康复过程中。

一、体位

在照护老年人的过程中,照护人员应根据老年人不同的疾病特点,配合康复医师为老年人合理摆放体位,使其逐步实现由早期的被动改变体位过渡到后期的主动改变体位。

1. 基本概念

体位是指身体所保持的姿势。在为老年人提供康复服务的过程中,常指根据老年人康复治疗和护理的需要,所采取并能保持的身体姿势和位置。

2. 体位摆放的目的

正确的体位摆放具有预防或减轻患者痉挛或畸形的出现、使患者躯干和肢体保持在功能状态的作用,定时更换体位有助于患者预防并发症。

3. 体位摆放的原则

(1) 舒适。摆放后的体位要尽量使老年人感觉舒适,这有利于促进肢体的静脉血液回流。

(2) 符合人体力学的要求。体位摆放时,应将老年人的身体重量平均分配至各负重部位,使肢体及各关节均处于功能位置。此外,体位的摆放应能达到延缓痉挛出现和发展的目的。

(3) 保持稳定性。使老年人取卧位时应保持一定的稳定性,如无法维持稳定性卧位,可恰当使用支持物及保护性设施。

二、老年人常见卧位及摆放

卧位是老年人休息和适应医疗护理需要采取的卧床姿势,也是失能老年人的主要体位。老年人常见卧位及摆放可参考医院内患者。常见体位及摆放包括如下几种。

1. 仰卧位

(1) 去枕仰卧位。

① 适用范围。

适用于腰麻或脊髓穿刺的老年人。可防止穿刺后脑脊液从穿刺处漏出而导致颅内压过低引起头痛。此卧位还可用于昏迷或全麻未清醒的老年人,能够防止其呕吐物误入气管而引起窒息或吸入性肺炎等肺部并发症。

② 姿势(见图15-1)。

将枕头撤去,头部与躯干基本在同一平面上,头偏向一侧,两臂伸直,自然放置。将枕头横放在床头,床尾放软枕以防止足下垂。

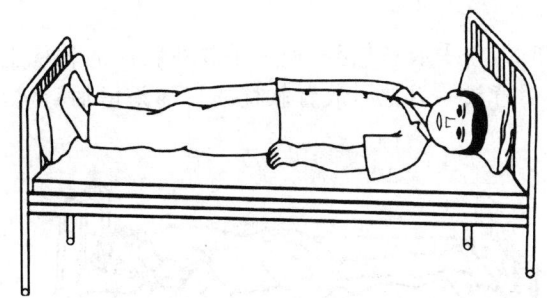

图 15-1　去枕仰卧位

(2) 中凹卧位。

① 适用范围。

适用于休克的老年人。将头胸部抬高可使膈肌下降,有利于呼吸;将下肢抬高,有利于静脉回流从而缓解休克症状。

② 姿势(见图 15-2)。

头胸部抬高 10°～20°,下肢抬高 20°～30°。

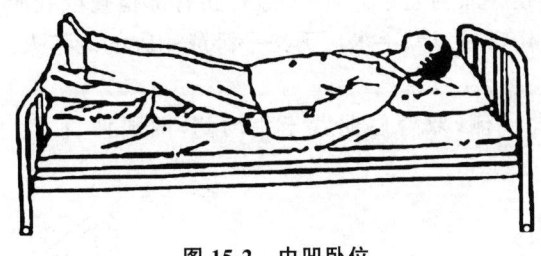

图 15-2　中凹卧位

(3) 屈膝仰卧位。

① 适用范围。

适用于进行腹部检查、会阴冲洗、足部清洗及更换体位等的老年人。

② 姿势(见图 15-3)。

仰卧,头下垫软枕,两臂自然放于身体两侧,两膝屈起并稍向外分开。

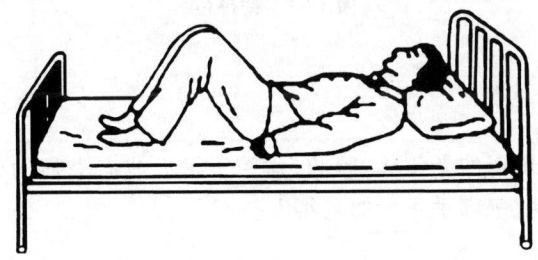

图 15-3　屈膝仰卧位

2. 侧卧位

(1) 适用范围。

适用于生活完全不能自理、绝对卧床的老年人。平卧位、侧卧位交替,可避免老年人局部组织长期受压。此外,还可以用于某些治疗及检查项目,如灌肠、肠镜检查等。

(2)姿势(见图15-4)。

老年人侧卧,两臂屈肘,一手放在枕旁,另一手放在胸前的软枕上,上腿弯曲,下腿稍伸直,在两膝间放一软枕,后背放一软枕。放置软枕的目的是增加稳定性,使老年人感到舒适和安全。

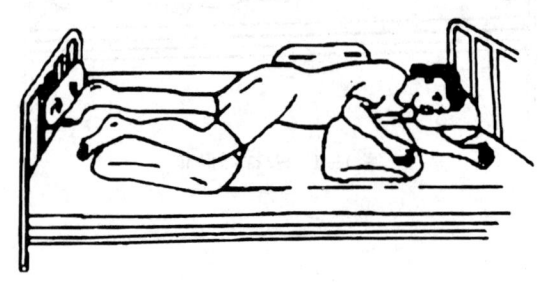

图15-4 侧卧位

3. 俯卧位

(1)适用范围。

适用于胃肠胀气所致腹痛的老年人,需要进行腰背部检查或胰胆管造影检查的老年人,也适用于腰、背、臀部有伤口或脊髓手术后无法平卧或侧卧的老年人。

(2)姿势(见图15-5)。

老年人俯卧,头偏向一侧,双臂屈曲置于头两侧,两腿伸直,胸下、髋部及踝部各垫一软枕。

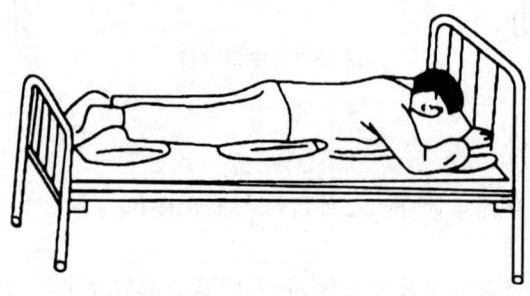

图15-5 俯卧位

4. 半坐卧位

(1)适用范围。

适用于恢复期体质虚弱的老年人,腹腔、盆腔手术后或有炎症的老年人,心肺疾患所致呼吸困难的老年人,面部、颈部手术后的老年人。

(2)姿势(见图15-6)。

老年人仰卧,先把床头摇高30°~50°,再摇起膝下支架,防止下滑,床尾置一软枕垫于老年人足下。放下时,先摇平膝下支架,再摇平床头支架,也可直接抬高老年人的上半身,在床头褥子下置一靠背架,使老年人屈膝,膝下垫软枕,床尾放置软垫。

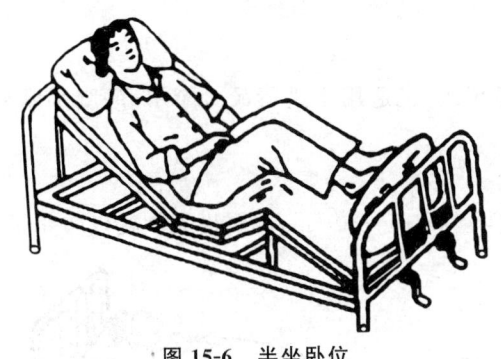

图 15-6 半坐卧位

5. 端坐位

(1) 适用范围。

适用于急性肺水肿、心包积液、心力衰竭及支气管哮喘发作的老年人。

(2) 姿势(见图 15-7)。

扶老年人坐起,使其身体稍向前倾,用床头支架或靠背架将床头抬高 70°～80°,床上放跨床小桌,桌上放软枕,供老年人伏桌休息;膝下置支架或软枕抬高 15°～20°,足下放软枕。

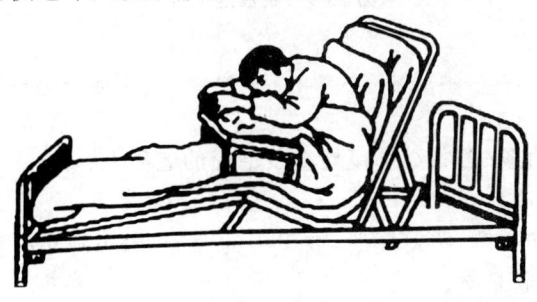

图 15-7 端坐位

6. 头低足高位

(1) 适用范围。

适用于肺部、十二指肠需引流,下肢牵引的老年人(如胫骨牵引、跟骨牵引)。此卧位会使老年人感到不适,不宜长时间使用,尤其需要注意的是颅内高压者禁用该卧位。

(2) 姿势(见图 15-8)。

老年人取仰卧位,将一软枕立于床头,将床尾垫高 15～30 cm。

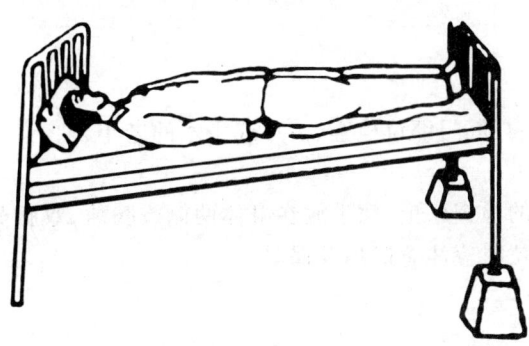

图 15-8 头低足高位

7. 头高足低位

(1) 适用范围。

适用于颈椎骨折的老年人,也适用于进行颅骨牵引、颅脑手术后的老年人,该卧位可用来预防脑水肿。

(2) 姿势(见图 15-9)。

老年人取仰卧位,床头垫高 15~30 cm,床尾横立软枕以防止足底触及床栏。

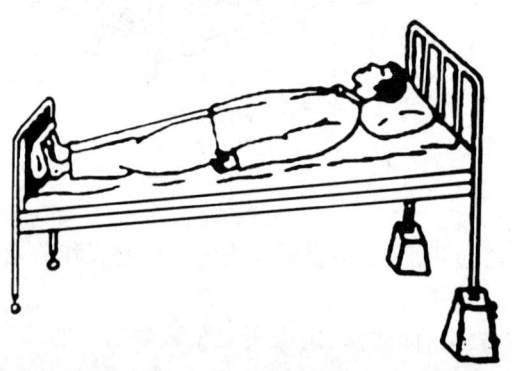

图 15-9　头高足低位

8. 膝胸卧位

(1) 适用范围。

适用于进行肛门、直肠、乙状结肠镜检查及治疗的老年人。

(2) 姿势(见图 15-10)。

老年人跪卧,头转向一侧,两臂屈肘,放于头的两侧,两小腿稍分开并放平,大腿与床面垂直,胸贴床面,腹部抬起悬空。

图 15-10　膝胸卧位

9. 截石位

(1) 适用范围。

适用于需要进行会阴、肛门部位检查、治疗或手术的老年人。

(2) 姿势(见图 15-11)。

老年人仰卧于特殊的检查床上,两手放在身体两侧或胸前,双腿分开,置于支腿架上,臀部置于床沿。选用该体位时应注意遮挡及保暖。

图 15-11 截石位

三、偏瘫老年人的体位摆放

1. 偏瘫老年人的身体特点

偏瘫老年人处于软瘫期时,患肢肌力减退,肌张力下降,腱反射减弱或消失,患肢不能维持抗重力体位,坐起或站立时易出现患侧肩关节半脱位和肩痛。痉挛期时,患肢肌力增高,腱反射亢进。典型的痉挛姿势为头屈向患侧,上肢呈屈肌模式。

2. 为老年人摆放良肢位

良肢位又称抗痉挛体位,是指老年人在卧位或坐位时,为保持其肢体的良好功能而摆放的一种体位。偏瘫老年人、肌力在 2 级以下的老年人、长期卧床的老年人均需要摆放良肢位,每 2 小时更换一次体位。目前国内良肢位的常用体位主要包括卧位和坐位。卧位包括仰卧位、患侧卧位、健侧卧位,坐位包括床上坐位、床边坐位和椅坐位等。

(1) 操作目的。为偏瘫老年人摆放良肢位,防止痉挛的出现和加重,促进老年人肢体功能的恢复。

(2) 评估及解释。

① 向老年人及家属解释操作的目的、方法及配合要点等。

② 评估老年人的生命体征、意识及认知情况、肌肉及肌力情况、关节活动度、皮肤完整性、理解及配合程度等。询问并提前帮助老年人解决饮水、大小便等需求。

(3) 工作准备。

① 环境准备。室内整洁,温湿度适宜,若天气寒冷则应关闭门窗。

② 照护人员准备。着装整齐,洗净并温暖双手,戴口罩。

③ 老年人准备。了解操作目的及配合要点。

④ 用物准备。软枕或体位垫若干、软垫、轮椅、椅子、记录单、笔、洗手液等。

(4) 为老年人摆放良肢位操作实施(见表 15-1)。

表 15-1　为老年人摆放良肢位操作实施

操作流程	操作内容
① 再次沟通	携物品至床前,核对信息,再次向老年人解释,取得理解与配合
② 体位摆放	卧位良肢位的摆放: ● 仰卧位。打开盖被,"S"形折叠至对侧,寒冷天气应注意保暖;平整床铺,为老年人选择高度适宜的枕头,使老年人面部朝向患侧,以老年人感觉舒适为宜,身体不宜过伸、过屈。患侧肩下用软枕垫起且稍抬向前,前臂向后旋及稍拉伸外展。将老年人患侧上肢的肘关节伸展并放在软垫上,使其手心向上,手指分开。在老年人患侧臀下垫薄软枕,支撑患侧髋部,防止髋关节屈曲、外旋。腘窝处垫小枕,防止膝关节过度伸展。踝关节背屈,保持足尖向上,防止足部下垂。 ● 健侧卧位。协助老年人翻身至健侧卧位。平整床铺。将老年人头部固定在枕头上,高度适当。在老年人胸前放一软枕,使躯干略向前。在老年人后背放大软枕,使身体放松,避免向后扭转。老年人健侧上肢在下,自然放置。老年人患侧上肢在上,摆放于软枕上,与身体成 90°~130°角;掌心向下,肘、腕、指关节充分伸展且手腕呈背伸位,避免腕、手悬空。在老年人患侧下肢垫软枕,下肢摆放在一步远的位置,髋膝关节自然弯曲,避免足悬空及内翻。将老年人健侧下肢自然伸直,膝关节自然弯曲。 ● 患侧卧位。协助老年人翻身至患侧卧位,将床铺平整。老年人头垫软枕,高度适当。老年人背后放大软枕,使其身体略后仰靠在枕头上,身体放松。避免患侧肩部直接被压于身体下,患侧肩部前伸。将老年人患侧上肢向前平伸放在软枕上,与身体成 80°~90°角,使其肘关节尽量伸直,手指张开,手心向上。将老年人健侧上肢自然放于身体上或稍后方。患侧下肢髋部伸展,微屈膝,踝关节背屈 90°。使老年人健侧下肢充分屈髋屈曲,摆放成踏步姿势,下垫软枕,膝关节和踝关节自然微屈。注意其足底不放东西,手不握物品。 坐位良肢位的摆放: ● 床上坐位。协助老年人坐在床上,平整床铺。在老年人背部放大软枕或棉被。使老年人上身坐直。老年人髋部呈 90°角屈曲,重量均匀分布于臀部两侧。下肢自然伸直,患侧膝关节略微屈曲且垫一软垫于膝下,患侧足底放一足脱或沙袋,保持足中立或踝关节背屈。在老年人身前放置调节桌,桌上放软枕,将老年人上肢放在软枕上。使其上肢双手十指相扣,健侧手指在患侧手指下方,注意肘不可屈曲及双手悬空于桌下。 ● 床边坐位。床上坐位稳定后,可逐步采取床边坐位。老年人伸腰挺胸,头颈保持直立,整个脊柱垂直于骨盆,上身重心平分在臀两侧,双上肢自然置于体侧、大腿上或身前桌板上,保持髋、膝、踝关节屈曲 90°,为轮椅坐位做准备。 ● 椅坐位。老年人坐于有扶手的椅内,背部尽量后靠,必要时在其腰背部放一软枕以保持躯干伸展。老年人双手前伸,将肘部放在桌上或软枕上,高度适当。手指自然伸展,避免过度屈曲。髋关节尽量保持 90°屈曲,重量均匀分布于臀部两侧。双足放平。 ● 轮椅坐位。在老年人腰部放一软枕,促进躯干保持伸展。使其双手前伸,肘放在桌上,转移双手调整姿势,臀部尽量坐在轮椅坐垫的最后方,防止身体下滑。双脚平放在地上或平凳上。
③ 整理记录	为老年人做好保暖,整理好床单位或检查桌椅的固定情况。洗手,记录体位及老年人身体情况,如有异常情况及时报告

(5) 注意事项。

① 康复训练应在专业康复医师指导下进行。

② 在良肢位摆放中,应注意以下方面。

a. 仰卧位。为避免老年人皮肤压力性损伤的发生,应尽量缩短其仰卧位的时间;其患手、患足不可外悬于枕头边缘;不可在其足底放置任何物品,以免增加下肢伸肌模式的反射活动。

b. 健侧卧位。老年人患侧上肢与下肢应使用枕头支撑且高度略高于心脏水平,利于静脉回流、减轻肢体肿胀;患侧手张开但不可放置任何物品以免因抓握反射引起患手紧握;患手、患足不可悬于枕头边缘以免加重腕掌屈及足内翻。

c. 患侧卧位。应避免老年人患侧肩部受压和肩胛骨后缩;禁止直接牵拉其患侧上肢以免引起肩关节脱位。

d. 床上及床边坐位。老年人坐起时,照护人员应先抬高床尾,再抬高床头。为预防老年人体位性低血压,体位改变应循序渐进,坐位训练从 30°～45°开始,约每 5 min 增加 5°。体位变换过程中应注意观察老年人有无不适并及时处置。尽量使其避免半卧位,以免增加其躯干屈曲伴下肢伸直,并加重骶骨和尾骨受压导致皮肤损伤。老年人无良好支持、保持直立床上坐位有困难时,应禁止使用该坐姿,避免不良姿势使其形成和强化痉挛模式。如长时间采取髋关节屈曲小于 90°的坐姿,会造成老年人背部弯曲,骨盆向后方倾斜,使其髋关节长时间处于半伸展状态,从而诱发下肢伸肌痉挛加重,阻碍下肢运动功能的恢复,故应避免采取此种坐姿。

e. 椅坐位及轮椅坐位。可采取重心落在老年人坐骨结节上方或后方的后倾坐姿或相反的前倾坐姿,前倾坐姿的稳定性和平衡性更好,而后倾姿势较省力和灵活,但要防止出现骨盆倾斜和脊柱侧弯。系好安全带,保证安全。定时协助其进行臀部减压,使其每 30 min 抬臀 1 次,每次 15 s,防止其压力性损伤的产生。

四、截瘫老年人的体位摆放

截瘫老年人因双下肢同时受累和长期卧床,易出现髋关节内收挛缩、膝关节僵直、踝关节内翻、足下垂,因此应重视其双下肢位置的摆放。

(1) 操作目的。预防、减轻或改善截瘫老年人髋、膝、踝关节畸形,及时发现或防止其皮肤压力性损伤的发生。

(2) 评估及解释。

① 向老年人及家属解释操作的目的、方法及配合要点等。

② 评估老年人的生命体征、意识及认知情况、肌肉及肌力情况、双下肢各关节的畸形情况、皮肤完整性、理解及配合程度等。

(3) 工作准备。

① 环境准备:室内整洁,温湿度适宜,若天气寒冷应关闭门窗。

② 照护人员准备:着装整齐,洗净并温暖双手,戴口罩。

③ 老年人准备:了解操作目的及配合要点。

④ 用物准备:软枕或体位垫若干、记录单、笔、洗手液等。

(4) 截瘫老年人的体位摆放操作实施(见表 15-2)。

表 15-2　截瘫老年人的体位摆放操作实施

操作流程	操作内容
① 再次沟通	携物品至床前,核对信息,向老年人解释,取得理解与配合
② 体位摆放	● 仰卧位(见图15-12):老年人头、颈下置软枕,呈中立位,避免过屈、侧屈及颈部悬空。双上肢舒适摆放。伸髋并稍外展,两侧髋关节至大腿外侧下方放置一长枕,防止髋关节外旋,膝关节下用小枕垫起保持微屈。足部中立位,足尖向上,足底放置软枕。 ● 侧卧位(见图15-13):老年人头、颈下置软枕,与躯干呈直线,背部放置软枕保持稳定。双上肢自然放置或胸前抱枕保持舒适。下方下肢髋屈膝20°,上方下肢屈髋屈膝30°,在两膝关节和踝关节间垫软枕。有足下垂或内翻者,可使用足托使其保持踝关节背伸90°中立位。 ● 俯卧位:老年人面部朝下,颈部及胸下放置枕头。肩关节外展90°,肘关节屈曲,前臂旋前,或双上肢自然下垂于床两侧。髋关节伸展,两侧髋部垫薄枕,双膝关节和踝关节下垫枕,踝关节保持垂直。
③ 整理记录	为老年人做好保暖,整理床单位。洗手,记录体位及老年人身体情况,如有异常情况及时报告

(5) 注意事项。

① 仰卧位时,可在老年人两腿间放置枕头,为避免其双腿因挛缩难以分开,放置前应先进行局部按摩,不可用力掰开双腿。用于抬高下肢的枕头不宜放在老年人膝关节以下部位,要避免膝关节过伸。

② 侧卧位时,对于踝关节不能保持90°的中立位者,可使用足托使之背伸。

③ 俯卧位时,应注意保持老年人呼吸通畅。

④ 任何一种体位均不可维持过久,应定时更换,保护老年人易受压部位,以防压力性损伤的发生。

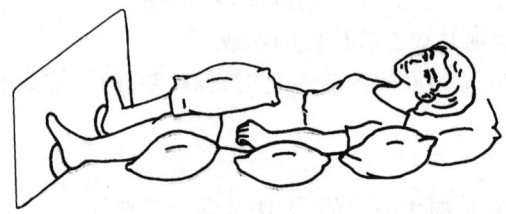

图 15-12　仰卧位

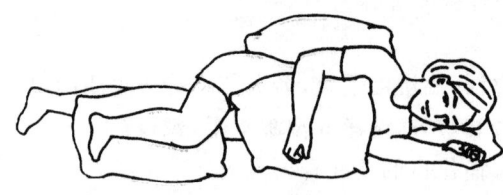

图 15-13　侧卧位

任务训练

练习为老年人摆放良肢位的操作方法。

任务二 体位转换

▶ 案例导读

孙爷爷,78岁,脑卒中后3个月,生活自理能力丧失。为了使其得到良好的照顾,子女将老人送至某养老机构。入住机构后,工作人员对孙爷爷进行了综合评估,并制订了包括体位转换在内的照护及康复计划。

请思考:根据上述情境,回答体位转换的目的是什么?体位转换该如何实现?

▶ 知识链接

在体位转换的过程中,照护人员应始终秉持一个原则,即尽可能发挥老年人自身尚存的自理能力。这意味着,在保证安全的前提下,如果老年人有能力独立完成某个动作,应该鼓励他们自主完成。同时,如果老年人需要一些协助,也应该根据他们的实际需求提供适量的帮助。只有当老年人确实无法自主完成体位转换,或者出于安全考虑必须采取被动方式时,才应选择被动转移作为最后的手段。此外,当老年人存在认知障碍时,不要勉强其进行体位转换。老年人体重较大或转移距离较远时,照护人员可使用滑布、移位机等辅助设备。

一、协助老年人移向床头

老年人取卧位或半卧位时经常会出现滑向床尾的情况,当老年人不能自行移动时,往往需要照护人员协助其移向床头,恢复舒适的卧位。

1. 操作目的

协助滑向床尾且不能自行移动的老年人移向床头,使其恢复安全而舒适的卧位。

2. 评估及解释

① 向老年人及家属解释操作的目的、方法及配合要点等。

② 评估老年人的年龄、体重、病情、治疗情况、肢体活动情况、心脏状态、理解及配合程度等。

3. 工作准备

(1) 环境准备:整洁、安静、温度适宜,光线充足。

(2) 照护人员准备:衣帽整洁,洗手,视老年人情况决定照护人员人数。

(3) 老年人准备:了解操作目的及配合要点。

(4) 用物准备:软枕或体位垫、洗手液等。

4. 操作实施

协助老年人移向床头操作实施见表15-3。

表 15-3 协助老年人移向床头操作实施

操作流程	操作内容
(1) 沟通核对	携物品至床前,核对信息,向老年人解释,取得理解与配合
(2) 固定床位	固定床脚轮
(3) 固定管路	根据老年人情况妥善固定各种管路,必要时将盖被折叠至床尾或一侧
(4) 移动老年人	① 一人协助老年人移向床头法。老年人仰卧屈膝,双手握住床头栏杆,双脚蹬床面。照护人员一手稳住老年人双脚,另一手在其臀部提供助力,使其移向床头。 ② 两人协助老年人移向床头法。老年人仰卧屈膝。照护人员两人分别站于床的两侧,交叉托住老年人颈肩部和臀部,或一人托住颈肩部及腰部,另一人托住臀部及腘窝部,两人同时抬起老年人将其移向床头
(5) 整理记录	放回枕头,协助老年人取舒适卧位,整理床单位

5. 注意事项

(1) 根据老年人的情况,选择适合老年人的移动方法。

(2) 将枕头横放于床头,避免移动时撞伤老年人头部。

(3) 移动时应对老年人的头部予以托扶。

(4) 不可使用拖、拉等方法,以免擦伤老年人的皮肤。

(5) 操作时注意节力原则。

二、协助老年人移向床边

在协助卧床老年人体位移动时,需要先将老年人的身体移向床边。

1. 操作目的

协助老年人移向床边,为翻身、取床旁坐位、站立等做准备。

2. 评估及解释

(1) 向老年人及家属解释操作的目的、方法及配合要点等。

(2) 评估老年人的年龄、体重、病情、治疗情况、肢体活动情况、心脏状态、理解及配合程度等。

3. 工作准备

(1) 环境准备:整洁、安静,温度适宜,光线充足。

(2) 照护人员准备:衣帽整洁,洗手。

(3) 老年人准备:了解操作目的及配合要点。

(4) 用物准备:软枕或体位垫、洗手液等。

4. 操作实施

协助老年人移向床边操作实施见表 15-4。

表 15-4 协助老年人移向床边操作实施

操作流程	操作内容
(1) 沟通核对	携物品至床前,核对信息,向老年人解释,取得理解与配合
(2) 体位准备	固定床脚轮,松开被尾,协助老年人呈仰卧位,使老年人环抱双臂并放于胸前

续表

操作流程	操作内容
（3）移动老年人	① 一人移动法（分段移位法）。照护人员站在老年人床边，将老年人的枕头移到近侧。将老年人的头部移到枕头上。照护人员双脚分开、屈膝（降低身体重心，保持平衡），一手从老年人颈后抱住其对侧肩膀，另一手经臀下抱住对侧髋部，用力将老年人上半身移向近侧；然后，一手经老年人臀下抱住其对侧髋部，另一手抱住其腘窝部位，将老年人下半身移向近侧，完成移动。 ② 两人移动法。两名照护人员站在老年人床的同侧，将老年人的枕头移到近侧，将老年人的头部移至枕头上。一人托住老年人的颈肩、腰部，另一人托住老年人的臀部、腘窝部，两人共同配合将老年人抬起移向近侧
（4）整理记录	协助老年人取舒适卧位，整理床单位。洗手，记录老年人情况，如有异常及时报告

5. 注意事项

（1）根据老年人的情况，选择适合老年人的移动方法。

（2）不可使用拖、拉等方法，以免擦伤老年人的皮肤。

（3）操作时要注意保暖，确保老年人的安全，防止其坠床。

（4）操作时应注意节力原则。

三、协助老年人翻身侧卧

1. 操作目的

（1）协助不能起床的老年人更换卧位，增强身体舒适感。

（2）满足老年人进行检查、治疗和护理的需要，如背部皮肤护理、更换床单位或整理床单位等。

（3）预防并发症，如压力性损伤、坠积性肺炎等。

2. 评估及解释

（1）向老年人及家属解释操作的目的、方法及配合要点等。

（2）评估老年人的年龄、体重、病情、治疗情况、肢体活动情况、理解及配合程度等，确定翻身方法和所需物品。

3. 工作准备

（1）环境准备：整洁、安静，温度适宜，光线充足，必要时进行遮挡。

（2）照护人员准备：衣帽整洁，洗手，视老年人情况决定照护人员人数。

（3）老年人准备：了解操作目的及配合要点。

（4）用物准备：视老年人情况准备枕头、床挡、洗手液等。

4. 操作实施

协助老年人翻身侧卧操作实施见表15-5。

表15-5 协助老年人翻身侧卧操作实施

操作流程	操作内容
（1）沟通	携物品至床前，核对信息，向老年人解释，取得理解与配合
（2）固定	固定床脚轮

续表

操作流程	操作内容
（3）安置	将各种管路安置妥当，必要时将盖被折叠至床尾或一侧。协助老年人呈仰卧位，使老年人环抱双臂并放于胸前，两腿屈曲
（4）翻身	① 一人协助翻身法（见图15-14）：先将老年人双下肢移向靠近照护人员的床沿，再将老年人肩、腰、臀部向照护人员侧移动。一手托肩，一手托膝，轻轻将老年人推向对侧，使其背向照护人员。 ② 二人协助翻身法（见图15-15）：两名照护人员站在床的同一侧，一人托住老年人颈肩部和腰部，另一人托住其臀部和腘窝部，同时将老年人抬起移向近侧。随后两人分别托扶老年人的肩、腰部和臀、膝部，轻推，使老年人转向对侧。 ③ 三人轴线翻身法：三位照护人员站在床的同侧床沿，将老年人平移到床旁，甲固定老年人的头部，沿其身体纵轴向上略加牵引，使其头、颈部随躯干一起缓慢移动；乙将双手分别置于老年人的肩部、背部；丙将双手分别置于老年人的腰部、臀部，三人使老年人的头、肩、腰、臀部保持在同一水平线上，翻转至侧卧位
（5）加枕	在老年人背部、胸部及两膝间放置枕头，使老年人舒适安全，必要时加床挡
（6）检查	检查并安置老年人肢体各关节处于功能位置，保证其各种管道保持通畅
（7）记录	洗手并记录老年人翻身时间及皮肤状况

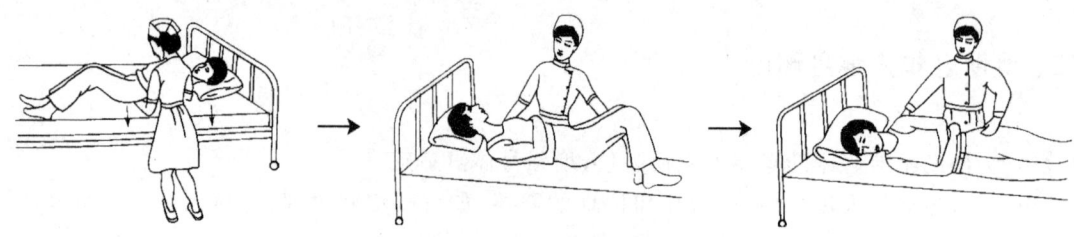

图 15-14　一人协助翻身法

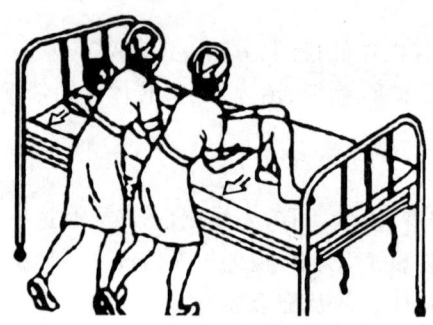

图 15-15　二人协助翻身法

5. 注意事项

（1）根据老年人病情及皮肤受压情况，选择适合的翻身方法并确定翻身间隔时间。通常每2小时至少翻身一次，如发现其皮肤发红或破损，应及时处理并增加翻身次数，同时做好交接工作。

（2）两人协助翻身时，动作要协调、轻稳，应将老年人身体稍抬起后再移动，切忌拖、拉、推等动作，以免擦伤其皮肤。

(3) 对于有引流管、输液装置等特殊情况的老年人,翻身时应妥当安置,翻身后要仔细检查管道是否脱落或受压阻塞。

(4) 为老年人翻身过程中应注意老年人的保暖,确保老年人的安全,防止老年人着凉及坠床。

(5) 为患病老年人翻身时,要根据其疾病要求给予关注。如为颅脑手术后的老年人翻身时,应采取健侧卧位或平卧位;为颈椎骨折、颅骨牵引的老年人翻身时,应采用轴线翻身法,翻身时注意保持老年人脊柱平直。

(6) 注意节力原则。操作时照护人员应两脚分开以扩大支撑面,屈膝保持身体稳定性,翻身时尽量靠近老年人,以减小阻力臂。

四、协助老年人从仰卧位到床边坐起、站立

照护人员在协助老年人乘坐轮椅外出、下床活动、完成检查时,需要先协助其坐起、站立。

1. 操作目的

预防老年人卧床并发症的发生;满足老年人检查、治疗和护理的需要。

2. 评估及解释

(1) 向老年人及家属解释操作的目的、方法及配合要点等。

(2) 评估老年人的年龄、体重、病情、管路携带情况、肢体活动情况、皮肤完整性、理解及配合程度等。

3. 工作准备

(1) 环境准备:整洁、安静,温度适宜,光线充足。

(2) 照护人员准备:衣帽整洁,洗手。

(3) 老年人准备:了解操作目的及配合要点。

(4) 用物准备:记录单、笔、洗手液等。如果需要将老年人移动到椅子或轮椅上,应按需备好必要物品。

4. 操作实施

协助老年人从仰卧位到床边坐起、站立操作实施见表15-6。

表15-6 协助老年人从仰卧位到床边坐起、站立操作实施

操作流程	操作内容
(1) 沟通	携物品至床前,核对信息,向老年人解释,取得理解与配合
(2) 固定	固定床脚轮
(3) 协助侧卧	站在老年人将要坐起一侧的床边,协助老年人翻身呈侧卧位。若老年人身体条件允许,尽量让老年人自主完成翻身并注意保护其安全
(4) 协助坐起	协助老年人将双下肢垂放到床边,一手从老年人颈肩下方扶住其颈部(或从老年人腋下扶住背后),将老年人向上扶起,另一手扶住老年人髋部,同时叮嘱老年人抬头,并用健侧上肢支撑床面,以老年人髋部为轴,协助老年人向上坐起,转换为坐位

续表

操作流程	操作内容
（5）协助站立	老年人坐稳后，使其两脚向后回收并略分开，手臂扶在照护人员肩上或在照护人员颈后交叉相握。照护人员屈膝，右腿伸到老年人两腿间，抵住老年人患侧膝部，形成良好固定，两手臂环抱老年人腰部并夹紧，两人身体靠近，老年人身体前倾靠在照护人员肩部，照护人员向上用力协助老年人站起，轻轻向前扶正老年人腰部，使其保持稳定姿势
（6）观察	询问老年人感受，观察老年人有无不适反应，始终保护老年人安全
（7）协助躺下	实现操作目的后，双手扶住老年人肩部，嘱咐老年人用健侧手支撑床面，慢慢倒在床上，躺在床上。协助老年人将其双下肢移动到床上，使其调整至舒适体位
（8）记录	整理衣服和床单位，为老年人盖好被子。洗手，记录老年人身体情况，如有异常情况及时报告

5. 注意事项

（1）长期卧床的老年人从仰卧位转换成坐位、站立时，易出现容易头晕，因此动作要缓慢。

（2）对于留置输液管、导尿管的老年人，协助其转换体位前，需先将管路妥善安置并固定，转换体位后应注意检查管路，确保通畅。

（3）体位转换时注意保护老年人的安全。

（4）对于体重较大的老年人，可使用辅助设备协助转换。

任务训练

协助老年人翻身侧卧、移向床头。

任务三　保护具的使用

案例导读

王爷爷，85岁，患有失智症多年，近日王爷爷的精神行为症状逐渐加重，出现了破坏家中物品、打人等行为。经治疗，王爷爷的症状略有缓解，但仍有伤人倾向。为缓解家庭照顾负担，家属商定将其送至附近养老机构进行专业照护。

请思考：根据上述情境，如何合理使用保护具以保证王爷爷及照护人员的人身安全？

知识链接

老年照护过程中，在评估老年人的安全需要后，对意识模糊、躁动、行动不便等具有安全隐患的老年人，应综合考虑老年人及其家属的心理、生理及社会等方面的需要，采取必要的安全措施，如使用保护具、辅助器等，确保老年人的安全，提高老年人的生活质量。中华护理学会于2019年11月发布的《住院患者身体约束护理》（T/CNAS 04—2019），规定了住院患者身体约束的基本要求，以及约束评估、实施和解除的具体内容，适用于各类医院，也可作为参照标准应用于各类养老机构的照护服务工作。

一、保护具的应用

保护具是用来限制老年人身体某部位的活动,以维护其安全与治疗护理效果的各种器具。常用的保护具有床挡、约束带、支被架等。

1. 保护具的适用范围

(1) 出现精神行为异常的老年人,如躁狂症患者、自我伤害者、破坏物品者、伤害他人者等。

(2) 坠床发生概率高者,如意识不清、躁动不安、失明、痉挛或年老体弱者。

(3) 实施某些眼科特殊手术者,如白内障摘除术后的老年人。

(4) 易发生皮肤压力性损伤者,如长期卧床、极度消瘦、虚弱者。

(5) 皮肤瘙痒者,包括全身或局部瘙痒难耐者。

2. 保护具的使用原则

(1) 知情同意原则。使用保护具前应向老年人及家属解释使用保护具的原因、目的、种类及方法,使其共同决策并签署知情同意书。在紧急情况下,可先实施约束,再告知家属。

(2) 最小化约束原则。在约束替代措施无效时使用。

(3) 老年人有利原则。保护老年人隐私及安全,对老年人提供心理支持。

(4) 随时评价原则。使用过程中应进行动态评估,与医护人员、老年人及家属及时沟通,调整约束决策。评估依据如下。

① 满足老年人身体的基本需要,使老年人安全、舒适,无血液循环障碍、皮肤破损等并发症或坠床、撞伤等意外发生。

② 老年人及家属了解保护具的使用目的,能够接受并积极配合。

③ 老年人各项检查、治疗及护理措施能够顺利进行。

二、常用保护具的使用方法

1. 床挡

床挡主要用于预防老年人坠床。常见的床挡有多功能床挡(见图 15-16)、半自动床挡(见图 15-17)及围栏式床挡(见图 15-18)。对于没有床挡的床,可将床的一侧靠墙,另一侧靠近床尾处用椅背拦挡,将床头柜移至床头 20 cm 处,床的两侧分别用枕头或被子拦挡。

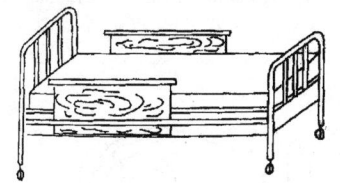
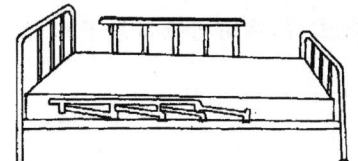
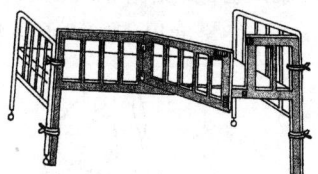

图 15-16 多功能床挡　　　图 15-17 半自动床挡　　　图 15-18 围栏式床挡

2. 约束带

约束带主要用于保护躁动的老年人,限制其身体或约束其失控肢体活动,防止老年人自伤或坠床。根据部位不同,约束带可分为肩部约束带、手肘约束带(见图 15-19)或肘部保护器(见图15-20)、约束手套(见图15-21)、约束衣(见图15-22)及膝部约束带等。

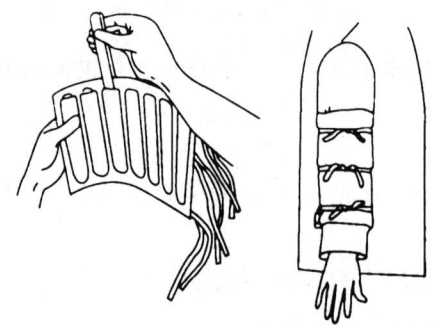

图15-19 手肘约束带

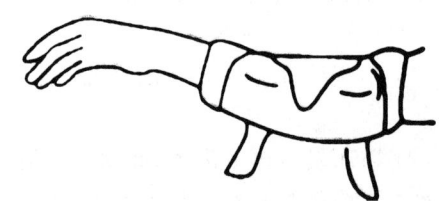

图15-20 肘部保护器

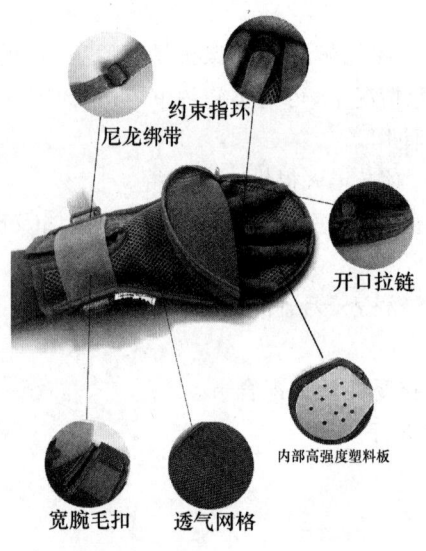

图15-21 约束手套

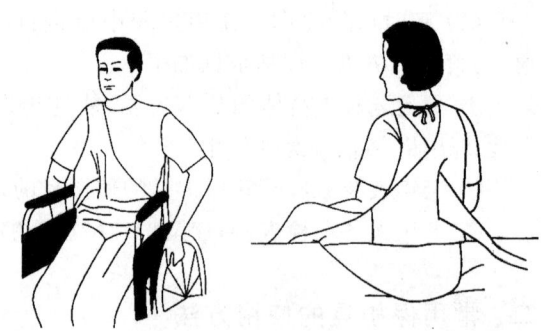

图15-22 约束衣

下面主要介绍宽绷带、肩部约束带、膝部约束带、尼龙搭扣约束带。

(1)宽绷带。常用于固定手腕及踝部。使用时,先用棉垫包裹腕部或踝部,再用宽绷带打成双套结(见图15-23),套在棉垫外,稍拉紧,确保肢体不脱出。宽绷带腕部约束法见图15-24,松紧度以不影响血液循环为宜,然后将绷带系于床边。

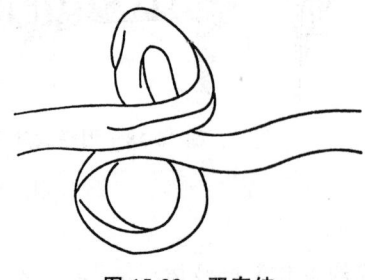

图15-23 双套结

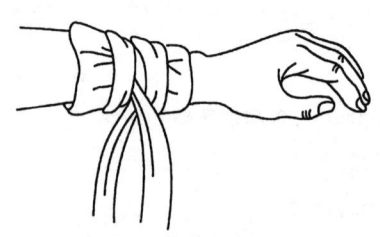

图15-24 宽绷带腕部约束法

（2）肩部约束带。用于固定肩部,限制老年人坐起。肩部约束带用宽布制成,宽 8 cm,长 120 cm,一端制成袖筒,见图 15-25。使用时,将袖筒套于老年人两侧肩部,肘窝垫棉垫。两袖筒上的细带在胸前打结固定,将两条较宽的长带系于床头(见图 15-26)。必要时也可将枕头横放于床头,将大单斜折成长条,作肩部约束(见图 15-27)。

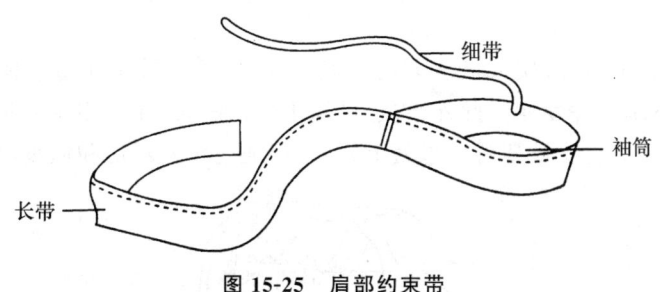

图 15-25 肩部约束带

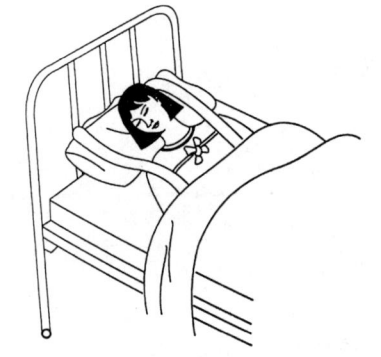

图 15-26 肩部约束带约束法

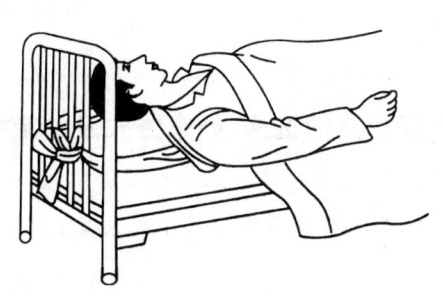

图 15-27 肩部大单约束法

（3）膝部约束带。用于固定膝部,限制老年人下肢活动。膝部约束带用宽布制成,宽 10 cm,长 120 cm,宽带中部相距 15 cm 分别钉有两条双头带,见图 15-28。使用时,两膝之间衬棉垫,将约束带横放于两膝上,用宽带下的双头带各固定一侧膝关节,然后将宽带两端系于床边(见图 15-29)。也可用大单进行膝部固定(见图 15-30)。

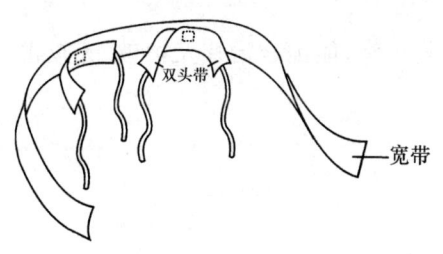

图 15-28 膝部约束带

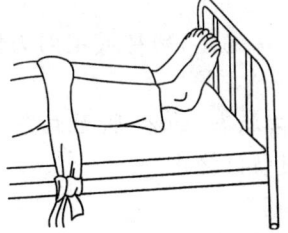

图 15-29 膝部约束带约束法

图 15-30 膝部大单约束法

（4）尼龙搭扣约束带。用于固定手腕、上臂、踝部及膝部。其特点是操作简便、安全,便于洗涤和消毒。该约束带由宽布和尼龙搭扣组成(见图 15-31)。使用时,将约束带置于老年人关节处,确保被约束部位衬有棉垫,调整松紧度,对合约束带上的尼龙搭扣后将带子系于床边。

图 15-31　尼龙搭扣约束带

3. 支被架

支被架主要用于肢体瘫痪或极度衰弱的老年人,以防止被子压迫肢体而造成老年人身体不适或引发足下垂等并发症。此外,它也可用于烧伤病人,在采用暴露治疗时需保暖的情况下使用。使用时,应将支被架置于患处上方,以保证老年人舒适和温暖(见图 15-32)。

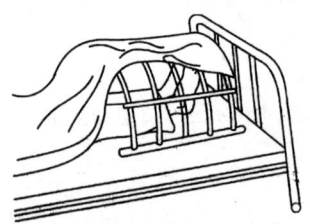

图 15-32　支被架使用方法

三、保护具的选择、约束方式及约束解除指征

1. 保护具的选择及约束方式

保护具的选择及约束方式见表 15-7。

表 15-7　保护具的选择及约束方式

老年人情况	约束方式	约束用具
老年人有抓伤、自行拔管等行为	上肢约束	约束带、约束手套
老年人躁动伴有攻击性行为	四肢约束	约束带
老年人使用支持生命的治疗/设备、且有躁动和攻击性行为	同时进行四肢和躯体约束,禁止约束头、颈部	约束带、约束衣、约束背心

2. 约束解除指征

(1) 老年人意识清楚,情绪稳定,精神或定向力恢复正常,能配合治疗及护理,无攻击、拔管行为或倾向。

(2) 老年人处于深度镇静状态、昏迷、肌无力等。

(3) 维持生命的治疗/设备已终止。

(4) 可使用其他替代措施。

四、使用保护具的注意事项

(1) 约束时执行查对制度,对老年人进行身份识别。

(2) 遵循产品使用说明。

(3) 使用保护具时,应保持老年人肢体及各关节处于功能位,并协助老年人经常更换体位,保证老年人的安全、舒适。

(4) 使用约束带时,首先应取得老年人及家属的同意。使用时,约束带下须垫衬垫,固定松紧度适宜,每 2 小时放松约束 1 次。注意观察老年人受约束部位末梢的血液循环情况,每 15 分钟观察一次,发现异常及时处理,必要时可进行局部按摩,促进血液循环。

(5) 保护具应固定在老年人不可触及处,不可固定在可移动的物体上。

(6) 约束中宜使用床挡,将床位制动并降至最低处。

(7) 确保老年人能随时与照护人员取得联系,如呼叫器的位置适宜或有陪护人员监测等,以保障老年人安全。

(8) 当解除多部位约束时,宜根据老年人的情况逐一进行解除并记录,记录内容包括使用保护具的原因、部位、名称、执行时间、实施者等。

任务训练

1. 结合案例导读,采取有效的措施防止王爷爷自伤及伤人。
2. 采用角色扮演的方法,分别练习宽绷带、肩部约束带、膝部约束带等保护具的使用方法,体会被约束的感受及思考提高约束舒适性的方法。

项目十六　使用辅助器具协助老年人转移

 引言

老化的生理性和病理性改变造成的不安全因素,严重威胁着老年人的健康甚至生命。日常生活中,老年人在移动时容易发生各种安全问题,如去卫生间或走路时发生跌倒、卧床发生坠床等。因此,照护人员要掌握帮助老年人移动的各种技术,指导老年人使用辅助器具,避免老年人在移动过程中出现各种意外情况。此外,随着适老化设备的不断推陈出新,照护人员可借助各种辅助器具轻松实现减轻工作负担、提高工作效率的目标,使老年人在转移过程中更具安全性与舒适性。

知识链接

辅助器具是为老年人提供保持身体平衡与支持的器材,是维护老年人安全的辅助措施之一。辅助器具的应用目的是辅助身体残疾或因疾病、高龄而行动不便的老年人活动并保障其安全。2021年12月民政部颁布的《养老机构康复辅助器具基本配置》(MZ/T 174—2021)行业标准明确提出了应结合老年人的实际需求,在居家及养老机构的不同区域内配备一定数量的辅助器具,如应在特护区配置帮助失能老年人改变活动位置的辅助器具以及升降人的辅助器具。

项目分解

助行器、轮椅、平车、过床易、移位机等是较为常见的协助老年人转移的辅助器具。本项目将从使用助行器、轮椅、平车协助老年人转移进行阐述。

任务一　使用助行器协助老年人转移

 案例导读

周爷爷,73岁,身体健康,通常习惯每日上午、下午各在院子里散步约30分钟。1周前,周爷爷出现感冒症状,经治疗后其身体逐渐恢复健康,但走路时常感觉下肢无力,步行时间超过15分钟后无力感尤为明显。为了保护其安全,照护人员小李提醒家属为周爷爷购买助行器以辅助其行走。

请思考：根据上述情境，为周爷爷选配合适的助行器并指导其正确使用。

知识链接

辅助人体支撑体重、保持平衡和行走的器具称为助行器，也可称为步行器、步行架或步行辅助器。助行器能够辅助因疾病、高龄或身体残障而导致行动不便的老年人进行活动，具有帮助老年人平衡身体、减轻下肢承重、缓解疼痛、辅助行走等功能，能改善老年人的日常活动能力，减少其对他人的依赖。常用的助行器包括手杖、腋杖和步行器。

一、手杖的选择及使用

手杖是一种手握式的辅助用具，其功能在于增加步行时的支撑面，以缓解下肢或身体骨骼结构所需承担的负荷，常用于身体不能完全负重的残障者或老年人。手杖可分为木制、金属制。木制手杖高度是固定的，不能调整；金属制手杖可以根据使用者身高来调整高度。

1. 常用手杖的种类、适用范围

（1）普通手杖（见图16-1）。普通手杖整体呈F形或问号形，其特点是轻便简单、携带方便，适用于握力好、上肢支撑力强的老年人，如一般腿脚不便的老年人。

（2）支架式手杖（见图16-2）。其特点是上端有支撑手腕的装置，可固定腕部和前臂，适用于腕部支撑力弱或腕关节强直的老年人。

（3）T字形手杖（见图16-3）。其特点是上端呈T字形，以加大手掌的接触面积，增加握力，从而使行走更加稳定。

（4）三脚手杖（见图16-4）。其特点是其底部三脚呈品字形，使手杖的支撑面增大，从而增加了手杖的稳定性，适用于平衡能力欠佳的老年人。

（5）四脚手杖（见图16-5）。其特点是手杖底部有四个支点，进一步增加了手杖的稳定性，适用于平衡能力欠佳、臂力较弱或上肢有震颤麻痹的老年人。此种手杖的缺点是携带不便，且不易在坑洼的道路上使用。

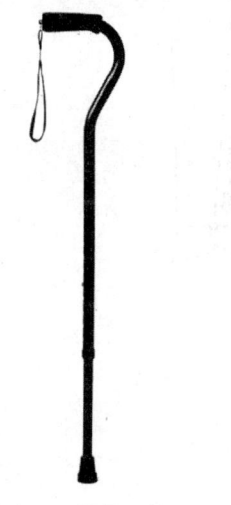

图16-1　普通手杖　　　　图16-2　支架式手杖　　　　图16-3　T字形手杖

图 16-4 三脚手杖

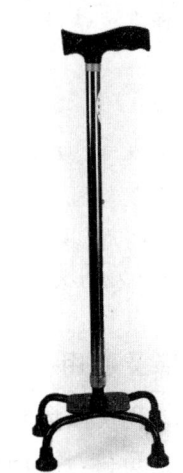

图 16-5 四脚手杖

2. 使用手杖前的准备工作

为老年人选择质地柔软的服装和舒适防滑的鞋子,便于老年人行走。叮嘱其加强平衡能力及肢体活动能力的锻炼。根据老年人的肢体活动情况、平衡能力、身高等选择手杖类型并调节高度。手杖高度应与股骨大转子处一致,使用时老年人上臂的肱骨应与地面垂直,肘关节屈曲呈150°,手杖下端着力点应在其同侧脚尖前方和外侧方直角距离各 15 cm 处(见图 16-6)。

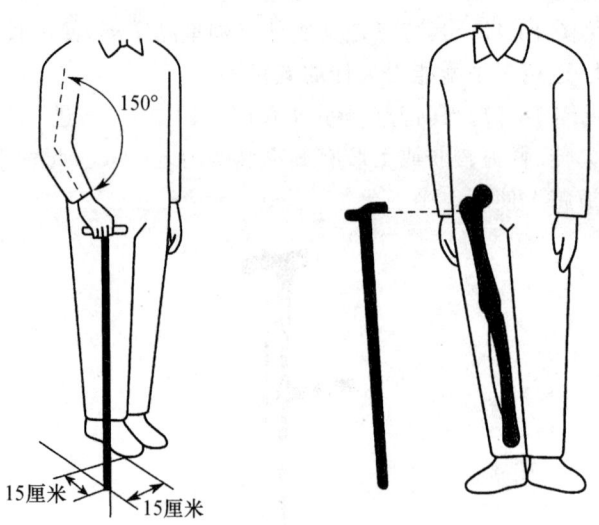

图 16-6 手杖的使用

3. 指导老年人使用手杖行走

(1) 操作目的。提高老年人独立行走能力,保护老年人安全。

(2) 评估及解释。

① 评估老年人的病情、意识状况、身高、肢体活动能力、平衡能力、理解及配合能力等。

② 向老年人及家属解释操作的目的及配合要点,取得其配合。

(3) 工作准备。

① 环境准备：温湿度适宜,光线充足,宽敞无障碍物,地面干燥平整。

② 照护人员准备：着装整齐,洗净双手。

③ 老年人准备：了解操作目的及配合要点。

④ 用物准备：记录单、笔、手消毒剂,根据老年人情况及训练项目准备手杖、步行梯、安全腰带、擦汗毛巾、座椅等。

(4) 指导老年人使用手杖行走操作实施(见表16-1)。

表16-1 指导老年人使用手杖行走操作实施

操作流程	操作内容
① 再次沟通	核对老年人信息,再次向老年人解释,取得理解与配合
② 调节物品	检查手杖把手、橡胶垫,调节手杖高度并固定,根据老年人情况协助其系好安全腰带
③ 讲解示范	向老年人讲解并示范动作要领,待老年人领会后开始按计划练习。练习过程中注意观察老年人的稳定性,及时纠正错误动作,询问其感受,使其适当休息,为其擦拭汗液
④ 行走训练指导	● 两点式步行(见图16-7)。老年人健侧手持杖,手杖和患侧脚同时伸出,身体重心前移,再迈出健侧脚。手杖和患侧脚作为一点,健侧脚作为一点,交替支撑体重。这种步行方式的速度较快,适合于偏瘫程度轻、平衡功能较好的老年人。 ● 三点式步行(见图16-8)。力点在脚尖前方和外侧方直角距离各15 cm处。老年人向前迈出患侧脚,踩在平地上。身体重心缓慢移到手杖和患侧脚上,健侧脚前移,两脚平齐后开始下一个循环。最初训练时可按"手杖、患侧、健侧"的顺序练习。切记无论向哪个方向移动,都要先移动手杖,调整好身体重心后再移动脚步
⑤ 上下楼训练指导	搀扶老年人进行上下楼梯训练应遵循健侧脚先上、患侧脚先下的原则。 ● 上楼梯(见图16-9)。老年人健侧手扶栏杆,照护人员站于老年人患侧后方,一手协助其控制患侧膝关节,另一手扶持其健侧腰部,帮助老年人将重心转移至患侧,使其健侧脚先上一个台阶。当老年人健侧腿在高一层台阶上支撑时,其重心将充分前移至健侧腿,照护人员一手固定老年人腰部,另一手协助其患侧脚抬起,髋、膝关节屈曲,使其将患侧脚置于高一层台阶。 ● 下楼梯(见图16-10)。老年人健侧手扶栏杆,照护人员站于老年人患侧后方,一手置于其患侧膝上方,稍向外侧方向引导,协助其完成膝关节的屈曲及迈步,另一手置于其健侧腰部,使其身体重心向前移动,协助其患侧脚先下台阶,健侧脚后下台阶
⑥ 上下楼训练指导(持手杖)	● 上楼梯(见图16-11)。初学者为保持身体平衡可先将健侧脚踏上一层台阶,手杖和患侧脚支撑身体重心,然后重心前移,将手杖立在上一层台阶上,最后患侧脚跟上,与健侧脚并行。即顺序为健侧脚先上,手杖再上,患侧脚后上。根据老年人肢体状况,待其熟练掌握后也可以练习健侧脚、手杖一起上,患侧脚再跟上的上楼梯方法。 ● 下楼梯(见图16-12)。先将手杖立在下一级台阶上,患侧脚下台阶,然后健侧脚跟着移动下来。即顺序为手杖先下,患侧脚再下,健侧脚后下
⑦ 过障碍物训练指导	指导老年人尽可能靠近障碍物后,将手杖放置在障碍物的前方,先迈出患侧脚,调整重心后,再跟进健侧脚
⑧ 整理用物	训练结束后妥善安置老年人,洗手并记录训练情况

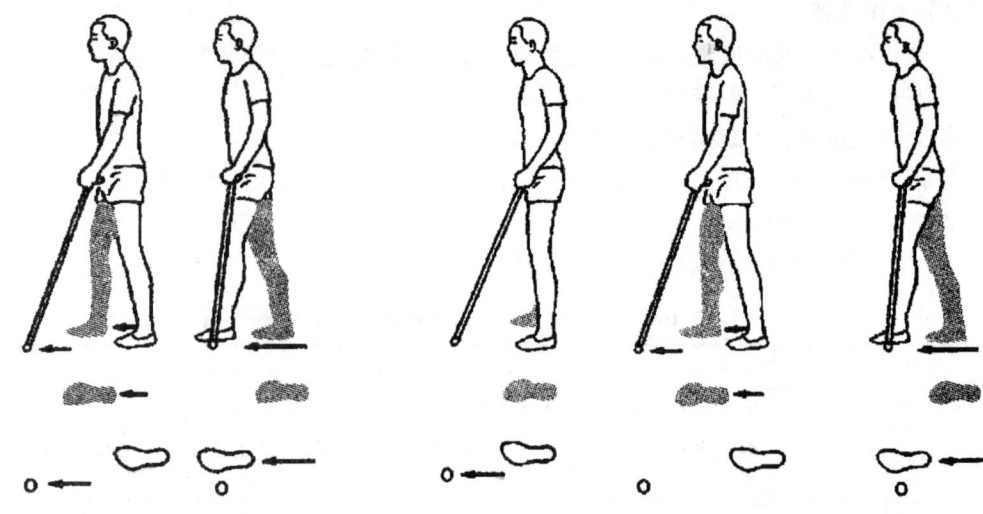

图 16-7 两点式步行(阴影部分为患侧)　　图 16-8 三点式步行(阴影部分为患侧)

图 16-9 上楼梯 　　图 16-10 下楼梯

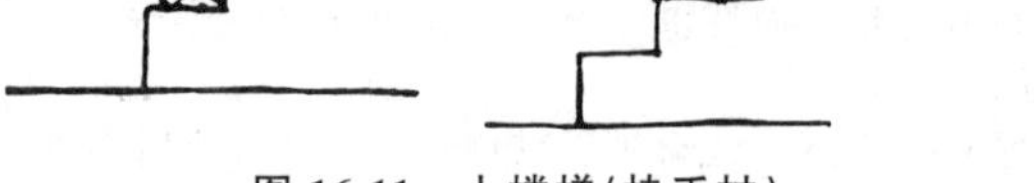

图 16-11 上楼梯(持手杖) 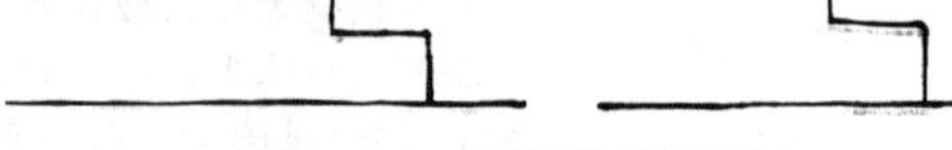　　图 16-12 下楼梯(持手杖)

(5) 注意事项。

① 每次使用手杖前均应检查其底端,确定橡胶底垫的凹槽能产生足够的吸力与摩擦力,且与手杖主体部分连接紧密。

② 老年人移动时，无论向哪个方向移动，都要调整好重心后再移动脚步。

③ 手杖与步调要协调。老年人没有完全适应使用手杖前，使用手杖行走时要有照护人员或家属陪伴。照护人员站于老年人患侧，一手扶住其肩部，另一手提拉其腰带，防止其身体倾向前侧或两侧。行走中避免拉拽老年人胳膊，以免其跌倒或发生骨折等意外。

④ 道路不平或远距离移动时，不适宜使用手杖。

二、腋杖的选择及使用

腋杖（见图 16-13）是用于下肢疾患老年人长距离行走的辅助用具，为拐杖的一种常见类型。其作用是支撑体重、保持平衡、锻炼肌力、辅助行走。腋杖有腋下和手腕两处支撑，稳定性好于手杖，适用于下肢肌力弱、关节变形或下肢骨折不能支撑体重的老年人。

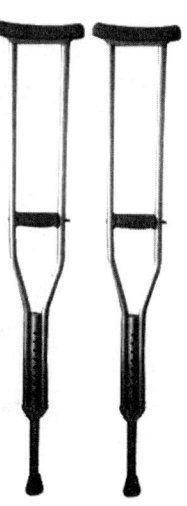

图 16-13　腋杖

1. 使用腋杖移动前的准备工作

（1）使用腋杖时需要足够的臂力支撑，使用前需评估老年人是否具备使用腋杖的条件。协助老年人进行肢体主动与被动活动，尤其是下肢，使其做好站立和行走的准备。

（2）不合适的腋杖会导致腋下受压，易造成神经损伤、手掌挫伤和跌倒。因此，应根据老年人的具体情况选择腋杖，并在使用前检查其性能，确保腋杖上端接触腋窝处垫有软垫，下端有防滑橡胶帽并拧紧全部的螺丝。

（3）使用前调节腋杖的高度，以老年人身高的 77%（或站立时腋杖上端距腋窝下 3~4 横指处）为宜，下端着地点为同侧脚前外方 10cm 处。此外，使用过程中不正确的姿势会引起背部肌肉酸痛、疲劳，因此应指导老年人身体直立，双肩放松，用手握紧把手，肘关节自然弯曲。

（4）为了方便老年人行走，应为老年人选择质地柔软、合身的服装或舒适防滑的鞋。

2. 指导老年人使用腋杖行走

（1）操作目的。提高下肢肌力弱、无法支撑身体重量或畸形的老年人独立行走的能力，保护其行走安全。

（2）评估及解释。

① 评估老年人的病情、意识状况、身高、肢体活动能力及肌力、平衡能力、理解及配合能力等。

② 向老年人及家属解释操作的目的及配合要点，取得其配合。

（3）工作准备。

① 环境准备：温湿度适宜，光线充足，宽敞无障碍物，地面干燥平整。

② 照护人员准备：着装整齐，洗净双手。

③ 老年人准备：了解操作目的及配合要点。

④ 用物准备：记录单、笔、手消毒剂，根据老年人的情况准备腋杖等。

（4）指导老年人使用腋杖行走操作实施（见表 16-2）。

表 16-2　指导老年人使用腋杖行走操作实施

操作流程	操作内容
① 再次沟通	核对老年人信息,再次向老年人解释,取得理解与配合
② 调节物品	根据老年人身高调节腋杖高度并检查其固定情况
③ 讲解示范	向老年人讲解并示范动作要领,老年人领会后按计划练习。练习过程中注意观察老年人的稳定性,及时纠正错误动作,询问其感受,使其适当休息,为其擦拭汗液
④ 训练指导	● 四点式步行法(见图16-14):先伸出左侧腋杖,迈出右脚,再伸出右侧腋杖,迈出左脚。该法适用于骨盆上提肌肌力较好的双下肢运动障碍的老年人。其特点是安全稳定,练习难度小,但步行速度较慢。 ● 三点式步行法(见图16-15):先将两侧腋杖同时伸出,腋杖落地后迈出患侧脚,再迈出健侧脚。该法适用于一侧下肢患病或肌力不足,且患侧肢体不能负重的老年人。其特点是步行速度快,稳定性良好,是常用的步行方式之一。 ● 两点式步行法(见图16-16):一侧腋杖和对侧脚作为第一着力点,同时移向前方,另一侧腋杖和另一侧脚再向前伸出作为第二着力点。此步行方法常在老年人掌握四点式步行法后进行练习,虽稳定性不如四点式步行法,但速度较快,适用于路面宽阔、行人较少的场合。 ● 摆过步(见图16-17):两侧腋杖同时移向前方,将身体重心移向前方,用腋杖支撑,悬空身体,借助人体重力,两腿向前甩动约30 cm,不能向前甩动过远,否则易失去重心。着地平稳后,再同时移动腋杖到身体两侧。使用者没有达到熟练之前,应有照护人员看护,以免跌倒受伤。此种步行方法在腋杖步行中速度最快,适用于路面宽阔、行人较少的场合
⑤ 整理用物	训练结束后妥善安置老年人,洗手并记录训练情况

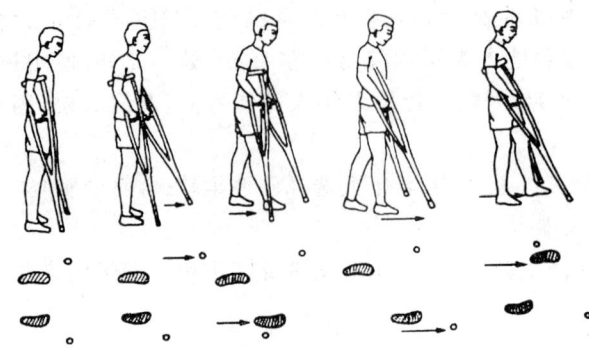

图 16-14　四点式步行法

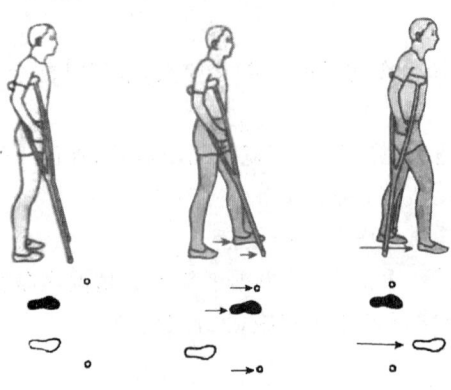

图 16-15　三点式步行法

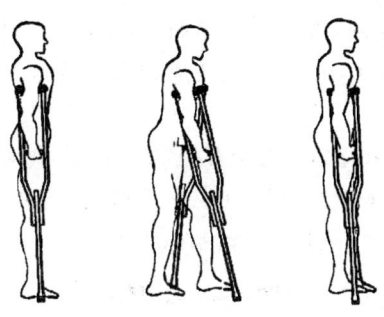

图 16-16 两点式步行法

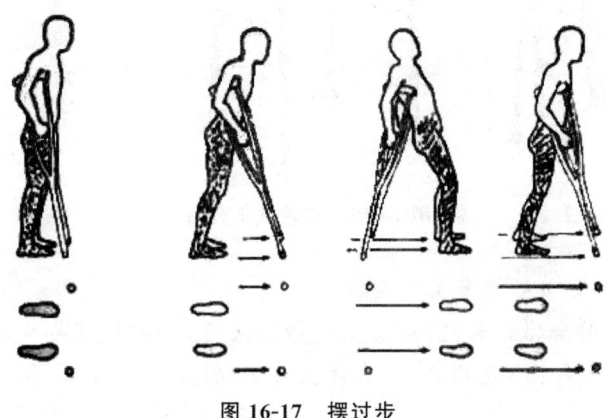

图 16-17 摆过步

（5）注意事项。

① 老年人使用腋杖时，意识必须清醒，情况良好、稳定，老年人的手臂、肩部及背部应无伤痛，以免影响手臂的支撑力。

② 老年人在没有熟练使用腋杖前，照护人员要陪伴其左右，以免老年人跌倒受伤。

三、步行器的选择及使用

步行器也称助行架，是一种常见的助行器，由金属杆围成三面，底端有四个脚支撑，能为老年人提供前、左、右三个方向的支撑和保护，使用更加平稳、安全。步行器适用于下肢受伤或手术后早期行走、使用拐杖能力不足、步态不稳等情况的老年人，可作为从轮椅到拐杖的过渡步行工具。此外，使用步行器的老年人还要有一定的判断力和较好的视力，在步行器的支持下能够行走，不会发生危险。部分步行器还需要老年人有较强的臂力。因此，照护人员要根据老年人的实际情况选择不同的步行器。

1. 步行器的种类

四点式步行器是常用步行器之一，大致可以分为框架交互式、两轮式、四轮式等。

（1）框架交互式步行器（见图 16-18）。此类步行器可折叠并能够调节高度，稳定性强。行走时老年人要提起步行器放到自己正前方的适宜位置后，再向前移动身体。站立时具有较好稳定性的老年人才可使用此种步行器。

（2）两轮式步行器（见图 16-19）。在使用时，通过前面的轮子推动步行器前移，身体移动时通过步行器支点与地面接触,以增加行走时的稳定性。这种步行器适合上肢肌力较弱的老年人。如果步行器配备有手刹功能,则还适合那些能够控制手刹以确保安全行走的老年人。

(3) 四轮式步行器(见图16-20)。此类步行器有轮子,可以随时拉到床旁以方便老年人使用,适用于迈步有困难的老年人。但缺点是轮子滑动性好,当用力方向不对时,老年人有可能跌倒而发生危险,使用时应特别注意安全防护。

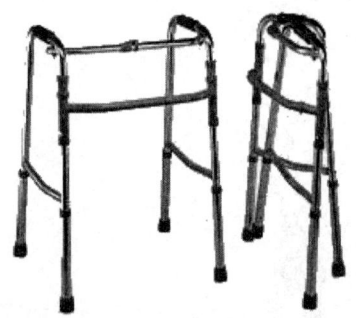 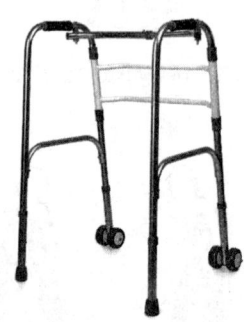 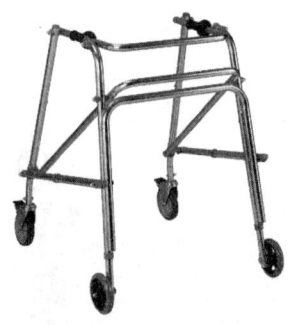

图 16-18　框架交互式步行器　　图 16-19　两轮式步行器　　图 16-20　四轮式步行器

2. 使用步行器移动前的准备工作

(1) 根据老年人的身高和需要,调节步行器的高度,一般以老年人直立,双手握住步行器把手、肘关节屈曲约呈150°为前提,与身体大转子保持水平位置的高度为宜(见图16-21)。

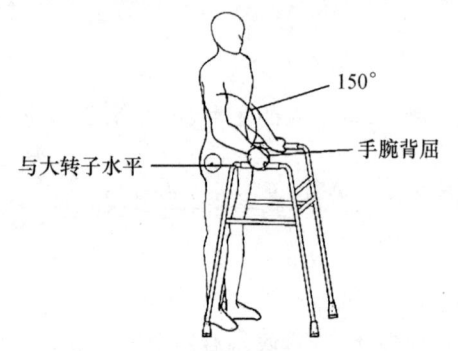

图 16-21　步行器高度的调节

(2) 使用前检查步行器是否完好,连接处有无松动,确保其性能良好后才可使用。

(3) 指导老年人使用步行器进行行走训练的一般顺序为先进行起立训练,再借助步行器或拐杖步行。因此,使用步行器前,老年人要具备站立能力和一定的平衡能力。步行器需要双臂操作,若老年人单臂没有活动能力,则不适宜使用步行器。

3. 指导老年人使用步行器行走

(1) 操作目的。

① 辅助下肢功能障碍的老年人行走,保障其行走安全。

② 使老年人保持平衡、支撑体重、增强上肢伸肌肌力。

(2) 评估及解释。

① 评估老年人的病情、意识状况、身高、上下肢肢体活动能力及肌力、平衡能力、理解及配合能力等。

② 向老年人及家属解释操作的目的及配合要点,取得其配合。

(3) 工作准备。

① 环境准备:温湿度适宜,光线充足,宽敞无障碍物,地面干燥平整。

② 照护人员准备:着装整齐,洗净双手。

③ 老年人准备:了解操作目的及配合要点。

④ 用物准备：记录单、笔、手消毒剂、步行器。

（4）指导老年人使用步行器行走操作实施（见表16-3）。

表 16-3　指导老年人使用步行器行走操作实施

操作流程	操作内容
① 再次沟通	核对老年人信息，再次向老年人解释，取得理解与配合
② 调节物品	根据老年人身高调节步行器的高度并检查其固定情况
③ 讲解示范	向老年人讲解并示范动作要领，老年人领会后按计划练习。练习过程中注意观察老年人的稳定性，及时纠正错误动作，询问其感受，使其适当休息，为其擦拭汗液
④ 训练指导	老年人平稳站立后，让其前臂放在步行器扶手上支撑部分体重，身体略向前倾以减少下肢承重。双手提起（或挪动）助行器向前，放置在一步远的位置，双手支撑握住扶手，患侧脚向前迈出，落在助行器的两后足连线水平附近，将重心前移，随后健侧脚向前跟上。顺序为移动步行器，患侧脚迈出，健侧脚跟上。使用步行器的基本步态见图16-22
⑤ 协助使用步行器	在熟练使用步行器前，部分老年人需要他人协助练习以保障其安全。老年人坐在椅子上，照护人员将步行器放置在其身前，协助其站起，并站在老年人身后保护，可用双手协助老年人扶步行器前进，使其先移动步行器、再移动患侧、最后移动健侧。协助老年人使用步行器行走见图16-23
⑥ 整理记录	行走结束后，询问老年人使用步行器的感受和使用中存在的问题，以便下次改进。洗手，记录老年人训练情况和身体状况

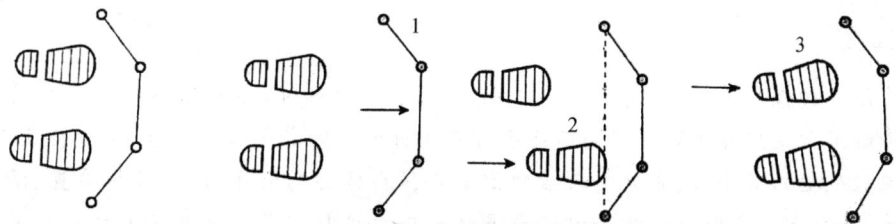

图 16-22　使用步行器的基本步态

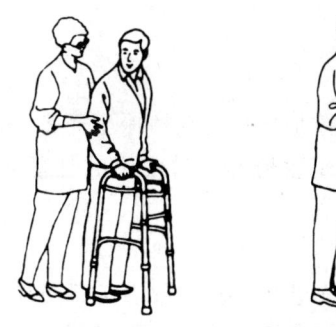

图 16-23　协助老年人使用步行器行走

（5）注意事项。

① 严格遵从医生或康复医师的要求，指导、协助老年人进行步行器行走的训练。

② 不要让老年人在地面不平整的场所使用步行器，以免发生危险。

③ 训练前告知老年人注意事项，训练中及时纠正老年人的错误姿势或动作。

④ 叮嘱老年人使用步行器要循序渐进，逐步适应。开始练习时，照护人员应站在老年人身侧，帮助其掌握平衡并确保安全。

⑤ 使用有轮步行器时，如果老年人身体过度向前，步行器会向前滑动，使其失去平衡，易造成跌倒等意外，嘱其使用时要特别注意。

▼任务训练

扫描二维码查看协助老年人使用手杖安全移动的操作评分标准

结合案例导读，为周爷爷选择手杖并指导其使用，操作评分标准见二维码中的表格。

任务二　使用轮椅协助老年人转移

▼案例导读

高奶奶，73岁，半年前发生脑卒中，经过积极治疗后病情基本稳定，但遗留左侧肢体偏瘫。最近春暖花开，照护人员小李准备每日上午带老人到楼下花园里赏花。为了方便高奶奶移动与出行，需要为其选择合适的轮椅。

请思考：根据上述情境，请为高奶奶选配合适的轮椅，并按照正确的方法使用轮椅。

▼知识链接

轮椅是一种代步工具，当老年人不能行走或行走困难时，可以借助轮椅扩大其生活范围。轮椅适用于使用各种助行器仍不能步行或步行困难的老年人。此外，部分老年人，如不能行走但能坐起的老年人、能够起床活动但需要保存体力的老年人，在外出检查、治疗或进行室外活动时，也需要使用轮椅。但患严重臀部压力性损伤或骨盆骨折未愈合的老年人不适宜使用坐式轮椅。使用轮椅前应评估老年人的身体情况、病情、病变部位与躯体活动能力，根据具体情况为其选择适宜的轮椅。

一、常见轮椅的类型

轮椅分为普通轮椅、特殊轮椅两大类。特殊轮椅是从普通轮椅派生而来，常用的有站立式轮椅、躺式轮椅、单侧驱动轮椅、电动轮椅、竞技用轮椅等。最常用的是普通轮椅和电动轮椅。

1. 普通轮椅

普通轮椅一般由车架、轮（大车轮、小车轮）、刹车装置、椅座、靠背五部分组成，具体构造见图16-24。市面上可见的普通轮椅各式各样。按材质分为钢管电镀、钢管喷漆、铝合金、铝镁合金等轮椅。按高度分为高靠背、低靠背轮椅。按椅座面分为硬座、软座轮椅。按有无便盆分为坐便和普通轮椅。按轮胎大小分为大轮、小轮轮椅。按是否能折叠分为可折叠式、不可折叠式轮椅。普通轮椅优点是较轻便，特别是可折叠式轮椅，便于携带和运输，价格便宜。但是，普通轮椅需要老年人自己或靠照护人员推动，较费力。

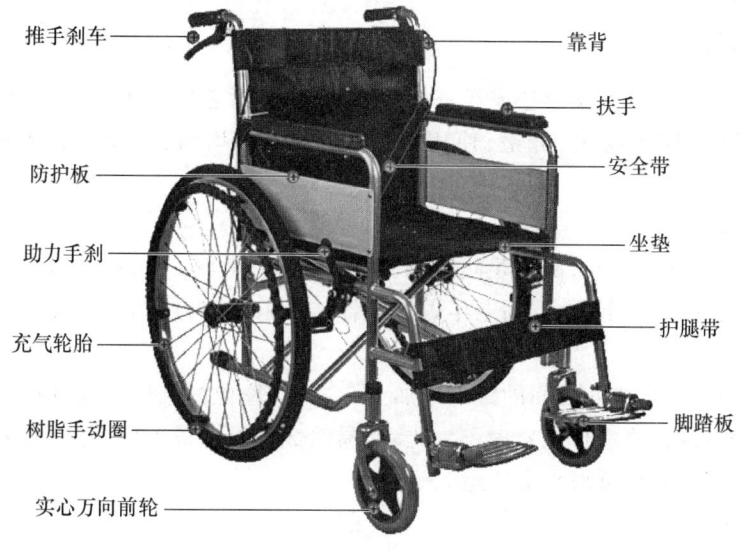

图 16-24 普通轮椅的具体构造

2. 电动轮椅

电动轮椅由蓄电池提供动力,一次充电续行能力可达数十公里,有单手控制装置,能够前进、后退和转弯,可在室内外使用,适用于偏瘫、高位截瘫或需移动较远距离的老年人,具体构造见图 16-25。其优点是省力,只需通过操作一些按钮即可轻松前进,速度较快,可有较大的活动范围。不足之处是比较重,搬运困难,需定期充电,费用也较高。近年来电动轮椅发展迅速,并且出现了许多特殊功能的电动轮椅,如智能电动轮椅,无法用手操作者,靠语音也能指挥其前进,而且具有自动避开障碍物等功能。能上、下楼梯的电动轮椅,通过加装的履带可实现上、下楼梯的功能。

图 16-25 电动轮椅的具体构造

二、轮椅的选择

如果轮椅选择不当,不仅会造成经济上的浪费,还会给老年人带来身体上的伤害。选择轮椅的基本原则是位置稳定、舒适、使用方便、压力分布均匀、安全。具体选择参考指标如下。

1. 座位高度

坐下时,膝关节屈曲90°,测量足跟至腘窝的距离,一般40~45 cm为最佳高度。如果座位太高,轮椅不宜推入桌下;太低则老年人的坐骨结节承受压力太大。

2. 座位宽度

坐下时两侧臀部最宽处之间的距离再加上5 cm为座位的最佳宽度,即坐下后臀部侧边各有2.5 cm的空隙。当座位太宽时不宜坐稳,易造成操纵轮椅不便,肢体疲劳;过窄则老年人坐起不便,臀部及大腿组织易受压迫。

3. 座位长度

坐下时后臀部向后最突出处至小腿腓肠肌之间的距离减去5~6.5 cm为最佳长度,即乘坐轮椅时小腿后方上段与座位前缘之间应有5~6.5 cm的间隙。如座位太短,体重落在老年人坐骨结节上,局部易受压过重;座位过长则会压迫腘窝处,影响局部血液循环,并且容易磨损皮肤。

4. 扶手高度

坐下时,上臂垂直,前臂平放于扶手上,测量椅面至前臂下缘的高度再加2.5 cm为最佳高度。如使用坐垫,还应加上坐垫高度。扶手太高时上臂被迫上抬,易造成疲劳;扶手太低,需要老年人前倾上身才能维持平衡,长期维持这种姿势不仅容易疲劳,有时还会影响呼吸。

5. 靠背高度

靠背越高,越稳定;靠背越低,上身及上肢的活动范围就越大。座位面至腋窝的距离减去10 cm为低靠背。座位面至肩部或后枕部的实际高度为高靠背。

6. 脚托高度

与座位高度有关,安全起见,脚托至少应与地面保持5 cm的距离。

7. 坐垫

为预防压力性损伤的发生,可在座位上放置坐垫。

8. 其他辅助件

其他辅助件是为了满足特殊人群需要而设计,如增加手柄摩擦面、车闸延伸、防震装置、扶手安装臂托及轮椅桌等。

三、使用轮椅转移老年人

使用轮椅转移老年人可拆解为多个步骤,包括从床上仰卧位到坐位、从坐位到站立、从床到轮椅的转移、推轮椅进出电梯及上下坡、从轮椅到床的转移等。

1. 操作目的

(1) 提高不能行走老年人的生活自理能力。

(2) 扩大不能行走老年人的活动范围、使其参与各类社交活动。

(3) 运送不能行走的老年人完成检查、治疗等。

2. 评估及解释

(1) 评估老年人的病情、意识状况、体重、肢体活动能力、理解及配合能力等。

(2) 向老年人及家属解释操作的目的及配合要点,取得其配合。

3. 工作准备

(1) 环境准备:温湿度适宜,光线充足,宽敞无障碍物,地面干燥平整。

(2) 照护人员准备:着装整齐,洗净双手,掌握轮椅的使用方法。

(3) 老年人准备:了解操作目的及配合要点。

(4) 用物准备:检查轮椅各部位是否完好(检查推手、推手刹车是否完好,轮胎气压是否充足、刹车制动是否完好,坐垫、安全带及扶手、脚踏板、护腿带、滚轮等是否完整)。根据气温及老年人情况适时准备毛毯、水、药品等。

4. 操作实施

使用轮椅转移老年人操作实施见表16-4。

表16-4 使用轮椅转移老年人操作实施

操作流程	操作内容
(1) 再次沟通	携用物至床旁,核对老年人信息,再次向老年人解释,取得理解与配合
(2) 摆放轮椅	将轮椅推至老年人床边,放在老年人健侧,与床沿成30~45°夹角,固定刹车,收起脚踏板(见图16-26)。需使用毛毯保暖时,将毛毯铺在轮椅上,毛毯上端需高过老年人颈部15 cm左右
(3) 床旁坐起	站在老年人将要坐起一侧的床边,协助老年人翻身呈侧卧位,将其双下肢垂放到床边,一手从老年人颈肩下方至其颈后(或从老年人腋下至其背后),扶住老年人颈肩后面向上扶起,另一手扶住老年人髋部,同时叮嘱老年人一起抬头,并用健侧上肢支撑于床面,以老年人髋部为轴,协助老年人向上坐起,转换身体为坐位
(4) 床到轮椅的转移	① 站立位转移法(见图16-27):老年人坐稳后,协助其穿防滑鞋,老年人两脚向后回收并略分开,手臂扶在照护人员肩上或在照护人员颈后交叉相握。照护人员屈膝,右腿伸到老年人两腿间,抵住老年人患侧膝部位,形成良好固定,两手臂环抱老年人腰部并夹紧,两人身体靠近,老年人身体前倾靠在照护人员肩部,照护人员向上用力协助老年人站起。轻轻向前扶正老年人腰部,保持稳定姿势。以照护人员的身体为轴慢慢向轮椅方向旋转躯干,同时带动老年人身体移向轮椅并坐入。 ② 床上垂直转移法:老年人坐稳后,叮嘱老年人健侧手扶住轮椅远侧扶手,健侧脚向前踏出一步,靠近轮椅中间位置。照护人员双脚分开站立,一脚靠近轮椅远侧轮子,另一脚靠在老年人患脚外侧,双膝微弯曲下蹲,双手扶抱住老年人腰臀部,嘱老年人患侧手放在其胸前保护,起立将老年人扶起,顺势带动老年人身体移向轮椅并坐入
(5) 体位整理	老年人坐入轮椅后叮嘱其扶好扶手,照护人员手扶老年人肩部,绕到轮椅后方,两臂从老年人背后两肋下伸入,将老年人身体向椅背移动,使其身体占满轮椅座位,调整其坐姿,扣好安全带,使其双脚放在脚踏板上,使用毛毯者需为其盖好毛毯。整理床单位,松开手刹护送老年人行进
(6) 进出电梯	① 进电梯:照护人员先进电梯,先抬起轮椅后轮进入,再抬前轮向后退,进门刹车。 ② 出电梯:照护人员先出电梯,先抬起轮椅后轮退出,再翘起前轮退出

续表

操作流程	操作内容
(7) 上下台阶	① 上台阶(见图16-28):叮嘱老年人坐稳扶好,照护人员一脚踩住轮椅后侧倾倒杆,以两后轮为支点,使前轮翘起移上台阶,将前轮放置在台阶上,再以前轮为支点,抬起推手将后轮抬起,平稳移上台阶。 ② 下台阶:采用倒退下台阶的方法,叮嘱老年人坐稳扶好,照护人员提起推手,缓慢将后轮移到下层台阶,稍翘起前轮,后退至前轮移到台阶上,平稳放下轮椅
(8) 上下坡道	① 上坡(见图16-29):照护人员要保持身体平稳,手握轮椅推手缓慢用力,两臂保持屈曲,身体前倾,平稳向上推。 ② 下坡(见图16-30):采用倒行的方法,叮嘱老年人坐稳扶好,照护人员紧握推手,回头观察路面情况,缓慢倒退下坡,保证老年人安全
(9) 轮椅到床的转移	① 站立位转移法:将轮椅推至老年人床边,使其健侧靠近床缘,与床沿成30~45°夹角,固定刹车,收起脚踏板,松开安全带。照护人员两脚分开,前腿呈弓步放在老年人两腿之间,控制好老年人患侧下肢,后脚靠近床边,蹬地。老年人双手搭在照护人员肩部,根据老年人患侧上肢功能,引导老年人患侧手的合理摆放。照护人员双手扶老年人腰部将其扶起站稳,将身体转向床,带动老年人身体移向床沿,并坐在床上。协助老年人坐稳,脱鞋,躺下。 ② 轮椅垂直转移法:将轮椅推至老年人床边,使其健侧靠近床缘,与床沿成30~45°夹角,固定刹车,收起脚踏板,松开安全带。将老年人健侧身体向前移动,使老年人侧身坐在轮椅边,老年人健侧手扶床边,健侧脚向前踏出一步,靠近床的位置。照护人员双脚分开站立,一脚靠近床边,另一脚靠在老年人患脚外侧,双膝微弯曲下蹲,双手扶抱住老年人腰臀部,嘱老年人患侧手放在其胸前保护。起立带动老年人站起,顺势带动老年人身体移向床沿,坐在床上。协助老年人坐稳,脱鞋,躺下
(10) 整理记录	询问老年人转移感受,有无不适。洗手,记录老年人转移情况。如有异常及时报告。轮椅推至原处放置

图16-26 摆放轮椅　　　　　图16-27 站立位转移法

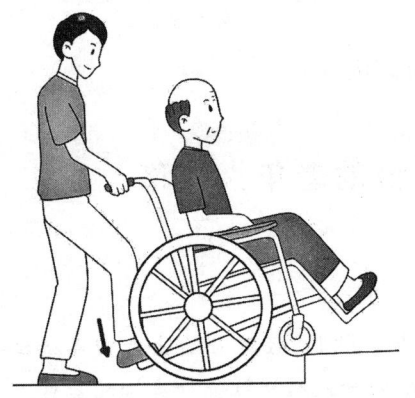

图 16-28　上台阶

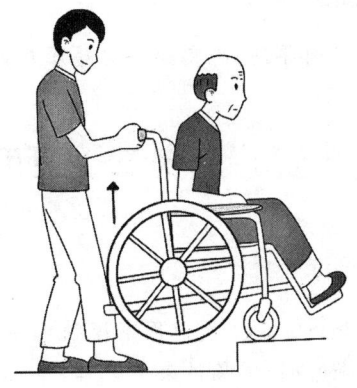

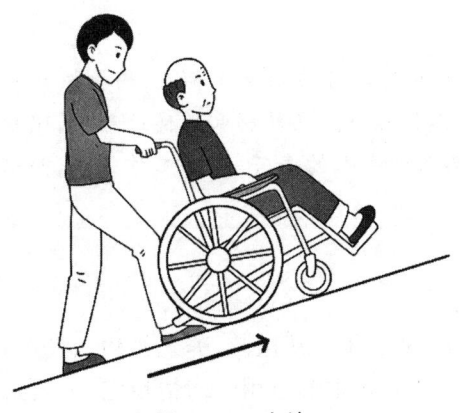

图 16-29　上坡

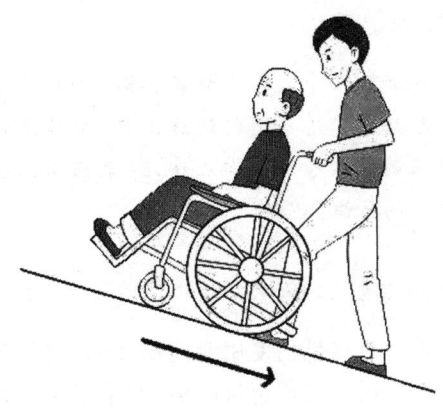

图 16-30　下坡

5. 注意事项

(1) 在床与轮椅之间转移时,尽量保持床面和轮椅座位在同一水平高度。

(2) 注意安全,根据老年人的情况使用固定带。随时注意老年人的反应并与其交流,询问老年人有无不适,说明前进方向。

(3) 推轮椅行进过程中,要注意观察道路情况,平稳移动,避免突然加速、减速和改变方向,避免车体有较大的震动。进出门或遇到障碍物时,勿用轮椅撞门或障碍物。推轮椅下坡时速度要慢,应使老年人的身体向后靠,叮嘱老年人抓紧扶手。

(4) 老年人每次乘坐轮椅的时间不可过长,每隔 30 分钟要协助老年人站立或适当变换体位。随时注意观察老年人的情况。

(5) 天气寒冷时要注意老年人的保暖,可将毛毯铺在轮椅上,还可用毛毯将老年人上身围好。

(6) 注意经常检查、保养轮椅,使其处于完好备用状态。

(7) 轮椅上护腿带的使用要得当,以下两种情况下不需要使用:一是照护人员帮助老年人转移时,因需要将腿踏入轮椅空隙,护腿带会妨碍操作;二是能自行坐轮椅移动的老年人,为了安全应撤掉护腿带。

🔷 任务训练

结合案例导读,为高奶奶实施床与轮椅之间的转移。

任务三　使用平车协助老年人转移

🔷 案例导读

钱爷爷,82岁,4周前因不慎跌倒造成左股骨干骨折,经治疗后出院回养老院休养。今天到了复查时间,家属借来了平车,与照护人员小刘一起陪同钱爷爷去医院复查。

请思考:根据上述情境,照护人员应如何使用平车协助钱爷爷前往医院?

🔷 知识链接

在老年人出入养老机构、接受检查或治疗时,凡不能自行移动的老年人,均需照护人员根据其病情选用合适的运送工具,平车是常用转运工具之一。在转移和运送过程中,照护人员应正确运用人体力学原理,避免损伤,减轻疲劳感及老年人的痛苦,提高工作效率,并确保老年人的舒适与安全。

一、平车转移概述

平车转移是指使用专门设计的平板车或担架车,将老年人从医院、养老机构、急救车或其他医疗设施转移至目的地,如手术室、诊所等。这种方式主要适用于病情稳定、无须急救和特殊监护的老年人。在进行平车转移前,需要做好以下准备工作。

1. 评估老年人状况

照护人员需评估老年人的健康状况,确保其适合通过平车转运。

2. 检查平车设备

确保平板车或担架车完好,并备好床单、枕头、毛毯或棉被等物品,做好清洁消毒工作。对于有特殊需求的老年人,如骨折患者,应在平车上垫木板,并做好相应准备。

二、使用平车协助老年人转移

1. 操作目的

运送无法起床的老年人外出、检查、治疗等。

2. 评估及解释

(1) 评估老年人的体重、意识状况、病情、躯体活动能力、损伤部位及理解配合程度等。

(2) 向老年人及家属解释搬运的步骤及配合方法。

3. 工作准备

(1) 环境准备:宽敞,温湿度适宜。

(2) 照护人员准备:着装整齐,洗手,戴口罩。

(3) 老年人准备:了解操作目的及配合要点。

(4)用物准备:平车(各部件性能良好,车上放置用被单和橡胶单包好的垫子和枕头)、带套的毛毯或棉被。若为骨折老年人,需在平车上垫木板,并妥善固定骨折部位;若为颈椎、腰椎骨折或病情较重的老年人,需备好帆布中单或布中单。

4. 操作实施

使用平车协助老年人转移操作实施见表 16-5。

表 16-5 使用平车协助老年人转移操作实施

操作流程	操作内容
(1)检查核对	核查平车性能,将平车推至老年人床旁,核对床号、姓名
(2)安置管路	若老年人有留置管路,应妥善安置
(3)搬运老年人	① 挪动法(见图16-31):适用于能在床上配合的老年人。 推平车至床旁,移开桌椅,松开盖被。将平车与床平行放置,大轮靠近床头,使平车制动。协助老年人依次将上身、臀部、下肢向平车移动。协助老年人躺好,用毛毯或棉被包裹,先足部,再两侧,头部盖被折成45°。 ② 一人搬运法(见图16-32):适用于上肢活动自如、体重较轻的老年人。 将平车推到床旁,使平车头端与床呈钝角,制动闸制动。松开盖被并铺于平车上,将老年人移至床边。协助老年人屈膝,照护人员两腿分开、屈膝,降低重心,一手臂从老年人腋下插入抱紧远侧肩部,另一手臂从大腿下伸出抱紧两腿,叮嘱老年人双臂抱住照护人员的颈部。托起老年人移步转身,将其轻放于平车中央,盖好盖被。 ③ 二人搬运法(见图16-33):适用于不能活动,体重较重的老年人。 将平车推至床旁,平车头端靠近床尾,与床尾成钝角,制动闸制动。松开盖被并铺于平车上。两名照护人员甲、乙二人站于床同侧,协助老年人将上肢交叉于胸前,将老年人移至床边。甲托住颈肩部和腰部,乙托住臀部和双腿,两人同时抬起老年人至近侧床缘。步调协调一致,呈扇面移动,将老年人平稳移至平车中央,盖好盖被。 ④ 三人搬运法(见图16-34):适用于不能活动,体重超重的老年人。 将平车推至床旁,平车头端靠近床尾,与床尾成钝角,制动闸制动。松开盖被并铺于平车上。三名照护人员站于床同侧,协助老年人将上肢交叉于胸前,将其移至床边。甲托住头、肩胛部,乙托住背部、臀部,丙托住腘窝、小腿部。由甲发令,三人同时抬起,使老年人身体稍向照护人员倾斜,呈扇面移动,平稳移至平车中央,盖好盖被。 ⑤ 四人搬运法(见图16-35):适用于颈椎、腰椎骨折和病情较重的老年人。 移开床头桌椅,将结实中单置于老年人腰、臀部位,平车与床并排靠紧,平车头端靠近床头,制动闸制动。甲站于床头托住头颈、肩部,乙站于床尾托住双腿,丙、丁分别站于床及平车侧。将中单卷至老年人身旁,丙、丁双手紧抓中单四角,由甲发令,四人同时抬起,将老年人平稳移至平车中央,盖好盖被
(4)整理床铺	整理老年人床铺,保持房间整齐、美观
(5)推行平车	将老年人头部置于平车的大轮端,拉起护栏,松开制动闸。照护人员站于老年人头侧,便于随时观察情况。推行时小轮在前,车速适中,保持平稳、直线推行。上下坡时,老年人的头部应位于高处。进出门时,需先打开门,避免碰撞引起震动,造成老年人不适或损坏设备
(6)整理记录	操作完成后,将老年人送回房间,协助其下平车,取舒适体位,整理床单位,洗手并记录

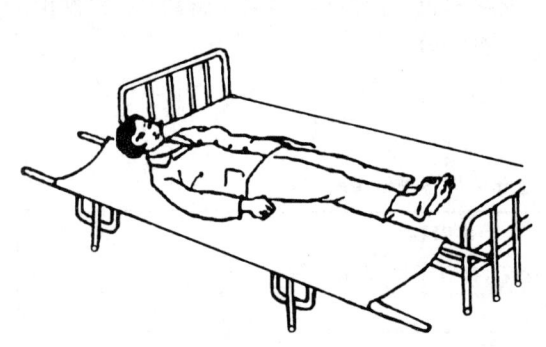
图 16-31　挪动法

图 16-32　一人搬运法

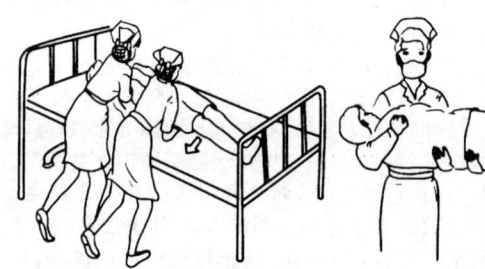
图 16-33　二人搬运法

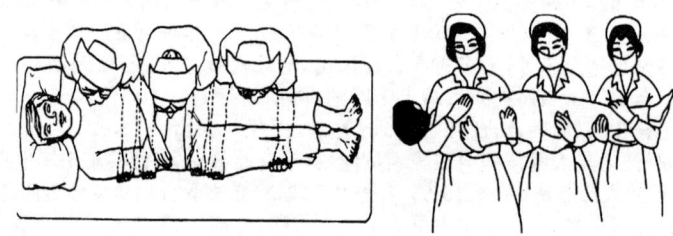
图 16-34　三人搬运法

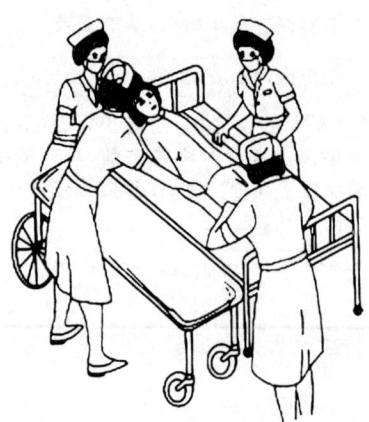
图 16-35　四人搬运法

5. 注意事项

（1）搬运时，照护人员应两脚前后分开，扩大支撑面，屈膝降低重心，便于转身。

（2）多人搬运时，照护人员按身高从床头开始排列，高者站于老年人头部附近，使其头部处于高位，减轻不适。老年人应尽量靠近照护人员，以减少身体重心线的偏移程度和阻力。

（3）推车时，照护人员应站于老年人头侧，便于观察情况。

（4）搬运颅脑损伤、颌面部外伤及昏迷的老年人，应使其头部偏向一侧；搬运颈椎损伤的老年人时，应使其头部保持中立位。

◤ 任务训练

结合案例导读，使用轮椅运送钱爷爷完成检查，评分标准详见二维码中的表格。

扫描二维码
查看平车转
移的操作评
分标准

项目十七 功能促进

 **引言**

　　功能促进是康复照护的重要组成部分，也是老年人照护中的关键内容。功能促进可围绕老年人某一单项能力的提升展开，如针对吞咽障碍、平衡问题、个人卫生、营养与饮食、衣物的穿脱、体位的保持与转换、身体的转移等方面进行干预；也可针对减轻或消除某些疾病对机体功能的不利影响而展开，如糖尿病、慢性阻塞性肺疾病、高血压、脑卒中、骨折等。本项目本着"够用、实用"的原则，结合失能/半失能老年人能力丧失的情况，参考《养老护理员国家职业技能标准（2019 年版）》《医疗护理员国家职业标准（2024 年版）》等相关国家标准，以及历年来各类养老照护人员职业技能大赛中对康复照护的技能要求，确定了本项目的学习内容。

 **知识链接**

　　康复照护是研究病、伤、残者身体及精神康复的理论、知识和技能的科学，与预防、保健、临床照护共同组成了全面的照护体系。

 **项目分解**

　　本项目将从吞咽功能训练、日常生活活动训练、体位转换训练以及老年人坐位或站立位平衡训练四个方面进行项目分解。

任务一　吞咽功能训练

▶ 案例导读

　　王奶奶，70 岁，脑卒中康复期。经吞咽评估，王奶奶口腔期吞咽重度障碍，主要表现为流口水，双唇无力，吞咽后口腔有残留物，舌头红肿且舌上有红点；咽期吞咽可能存在轻度吞咽反射时间（2～5s）。喝水时和喝水后不会咳嗽，但咳嗽力度正常。

　　请思考：如何针对该老年人实施吞咽功能训练？

▼ 知识链接

吞咽是将口腔内的食团经咽部、食管送入胃的过程,属于复杂的神经反射性动作。根据食团经过的部位,吞咽可分为3期。第1期(口腔期):食团由口腔到咽部,主要通过舌的运动将食团从舌背推入咽部,这一过程受大脑皮层控制,属于随意运动,因此又称随意期。第2期(咽期):食团由咽部到食管上段,此期历时短于2秒,是由食团刺激咽部和软腭部位引发的一系列快速反射动作。第3期(食管期):食团沿食管下移入胃,主要由食管的蠕动完成,属于反射性活动。第2、3期属于不随意的反射动作,因此,当吞咽中枢受损时,可导致吞咽功能障碍,使食物以及呼吸道分泌物易误入气管。

一、吞咽障碍的概述

1. 吞咽障碍的概念

吞咽功能障碍是指食物从口腔至胃、贲门运送过程中受阻的一种症状,表现为进食后即刻或8～10秒内出现咽部、胸骨后的停滞或梗塞感。可由咽部、食管或贲门的功能性或器质性梗阻引起。脑卒中是导致吞咽困难的首要原因,而误吸是吞咽困难最常见的并发症。

2. 吞咽障碍的临床表现

常见临床表现包括流涎、食物从口角漏出、咀嚼困难、张口困难、吞咽延迟、咳嗽、哽噎、声音嘶哑、食物反流、食物滞留在口腔和咽部、误吸及喉结构上抬幅度不足等。老年人常伴有体重减轻、反复肺部感染、营养不良等并发症。

3. 吞咽障碍的初步筛查

吞咽障碍的初步筛查可采用三步法进行。

(1) 评估老年人的意识状态和头部抬高的体位。

(2) 使用EAT-10吞咽筛查量表进行筛查。该量表共10个问题,每个问题按照0～4分进行评分,将各题分数相加得总分,见表17-1。总分大于3分表示可能存在吞咽效率和安全方面的问题,需进一步进行吞咽检查和治疗。

表17-1　EAT-10吞咽筛查量表

项目	评分				
	0(没有)	1(轻度)	2(中度)	3(重度)	4(严重)
① 我的吞咽问题已经使我体重减轻					
② 我的吞咽问题影响到我在外就餐					
③ 吞咽液体费力					
④ 吞咽固体食物费力					
⑤ 吞咽药丸费力					
⑥ 吞咽时有疼痛					
⑦ 我的吞咽问题影响到我享用食物时的快感					
⑧ 我吞咽时有食物卡在喉咙里					
⑨ 我吃东西的时候会咳嗽					
⑩ 我感到吞咽有压力					

(3) 吞咽功能评估。

① 洼田饮水试验。先让老年人依次喝下 1～3 汤匙水，如无异常，再让老年人像平常一样喝下 30 mL 水，随后观察并记录饮水时间、有无呛咳、饮水状况等。饮水状况的观察内容包括啜饮、含饮、水从嘴角流出、呛咳、饮后声音改变及听诊情况等。其结果解读见表 17-2。

表 17-2　洼田饮水试验结果解读

分度	表现	是否有吞咽障碍
Ⅰ	可一口喝完，无呛咳	5 s 内喝完为正常，大于 5 s 为可疑
Ⅱ	分两次以上喝完，无呛咳	可疑
Ⅲ	能一次喝完，但有呛咳	确定
Ⅳ	分两次以上喝完，且有呛咳	确定
Ⅴ	常常呛咳，难以全部喝完	确定

4. 吞咽障碍的临床评估

配合医护人员对老年人开展吞咽障碍的临床评估，评估内容包括以下方面，见表 17-3。

表 17-3　吞咽障碍的临床评估

项目	内容
健康史	年龄性别、既往病史、梗阻部位、吞咽困难的病程及伴随症状等
身体状况	营养状况、口腔状况、甲状腺是否肿大、气管是否移位、是否存在肌无力等
唇、颊部的运动	静止状态下唇的位置及有无流涎；做唇角外展动作，观察抬高和收缩的运动；做闭唇鼓腮动作，交替重复发"u"和"i"音；观察会话时唇的动作
颌的运动	静止状态下颌的位置；言语和咀嚼时颌的位置；是否能进行抗阻力运动
软腭运动	进食时是否有反流入鼻腔；发"a"音 5 次，观察软腭的抬升；言语时是否有鼻腔漏气
舌的运动	静止状态下舌的位置、伸舌动作、舌抬高动作、舌向双侧的运动、舌的交替运动、言语时舌的运动，是否能进行抗阻力运动及舌的敏感程度
咽功能	用压舌板轻触咽后壁，正常时应引起恶心反射（咽肌收缩）
喉的运动	发音的时间、音高、音量、言语的协调性及喉上抬的幅度

5. 吞咽障碍的仪器检查

经过初筛怀疑有吞咽障碍的老年人，可通过仪器检查进一步确诊。常用检查方法包括吞咽造影检查、超声检查、吞咽电视内镜检查等，其中吞咽造影检查是诊断吞咽障碍的金标准。

二、吞咽障碍的训练方法

1. 基础训练

基础训练是对与吞咽活动相关的器官进行的功能训练，由于发生误咽、窒息等风险较低，该训练适用于轻、中、重度吞咽障碍的老年人。基础训练内容见表 17-4。

表 17-4 基础训练内容

项目		内容
口腔周围肌肉的训练方法	唇运动	闭唇。老年人紧闭唇,照护人员将食指与中指分别压于其上下唇,用力分开双唇,以增强闭唇力量。 噘嘴。老年人用力噘嘴,照护人员用食指置于其唇角向外拉,给予阻力。 唇角上抬。老年人微笑,照护人员用中指置于其口角,抵抗唇角上抬。为促进唇角上抬,可用冰块沿口角向面颊快速轻擦
	颌运动	张颌。老年人张嘴时,照护人员手置于老年人下颌下方,向上推,抵抗下颌的向下力量。 闭颌。老年人用力咬合,照护人员向下拉其下颌,施加反向力
	舌运动	伸舌。老年人尽可能地向外伸舌,照护人员用压舌板或勺子在其舌中部快速向内压,给予阻力。 侧伸。老年人将舌向侧方伸出,或在口内将两侧面颊顶起,照护人员用压舌板给予阻力。 舌尖与舌根抬高。老年人用舌尖做顺时针或逆时针清扫牙齿的动作,发"k"音有助于舌根抬高
咳嗽训练		老年人反复咳嗽、清嗓子,促进喉部闭锁功能
构音训练		老年人张口发"a"音,再发"yi""wu"音,每次发音重复 5 次。亦可缩唇后发"hu"音,模仿吹蜡烛、吹哨动作;发"你、我、他"等简单音;大声唱熟悉的歌曲,通过张闭口动作,促进口唇肌肉运动和声门闭锁功能
屏气—发声运动		老年人坐于椅子上,双手支撑桌面做推压运动,屏气后突然松手,大声用力发"a"音。亦可改为推墙动作。照护人员面对老年人,将双手置于其双肩,老年人发声时推动身体向前,抵住照护人员双手。此动作可训练声门闭锁功能、强化软腭肌力,有助于清除咽部残留食物
咽部冷刺激与空吞咽训练		寒冷刺激能有效强化吞咽反射,反复训练可使吞咽反射更易诱发且更有力。训练时,用冰冻棉棒轻轻刺激老年人软腭、舌根及咽后壁,嘱其做空吞咽动作,每日 3 次,每次 10 分钟
门德尔松手法		主要用于提升咽喉部,以利于吞咽。老年人做空吞咽并保持喉部上抬的位置,吞咽时舌抵住硬腭,屏住呼吸,保持数秒,同时照护人员用食指置于其甲状软骨上方、中指置于环状软骨上,感受喉部上抬。如果老年人咽部上抬无力,可按摩其颈部并上推喉部,以促进吞咽
吸吮和喉头上举训练		老年人将戴胶套的食指放于吸吮能力正常的家人(如配偶)或照护人员口中,感受他人的吸吮动作;再将手指放于自己口中(避免交叉感染),模仿吸吮动作,体验吸吮感觉。反复练习直至产生中度吸吮力量。老年人将手放于家人或照护人员甲状软骨上缘,感受其做吞咽动作时甲状软骨的运动,随后再将手指置于自己的甲状软骨上,模仿动作

2. 摄食训练

摄食训练是实际进食的训练,适用于意识清醒、病情稳定、能产生吞咽反射且能通过随意咳嗽咳出少量误咽物的老年人。

(1) 体位。以端坐位为最佳。如老年人病情允许,其进食时应取端坐位,头部向前,颈部弯曲,全身放松。也可取 30°半坐卧位,头前屈并用矮枕垫高偏瘫侧肩部,头偏向健侧。该体位有助于食物运送到舌根,减少食物从口中漏出、向鼻腔逆流及误咽的危险。摄食训练体位选择见图 17-1。照护人员可位于老年人健侧,将食物送入其口腔健侧。

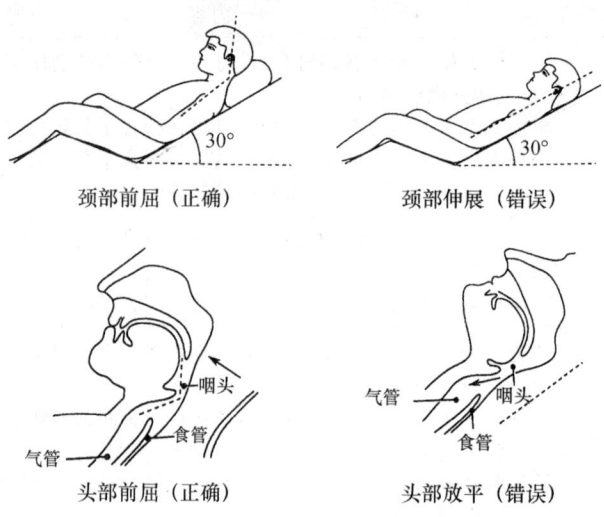

图 17-1 摄食训练体位选择

(2) 食物的种类和量。

① 种类。根据老年人的饮食特点及吞咽障碍程度,选择具有适当黏性、不易松散、表面光滑、通过咽及食管时易变形且不在黏膜上残留的食物,顺序一般为软食、半固体、固体、液体。对于饮水呛咳者,可尝试用食物增稠剂改变食物性状。同时,还应注意食物的营养、温度、色泽、香气、味道等。

② 摄食量。注意"一口量",即最适于吞咽的每次摄食入口量,正常人约为 20 mL。一口量过多,食物可能从口中漏出或导致咽部残留;过少则会因刺激不足,难以诱发吞咽反射。老年人应先从 3~4 mL 开始摄入,再逐渐增加。

(3) 去除咽部残留食物的吞咽方法。

① 重复吞咽。每次进食吞咽后,反复进行几次空吞咽,确保食物全部咽下,再继续进食。

② 交互吞咽。老年人可交替吞咽固体食物和流食,或可在每次吞咽后饮用 1~2 mL 水,既能刺激诱发吞咽反射,又能清除咽部残留食物。

③ 侧方吞咽。咽部两侧的梨状隐窝最易残留食物,老年人可分别将下颌左右转动,进行侧方吞咽,以清除隐窝的残留食物。

④ 点头样吞咽。颈部尽量前屈,形似点头,同时进行空吞咽动作,可清除残留食物。

3. 吞咽体操

吞咽体操结合吞咽动作设计,包括深呼吸运动,头颈部旋转、侧屈,耸肩运动,鼓腮、缩腮运动,伸舌运动,构音训练等。

4. 注意事项

吞咽障碍的康复训练是强化正确反应的主动训练,应建立在老年人努力配合的基础上,鼓励老年人有意识地运用训练中学到的吞咽动作。照护人员应在专业人员指导下进行工作。

任务训练

结合案例导读,为老年人开展吞咽功能训练。

任务二　日常生活活动训练

案例导读

高爷爷,70岁,患高血压20年,家属诉其血压控制得不稳定。某日,社区同伴约高爷爷到附近新开的游泳馆游泳,入水约15分钟后,高爷爷出现口眼歪斜、右侧肢体活动障碍等症状,被紧急送往医院救治。高爷爷自诉头痛头晕,检查发现其口眼歪斜、手脚无力,无法独立行走,走路时需要两人搀扶。经抢救,高爷爷转危为安,但生活自理能力明显下降。

请思考:
1. 老年人在日常生活中存在哪些生活自理障碍?
2. 日常生活活动能力训练应遵循哪些原则?

知识链接

日常生活活动是人们维持生存最基本的行为。丧失日常生活活动能力不仅会改变个体的自我形象,还会对其周围人群造成影响。《养老护理员国家职业技能标准(2019年版)》指出,四级/中级工养老护理员应具备指导老年人进行日常生活活动训练的能力。《医疗护理员国家职业标准(2024年版)》规定,二级/技师医疗护理员应具备指导照护对象进行进食、如厕等日常生活活动训练的能力。此外,历年来,各地、全国及行业协会举办的养老护理员职业技能大赛,均将老年人日常生活活动的指导与训练作为重要考核内容。因此,作为老年人的直接照顾者,应重点掌握为老年人开展日常生活活动能力训练的基本方法。

一、概述

日常生活能力是指人们为了维持生存及适应生存环境而必须每天反复进行的、最基本的、最具有共性的活动。日常生活能力包括进食、饮水、更衣、如厕和个人卫生等基本活动。照护人员应根据老年人的功能状况,针对性地进行日常生活活动训练,或通过代偿手段维持和改善其日常生活能力,最终发挥老年人的最大潜能,提高其生活质量。

1. 训练环境与常用设备

进行日常生活能力训练时,最好有一间专门的训练室,室中模拟典型的家庭环境布置,配备床、椅、衣柜、个人卫生用品、坐便器、浴盆、厨房用具和清洁卫生工具等日常生活常用设施。此外,还可以因地制宜、就地取材选取训练工具。在经济发达地区,可配置环境控制系统,用以训练重度残疾的老年人。

2. 日常生活能力的训练方法与步骤

(1)评价功能状况。评价老年人能完成和不能完成的日常生活活动,以及他们是否能够自己找出相应的解决方法。同时,评价老年人的整体情况,确保进行这些活动时的安全性。

(2) 确定训练目标。训练目标可由老年人提出,或由老年人和照护团队协商决定。

(3) 选择训练方法。根据老年人不同的功能状况,选择适当的教学方法。如可采用视听教学,或按照运动学习的步骤,分阶段进行实际操作。

3. 训练原则

(1) 针对性原则。严格按照老年人的疾病特点、病程、评定结果等,制订个体化康复训练计划,并根据其功能状况的变化及时调整训练方案。

(2) 渐进性原则。训练强度应由小到大,时间由短到长,动作的复杂性由易到难。开始训练一项活动时,难度不宜过高,以免引起焦虑。根据老年人功能改善情况,适时给予鼓励,增强其自信心。

(3) 持久性原则。训练时间越长,动作的熟练程度越高,效果越好。因此,训练需要持之以恒。

(4) 综合性原则。在训练中注重局部训练的同时,还应充分调动老年人的训练积极性。

(5) 安全性原则。不管采取何种训练方式,都应以保证老年人安全为前提,训练中需要密切观察老年人病情变化,避免因训练方法不当造成损伤或病情加重。

二、日常生活活动训练的基本方法

1. 饮食训练

(1) 训练条件。老年人意识清楚,全身状况稳定,能够保持体位稳定并能产生吞咽反射和咳嗽反射。根据老年人的功能状况,选择恰当的餐饮用具。

(2) 饮食训练方法(见表 17-5)。

表 17-5 饮食训练方法

训练流程	训练内容
① 选择食物	根据老年人情况选择易于口腔移送和吞咽的食物,一般顺序为胶冻状、糊状、普食
② 摆放体位	根据老年人情况,合理选择体位。 ● 坐位。辅助老年人身体靠近餐桌,必要时,使用靠背架。照护人员面向老年人正面或健侧,将老年人患侧上肢放于桌上,保持身体对称直立坐姿。 ● 半坐位。将床头抬高至 30°,老年人躯干仰卧位,头部稍前倾。照护人员位于老年人健侧,并在患侧肩部垫枕,以保持肩部在正常高度。 ● 侧卧位。老年人健侧在下,患侧在上,保持身体稳定
③ 指导进食	将食物及餐具放在便于老年人使用的位置,必要时碗、盘应用吸盘固定。对于偏盲的老年人,应将食物放于其健侧。健手持筷(勺)将食物送入口中,咀嚼并吞咽。为训练双手功能转换,可让老年人用健手将食物放入患手中,再由患手将食物放入口中。必要时可让老年人用健手可托住患侧前臂近肘关节处,协助将食物送入口中。当患手恢复一定主动运动能力时,可让其尝试用患手进食
④ 指导饮水	杯中倒入适量温水,放于适当位置。老年人用患手持水杯,健手帮助稳定患手,将水杯端至嘴边。缓慢倾斜水杯,倒少许温水于口中,咽下

(3) 注意事项。

① 提供良好的进食环境,进食前嘱老年人保持轻松、愉悦的心情。

② 选择合适的进食体位,鼓励其尽量自己进食,必要时给予帮助。

③ 密切观察老年人的咀嚼及吞咽能力,防止发生食物误咽。如发生咳嗽、误咽,应及时采取措施将食物咳出,并在床旁备好吸引器。

④ 进食前后清洁口腔,保持口腔卫生。

2. 穿脱衣训练

对于因身体功能障碍而无法完成衣物穿脱动作的老年人,只要他们能保持坐位平衡,并具备一定的协调性和准确性,就应指导他们利用残存功能来解决衣物的穿脱问题,以逐渐恢复生活自理能力。

(1) 训练条件。老年人能够保持坐位平衡;健侧具备基本的活动能力,有一定协调性和准确性。

(2) 穿脱衣训练方法(见表17-6)。

表17-6 穿脱衣训练方法

训练项目	训练内容
① 穿脱开襟上衣	● 穿衣。老年人取坐位,健手找到衣领,将衣领朝前、内面朝上平铺在双膝上,患侧袖子垂放于双腿间。健手将衣袖套在患肢上并拉至肩峰,然后拉住衣领,沿患肩绕过头部,将衣服拉至健侧。健手穿入衣袖,整理并系好扣子。 ● 脱衣。老年人取坐位,健手解开衣服扣子,将患侧衣袖脱至肩下,再脱健侧衣袖至肩下,最后用健手脱下患侧衣袖
② 穿脱套头上衣	● 穿衣。老年人取坐位,健手找到衣领并将衣领朝前、背面朝上平铺在双膝上,患侧袖子垂放于双腿间。健手将患肢伸入袖子并拉至肘以上,穿健侧袖子。健手将套头衫背面举过头顶,套入头部,整理衣服。 ● 脱衣。老年人取坐位,将衣服卷至胸部以上,用健手越过肩部拉起衣服背部,钻出头部,脱出健手,再脱出患手
③ 穿脱裤子	● 穿裤子。老年人取坐位,健手放于患腿腘窝处,将其抬起放在健腿上。健手抓住裤腰,将患侧裤腿套在患腿上,拉至膝以上直至露出患腿。放下患腿,全脚掌着地。穿健侧裤腿,拉至膝上。抬臀或站起,将裤子向上拉至腰部。健手整理好并扣上纽扣。 ● 脱裤子。老年人取站位,松开腰带,让裤子自然滑落。坐下,抽出健腿,再抽出患腿。健腿从地上挑起裤子,整理好待用
④ 穿脱鞋袜	● 穿鞋袜。老年人取坐位,健手放于患腿腘窝处,将其抬起放在健腿上。健手为患足穿鞋或袜子,然后放下患腿,全脚掌着地。将健腿放于患腿上,穿好健足鞋或袜子。 ● 脱鞋袜。与穿鞋袜的顺序相反

(3) 注意事项。

① 衣物应宽松、柔软,具有弹性和防潮性,确保穿着舒适。宜采用尼龙搭扣或大纽扣,裤子选用松紧带。

② 更衣训练时应先学脱衣,再学穿衣。

③ 偏瘫老年人穿脱衣服时,应先穿患侧再穿健侧;先脱健侧再脱患侧。

④ 鞋和袜子应放在老年人身边易取到的地方,并固定位置。
⑤ 鼓励老年人尽量利用患肢主动穿衣。

3. 个人卫生训练

清洁是人的基本需求之一,卫生状况除了影响个人的健康状况之外,还对人的精神状态和社会交往产生重要影响。老年人生活不能自理,主要体现在无法独立解决个人卫生问题,包括刷牙、洗手、洗脸、修剪指甲、洗澡及如厕等。

(1)训练条件。老年人生命体征平稳,能保持坐位平衡30分钟以上,并具备一定的转移能力。健侧肢体肌力良好,可独立进行修饰、洗浴。浴室温湿度适宜,设施安全。

(2)个人卫生训练方法(见表17-7)。

表17-7 个人卫生训练方法

训练项目	训练内容
① 刷牙	备好用物,老年人坐于洗脸池前,健手打开水龙头,漱口杯内接水。用膝夹住牙膏管,健手旋开盖子,挤出适量牙膏后刷牙
② 洗手	健手将毛巾铺在洗脸池边缘或患侧前臂上,并在毛巾上来回揉搓,也可将改造后的细毛刷吸在水池壁上,用健手来回刷洗。洗患手时,由健手完成。拧毛巾时,可将毛巾套在水龙头上,健手将毛巾两端合拢,向一个方向旋转拧干
③ 洗脸	备好用物,老年人坐于洗脸池前,健手打开水龙头,脸盆内盛水,测试水温后浸湿毛巾。将毛巾套在患侧手臂或水龙头上,用健手拧干后,擦脸再次拧干
④ 剪指甲	剪健手指甲时,将改造的大指甲刀固定在木板上,利用患手手掌或肘部按压指甲剪完成。剪患侧手指甲时,由健手完成
⑤ 洗澡	盆浴时,老年人坐在紧靠浴盆且高度相当的椅子上,脱去衣物后,健手托住患腿放入盆内,握住盆沿,健腿支撑身体前倾,抬臀移至盆内。也可用一块木板固定浴盆一端,老年人将臀部移向盆内木板上,健腿放入盆内,健手抬患腿放入盆内。 洗澡时,健手持毛巾擦洗或将一端缝上布套的毛巾套在患臂上协助擦洗,也可使用长柄海绵球擦洗背部和身体远端。将毛巾压在腿下或夹在患侧腋下,用健手拧干。 淋浴,老年人坐于淋浴凳或椅子上淋浴即可
⑥ 如厕	坐便器两侧安装高度约50 cm的扶手,高度与轮椅高度相当。将轮椅从侧方靠近坐便器,制动并收起脚踏板。身体前移至轮椅前缘,健侧靠近扶手站起,转身至坐便器前缘站稳。分腿后,健手解开裤带,顺势将裤子退至大腿中部,身体前倾,借助扶手缓慢蹲下,坐于坐便器上。便后自我清洁,一手拉住裤子,一手扶住扶手站起,系好裤带

(3)注意事项。

① 若老年人能在轮椅上坐30分钟以上,说明健侧肢体肌力良好,应尽快进行个人卫生训练。

② 出入浴室应穿防滑拖鞋,浴盆底部及淋浴处的地面应铺防滑垫。

③ 洗澡时,浴室温度控制在24℃左右,水温调节在40~45℃。调节水温时,先放冷水再放热水,关闭时顺序相反。

④ 老年人洗澡时间不宜过长,照护人员需密切观察其生命体征,如有异常应及时处理。

⑤ 如厕训练前,应根据老年人情况对厕所环境进行改造。

任务训练

结合案例导读,为高爷爷进行日常生活活动训练。

任务三 体位转换训练

案例导读

牛爷爷,71岁,患高血压10余年,3个月前突发脑卒中,遗留了一侧肢体偏瘫,目前处于康复阶段。为促进牛爷爷肢体功能的康复,照护人员为其制订了康复计划,计划每日指导牛爷爷进行半小时体位转换训练。

请思考:作为照护人员,你应如何为老年人实施体位转换训练?

知识链接

能独立完成翻身、仰卧位到床边坐起的转换、坐位到站立位的转换是老年人实现自理的基本条件。对脑卒中老年人而言,其自理能力会出现不同程度的下降,恢复过程往往十分漫长,需从翻身、坐起、站立等基本动作逐步开始。在恢复过程中,专业人员的指导及老年人的主动练习是至关重要的。训练不当不仅会影响老年人恢复后的行走稳定性、步态,还可能危及老年人的生命安全。因此,照护人员需熟练掌握体位转换训练的知识与技能。

一、翻身训练

1. 操作目的

促进肢体功能康复,预防卧床并发症。

2. 评估及解释

(1) 向老年人及家属解释操作的目的、方法及配合要点等。

(2) 评估老年人的病情、管路携带情况、肢体活动情况、皮肤完整性、理解及配合程度等。询问并提前帮助老年人解决饮水、大小便等需求。

3. 工作准备

(1) 环境准备:整洁、安静,温度适宜,光线充足。

(2) 照护人员准备:衣帽整洁,洗手。

(3) 老年人准备:了解操作目的及配合要点。

(4) 用物准备:软枕或体位垫若干、记录单、笔等。

4. 操作实施

翻身训练操作实施见表17-8。

表17-8 翻身训练操作实施

操作流程	操作内容
(1) 沟通	携物品至床前,核对信息,向老年人解释,取得理解与配合
(2) 准备	协助老年人仰卧在床,固定床脚轮

续表

操作流程	操作内容
（3）训练	向健侧主动翻身训练(见图17-2)。照护人员站在老年人健侧保护,嘱老年人头转向健侧,用健手握住患手放在腹部,十指交叉,患手拇指压在健手拇指上(见图17-3)。老年人健腿屈膝,插入患腿下方并钩住患侧的踝部。双上肢前伸,与躯干成90°,指向天花板,做左右侧方摆动2~3次。借助摆动的惯性,使双上肢和躯干一起翻向健侧。 向患侧主动翻身训练(见图17-4)。照护人员站在老年人患侧保护,老年人仰卧在床上。嘱老年人头部转向患侧,用健手握住并拉起患手,患手拇指压在健手拇指上。老年人健腿屈膝,脚平放于床面。双上肢伸直,与躯干成90°,指向天花板,做左右侧方摆动2~3次。当摆向患侧时,借助惯性使双上肢和躯干一起翻向患侧
（4）观察	询问、观察老年人的反应及训练掌握情况,确认无不适、基本掌握方法后再开始下一次训练,持续训练30分钟
（5）整理	训练完成后,整理老年人的衣服及床单位,盖好盖被,告知下次训练时间。洗手并记录训练的时间、老年人的反应等,如有异常情况及时报告

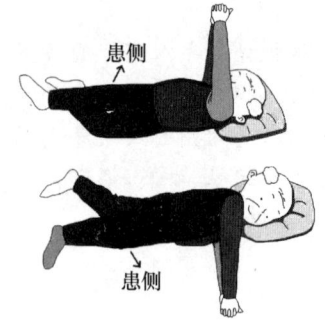
图17-2　向健侧主动翻身训练

图17-3　患手拇指压在健手拇指上

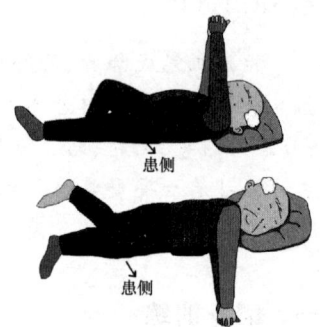
图17-4　向患侧主动翻身训练

5. 注意事项

（1）若老年人力量不够,可在训练初期协助其翻身。

（2）训练过程中随时观察老年人反应,及时为其擦净汗液,避免着凉。有进步表现时及时给予鼓励。如有异常情况应立即停止训练并报告医护人员。

（3）对留置管路的老年人,转换体位前先将管路妥善安置并固定,转换体位后注意检查管路,确保通畅。

（4）体位转换时要注意保护老年人安全。

（5）康复训练要在专业康复医师的指导下有计划、有规律、持之以恒地进行。

二、仰卧位到床边坐起的转换训练

1. 操作目的

促进肢体功能康复,预防卧床并发症。

2. 评估及解释

（1）向老年人及家属解释操作的目的、方法及配合要点等。

（2）评估老年人的年龄、病情、管路携带情况、肢体活动情况、皮肤完整性、理解及配合程度等。询问并提前帮助老年人解决饮水、大小便等需求。

3. 工作准备

(1) 环境准备：整洁、安静，温度适宜，光线充足。

(2) 照护人员准备：衣帽整洁，洗手。

(3) 老年人准备：了解操作目的及配合要点。

(4) 用物准备：记录单、笔、手消毒剂，视情况准备软枕或体位垫若干。

4. 操作实施

仰卧位到床边坐起的转换训练操作实施见表17-9。

表17-9 仰卧位到床边坐起的转换训练操作实施

操作流程	操作内容
(1) 沟通	携物品至床前，核对信息，向老年人解释，取得理解与配合
(2) 准备	协助老年人仰卧在床，固定床脚轮
(3) 训练	主动从健侧坐起（见图17-5）。照护人员站在老年人健侧保护，指导并适当协助老年人完成从仰卧位到健侧卧位的主动坐起。老年人主动用健侧脚钩住患侧脚，将双腿移至床边，然后用健侧手、肘支撑床面，以髋部为轴，使上身向上完成坐起并坐稳。注意保护并询问老年人感受。 主动从患侧坐起（见图17-6）。照护人员站在患侧保护，指导并适当协助老年人完成从仰卧位到患侧卧位主动坐起。指导老年人用健侧脚协助患侧脚至床边，然后用患侧手、肘支撑床面，以髋部为轴，使上身向上完成坐起并坐稳。注意保护并询问老年人感受
(4) 躺下	达成操作目的后，双手扶住老年人肩部，嘱其慢慢向床上倒下，适时用健侧手、肘支撑床面，躺在床上。协助老年人将双下肢移动到床上，调整至舒适体位
(5) 整理	训练完成后，整理老年人衣服及床单位，盖好盖被，告知下次训练时间。洗手并记录训练的时间、老年人的反应等，如有异常情况及时报告

图17-5 主动从健侧坐起

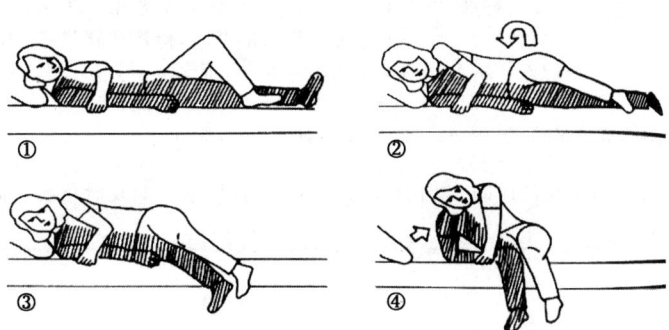

图17-6 主动从患侧坐起

5. 注意事项

同"翻身训练"中的注意事项。

三、坐位到站立位的转换训练

1. 操作目的

促进肢体功能康复,预防卧床并发症。

2. 评估及解释

(1) 向老年人及家属解释操作的目的、方法及配合要点等。

(2) 评估老年人的年龄、病情、管路携带情况、肢体活动情况、理解及配合程度等。询问并提前帮助老年人饮水、大小便等,查看老年人鞋子的防滑性。

3. 工作准备

(1) 环境准备:室内整洁,宽敞明亮,无障碍物。

(2) 照护人员准备:衣帽整洁,洗手。

(3) 老年人准备:了解操作目的及配合要点。

(4) 用物准备:一把高度合适的椅子,保护腰带。

4. 操作实施

坐位到站立位的转换训练操作实施见表17-10。

表17-10 坐位到站立位的转换训练操作实施

操作流程	操作内容
(1) 沟通	核对老年人信息,再次解释
(2) 训练	被动站立(见图17-7)。老年人坐在椅子上,身体尽量挺直,两脚放平,与肩同宽,患侧脚稍偏后。双手十指相扣,患侧拇指在上,双臂向前伸出。照护人员站立在老年人对面,靠近患侧,弯腰屈膝,一手扶住老年人健侧手臂,另一手从老年人患侧身后抓住保护腰带。引导老年人身体前倾,重心向患侧压,协助其臀部离开椅子,慢慢站起,使其站稳并调整重心至双脚之间。 主动站立(见图17-8)。照护人员示范主动站立的动作要领,待老年人明白动作要领后再进行训练。老年人坐在椅子上,身体尽量挺直,两脚放平,与肩同宽,患侧脚稍偏后,双手十指相扣,患侧拇指在上,双臂向前伸出。照护人员站在老年人患侧。引导老年人身体前倾,重心前移,患侧下肢充分负重,协助老年人臀部离开椅子,慢慢直身,使其站稳后将重心调整至双脚之间。 被动坐下。完成站立训练后,老年人站在椅子前,保持上身挺直,身体前倾,屈髋屈膝。慢慢向后、向下移动臀部,坐在椅子上。照护人员站在老年人患侧,一手托住其患侧手臂,另一手从身后抓住保护腰带,跟随老年人的节奏,慢慢弯腰屈膝,协助其坐下。 主动坐下。照护人员示范主动坐下的动作要领,待老年人理解动作要领后再进行训练。老年人站在椅子前面,保持上身挺直,双手十指相扣,患侧拇指在上,双臂向前伸出,身体前倾,屈髋屈膝,慢慢向后、向下移动臀部,坐在椅子上
(3) 整理	洗手并记录训练的时间、老年人的反应等,如有异常情况及时报告。同时,告知下次训练时间

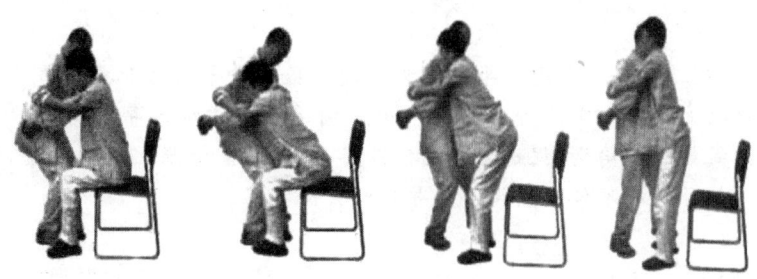

图 17-7 被动站立

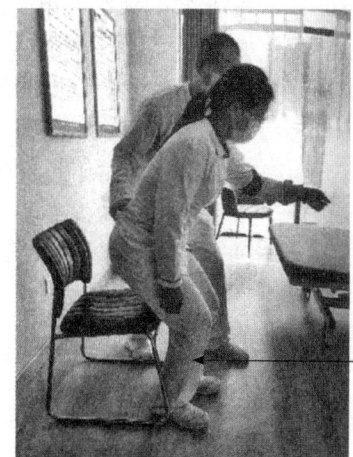

患侧　　　　　　　　　　健侧

图 17-8 主动站立

5. 注意事项

（1）训练时椅子的高度应适宜，要结实、有扶手，开始训练时可选择稍高一些的椅子，方便老年人站起。

（2）无论是起立还是坐下，首先都要使老年人身体前倾，上身挺直。

（3）训练时应保护老年人的安全。

（4）训练要循序渐进，持之以恒。

▼任务训练

结合案例导读，为牛爷爷实施体位转换训练。

任务四　老年人坐位或站立位平衡训练

▼案例导读

钱爷爷，80岁，脑卒中恢复期，左侧肢体及躯干肌力较弱，康复医师为其制订了平衡训练计划。

请思考：如何协助康复医师对钱爷爷进行平衡能力训练？

> **知识链接**
>
> 平衡功能障碍是脑卒中后遗症期的常见问题。良好的平衡功能是日常生活活动的基础保障,也是运动功能康复的重要评价标准。平衡训练可以锻炼老年人的核心肌群及下肢负重能力,有助于维持重心均衡,促进步行功能改善。同时,能够强化肌肉力量,改善因患侧负重能力弱、重心转移功能不佳或错误姿势导致的失衡状况。

一、平衡的概述

1. 平衡的概念

平衡在力学上是指物体在受到大小相等的作用力与反作用力时,处于稳定的状态。人体平衡是指身体在特定姿势下保持稳定的能力,并能在运动或受到外力作用时自动调整姿势,远比自然界物体的平衡更为复杂。

2. 平衡的分类

人体的平衡分为静态平衡和动态平衡。静态平衡是指人体在特定姿势下保持稳定的状态。动态平衡包括自动态平衡与他动态平衡。自动态平衡是指人体在自主运动时重新获得稳定状态的能力;他动态平衡是指人体对外界干扰产生反应并恢复稳定状态的能力。

3. 平衡训练的基本原则

(1) 循序渐进。训练支撑面应由大到小,重心由低到高,从睁眼到闭眼,从静态平衡到动态平衡。

(2) 注意安全。平衡训练时要在他人监护下进行,要让老年人有安全感,注意防止其跌倒。

二、平衡训练

本任务主要对坐位及站立位平衡训练进行详细讲解。体位转换过程中平衡训练的方法可参见本书"体位转换训练"。在训练时,应先进行静态平衡训练,再进行动态平衡训练,尤其是左右和前后方向的动态平衡训练。

1. 坐位平衡训练

(1) 操作目的。提升老年人坐位平衡能力。

(2) 评估及解释。

① 评估老年人的一般情况、认知功能状况、配合程度、运动能力等。

② 向老年人及家属解释坐位平衡训练的步骤及配合方法。

(3) 工作准备。

① 环境准备:宽敞,温湿度适宜,地面防滑。

② 照护人员准备:着装整齐,洗手。

③ 老年人准备:了解操作目的及配合要点,衣着舒适宽松,穿防滑鞋。

④ 用物准备:训练床1张、物品若干、记录单、笔等。

(4) 坐位平衡训练操作实施(见表17-11)。

表 17-11　坐位平衡训练操作实施

操作流程	操作内容
① 核对沟通	核对床号、姓名,与老年人沟通训练及配合要点
② 坐位静态平衡训练	老年人取无支撑下床边或座椅上静坐位,髋、膝和踝关节均屈曲 90°,双足分开约一脚宽,足踏地或支撑台,双手置于膝上。照护人员协助老年人调整躯干和头至中间位,当感到老年人双手已不再用力时,照护人员松手,嘱老年人保持该体位至少数秒
③ 坐位动态平衡训练	训练坐位动态平衡时,老年人身体缓慢倾向一侧,再调整身体至原位,必要时给予帮助(见图 17-9)。如老年人受到外力推拉仍能保持平衡,说明已达到坐位动态平衡。此后坐位训练主要为耐力训练
④ 整理记录	训练完成后,洗手并记录平衡训练的结果及老年人的反应,如有异常情况及时报告

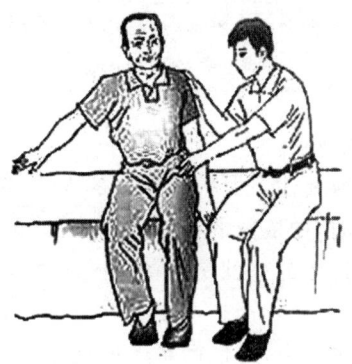

图 17-9　坐位动态平衡训练

(5) 注意事项。

① 训练时要注意保护老年人的安全,防止跌倒。

② 起始幅度要小,并逐渐增大训练难度。

③ 要在训练中给老年人一定的口令,指导或鼓励其完成相应的动作。

④ 平衡训练时需密切观察老年人的心率、血压、脉搏、呼吸等,注意询问老年人的感受,如有不适,应及时停止并通知医护人员。

⑤ 当老年人患有严重的心律失常、心力衰竭、感染或肢体痉挛等疾病时,不宜进行平衡训练。

2. 站立位平衡训练

(1) 操作目的。提升老年人站立位的平衡能力。

(2) 评估及解释。

① 评估老年人的一般情况、认知功能状况、配合程度、运动能力等。

② 向老年人及家属解释站立位平衡训练的步骤及配合方法。

(3) 工作准备。

① 环境准备:宽敞,温湿度适宜,地面防滑。

② 照护人员准备:着装整齐,洗手。

③ 老年人准备:了解操作目的及配合要点,衣着舒适宽松,穿防滑鞋。

④ 用物准备：镜子、物品若干、训练球、站立床、助行架、记录单、笔等。

(4) 站立位平衡训练操作实施（见表17-12）。

表17-12　站立位平衡训练操作实施

操作流程	操作内容
① 核对沟通	核对床号、姓名，与老年人沟通训练及配合要点
② 辅助站立	协助老年人上肢垂于体侧，保持立位
③ 独立站立	老年人若能独立保持静态站立，可嘱其重心逐渐移向患侧，训练患腿的持重能力。同时，老年人双手交叉（或仅用健侧上肢）伸向各个方向，并伴随躯干相应摆动，训练自动态站立位平衡。若老年人受到外力推拉仍能保持平衡，说明已达到他动态站立位平衡
④ 动态训练	老年人面对镜子，照护人员站立一旁，手拿物品，将物品分次放于老年人正前方、侧前方、正上方、侧上方、正下方、侧下方等方向，鼓励老年人主动触摸物品；也可从不同角度向老年人抛球，进行动态平衡训练
⑤ 整理记录	洗手，记录站立位平衡训练的结果、老年人反应，如有异常情况及时报告

(5) 注意事项。

① 训练时要注意保护老年人的安全，防止跌倒。

② 训练时，抛接球的起始幅度要小，逐渐增加难度。

③ 站立训练的基础是具备较好的坐位平衡能力，不能盲目追求站立位训练效果而忽视坐位训练。

④ 训练过程中，可借助镜子的视觉反馈来调整站立位姿势。

任务训练

结合案例导读，指导钱爷爷进行坐位及站立位平衡训练。

模块五

老年人意外伤害的预防及应对

项目十八 心搏骤停及气道异物梗阻的院前急救

 **引言**

老年人常患有心脑血管疾病,容易发生心搏骤停;老年人吞咽反射功能较差,咀嚼能力较弱,易发生噎食阻塞气道而窒息。老年健康照护人员必须掌握老年人发生上述重大意外伤害时的救护技术,及早做出正确的判断,并采取相应措施挽救老年人生命,减轻伤残。

 **知识链接**

发生重大意外伤害的最初几分钟是抢救急危重症老年人的黄金时间。急救措施及时、正确时,生命有可能被挽救;反之,则会造成病情加重甚至死亡。无论是在老年人的家中还是在养老机构内,发现危重或受伤的老年人后,照护人员均应及时施救并在救护过程中遵守以下原则。

(1) 保持镇定,沉着大胆,细心负责,理智科学地进行判断。
(2) 评估现场,确保自身与老年人的安全。
(3) 分清轻重缓急,先救命,后治伤,果断实施救护措施。
(4) 及时呼救,充分利用可支配的人力、物力协助救护。
(5) 在可能的情况下,尽量采取措施减轻老年人的痛苦。

项目分解

老年人易发生的可能危及生命的意外伤害包括心搏骤停、噎食、跌倒、烧烫伤等。对于心搏骤停、气道异物梗阻而言,最初几分钟是抢救的黄金时间。照护人员必须掌握心肺复苏技术和气道异物梗阻的急救技术,以便对上述重大意外伤害做出及时应对,挽救老年人生命。

任务一 心搏骤停的院前急救

案例导读

王爷爷,72岁,有高血压病史20余年,糖尿病病史10余年,遵医嘱长期服用药物控制血压、血糖,病情平稳,半年前经评估后入住某养老机构。某日上午10点,王爷爷在锻炼时突然倒地。照护人员小李立即对王爷爷进行评估,发现王爷爷呼之不应,心跳呼吸停止。

请思考：王爷爷发生了什么情况？照护人员小李应如何处理？

知识链接

　　心搏骤停是临床上最危重的急症，如果得不到及时救治，将迅速发生不可逆转的生物学死亡。心肺复苏（CPR）是针对心脏、呼吸骤停所采取的抢救措施。及时进行胸外心脏按压、除颤等有效的心肺复苏措施，有助于向大脑等人体重要脏器供给血液和氧气，恢复心肺及大脑功能，挽救生命。自20世纪60年代起，心肺复苏是全球普及最为广泛的急救技术之一。但是，尽管近年来普及率有所提升，仍只有不到40%的成人接受了由非专业人员实施的CPR，而在救护车到达之前接受自动体外除颤器（AED）急救的成人不足12%。

一、心肺复苏的概述

1. 心搏骤停的概念

　　心搏骤停是指心脏在严重致病因素的作用下突然停止跳动，不能有效泵血，导致全身缺血、缺氧。常见原因可分为心源性心搏骤停（如冠心病、病毒性心肌炎）和非心源性心搏骤停（如严重创伤、电击）。心搏骤停会导致意外性非预期猝死，如采取有效的复苏措施，仍有可能挽救生命。

2. 心搏骤停的表现及判断

　　（1）表现。心搏骤停后，血流立即停止，脑血流量急剧减少，可引起明显的神经系统和循环系统症状。具体可表现为意识丧失，听诊心音消失、血压测不出、脉搏摸不到，呼吸停止或无效，皮肤苍白或发绀，瞳孔散大。不同心搏骤停时间下机体的表现见表18-1。

表18-1　不同心搏骤停时间下机体的表现

心搏骤停的时间	表现
3～5秒	头晕、黑矇
10秒左右	晕厥，意识丧失或阿-斯综合征，伴全身抽搐，大小便失禁
20～30秒	呼吸可呈叹息样或痉挛性，面色苍白或发绀
60秒左右	瞳孔散大
4～6分钟	脑组织发生不可逆损害，数分钟后从临床死亡过渡到生物学死亡

　　（2）判断。心搏骤停时最可靠的临床征象是意识丧失伴大动脉搏动消失、呼吸停止或无效。检查大动脉搏动时，成人常用的检查部位为颈动脉。心电图表现主要有心室颤动（见图18-1）、心室停搏和无脉性电活动。虽然心电图表现各异，但血流动力学结果相同，即心脏不能有效收缩和排血，血液循环停止。

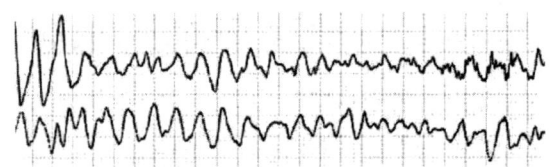

图18-1　心室颤动的心电图

二、心搏骤停的急救生存链

1. 心肺复苏

心肺复苏是指针对心搏、呼吸骤停所采取的急救措施。其内容包括胸外心脏按压或其他方法形成暂时的人工循环,最终恢复心脏自主搏动;通过人工呼吸代替自主呼吸,最终恢复自主呼吸,达到挽救生命的目的。

2. 心肺脑复苏

心肺脑复苏是指使心搏、呼吸骤停的病人迅速恢复循环、呼吸和脑功能的抢救措施。完整的心肺脑复苏包括基础生命支持、高级心血管生命支持和心搏骤停后的综合治疗。

3. 心搏骤停的急救生存链

成功挽回心搏骤停者的生命,需要多个环节紧密相扣。1992年,美国心脏协会正式提出"生存链"的概念,即对突然发生心搏骤停的成人采取一系列规范有效的急救措施。将这些措施以环链形式连接起来,就构成了一个挽救生命的"生存链"。《2020年美国心脏协会心肺复苏及心血管急救指南》提出,院外心脏骤停的生存链包括识别并启动急救反应系统、即时高质量心肺复苏、快速除颤、基础及高级急救医疗服务、自主循环恢复后的治疗、骤停后康复。

三、现场心肺复苏

现场心肺复苏又称为基础生命支持或初期复苏处理,其主要环节包括迅速、准确地判断心跳、呼吸是否停止,立即实施现场心肺复苏术,通过至少能维持人体重要脏器的基本血氧供应,延续至建立高级生命支持或恢复自主循环、呼吸活动,或延长机体耐受临床死亡的时间。关键步骤包括立即识别心搏骤停和启动应急反应系统、早期心肺复苏、快速除颤。

1. 现场心肺复苏的基本程序

现场心肺复苏的基本程序为快速判断、循环支持、开放气道、人工呼吸、早期除颤。

(1) 快速判断(见表18-2)。在评估环境安全并做好自我防护的情况下,快速识别和判断心搏骤停。

表18-2 快速判断

步骤	实施
① 环境判断	● 通过眼观、耳听、鼻闻等综合分析,判断环境是否安全。 ● 若环境安全,可进入现场救人;若环境不安全,应先解除不安全因素或使伤者脱离危险环境,并做好自我防护
② 判断伤者反应	轻拍重喊,即轻拍伤者双肩,靠近耳边大声呼叫,观察有无反应
③ 启动应急反应系统	若伤者无反应,立即启动应急反应系统,向他人快速求救获取AED。拨打120时,需准确提供以下信息:伤者所处的具体位置、电话、一般情况、已采取的措施等

续表

步骤	实施
④ 判断大动脉搏动及呼吸(5～10 s)	● 判断大动脉搏动(见图18-2):部位为颈动脉(成人)。并拢右手食指和中指,从伤者气管正中部位向旁滑动2～3 cm,在胸锁乳突肌内侧轻触颈动脉搏动。 ● 判断呼吸:在触摸颈动脉搏动的同时,还应观察伤者口唇、鼻翼和胸腹部起伏等情况,判断有无呼吸或是否为无效呼吸。 ● 完成上述判断后,若无法触及大动脉搏动,或出现呼吸停止、无效呼吸,应立即实施CPR
⑤ 摆放复苏体位	使伤者仰卧于硬质平面上,头、颈、躯干保持在同一轴面上,双上肢放置在身体两侧。解开衣服,暴露胸壁。施救者位于伤者一侧,靠近胸部

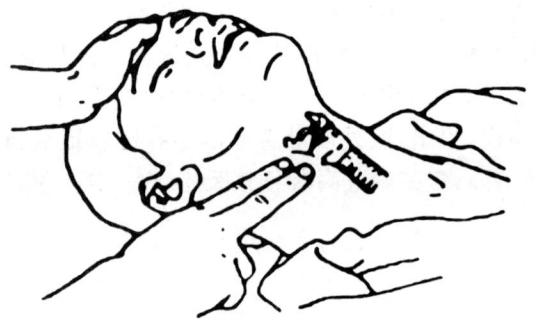

图 18-2 判断大动脉搏动

(2) 循环支持(见表18-3)。循环支持是指用人工的方法挤压心脏以产生血液流动,目的是为心脏、脑和其他重要脏器提供血液灌注。胸外心脏按压是对胸骨下段有节律地按压,产生的血流能为大脑和心肌输送少量但至关重要的氧气和营养物质。

表 18-3 循环支持

要点	实施细节
① 按压部位	胸部正中、胸骨的下半部,两乳头连线中点的胸骨处
② 按压方法	施救者一只手的掌根紧贴伤者两乳头连线中点的胸骨处,另一手掌根叠放其上,两手手指交叉相扣,手指尽量上翘,避免触及伤者胸壁和肋骨。施救者身体稍前倾,双肩在伤者胸骨正上方,肩、肘、腕关节呈一条直线。按压时以髋关节为支点,应用上半身的力量垂直向下用力快速按压(见图18-3)
③ 按压频次和深度	每分钟100～120次,使胸骨下陷5～6 cm
④ 按压与放松时间	按压和放松所需时间相等,保证每次按压后胸部回弹至正常位置。按压者不能倚靠在伤者身上,且手掌根部不能离开其胸壁。尽量减少胸外按压中断的时间,或尽可能将中断控制在10 s以内

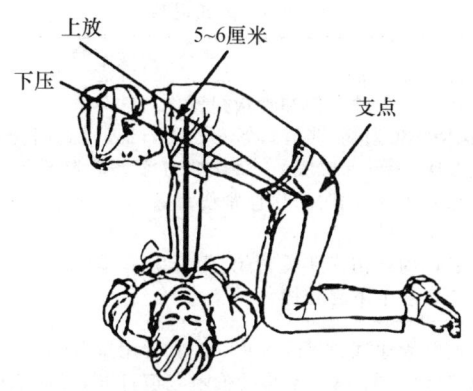

图 18-3 成人胸外心脏按压方法

(3) 开放气道(见表 18-4)。首先检查并清除口腔中的分泌物、呕吐物、固体异物、义齿等,然后开放气道。

表 18-4 开放气道

操作手法	实施细节
① 仰头抬颌	● 适用于没有头和颈部创伤的伤者。 ● 方法:施救者将左手肘关节着地,小鱼际置于伤者前额,使其头后仰;右手的食指和中指置于伤者下颌角处,抬起下颌,使其下颌角和耳垂的连线与地面呈 90°(见图 18-4)
② 托下颌法	用于疑似头、颈部创伤者,施救者站在伤者头部,肘部放置在伤者头部两侧,双手同时将伤者两侧下颌角托起,将下颌骨前移,使其头后仰

图 18-4 仰头抬颌

(4) 人工呼吸(见表 18-5)。伤者如果没有呼吸或无效呼吸,应立即采用口对口(鼻)、面罩通气、口咽通气管通气等人工呼吸方法。无论采用何种方法,每次通气应维持 1 秒以上,使伤者胸廓明显隆起,保证有足够的气体进入其肺部。此外,单人、双人施救时,胸外心脏按压和人工呼吸的比例均为 30∶2。持续完成 5 个循环或施救 2 分钟后,应对伤者情况进行评估。

表 18-5　人工呼吸

操作手法	实施细节
① 口对口（鼻）人工呼吸	施救者用一手的拇指和食指捏紧伤者的鼻孔，另一手在伤者下颌角处抬起其头部，保持气道通畅；张开口紧贴伤者口部，以封闭伤者口周，正常呼吸 1 次，缓慢吹气 2 次（无须深呼吸）。每次吹气至伤者胸部上抬后，立即与伤者口部脱离，轻轻抬起头部，同时放松捏紧伤者鼻部的手指，让伤者胸廓依其弹性而回缩，使气体呼出（见图 18-5）。 若伤者口周外伤或牙关紧闭、张开困难，可采用口对鼻人工呼吸，吹气时，施救者应使伤者上下唇合拢
② 口咽通气管或面罩通气	口咽通气管通气（见图 18-6）：施救者用口含住通气管的外口吹气 面罩通气（见图 18-7）：维持伤者气道打开，将面罩覆盖于整个伤者口和鼻部并妥善固定。施救者经面罩送气至伤者胸廓抬起为止，然后将口离开面罩，使伤者呼出的气体通过活瓣排出

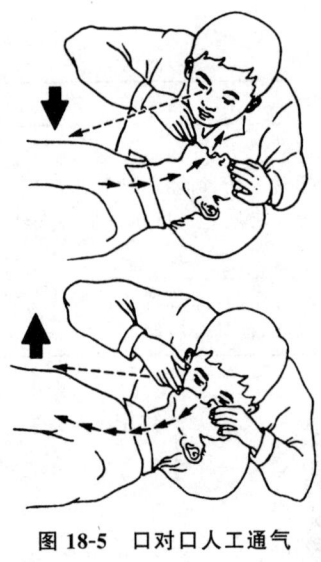

图 18-5　口对口人工通气

图 18-6　口咽通气管通气

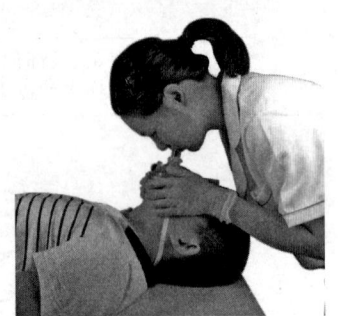

图 18-7　面罩通气

（5）早期除颤（见表 18-6）。AED 是一种便携式医疗设备，可用于诊断特定的心律失常并给予电击除颤，是可被非专业人员使用的用于抢救心源性猝死的医疗设备（见图 18-8）。若目睹院外心搏骤停且现场有 AED，施救者应从胸外按压开始心肺复苏，并尽快在 3～5 分钟内使用 AED。在等待 AED 到达的过程中，应持续进行心肺复苏。

表 18-6　早期除颤

步骤	实施细节
① 开机	打开电源开关，按语音提示操作
② 贴电极片	心尖部电极安放在伤者左腋前线第五肋外侧，心底部电极片放置在伤者胸骨右缘锁骨下。注意避开伤者皮肤破损处、皮下起搏器等，若伤者胸毛过多导致电极片不能与皮肤紧贴，应先去除胸毛

续表

步骤	实施细节
③ 分析心律	施救者用语言告知周边人员不要接触伤者,等候 AED 分析心律,判断是否需要电除颤
④ 充电	AED 自动分析结果提示需除颤后,等待充电。确定所有人员未接触伤者,且伤者两电极片间无汗水后,准备除颤
⑤ 除颤	按放电钮进行放电。电极片在除颤后不去除,直到伤者被送达医院
⑥ CPR	除颤后继续实施2分钟CPR。AED 再次分析心律,施救者可根据 AED 的分析结果决定下一步操作

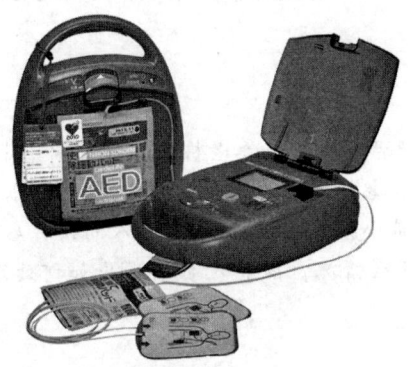

图 18-8 AED

2. 心肺复苏效果的判断

心肺复苏效果的判断见表 18-7。

表 18-7 心肺复苏效果的判断

判断项目	复苏有效	复苏无效
(1) 神志	有眼球运动,睫毛反射与对光反射出现,手脚抽动、呻吟等	无眼球运动、无各种反射及活动
(2) 面色及口唇	由紫绀转为红润	变为灰白
(3) 颈动脉搏动	停止按压后脉搏仍存在	停止按压后脉搏消失
(4) 瞳孔	由大变小,同时出现对光反射	由小变大、固定
(5) 自主呼吸	出现较强的自主呼吸	自主呼吸微弱或没有

3. 注意事项

(1) 按压者的更换。若有多个按压者,可每2分钟更换一次,换人时间应在5秒内完成,尽量减少按压中断的时间。

(2) 预防胃胀气。为防止胃胀气的发生,吹气时间应长,气流速度要慢,以降低最大吸气压。若伤者发生胃胀气,施救者可用手按压其上腹部,以利于胃内气体排出。如有反流或呕吐,应将伤者头偏向一侧,防止呕吐物误吸入气管。必要时可放置鼻胃管,抽出胃内气体。

(3) 院前心肺复苏的终止条件。

① 恢复有效的自主循环和自主呼吸。

② 由更专业的生命支持小组接手。

③ 医生已确认伤者死亡,其判断标准为:对任何刺激无反应;无自主呼吸;无循环特征(无脉搏,血压测不出);心肺复苏30分钟后,心脏自主循环仍未恢复,心电图呈一条直线。

④ 施救者如果继续复苏将对自身产生危险或将其他人员置于危险境地。

▶ 任务训练

练习成人徒手心肺复苏技术。

任务二 气道异物梗阻的院前急救

▶ 案例导读

陈爷爷,82岁,半年前经评估后入住某养老机构。某日中午12点,陈爷爷的儿子来看望老人,并带来了老人爱吃的葡萄。老人进食葡萄时突然表情痛苦,张口瞪目,手呈"V"字状紧贴于颈前喉部,面部青紫。照护人员小张正在巡视,看见老人的情况后立即采取行动。

请思考:陈爷爷发生了什么情况?照护人员小张应如何处理?

▶ 知识链接

气道异物梗阻(窒息)的高风险人群主要为反应能力下降者、吞咽和咳嗽反射相关的神经系统损伤者(如中风、帕金森病、脑瘫或阿尔茨海默病患者)、呼吸系统疾病患者等。醉酒者、药物麻醉者、牙齿状况不佳者及老年人等,也存在较高的气道异物梗阻风险。气道异物梗阻可发生于任何时候,其中最常发生的时间为进食时。异物进入气道后,大的异物停滞在气道口,小的异物易嵌顿于支气管。严重梗阻者因缺氧可很快出现发绀,最终引起意识丧失和心搏、呼吸骤停。早期识别气道梗阻是抢救成功的关键,如超过4分钟则会出现生命危险。即使抢救成功,也常因脑部缺氧过久而致失语、智力障碍、瘫痪等后遗症。超过10分钟,其损伤几乎不可恢复。

一、气道异物梗阻的概述

1. 气道异物梗阻的原因

常见异物有果冻、糖果、花生米、话梅、药片、瓜子、纽扣等,常见的原因可归为以下几种。

(1)饮食不慎。部分老年人由于机体功能的退化,出现咀嚼、吞咽及防御性咳嗽能力减退,易将口腔中的食物误吸入呼吸道,造成梗阻。此外,进食过快,尤其是摄入大块的、咀嚼不全的硬质食物时,若同时大笑或说话,极易使一些食物团块滑入呼吸道,引起梗阻。

(2)酗酒。大量饮酒时,由于血液中乙醇浓度升高,咽喉部肌肉松弛而吞咽失灵,食物团块极易滑入呼吸道。

(3)昏迷。各种原因所致的昏迷,因舌根后坠,胃内容物反流入咽部,阻塞或误吸入呼吸道,导致气道梗阻。

(4)其他。因企图自杀或精神性疾病,故意将异物吞入口腔并进入呼吸道,导致气道梗阻。

2. 临床表现

气道部分或完全梗阻后,老年人常常突发呛咳、声音嘶哑、呼吸困难、发绀等。

(1) 特殊表现。由于异物进入气道时感到极度不适,老年人常常不由自主地将手呈"V"字状紧贴于颈前喉部(见图18-9),目光恐惧。

(2) 气道部分阻塞。表现为张口瞪目、面色及皮肤、甲床、口腔黏膜青紫,伴咳嗽、喘气或咳嗽微弱无力,呼吸困难、烦躁不安的症状,张口吸气时可有高调鸡鸣音或犬吠音。

(3) 气道完全阻塞。突发气急,无法发音说话,不能咳嗽,不能呼吸,面色发绀。若不能紧急解除窒息,数分钟即意识丧失,昏迷倒地,可引起心搏骤停导致死亡。

图 18-9 气道梗阻的特殊表现

二、现场急救

1. 急救原则

气道异物梗阻的急救原则是立即解除气道梗阻,保持呼吸道通畅,可根据气道梗阻者的年龄、体形和反应症状采取不同解除梗阻的方法。

2. 急救措施

第一目击者必须能识别气道梗阻的表现,特别是在没有明显原因的情况下。如在就餐过程中,老年人突然面色发绀、意识不清、停止呼吸,容易被误认是心脏病发作。此时,目击者应及时询问老年人是否感到呼吸困难。清醒的老年人会点头示意。现场急救应使用简单易行、实用性强且不借助医疗设备,能立即将气道异物排出的方法。

(1) 自救法。此方法适用于气道部分梗阻、意识清醒的老年人。此外,该方法还适用于无他人在场相助或在场人员不具备急救能力的情况。气道异物梗阻的自救方法见表18-8。

表 18-8 气道异物梗阻的自救方法

方法	实施细节
① 咳嗽	● 适用于异物仅造成不完全性气道梗阻者,老年人尚可发音、说话、有呼吸和咳嗽。 ● 方法:鼓励老年人自行咳嗽和尽力呼吸,照护人员不应干扰老年人自己力争排出异物的任何动作
② 腹部手拳冲击法 (海姆立克急救法)	老年人将一手握拳,置于自己上腹部脐和剑突中间,另一手紧握该拳,用力向内、向上做4~6次快速连续冲击
③ 上腹部倾压椅背法	老年人将上腹部迅速倾压于椅背、桌角、铁杆或其他硬物上,然后迅猛向前倾压,以造成人工咳嗽,驱出呼吸道异物(见图18-10)

(2) 互救法(成人)。此方法适用于不同意识状态及气道梗阻程度的老年人。气道异物梗阻的互救方法见表18-9。

表 18-9 气道异物梗阻的互救方法

方法	实施细节
① 咳嗽	如果老年人只表现出轻度的气道梗阻症状，鼓励老年人继续咳嗽以排出异物，但要密切观察病情
② 拍背法	此法适用于严重气道梗阻、意识清楚的老年人。 方法：老年人取坐位或立位，施救者站在老年人侧后方，一手置于老年人胸部以支撑老年人，另一手掌根在老年人两肩胛骨之间进行 4～6 次大力拍击。老年人头部要保持在胸部水平或稍低于胸部水平（见图 18-11），以充分利用重力帮助异物排出，拍击应快而有力
③ 腹部手拳冲击法（海姆立克急救法）	仰卧位腹部手拳冲击法适用于意识不清的老年人。老年人取仰卧位，头后仰以开放气道。施救者骑跨在老年人的髋部，一手掌根部置于其腹正中线脐上 2 横指处，另一手直接放于该手手背上，两手掌根重叠，快速向内、向上用力向腹部冲击 4～6 次，检查口腔直至异物排出。切勿偏斜或移动位置以免损伤肝、脾等脏器（见图 18-12）。 立位腹部手拳冲击法适用于意识清楚的老年人。老年人取立位或坐位。施救者站于老年人身后，用双臂环抱其腰部，嘱老年人弯腰、头部前倾。施救者一手握空心拳，拳眼置于老年人腹部正中线脐上 2 横指处，另一手紧握该拳压紧腹部，并用力快速向内、向上冲压 4～6 次，以此造成人工咳嗽，帮助异物排出（见图 18-13）。注意施力方向，防止其胸部和腹内脏器损伤
④ 胸部手拳冲击法	此法适用于肥胖老年人，当施救者的双手无法环抱老年人腰部时： 意识清楚的老年人取立位或坐位，施救者站于老年人背侧，双臂经老年人腋下环抱其胸部。一手的手拳拇指侧顶住老年人胸骨中下部，另一手紧握该拳，向后做 4～6 次快速连续冲击。注意不要将手拳顶住剑突以免造成骨折或内脏损伤。 意识不清的老年人取仰卧位，屈膝，开放气道。施救者跪于老年人一侧（相当于老年人的肩胛水平），用掌根置于其胸骨中下 1/3 处，向下快速连续冲击 4～6 次。每次冲击需缓慢，间歇清楚，但应干脆利索
⑤ 手指清除异物法	避免盲目使用手指清除。只有能明确看到气道里的固体异物时，方可用手指清除，尤其适用于昏迷者。施救者先用拇指及其余四指紧握梗阻者下颌，并向前下方提牵，使其舌离开咽后壁，异物上移或松动。然后施救者的拇指和食指交叉，前者抵于老年人齿列，后者压在其上齿列，两指交叉用力，强使口腔张开。施救者用另一手的食指沿其颊部内侧插入，在咽喉部或舌根处轻轻取出异物

图 18-10 上腹部倾压椅背法

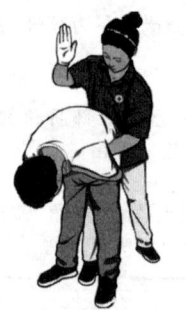

图 18-11 拍背法

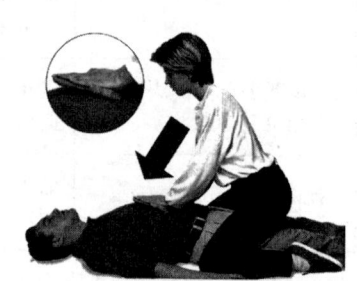

图 18-12 仰卧位腹部手拳冲击法

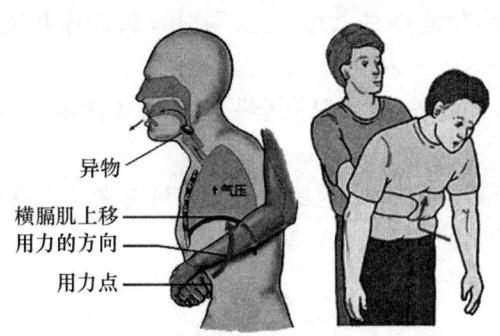

图 18-13　立位腹部手拳冲击法

3. 注意事项

（1）尽快识别气道异物梗阻是抢救成功的关键。

（2）采取腹部手拳冲击法时，其原理是利用冲击腹部及膈肌下软组织，产生向上的压力，压迫两肺下部，促使肺部残留气体形成气流并快速进入气管，从而将堵塞气管、喉部的异物驱除。因此，操作时应突然用力，且用力方向和位置必须正确，否则可能造成肝、脾损伤。

（3）饱餐后的气道梗阻者，实施腹部手拳冲击法时可能会出现胃内容物反流，应及时清理口腔，防止误吸。

（4）抢救的同时及时呼救，拨打急救电话并请求他人帮助。

（5）若各种手法无效，应根据现场条件采取合适的方式先开放气道，如环甲膜穿刺或切开气管后，再用小管（如饮料吸管、笔帽等）插入气道，紧急解决通气障碍，并尽快送医。

（6）若梗阻者意识由清醒转为昏迷，或面色发绀、颈动脉搏动消失、心跳呼吸骤停，应迅速进行心肺复苏。

三、气道异物梗阻的预防

照护人员在对老年人进行照护时，应注意预防气道异物梗阻的发生。具体措施包括以下两方面。

1. 评估危险因素

对老年人发生气道异物梗阻的风险进行评估，如是否存在吞咽困难、饮水呛咳等情况。

2. 对于存在风险的老年人，应采取有效的预防措施

（1）宣传气道异物梗阻的预防知识，告知老年人及家属其严重后果。

（2）协助老年人选择合适的食物。

① 避免食用容易引起梗阻的食物，如骨头、鱼刺、年糕、汤圆、水饺等。

② 对咀嚼或吞咽困难的老年人，可将食物打碎成糊状，必要时专人喂饭或鼻饲。喂饭时，用汤匙将少量食物送至其舌根处，让老年人吞咽，待确认老年人完全咽下食物后才能喂下一口，不可操作过急。进食时应密切观察。

（3）采取合理的体位。取坐位、半卧位，上身前倾 15°，头不要后仰。卧床老年人进餐后，休息 30 分钟再平卧。

(4)在进食时勿谈笑,勿吃得过急过快,勿同时吞服固体和流质食物。不要催促老年人,避免一次进食过多。

(5)发生呛咳时应暂停进餐,待呼吸完全平稳后再喂食物。频繁呛咳且严重者应停止进食。

(6)对咀嚼或吞咽障碍的老年人,应配合医护人员对老年人进行吞咽功能训练(详见本书"康复服务"中的相关内容)。

任务训练

模拟练习自救法、仰卧位腹部手拳冲击法、立位腹部手拳冲击法。

项目十九　老年人常见外伤的应对

随着我国人口老龄化的迅速发展,老年人的健康、生活质量备受关注。尤其是养老机构内老年人的照护安全,已经成为评判机构服务质量的重要指标之一。老年人由于身心功能的退化、慢性疾病、认知功能的减退,再加上自身控制环境的能力下降,遇到意外和突发状况时往往难以应对,跌倒、烫伤、骨折等安全问题在老年人群中发生率较高。这些意外事件的发生,可能会对老年人的生活质量及家庭带来重大影响,也容易发生照护纠纷。

调查显示,近年来老年人创伤的发生率呈增高趋势。常见的导致老年人创伤的主要因素包括意外跌倒、交通事故、烧伤等。随着年龄的增长,老年人出现平衡能力下降、下肢乏力、步态不稳、视觉减退、反应变慢等生理变化,再加上服用治疗慢性病药物产生的副作用等原因,导致老年人容易发生意外跌倒及烫伤的情况。

项目分解

本项目包括烧烫伤的预防及急救、跌倒的预防及急救、外伤救护三项内容。

任务一　烧烫伤的预防及急救

▌案例导读

张爷爷,82岁,有糖尿病病史10余年,半年前经评估后入住某养老机构。某日上午12点,照护人员小赵突然听到张爷爷在房间喊叫,同时听到暖水瓶摔在地上的"哐当"声,小赵赶紧去查看,发现张爷爷在房间里不知所措,表情痛苦,甩着左手、跺着左脚,看到小赵进来,赶紧解释说是打翻了暖水瓶。小赵边安慰张爷爷,边检查他的手和脚,发现张爷爷的左手和左脚红肿明显、皮温增高,主诉疼痛剧烈。小赵立即通知医护人员,并对其烫伤部位进行了初步处理。下午再次查看张爷爷的烫伤部位,发现已有多个水疱,其中一较大水疱皮已剥脱,可见创面均匀发红,水肿明显。

请思考：根据案例描述，判断张爷爷的烫伤程度并给予相应的处理措施。同时，思考可采取哪些措施来预防此类情况的再次发生。

知识链接

因身体机能退化、反应能力下降等原因，烧烫伤在老年人群中的发生率很高。烧烫伤发生后不仅会导致剧烈疼痛、感染、形象紊乱等，严重时还会使老年人的生活质量受到影响，甚至危及生命。因此，预防老年人烧烫伤的发生是保障老年人安全的首要任务之一。

一、烧烫伤的基础知识

1. 烧烫伤的概念

烧烫伤是老年人常见的意外伤害之一。烧伤是指由热力、电能、激光、辐射以及强酸强碱等致伤因子作用于人体而引起的始于皮肤、由表及里的损伤。其中，火焰或高温气体、固体等导致的热力烧伤最为常见。烫伤是指由高温液体、高温水蒸气等引起的烧伤。

2. 老年人烧烫伤的致伤因素

老年人烧烫伤的致伤因素多样化，包括生理、病理、生活意外等多种因素，其中以生活意外导致的烧烫伤比例最大。

(1) 生理因素。老年人常因神经系统和皮肤组织老化，温度觉、痛觉功能减退，对热力损伤反应较慢。如在使用热水袋进行热疗时，若温度和时间控制不当，当老年人感受到皮肤烧灼感或疼痛时，通常已造成皮肤烫伤。此外，由于行动不便以及视力减退，老年人在日常生活中容易碰倒热水杯或热水瓶而被烫伤。

(2) 病理因素。患有糖尿病、心血管疾病的老年人容易出现周围神经病变，导致痛觉减退，在泡脚、沐浴时容易发生烫伤。

(3) 生活意外。生活意外包括冬天生火取暖导致的意外烧伤，以及电热宝、热水袋等使用不当引起的烫伤。此外，高压锅爆炸、热油、热汤所致的烫伤，洗澡时不慎引起的烫伤，床上吸烟引燃衣物而引起的烧伤等也较为常见。

(4) 治疗因素。治疗因素包括治疗疾病时被医疗设备烫伤，静脉输液时刺激性药物外渗导致的皮下组织及皮肤坏死等。部分老年人在生病时更倾向于自行拔罐、艾灸、针灸等中医理疗措施，若理疗器温度过高或操作不当，容易造成烫伤。

(5) 其他因素。其他因素包括电击伤、电弧烧伤、化学烧伤、车祸等导致的烧伤、火灾烧伤、他伤等。此外，由于黑色素细胞减少，老年人对紫外线等有害射线的抵抗力降低，长时间暴晒也容易发生烫伤。

二、烧烫伤的评估

1. 烧烫伤的程度及临床表现

烧烫伤首先会引起皮肤黏膜损伤，削弱机体防御屏障。轻者出现皮肤肿胀、水疱、疼痛；重者可能出现皮肤烧焦，甚至血管、神经、肌腱等同时受损。此外，还可能引发呼吸道烧伤。烧伤引起的剧烈疼痛及皮肤渗出等因素可能导致休克，晚期还可能引发感染、败血症等并发症，严重时危及生命。烧烫伤的程度及临床表现见表19-1。

表 19-1　烧烫伤的程度及临床表现

分期	损伤层次	临床表现	愈合时间	预后
Ⅰ度（红斑性）	表皮浅层	红斑、疼痛、无水疱	3～7 天	恢复正常
浅Ⅱ度（大水疱）	生发层、乳头层	大水疱、创面红润、剧痛	1～2 周	多数有色素沉着
深Ⅱ度（小水疱）	真皮层	小水疱、创面红白相间、痛觉迟钝	3～4 周	常有瘢痕增生
Ⅲ度（焦痂性）	全层甚至深达皮下、肌肉或骨骼	无水疱，苍白、焦黄，如皮革状	不能自愈，需植皮	瘢痕增生明显

2. 烧伤的面积判断

（1）手掌法。以老年人五指并拢的一个手掌面积约为体表面积的 1% 进行计算，适用于较小面积烫伤的估算（见图 19-1）。

（2）中国新九分法。此法适用于成人（包括老年人）较大面积烧伤的评估。该法将体表面积划分为 11 个 9%，会阴区的面积计算为 1%，构成 100% 的体表面积，见表 19-2。

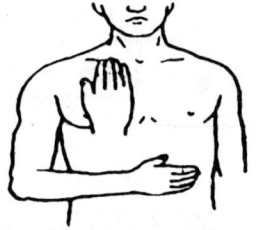

图 19-1　手掌法

表 19-2　中国新九分法

部位	成人体表面积百分比（共 11 个 9%，另加 1%）
头面颈部	1 个 9%（发部 3%、面部 3%、颈部 3%）
双上肢	2 个 9%，共计 18%（双手 5%、双前臂 6%、双上臂 7%）
躯干	3 个 9%，共计 27%（腹侧 13%、背侧 13%、会阴 1%）
双下肢	5 个 9%，另加 1%，共计 46%（双臀 5%、双大腿 21%、双小腿 13%、双足 7%）

三、烧烫伤的初步处理原则及急救措施

1. 烧烫伤的初步处理原则

发现老年人烧烫伤后，现场救护的原则是尽快消除致伤原因，迅速脱离热源，保护创面，保持呼吸道通畅，并根据烧烫伤程度进行必要的紧急处理及转送医院治疗。各类烧烫伤的初步处理原则见表 19-3。

表 19-3　各类烧烫伤的初步处理原则

烧烫伤分期	处理原则
Ⅰ度	立即将伤处浸泡在凉水中进行冷却治疗 30 分钟，随后可在局部涂抹烫伤膏。冷却治疗可以降温、减轻余热损伤、缓解肿胀、止痛并防止起疱
Ⅱ度	先进行冷却治疗，然后消毒创面、涂抹创伤膏。如有水疱，根据其大小决定是否保留，若为大水疱，消毒后可用无菌注射器抽出疱液，并用无菌敷料包扎
Ⅲ度	立即用清洁的被单或衣服简单包扎，保持创面清洁，避免污染和再次损伤，并迅速送往医院治疗。若伤者口渴，可饮少量淡盐水

2. 烧烫伤的急救措施

（1）迅速脱离热源。在烧烫伤的现场急救中最重要的是尽快灭火，脱去燃烧的衣物，就地翻滚以熄灭火焰。救出伤者后迅速使其脱离热源。切忌奔跑、呼叫，以免火借风势烧伤面部和呼吸道。避免用双手扑打火焰,以免造成双手烧伤。热液浸渍的衣裤,可用冷水冲淋后剪开取下,避免强力剥脱而撕脱水疱皮。

（2）烧烫伤的急救步骤(见表19-4)。

表19-4 烧烫伤的急救步骤

急救步骤	急救措施
冲	在流动的冷水中冲洗约30分钟
脱	在冷水中慢慢将衣物脱去,注意保护创面及水疱完整性
泡	在冲洗完除去表面衣物后,将受伤部位浸泡在冷水中30分钟
盖	用消毒好的、干净的医用纱布或棉布覆盖在烧烫伤部位,并进行固定
送	Ⅱ度、Ⅲ度烧烫伤经过初步处理后,应立即将伤者送往医院。尤其是Ⅲ度烧烫伤时,可用干净纱布覆盖创面,不可涂抹药物,伤者应迅速就医

（3）冷却治疗的应用。冷却治疗是用冷水进行治疗,是烧烫伤的常用处理方法。冷却治疗使用不当可能造成老年人再次受伤或加重皮肤损害,因此在使用时应遵循以下基本要求。

① 冷却治疗应在伤后即刻进行,因为损伤后5分钟内热力会继续影响深层组织,超过5分钟后冷却治疗的主要作用为止痛。

② 如不方便将烧烫伤部位浸泡于冷水中,可用毛巾包裹受伤部位并向毛巾浇冷水。

③ 冷却治疗的效果与浸泡时间早晚、水温高低有关,但水温不能低于5℃,以免造成冻伤。

④ 若伤处水疱已破皮,不可浸泡以免感染。可用无菌纱布或干净手帕包裹冰块冷敷伤处周围以减轻疼痛,并立即就医。

三、烧烫伤的预防

1. 评估老年人发生烧烫伤的危险因素

对老年人发生烧烫伤的危险因素进行评估,内容应包括皮肤感觉迟钝、痛温觉减弱、烧烫伤史、冬季使用热水袋或取暖器、视觉障碍和动作迟缓等。

2. 对有危险因素的老年人应采取预防措施

（1）宣传烧烫伤的预防知识,告知老年人及家属发生烧烫伤的危险因素及后果。

（2）指导老年人及家属使用取暖设备和生活设施。

① 取暖设备。电热毯应在睡前打开,睡觉时及时关闭;热水袋水温应低于50℃,并用大毛巾包裹,睡前及时取出。意识障碍、肢体感觉严重减退的老年人,禁止使用电热毯、热水袋等取暖设备。

② 电器。定期检查电器是否完好,反复告知注意事项。认知障碍的老年人应避免使用电器。

③ 沐浴。洗澡时先放冷水,再放热水,水温不宜过高,时间不宜过长。洗澡结束时,先关闭热水,后关闭冷水。

④ 热水瓶。将热水瓶放在固定或者房间角落等不易碰到的地方。

⑤ 易燃物品。将蚊香专用器放在安全的地方；报纸、压缩式喷剂等易燃物品勿靠近火源；避免在床上吸烟。

（3）协助、指导老年人进行日常安全照护。

① 饮食。为喝热汤及热水的老年人提前将饮食放温凉，必要时向老年人说明。

② 热疗。为老年人进行热湿敷、热水坐浴、干烤等热疗时，告知老年人不要随意调节仪器设置及温度，定期巡视及观察。

▶ 任务训练

模拟练习烧烫伤的处理流程。

任务二　跌倒的预防及急救

▶ 案例导读

孙爷爷，85岁，日常生活能够自理，和老伴一起生活。某天下午，孙爷爷如厕后准备离开卫生间时，不小心被卫生间与客厅之间的门槛绊倒。

请思考：

(1) 老年人容易跌倒的原因是什么？

(2) 居家生活环境中容易导致老年人跌倒的因素有哪些？

(3) 发现老年人跌倒后应如何处理？

(4) 预防老年人跌倒的措施有哪些？

▶ 知识链接

跌倒是指不慎倒在地面或更低平面的意外事件。在人口老龄化背景下，我国老年人跌倒发生率较高。跌倒不仅易造成老年人恐惧、抑郁，还是造成残疾和死亡的重要原因之一，给家庭、社会带来了沉重的医疗负担。因此，老年人跌倒的预防和管理已成为全球公共议题。

一、跌倒的基本知识

1. 跌倒的概念及分类

跌倒是指突发、不自主、非故意的体位改变，导致身体倒在地上或更低的平面上。按照国际疾病分类的分类，跌倒包括从一个平面跌落至另一个平面和同一平面的跌倒。

2. 跌倒的原因

跌倒发生的原因见表 19-5。

表 19-5　跌倒发生的原因

原因归类	具体内容
(1) 生理因素	① 步态和平衡功能受损,这是引起老年人跌倒的主要原因。 ② 感觉系统功能下降,包括视觉、听觉、触觉、前庭及本体感觉功能下降,影响传入中枢神经系统的信息,进而影响机体的平衡功能。 ③ 中枢神经系统退化影响智力、肌力、感觉、反应及平衡能力。 ④ 骨骼肌肉系统损伤和退化影响老年人的活动能力、步态敏捷性、力量和耐受性,导致老年人脚抬不高、行走缓慢不稳,增加跌倒风险。骨质疏松也会增加老年人跌倒相关骨折的风险
(2) 病理因素	心脑血管疾病、神经系统疾病、骨关节疾病、感官系统疾病、泌尿系统疾病等
(3) 药物因素	药物可能对老年人的神志、精神、视觉、步态、平衡等方面产生影响,从而引发跌倒,如安眠药、抗焦虑药、抗抑郁药等精神类药物以及降压药等心血管类药物
(4) 心理因素	① 不服老。对自身能力估计过高,对危险性认识不足,或不愿意麻烦照护人员,勉强行事,从而增加跌倒的风险。 ② 情绪不佳。衰老和自理能力下降导致老年人烦躁、焦虑、注意力减退,反应能力下降,增加跌倒风险。 ③ 害怕跌倒。老年人因自身跌倒经历或目睹同伴跌倒的不良事件,可能导致行走能力和活动受限,影响平衡能力,增加跌倒风险
(5) 环境因素	① 地面因素。地面过滑、潮湿、不平整或过道有障碍物等。 ② 居室内设施。光线过暗或过强、卫生间缺乏扶手、台阶高度不合适、座椅过高或过低等
(6) 社会因素	老年人是否独居、社会交往、文化程度、收入水平、卫生保健水平等。独居、社会交往少、文化程度低的老年人发生跌倒的风险较高
(7) 管理因素	① 照护人员因素。扎实的知识储备、良好的照护技能和强烈的安全意识有助于照护人员协助老年人规避跌倒风险,并及时识别危险因素。 ② 家属因素。家属对使用的辅具不理解、不支持、不配合会增加护理难度和跌倒风险。与老年人共同居住并提供照顾及心理安抚,有助于减轻老年人焦虑,降低跌倒风险。 ③ 志愿者因素。经验不足的志愿者在搀扶老年人时可能因为安全意识不强或照护方式不当而诱发老年人跌倒

3. 跌倒的高危人群

跌倒的高危人群包括年龄超过 65 岁、有跌倒史或步态不稳、贫血或直立性低血压、服用影响意识或活动的药物(如利尿剂、止痛剂和镇静安眠药)、营养不良、虚弱、头晕、意识障碍(如失去定向感、躁动等)和睡眠障碍的老年人。

二、跌倒风险的筛查及评估

1. 跌倒风险筛查

跌倒风险筛查是老年人跌倒预防和管理的首要环节。机会性病例和跌倒相关诊疗可快速识别老年人的跌倒风险。具体筛查实施方法如下。

(1) 机会性病例。机会性病例是指老年人因某些问题就诊时,通过风险评估和测试识别其他疾病的风险。对于因任何原因就诊的老年人,可通过询问三个关键问题初步筛查其跌倒风险。问题分别为:过去一年是否跌倒?站立或行走时是否感觉不稳?是否担心跌倒?

(2)跌倒相关诊疗。因跌倒急诊入院或因急性疾病导致跌倒的老年人,应询问老年人或照护人员跌倒事件的详细过程、跌倒史,以及是否存在短暂性意识丧失、头晕、运动障碍或跌倒担忧等。

2. 跌倒风险评估

跌倒风险评估是指在初筛后,根据跌倒严重程度和步态平衡受损情况,判断老年人的跌倒风险等级,明确风险因素,并制订个性化的跌倒管理方案。

(1)首先,根据以下情况评估老年人跌倒的严重程度(符合1项即为跌倒高风险)。跌倒损伤且需就医;过去一年跌倒次数大于2次;衰弱(可采用衰弱表型或临床衰弱评估量表评估);在无人帮助的情况下,跌倒后至少持续1小时无能力站起;伴随短暂意识丧失或疑似晕厥。

(2)其次,经上述筛查,如老年人为跌倒高风险,则进行后续的多因素评估。若不属于高跌倒风险人群,则通过步速和平衡功能测试区分其跌倒风险归属(低风险、中风险)。跌倒风险评估的实施见表19-6。

表19-6 跌倒风险评估的实施

评估方法	实施	结果解读
步速测试	采用6 m步行试验测定老年人步速。嘱老年人按照平时速度行走6 m,在老年人足尖越过测试起点时开始计时,在其足尖越过测试区终点时结束计时,记录行走时间,计算行走速度,共行走2次,取时间均值	步速不大于0.8 m/s为跌倒中风险
平衡功能测试	准备一张有扶手的靠背椅(椅座高度约46 cm,扶手距椅面高约20 cm)和一个秒表。老年人坐在有扶手的靠背椅上,身体靠在椅背上,双手放在扶手上。如果使用辅具(如拐杖),则将其握在手中。在离座椅3 m远的地面上放一个明显的标记物。当测试者发出"开始"的指令后,老年人从靠背椅上站起,行走3 m后转身,坐下并靠在椅背上,记录该时间	小于10 s:正常; 11~20 s:活动较好,可独自步行,不需辅助; 大于20 s:活动障碍,不能独自步行外出,需要辅助; 大于15 s,跌倒中风险

(3)最后,针对跌倒高风险的老年人,开展多因素跌倒风险评估。传统的跌倒风险评估多以量表作为工具,但这种评估方式未能有效识别跌倒风险因素,而多因素跌倒风险评估方案可全面、详细地评估个体潜在的跌倒风险因素。其主要评估内容见表19-7。

表19-7 多因素跌倒风险评估

分类	内容
客观风险因素	步速与平衡能力、认知状况、视力和听力情况、心血管情况、头晕和前庭神经疾病情况、用药情况、环境等
主观风险因素	老年人对跌倒的担忧程度、跌倒原因的认识、跌倒预防知识的了解等

3. 常用跌倒评估工具

目前,许多养老机构及医疗机构将跌倒风险评估量表作为评估老年人跌倒风险的主要工具。本书将对部分常用工具进行简要介绍,以便读者学习和使用。

（1）预防老年人跌倒家居环境危险因素评估表。

调查显示，全国老年人跌倒有一半以上发生于家中，因此家庭内部的干预非常重要。改善家庭环境可以有效地减少老年人跌倒的发生，故而有必要应用工具对老年人家庭环境进行评估。上海市长宁区设计了一份适合推广的预防城市老年人跌倒家居环境危险因素评估表（见二维码）。该表对家居环境中的地面和通道、客厅、卧室、厨房、卫生间进行评估，不适用于农村家居环境的评估。

扫描二维码查看预防老年人跌倒家居环境危险因素评估表

（2）老年人跌倒风险评估量表。

该量表用于评估老年人跌倒风险，是一个专门用于评估跌倒风险的工具（见二维码）。该量表包含 8 个维度和 35 个子条目，每个条目得分为 1～3 分，总分为 0～53 分。该量表内容简洁、容易理解、使用方便，既可用于社区老年人跌倒风险筛查，也可用于医疗机构中老年人的跌倒风险评估。

扫描二维码查看老年人跌倒风险评估量表

（3）Morse 跌倒评估量表。

该量表是专门用于预测跌倒发生风险的量表（见二维码）。该量表目前已被广泛使用，且被证明具有良好的信度和效度。

扫描二维码查看Morse跌倒评估量表

三、老年人跌倒的预防

可根据不同的跌倒风险分级制订相应的跌倒管理方案，从而提高跌倒预防的有效性。不同跌倒风险的预防措施见表 19-8。

表 19-8 不同跌倒风险的预防措施

风险划分	预防措施
跌倒低风险	（1）目标：一级预防。 （2）根据老年人具体情况，提供个性化的身体活动和锻炼建议以及与降低跌倒和骨折风险相关的健康教育。在安全可行的情况下，老年人应规律运动，每周确保 150～300 min 的中强度身体活动，或 75～150 min 的高强度身体活动。每周进行 3 天以上的侧重于增加平衡功能和力量的中高强度运动和每周进行两天以上的侧重于强化主要肌群的中高强度运动。 （3）注意每年评估跌倒风险等级并及时调整干预方案
跌倒中风险	（1）目标：二级预防以改善主要风险因素。 （2）重点加强老年人日常生活活动能力。照护人员需结合老年人实际情况，协助其进行起立、深蹲、单脚站立等动作训练，并在安全的基础上适当增加负重或提高动作难度，以增强对神经、肌肉和骨骼功能的干预效果，改善步态及平衡问题。 （3）注意干预策略的强度应定期评估和调整，保障干预策略全程效果，每年评估跌倒风险等级并及时调整干预方案
跌倒高风险	（1）目标：二级预防和治疗。 （2）根据个体跌倒风险因素，结合老年人及其照护人员对跌倒的看法、态度与预防措施偏好，制订个体化的多因素跌倒干预方案，包括身体活动和锻炼干预、药物干预、心血管干预、生活环境干预等

四、跌倒发生后的处理

1. 老年人意外跌倒后的不同状况

(1) 仰面摔倒。如仰面摔倒，老年人可能存在头部着地而导致头部外伤或颅脑损伤等。老年人可能出现神志变化、剧烈呕吐、耳鼻出血或渗液，或在数天后出现剧烈头痛、呕吐、抽搐、昏迷等症状。

(2) 臀部着地。臀部着地时，易发生髋部股骨颈骨折、腰椎骨折等。老年人的主要表现为局部剧烈疼痛、关节畸形、活动异常、下肢麻木或功能丧失、二便失禁等。部分老年人对疼痛不敏感，骨折两端成角相嵌，甚至还可起立行走，但会出现跛行。

(3) 向前扑倒。向前扑倒可引起股骨干、髌骨及上肢骨折。表现为局部疼痛，明显肿胀，可能伴有伤口、关节畸形、活动异常等。

2. 老年人跌倒后的急救措施

照护人员到达现场后，暂时勿移动老年人，首先判断其神志、瞳孔、生命体征、外伤、出血、疼痛以及肢体活动是否受限等。老年人跌倒的急救措施见表19-9。

表19-9 老年人跌倒的急救措施

急救措施	具体实施
(1) 沟通与评估	发现老年人跌倒，立即来到老年人身边，安抚老年人，给予心理支持；评估老年人的神志、瞳孔、生命体征、外伤、出血、疼痛以及肢体活动是否受限等
(2) 意识不清时的急救	紧急求助，呼叫其他人员并拨打120。根据老年人情况给予处置。① 有外伤、出血者，立即止血、包扎；② 保持其呼吸道通畅，若有呕吐将头偏向一侧，清理口、鼻腔分泌物；③ 进行抽搐处理，将老年人移至平整软地面或身下垫软物，防止碰、擦伤，必要时在其牙间垫被角或较厚的衣物等，防止舌咬伤，不可强掰抽搐肢体以防损伤肌肉、骨骼等；④ 心肺复苏：对心搏骤停者，立即进行CPR；⑤ 详细记录并汇报
(3) 意识清楚时的急救	① 询问老年人跌倒情况及发生过程，如不能记起，可能为晕厥或脑血管意外，应立即送医或拨打急救电话。② 询问是否有剧烈头痛、手脚无力，观察是否有口眼歪斜、言语不利等，如有则提示可能为脑卒中，此时不可立即扶起老年人，应立即拨打急救电话；③ 检查有无腰背痛、双腿活动或感觉异常及大小便失禁等，如有则提示可能存在腰椎损伤，此时不可随意搬动老年人，应拨打急救电话；④ 查看有无肢体疼痛、畸形、关节异常、肢体位置异常等，如有则提示可能存在骨折，无法判断情况时，不可随意搬动，应等待专业人员处理；⑤ 针对外伤出血的情况应立即止血、包扎；⑥ 护送至医院进行处理；⑦ 详细记录并汇报
(4) 自救	老年人在身边无人帮助的情况下，可尝试自行起身。 ① 第一步（见图19-2）：如为背部着地，应弯曲双腿，挪动臀部至放有毯子的椅子或床旁，平躺，盖好毯子，保持体位，尽可能寻求他人帮助；② 第二步（见图19-3）：休息片刻后，尽力向椅子方向翻转身体，变成俯卧位；③ 第三步（见图19-4）：双手支撑地面，抬起臀部，弯曲膝关节；④ 第四步（见图19-5）：尽力面向椅子跪立，双手扶住椅面，借助椅子支撑身体站起；⑤ 第五步（见图19-6）：尽力站起，休息片刻恢复部分体力后，拨打电话寻求帮助

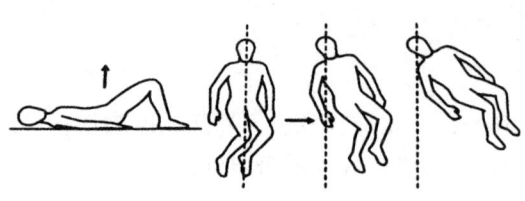

图 19-2 跌倒自行起身法第一步

图 19-3 跌倒自行起身法第二步

图 19-4 跌倒自行起身法第三步

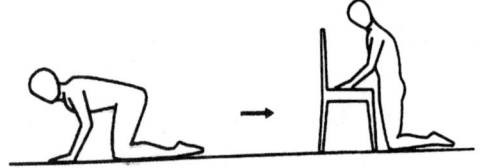

图 19-5 跌倒自行起身法第四步

图 19-6 跌倒自行起身法第五步

▼任务训练

孙奶奶,75岁,既往患有高血压、关节炎、抑郁症等多种疾病,长期规律服用降压药、利尿药、抗抑郁药等。因家中无人照顾,子女将其送入某老年照护机构。入院评估时,经询问发现老人半年内有两次跌倒史,且近3天有头晕症状。老人能使用拐杖行走。请采用角色扮演法,分析孙奶奶跌倒的危险因素,对孙奶奶进行跌倒风险筛查及评估,制订预防老人再次跌倒的措施。

任务三 外伤救护

▼案例导读

李奶奶,70岁,不慎从楼梯上摔下,右肘部着地,照护人员见状上前询问并查看伤情,发现李奶奶意识清醒,可自行站起,右肘部有一4 cm大小的伤口,伴有出血、肿胀和疼痛。

请思考:照护人员应如何为李奶奶进行伤口止血和包扎?包扎时的注意事项有哪些?

▼知识链接

老年人因神经系统、关节韧带退行性变化,关节稳定性和平衡协调能力较差,对意外情况反应较慢,容易发生跌倒和摔伤。老年人跌倒后发生外伤的风险性高,照护人员必须掌握外伤的初步判断和紧急处理技能,为老年人急救治疗争取时间。

一、急性软组织损伤

1. 概念

急性软组织损伤是指因扭伤、挫伤、跌扑伤或撞击伤等原因,导致人体运动系统中皮肤以下、骨骼之外的肌肉、韧带、筋膜、肌腱、滑膜、脂肪、关节囊等组织以及周围神经、血管出现损伤。

2. 急性软组织损伤的急救

对无开放性伤口的急性软组织损伤,可采用局部冷疗法进行处理。局部冷疗法的使用目的、禁忌证、使用方法等,参见本书"冷疗法"中的相关内容。

二、止血

止血是针对开放性损伤外出血的急救措施,所有出血的伤口均需止血。有效止血可以减少出血,维持有效循环血容量,防止休克的发生。止血的主要方法有直接压迫止血法、包扎止血法、加垫屈肢止血法、填塞止血法和止血带止血法等。

1. 物品准备

常用的止血材料有无菌敷料、绷带、三角巾、创可贴、止血带等。紧急情况下可就地取材,使用毛巾、布料、衣物等。

2. 救护人员准备

施救前应充分评估救护环境的安全性,并做好自我防护,尽可能戴手套、口罩,必要时戴防护眼镜或防护面罩。

3. 操作实施

止血操作实施见表19-10。

表19-10 止血操作实施

止血方法	具体实施
(1) 直接压迫止血法	该法是最直接、快速、有效和安全的止血法,可用于大部分外出血情况。检查伤口内有无异物(浅表异物可取出)。将干净的敷料覆盖在伤口上(敷料应超过伤口周边至少3 cm),持续用力压迫止血。如敷料被血浸透,不要更换,应在原有敷料上再加盖一层敷料,继续直接压迫止血
(2) 包扎止血法	仅有小血管或毛细血管损伤,出血量少或体表及四肢小动脉、中小静脉或毛细血管出血,可采用包扎止血法。 ① 加压包扎止血法:将敷料覆盖于伤口上(超过伤口周边至少3 cm),用手或其他材料(如三角巾、绷带、网套等)在敷料上施加一定的压力,以达到止血目的。 ② 间接加压止血法:当伤口内有异物残留时(如小刀、玻璃片等),应保留异物,并在伤口边缘用敷料固定异物,然后用绷带、三角巾等对伤口边缘的敷料进行加压包扎

续表

止血方法	具体实施
（3）加垫屈肢止血法（见图19-7）	该法适用于四肢出血量较大、肢体无骨折或无关节脱位者。每隔40~50 min缓慢放松3 min左右，注意观察肢体远端的血液循环。 ① 上臂出血：在腋窝处放纱布垫或毛巾，将前臂屈曲于胸前，再用绷带或三角巾将上臂固定于前胸。 ② 前臂出血：在肘窝处放纱布垫或毛巾，屈肘，再用绷带或三角巾将屈肘部位固定。 ③ 小腿出血：在腘窝处放纱布垫或毛巾，弯曲膝关节，再用绷带或三角巾将膝部固定。 ④ 大腿出血：在大腿根部放纱布垫或毛巾，屈曲髋关节与膝关节，用绷带或三角巾将腿与躯干固定
（4）填塞止血法	该法适用于四肢有较深、较大的伤口或盲管损伤、穿透伤的伤者，用消毒的纱布等敷料填塞在伤口内，再用加压包扎止血法包扎。注意躯干部出血禁用此法
（5）止血带止血法	该法适用于四肢有较大血管损伤或伤口大、出血量多，且采用其他方法仍不能有效止血的伤者。 ① 橡胶止血带止血法（见图19-8）。用左手的拇指、食指和中指持止血带的头端，将长的尾端绕肢体一圈后压住头端，再绕肢体一圈，用左手食指和中指夹住尾端，将尾端从两圈止血带下拉出，形成一个活结。放松止血带时，只需将尾端拉出即可。 ② 卡式止血带止血法（见图19-9）。将止血带缠在衬垫上，一端穿进扣环。一手固定扣环，另一手拉紧止血带至伤口不出血。需放松时，用手按压扣环上的按钮，解开按压开关即可。 ③ 充气式止血带止血法（见图19-10）。充气式止血带依据血压计袖带原理，配有显示止血带压力大小的装置，压力均匀可调节，止血效果好。使用时将止血带缠在衬垫上，充气止血。 ④ 旋压止血带止血法：旋压止血带由摩擦带扣、旋棒、固定带、自粘带和C形锁扣组成。使用时将止血带套于肢体，拉紧自粘带，转动旋棒加压并固定于C形锁扣内。通过旋转旋棒增加局部压力以达到止血目的。 ⑤ 布带止血带止血法。在事故现场，可根据情况就地取材，利用三角巾、围巾、领带等作为布带止血带进行止血。由于该法止血效果不佳，应尽可能在短时间内使用。将布料折叠成约5cm宽的平整条带状，在垫好衬垫的部位，先加压缠绕肢体一周，两端向前拉紧，打一个活结。再将绞棒旋转至伤口停止出血，将绞棒的另一端插入活结的内圈固定，并注明时间

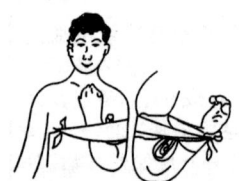

图19-7 加垫屈肢止血法

图19-8 橡胶止血带止血法

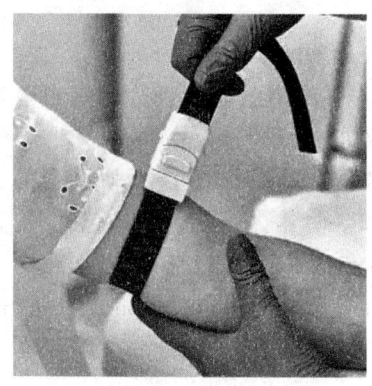
图 19-9　卡式止血带止血法

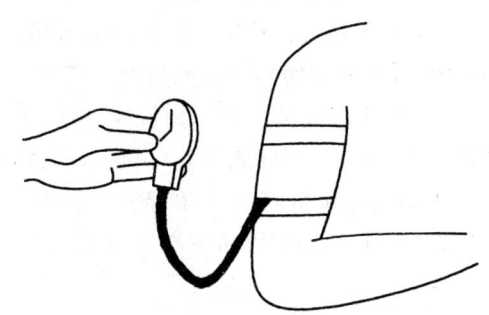
图 19-10　充气式止血带止血法

4. 注意事项

止血带使用不当可能会造成神经、软组织或肌肉的损伤,甚至危及生命。因此,使用止血带时应掌握以下注意事项。

(1) 材料选择。优先选择能显示压力的充气式止血带,止血效果较好。禁止使用细铁丝、电线、绳索等代替止血带。

(2) 部位恰当。止血带应扎在伤口的近心端,并尽量靠近伤口。无须强调"标准位置"的限制(如以往强调上肢出血应扎在上臂的上 1/3 处),也不受前臂和小腿"成对骨骼"的限制。

(3) 压力恰当。止血带松紧度要适宜,以出血停止、远端摸不到动脉搏动止血带处于最松状态为宜。一般的压力标准为上肢 250～300 mmHg,下肢为 300～500 mmHg。

(4) 标记明显。使用止血带的伤员应在其手腕或胸前衣服上做明显的标记,注明止血带的使用时间(24 小时制),以便后续医护人员处理。

(5) 控制时间,定时放松。扎止血带的时间越短越好,总时间不应超过 5 小时。使用过程中,每隔 0.5～1 小时放松一次,每次放松 2～3 分钟,放松期间需用其他方法临时止血,放松后再在稍高的平面扎止血带。

(6) 做好放松准备。在松止血带前,应补充血容量,并做好抗休克和止血器材的准备。

三、包扎

伤口是细菌入侵人体的门户,如果伤口被细菌污染,可能引起感染,危及伤者健康甚至生命。除采用暴露疗法外,体表各部位的伤口一般均需包扎。

1. 包扎的目的

保护伤口、防止进一步污染,固定敷料和骨折位置,压迫止血、减轻疼痛;保护内脏、血管、神经、肌腱等重要结构,有利于转运和进一步治疗等。

2. 物品准备

常用材料有无菌敷料、尼龙网套、各种绷带、三角巾、四头带或多头带、胸带、腹带、胶布、别针或夹子等。在紧急情况下,可就地取材,使用干净的衣服、毛巾、床单、围巾等作为临时包扎材料。

3. 操作实施

常用的包扎方法有尼龙网套包扎法、绷带包扎法、三角巾包扎法等。

(1) 尼龙网套包扎法。尼龙网套可用于头部和四肢的包扎。包扎前先用敷料覆盖伤口并固定,再将尼龙网套套在敷料上。使用过程中应避免尼龙网套移位。

(2) 绷带包扎法。使用绷带前,应以无菌敷料覆盖伤口。操作时,一手拿绷带的头端并将其展平,另一手握住绷带卷,由伤者肢体远端向近端包扎,用力均匀。开始包扎时,先环绕2圈,并将绷带头折回一角,在绕第二圈时将其压住(见图 19-11)。包扎完毕后,在同一平面环绕2~3周,然后将绷带末端剪成两股打结或用胶布固定。绷带包扎的常用方法、适用范围见表 19-11。

表 19-11 绷带包扎的常用方法、适用范围

包扎方法	实施	适用范围
① 环形包扎法	将绷带做环形缠绕,通常在包扎开始与结束时使用	粗细均匀部位,如颈、腕、胸、腹等处
② 蛇形包扎法	以环形包扎法起始,再以绷带宽度为间隔,斜行向上,各周互不遮盖(见图 19-12)	固定夹板、简单固定或需要由一处迅速延伸至另一处时
③ 螺旋形包扎法	以环形包扎法起始,再稍微倾斜螺旋向上缠绕,每周压住前一周的 1/3~1/2(见图 19-13)	直径基本相同的部位,如四肢、躯干等
④ 螺旋反折包扎法	以环形包扎法起始,再螺旋向上缠绕,每一圈均将绷带向下反折,并遮盖上一周的 1/3~1/2。反折时,以左手拇指按住绷带上面的正中处,右手将绷带向下反折,向后绕并拉紧。反折部应位于同一轴线,并避开伤口或骨突处(见图 19-14)	肢体上下直径不等部位的包扎,如小腿、前臂等
⑤ "8"字包扎法	在伤处上下,将绷带自下而上、再自上而下,重复做"8"字形旋转缠绕,每周遮住上一周的 1/3~1/2(见图 19-15)	直径不一致的部位或屈曲的关节处,如肘、手掌、踝、膝盖等。最好选用弹性绷带
⑥ 回返式包扎法	由照护人员或自己一手在后面将绷带固定住,反折后绷带由后部经肢体顶端或截肢残端向前,再由照护人员或自己一手在前面将绷带固定住,再反折向后。如此反复包扎,每一来回均覆盖前一周的 1/3~1/2,直至包住整个伤处顶端。最后将绷带再环绕数周,把反折处压住固定(见图 19-16)	头顶部、肢体末端或断肢部位

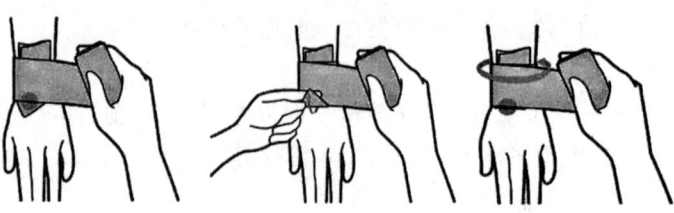

图 19-11 绷带包扎法

图 19-12　蛇形包扎法

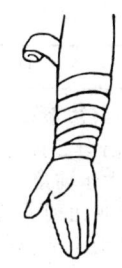
图 19-13　螺旋形包扎法

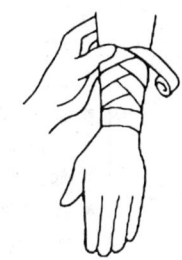
图 19-14　螺旋反折包扎法

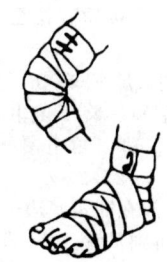
图 19-15　"8"字包扎法

图 19-16　回返式包扎法

（3）三角巾包扎法。使用三角巾时，应注意边要固定，角要拉紧，中心要伸展，敷料要贴实。使用时可按需折叠成不同的形状，适用于不同部位的包扎。常用的三角巾包扎方法见表 19-12。

表 19-12　常用的三角巾包扎方法

包扎部位	具体实施
① 头面部	● 头顶部。将三角巾的底边折叠成两横指宽，盖住头部，正中置于伤员前额齐眉处，从眉上、耳上过，两底角压住顶角在枕后交叉，回前额中央打结，顶角向下拉紧后向上塞入（见图 19-17）。 ● 风帽式。将三角巾顶角和底边中央各打一个结，成风帽状。顶角放于前额，底边结放在后脑勺下方，包住头部，两角往面部拉紧向外反折绕向下颌（见图 19-18）。 ● 下颌部。将三角巾折成三指宽带形，留出系带一端从颈后包住下颌部，与另一端在颊侧面交叉反折，转回颌下，伸向头顶部在两耳交叉打结固定（见图 19-19）。 ● 面部面具式。该法适用于广泛的面部损伤或烧伤。将三角巾的顶部打结后套在下颌部，罩住面部及头部到枕后，将底边两端交叉拉紧后到额部打结，然后在口、鼻、眼部剪孔、开窗（见图 19-20）
② 肩、胸背部	● 单肩燕尾巾包扎。燕尾夹角朝上放在伤侧肩上。向后的一角压住向前的一角并稍大于向前的一角。燕尾底边两角包绕上臂的 1/3 处打结，拉紧两燕尾角，分别经胸背于对侧腋下打结（见图 19-21）。 ● 双肩燕尾巾包扎。两燕尾角等大，夹角朝上对准颈后正中，燕尾披在两肩上，两燕尾角过肩由前往后包肩到腋下与燕尾底边相遇打结。 ● 胸、背部三角巾包扎。一侧胸部包扎时，将三角巾的顶角放在伤侧肩上，然后把左右底角经两腋下拉至背部打结，再把顶角拉过肩与双底角结系在一起（见图 19-22）。全胸包扎时，将三角巾折成燕尾状，底边反折一道，横放于胸前，两角向上置于两肩并拉至颈后打结，再将两顶角带子绕至对侧腋下打结（见图 19-23）。背部包扎法与胸部包扎法相同，只是位置相反，结打于前胸

续表

包扎部位	具体实施
③腹、臀部	● 腹、臀部燕尾巾包扎。燕尾巾底边系带围腰打结,夹角对准大腿外侧中线,前角大于后角并压住后角。前角经会阴向后拉与后角打结(见图19-24)。臀部包扎方法与腹部类似,只是位置不同,后角大于前角。 ● 腹、臀部三角巾包扎。三角巾顶角朝下,底边横放于脐部并外翻10 cm宽,拉紧底角至腰背部打结,顶角经会阴拉至臀上方,同底角余头打结(见图19-25)。臀部包扎方法与腹部类似
④四肢	● 上肢三角巾包扎。将三角巾一底角打结后套在伤侧手上,结的余头留长些备用,顶角包裹伤肢并简单固定,伤侧前臂屈至胸前,另一底角沿手臂后方拉至对侧肩上,拉紧两底角打结(见图19-26)。 ● 手(足)三角巾包扎。将三角巾展开,将伤者受伤的手掌(足)平放在三角巾的中央,手指(脚趾)尖对三角巾的顶角。在伤指(趾)缝间放入敷料。将三角巾顶角折起,盖在伤者手背(足背)上面,顶角达到腕关节(踝关节)以上。将三角巾两底角折起到伤者手背(足背)交叉,再围绕手腕(踝部)一圈后打结(见图19-27)。 ● 小腿和足部三角巾包扎。足部朝向三角巾底边,把足部放在底角底边一侧,提起顶角与较长一侧的底角交叉包裹,在小腿打结,再将另一底角折到足背,绕踝部与底边打结

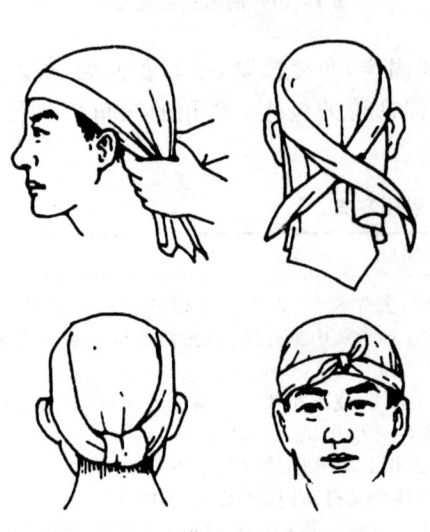

图 19-17　三角巾头顶部包扎法

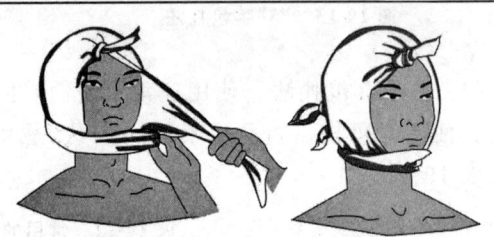

图 19-18　三角巾风帽式包扎法

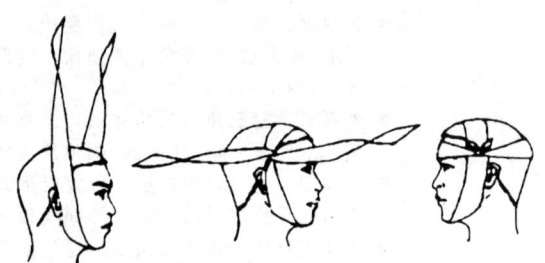

图 19-19　三角巾下颌部包扎法

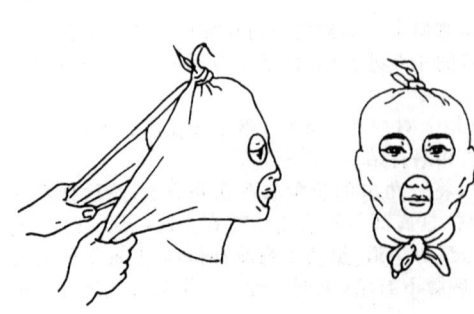

图 19-20　三角巾面部面具式包扎法

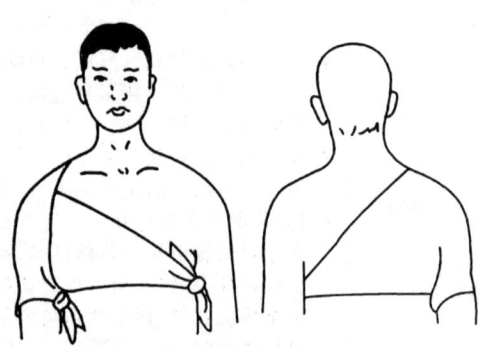

图 19-21　单肩燕尾巾包扎法

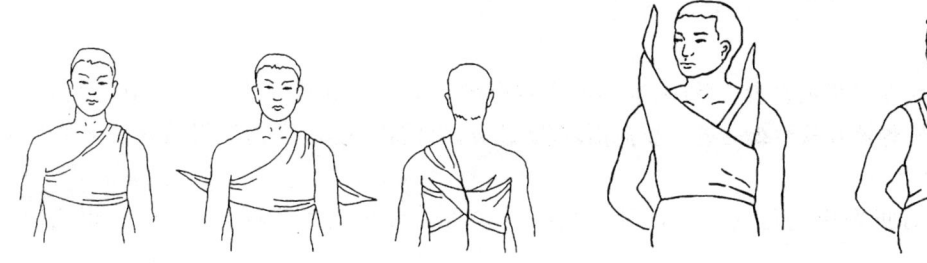

图 19-22　一侧胸部三角巾包扎法　　　　　图 19-23　全胸包扎法

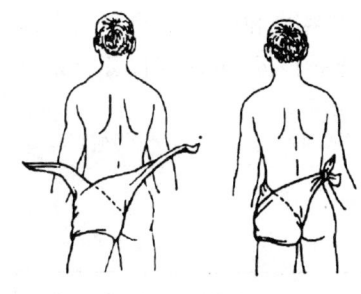   

图 19-24　腹部燕尾巾包扎法　　　　　图 19-25　腹部三角巾包扎法

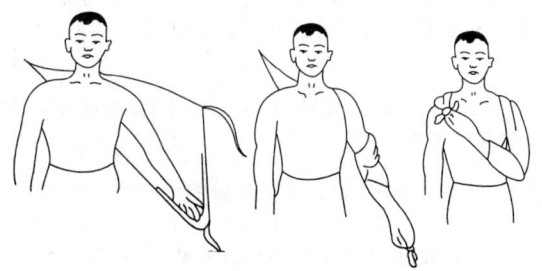 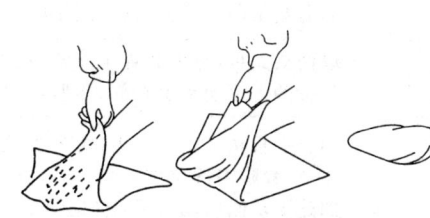

图 19-26　上肢三角巾包扎法　　　　　图 19-27　手(足)三角巾包扎法

4．包扎的注意事项

（1）伤口先处理再包扎。伤口包扎前应先检查，进行简单清创并覆盖无菌纱布，然后再包扎。

（2）包扎效果确切。包扎要牢固，松紧适宜。包扎部位要准确、严密，不遗漏伤口。如果发现包扎过紧，应立即松解，重新包扎。

（3）包扎时做好防护。禁止用未戴手套的手直接接触伤口，避免用水冲洗伤口（特殊情况除外），禁止将脱出体外的内脏还纳。包扎时，伤者应取舒适体位，伤肢应置于功能位，皮肤皱褶处与骨隆突处应用棉垫或纱布做衬垫。

（4）包扎应有利于血液循环。为促进静脉回流，包扎方向应从远心端向近心端。包扎四肢时，应将指（趾）端外露，以便观察血液循环。

（5）打结位置恰当。绷带固定时的结应放在肢体外侧面，严禁在伤口、骨隆突处和易于受压的部位打结。

（6）松解包扎方法得当。解除包扎时，应先解开固定结或取下胶布，然后以两手相互传递松解。必要时可用剪刀剪开。

四、固定

固定主要用于骨折的伤者。及时、准确的固定有助于减少骨折部位活动,减轻伤者疼痛,避免血管、神经、骨骼及软组织的进一步损伤,预防休克,为伤者的进一步搬运提供有利条件。

1. 固定的适应证

所有四肢骨折均应进行固定。锁骨、脊柱、骨盆等部位出现骨折时,也应进行相应的固定。

2. 物品准备

固定最好用夹板,其类型有充气式夹板、铝芯塑形夹板、带有衬垫和固定带的四肢各部位夹板以及不同型号的小夹板等。在抢救现场可因地制宜,如选择竹板、木棒等代替。紧急情况下,可直接借助伤者的衣服、健侧肢体或躯干等进行临时固定。

3. 操作实施

固定操作实施见表19-13。

表19-13 固定操作实施

骨折部位	具体实施
(1) 上臂骨折	取两块夹板,分别置于上臂后外侧和前内侧;若只有一块夹板,置于上臂外侧,绑扎固定骨折两端,屈肘功能位悬吊于胸前。无夹板时,可用三角巾将上臂固定于胸前,并屈肘悬吊前臂于胸前(见图19-28)
(2) 前臂骨折	取两块夹板,分别放置于前臂内、外侧;若只有一块夹板时,置于前臂外侧,绑扎固定骨折的上下端和手掌部,屈肘位大悬臂吊于胸前(见图19-29)
(3) 大腿骨折	用长夹板从足跟到腋下,短夹板从足跟至大腿根部,分别置于患腿的内外侧。空隙、关节、骨隆突部位加衬垫,然后分别在骨折两端、腋下、腰部和关节上下打结固定,足部处于功能位,8字固定(见图19-30)。无夹板时,可使健肢与伤肢并紧,中间加衬垫,分段固定在一起
(4) 小腿骨折	用长度由足跟至大腿中部的两块夹板,分别置于小腿内外侧,空隙、关节、骨隆突处加衬垫,然后分别在骨折两端和关节上下打结固定,足部处于功能位,8字固定(见图19-31)。无夹板时可参照大腿无夹板固定法
(5) 颈椎骨折	① 临时固定。在颈部两侧用枕头或沙袋暂时固定,颈后垫软枕,将头颈部用绷带临时固定。最好在颈部前后方分别放置固定材料或颈托围绕颈部固定(见图19-32)。 ② 使用颈托。用手固定伤者头部为正中位;将五指并拢,测量伤者锁骨至下颌角之间的宽度(颈托的高度),选择合适的颈托或调节颈托至合适的宽度。将颈托上固定红点对准一侧下颌角,固定颈托与下颏部,另一侧从颈后环绕,两端粘合固定。 ③ 脊柱固定板固定。双手牵引伤者头部恢复颈椎轴线位后上颈托;保持伤者身体长轴一直线侧翻,放置脊柱固定板,将伤者移至脊柱固定板上;将头部固定,双肩、骨盆、双下肢及足部用宽布带固定在脊柱板上,避免运送途中颠簸或晃动
(6) 胸腰椎骨折	单纯胸椎、腰椎骨折时,禁止伤者站立、坐起或脊柱扭曲。固定方法同颈椎骨折的脊柱固定板固定法,因无颈椎骨折,可不必使用颈托
(7) 骨盆骨折	伤者仰卧位,在双侧膝下放置软垫,膝部屈曲以减轻骨盆骨折引起的疼痛,用宽布带从臀后向前绕骨盆,捆扎紧,在下腹部打结固定;双膝间放置衬垫,用绷带捆扎固定(见图19-33)

图 19-28　上臂骨折固定　　　　　　　图 19-29　前臂骨折固定

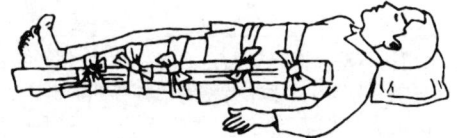 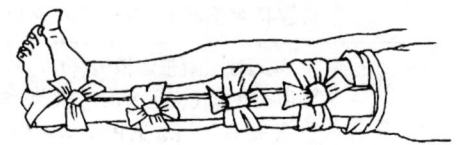

图 19-30　大腿骨折固定　　　　　　　图 19-31　小腿骨折固定

 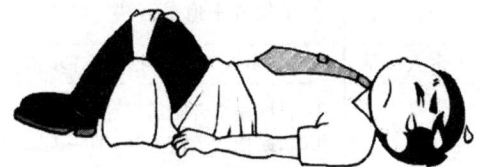

图 19-32　颈椎骨折的临时固定　　　　图 19-33　骨盆骨折固定

4. 注意事项

（1）伤口先处理再固定。如有出血和伤口，应先止血和包扎，再行骨折固定术。露出的骨折断端在未经清创时不可还纳到伤口内。

（2）加衬垫。夹板不可直接接触皮肤，其间要加衬垫，尤其在夹板两端、骨隆突处和悬空部位应加厚垫。

（3）夹板长度合适。夹板长度与宽度要与骨折的肢体相适应。下肢骨折夹板长度须超过骨折上、下两个关节。固定时，除骨折部位上、下两端外，还要固定上、下两个关节。

（4）固定效果确切，便于观察。固定应松紧合适，牢固可靠，露出指（趾）端以便观察末梢血液循环情况。

（5）注意保护患肢。固定后尽量避免不必要的活动。

五、搬运

搬运是指将伤者迅速、安全地脱离灾害事故现场并转移到运输工具上所采取的方法和技术。其目的是使伤者尽快脱离危险环境，防止病情加重或再次受伤，尽快获得专业救护，以最大限度地挽救生命，减少伤残。

1. 物品准备

担架、脊柱固定板等。紧急情况下可使用徒手搬运法，或用临时制作的替代工具，如毛毯、绳索、门板等。注意，不可因寻找搬运工具而耽误搬运时间。

2. 操作实施

搬运操作实施见表19-14。

表19-14 搬运操作实施

搬运法	具体实施
（1）担架	3~4人一组将伤者抬上担架；伤者头部向后，足部向前（便于观察病情）；抬担架的人步调要一致，平稳前进；向高处抬时（如上台阶），前面的人要放低，后面的人要抬高，使伤者保持水平状态；下台阶时则相反
（2）单人徒手	① 扶行法。对于意识清醒且能行走的伤员，采用扶行法。搬运者站在伤者一侧，使伤者靠近并用手臂搅住搬运者的颈部，用外侧手牵拉伤者的手腕，另一手扶持伤者的腰背部行走。 ② 抱持法。该法适用于体重较轻的伤者。搬运者将伤者抱起，一手托起背部，一手托起大腿，能配合者可抱住搬运者的颈部。 ③ 背负法。搬运者站在伤者前面，微弯腰，将伤员背起。此法不适用于胸部损伤者
（3）双人徒手	① 拉车式搬运法。一人站在伤者头侧，两手插于伤者腋下，将伤者抱在怀中，另一人站在伤者两腿之间，将两腿抬起，两人同方向步调一致前行。 ② 椅托式搬运法。两人分别以左右膝跪地，各自用外侧的手伸至伤者大腿下并相互紧握，另一手彼此交叉支撑伤者背部，慢慢将其抬起。 ③ 平抬或平抱搬运法。两人一左一右或一前一后将伤员平抬（不适用于脊柱损伤者）
（4）多人徒手	三人可并排将伤者抱起，齐步前行。第四人可固定伤者头部，多于四人可面对面平抱搬运
（5）特殊伤者	① 脊柱损伤者搬运（见图19-34）。保持伤者脊柱伸直，颈部与躯干不可前屈或扭转。颈椎骨折时，采用四人搬运法，即一人固定伤者头部使颈部与躯干成一直线，其余三人蹲于伤者同一侧，一人托胸背部，一人托臀部，一人托下肢，四人一起将伤者放在硬质担架上，用沙袋固定伤者头部两侧，胸部、腰部、下肢与担架固定在一起。胸、腰椎损伤者，可采用三人搬运法。 ② 腹部损伤者搬运。伤者取仰卧位，下肢屈曲，膝下加垫，尽量放松腹肌。若腹部内脏脱出，不应还纳以免感染。可用清洁的碗或其他合适的替代工具扣于其上，包扎固定后再搬运。 ③ 骨盆骨折者搬运。先将伤者骨盆做环形包扎后，让伤者仰卧于硬质担架上，微屈膝，膝下加垫后再搬运。 ④ 身体带有刺入物者搬运（见图19-35）。先包扎伤口，妥善固定好刺入物。搬运过程中，尽量避免碰撞、挤压。刺入物外露部分较长时，应有专人负责保护刺入物。 ⑤ 昏迷者搬运。伤者侧卧或仰卧于担架上，头偏向一侧，以利于呼吸道分泌物排出，实施搬运

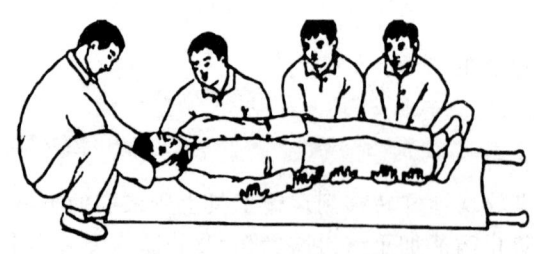

图19-34 脊柱损伤者搬运

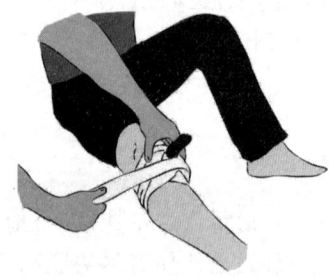

图19-35 身体带有刺入物者搬运

3. 注意事项

（1）搬运方法得当。根据不同伤情和环境采取不同的搬运方法，搬运动作应轻巧、敏捷、步调一致，避免强拉硬拽、震动等。

（2）注意保护脊柱。疑有脊柱骨折时，应始终保持脊柱的轴线位。

（3）搬运途中注意安全。搬运过程中注意观察伤者的伤势与病情变化，防止皮肤压伤或缺血坏死。将伤者妥善固定在担架上，防止头颈部扭动和过度颠簸。

任务训练

请结合案例导读分组进行角色扮演，对李奶奶实施伤口包扎和止血操作，口述操作过程中的注意事项，评分标准见二维码中的表格。

扫描二维码
查看上肢摔
伤后出血老
年人止血包
扎术操作流
程及评分标准

附　　录

附录1　生命体征记录单(以生命体征平稳的半自理老年人为例)

姓名_____ 性别_____ 年龄_____ 岁　房间号_____ 床号_____ 入住号_____

日期	时间	体温 (℃)	脉搏 (次/分)	呼吸 (次/分)	血压 (mmHg)	大便 (次/天)	体重 (kg)	其他
2024.1.1	10:00	36.3	67	16	138/78	1/1	60	入住于9:30
	20:00	37.2(●)	80	18	135/88			
1.2	8:10	36.3	76	17	135/80	0/1		入量1900 mL 尿量1400 mL
1.3	8:14		63	20	130/89	0/1		
1.4	8:15		65	15	134/87	0/1		于9:50请假
1.5	7:59		78	16	131/83	1/1/E		
1.6	8:20		76	17	129/78	1/1		
1.7	8:00		71	15	131/85	0/1		
1.8	8:01	36.6	77	17	136/88	1/1		
	21:00	38.9	95	24	150/95			于21:00住院

附录2　照护交班报告

_____年____月____日　_____养老机构_____养护单元

床号、姓名	白班	夜班
	情况汇总：入住1人，请假1人	情况汇总：销假1人
6床李XX	今日10:00请假回女儿家，假期3天，1月4日返回	
8床孙XX		19:00自儿子家返回
9床张XX新入住	老人，男性，82岁。脑卒中导致活动能力下降，情绪易激动，因在家中无人照顾而入住我院。入院后测量生命体征为体温36.4℃，脉搏86次/分，呼吸17次/分，血压145/90 mmHg。协助查体，右侧肢体肌力2级，活动明显受限，口齿不清，情绪激动。医护嘱给予康复训练，其他按老人正式入住前口服药物治疗，请严密观察老人情绪变化，防跌倒、耐心交流	21:00协助老人床边洗漱，21:30入睡。夜间协助床上排尿2次。晨起协助洗漱及进餐，偶有进食后呛咳，请预防误吸。今日继续进行康复锻炼，注意防跌倒

白班_____　夜班_____　护士长/护理主管_____

附录3　照护过程记录

姓名_____性别_____年龄_____岁　房间号_____床号_____入住号_____

日期	时间	照护过程记录	签名
2024.1.1	9:30	入住老人,男性,82岁,冠心病病史10年,慢性支气管炎6年,双侧膝关节置换术4年,于2024年1月1日9:00由家属陪同坐轮椅入住我院。测量生命体征为体温36.4℃、脉搏86次/分、呼吸17次/分、血压145/90 mmHg。老人神志清楚,精神好,沟通流畅,左侧髋部有一4 cm×4 cm的二期压力性损伤,右下肢轻度疼痛、麻木感。医护嘱:非自理老人照护常规,一级照护、低盐低脂饮食、压力性损伤每日换药、制订康复计划,继续原用药方案。入住宣教已做,老人及家属表示理解	XXX
1.2	8:00	老人晨起精神良好,夜间间断睡眠约8小时,体温36.6℃,脉搏82次/分,呼吸18次/分,血压135/85 mmHg。左侧髋部压力性损伤处敷料无渗液,今日已予换药。今日9:00协助进行康复锻炼	XXX

参考文献

[1] 人力资源社会保障部教材办公室.养老护理员:初级[M].北京:中国劳动社会保障出版社,2020.
[2] 人力资源社会保障部教材办公室.养老护理员:中级[M].北京:中国劳动社会保障出版社,2020.
[3] 人力资源社会保障部教材办公室.养老护理员:高级[M].北京:中国劳动社会保障出版社,2020.
[4] 李小寒,尚少梅.基础护理学:第7版[M].北京:人民卫生出版社,2022.
[5] 张波,桂丽.急危重症护理学:第4版[M].北京:人民卫生出版社,2017.
[6] 燕铁斌,尹安春.康复护理学:第4版[M].北京:人民卫生出版社,2017.
[7] 宋岳涛.老年综合评估:第2版[M].北京:中国协和医科大学出版社,2019.